安徽大學『雙一流』建設項目
安徽省古籍整理出版辦公室
資助

安徽古籍叢書

黄山書社

説文段注撰要

〔清〕馬壽齡／撰　李曉春／校點

圖書在版編目(CIP)數據

說文段注撰要/(清)馬壽齡撰;李曉春校點
—合肥:黄山書社,2024.2
(安徽古籍叢書第十一輯/安徽古籍叢書編審委員會編纂)
ISBN 978-7-5737-1055-0
Ⅰ.①說… Ⅱ.①馬… ②李… Ⅲ.①《說文》—研究 Ⅳ.①H161

中國國家版本館 CIP 數據核字(2024)第 005255 號

安徽大學"雙一流"建設項目
安徽省古籍整理出版辦公室 **資助**

出 品 人 葛永波
選題策劃 胡中生
責任編輯 李霜琴
裝幀設計 李 軍
出版發行 黄山書社(https://www.hspress.cn)
地址郵編 安徽省合肥市蜀山區翡翠路 1118 號出版傳媒廣場 7 層 230071
印 刷 合肥華苑印刷包裝有限公司
版 次 2024 年 2 月第 1 版
印 次 2024 年 2 月第 1 次印刷
開 本 880×1230 1/32
字 數 390 千
印 張 22.375
書 號 ISBN 978-7-5737-1055-0
定 價 96.00 圓

服務熱綫 0551-63533706
銷售熱綫 0551-63533761
官方直營書店(http://hsssbook.taobao.com)

安徽古籍叢書編印緣起

我國歷史悠久，典籍豐富。數千年來，哲學、史學、文學、藝術、語言、科技，作者輩出，著述如林，或自名一家，或蔚然成派，多爲中華民族文化之菁華，有裨於社會主義文化之建設。允宜及時整理，以廣流傳。

粵自明清，以至近世，南北郡邑已有涇川叢書、龍眠叢書、貴池先哲遺書、南陵先哲遺書諸刻。一九三一年，復有安徽叢書之編刊，所收皆皖人著作，分期影印。出至第六期，以抗戰軍興而中止。盛業未竟，論者惜之。

今者，中央倡導整理古籍，我省領導對此尤爲關心。省古籍整理出版規劃委員會幾經商討，決定編纂安徽古籍叢書。編纂宗旨是在歷史唯物主義指導下，批判繼承，古爲今用，弘揚民族優秀傳統文化，爲建設中國特色社會主義服務。最其體例，約有數端：

一、所收皆爲歷代皖人著作，時間一般以辛亥革命之前爲限，内容以文、史、哲爲主，分類成輯。尤其注意稿本、稀見本之搜輯與傳布。

二、整理方式包括輯、校、標點和注釋、今譯。校勘，力求採用善本爲底本，校以他書，或加補輯、編次。標點，採用新式標點。注釋，務求精確，但不作煩瑣考證。整理中，儘量吸收國内外研究的新成果。

三、先秦、兩漢著作及語言、文字之類，皆用繁體字，其餘則酌用簡體字。版皆竪排，以期一律。

四、凡熱心於本叢書編印及捐貲助刊者，得於書内題名。

安徽古籍叢書編審委員會

説文段注撰要目次

整理説明

關於許慎及説文解字的整理和研究向被稱爲『許學』或『説文學』。自説文問世以來，雖唐、五代以前對其重視程度不及後世，但相關研究卻一直未曾間斷。清乾、嘉時期是中國傳統小學的黄金時代，説文研究至此蔚爲大觀，達到高潮。其間名人輩出，研究之作不絶如縷，令人眼花繚亂。據近代丁福保所著説文解字詁林一書的粗略統計，從清初到羅振玉、王國維爲止，研究説文者共二百零三人，論著一百餘種。其後，説文解字研究文獻集成又補録八十六種。其中最著名者有段玉裁、桂馥、朱駿聲、王筠四大家，而段玉裁則爲當中翹楚，被後世譽爲集漢學派文字學之大成者，其所著説文解字注，是學術界公認研究説文之成果最大、最權威者，也是研究文字學者所公認博且精者。惟其卷帙浩繁，影響巨大，所以廣受學者的推崇和重視。學人在尊崇段書的同時，也展開了對段書的檢討工作。於是，清末就出現了一批匡訂、申補説文解字段注的專門著作。清代馬壽齡作爲此類研究大軍中的一員，其代表成果即爲説文段注撰要。

馬壽齡是清代著名詩人、説文家。關於其一生行迹，現只存其大略，詳情難考，相關材料既少且較零散，獲取不易。今欲了解馬氏，大致可通過以下四種途徑：一是説文段注撰要的前後序跋；二是相關史料、文獻，如清儒學案、販書偶記、中國近代史資料叢刊、中國近代史料學稿及近代中國史料叢刊等；三是地方志，如安徽通志、（光緒）續纂江寧府志、盋山志、民國當涂縣志及民國東臺縣志稿等；四是辭典辭條，如四庫大辭典、安徽人物大辭典、太平天國大辭典等。儘管資料所載大多語焉不詳，且有不少重複，甚至說法不一，但仍可對其生平與著述有一個基本的了解。馬壽齡（？—一八七〇年），字鶴船，安徽當涂人（懷寧後學馬徵麟在撰要序中稱其爲『姑孰學博』，馬氏嘗爲山陽范以煦淮壖小記作序，尾署『當涂鶴船馬壽齡』）。僑居江寧。初以廩貢生試用訓導，後升潁州教諭。道光二十八年（一八四八）就讀江寧惜陰書院，受學於晚清思想家、散文家及小學家馮桂芬（著有說文解字段注考證和說文解字均隸）和被譽爲清代『禮學三胡』之一的胡培翬（著有儀禮正義），爲其得意門生。馬氏爲人忠義孝烈，豪宕尚義氣，面折人過，退無私毀。不喜與人酬酢，以詩文交友，四方從游者衆。他博聞宏覽，樸茂淵雅，倜儻有才氣，所作詩文律賦『縱橫蕩泱，有萬馬蹴陣，同雲蔽空之象，雄厚不可及也』〔一〕。曾作詩三少年行，被時人争相傳誦。咸同時期，淮揚、東臺一隅集合大批文人以詩詞相酬唱，形成淮海詞人創作羣體，馬氏爲其中堅。他汲汲於功名，卻宦途不順，一生潦倒，自謂『鐵中錚錚一窮士』〔二〕。馬氏生平蹤迹遍布南北，經歷坎坷曲折，以詩名聞世，又以書生而踐戎馬之場。咸豐三年（一八五三），值太平天國起義，馬壽齡出任清軍江南大營文書。三年春，太平軍攻克江寧，因其父年老，又有疝疾，艱於行，城門把守益厲，故未得出城。其間賊令草僞詔，誓死不從，并以千二百金募士豪，謀爲官軍内應，結果事敗被下監獄。咸豐四年夏，卒以計智免以出。後入主帥向榮幕府，爲其所倚重，積軍功保舉爲知縣。馬氏作爲封建時代士大夫，受自身階級局限，難免對清王朝懷有不切實際的幻想，對太平軍抱有極大的階級偏見，甚至仇視態度。故其將困居金陵城内一年多所親歷之事，撰爲金陵癸甲新樂府五十首，痛詆義軍；待其出城後，又目睹清軍種種腐敗及醜惡行徑，作金陵城外新樂府三十首，進行無情的揭露和批判。這兩組共八十首紀實詩，既具很高的文學性，又有重要的史料價值，爲後世研究太平天國歷史及中國近代史提供了極爲寶貴的第一手資料。這些詩後被收入懷青山館集（集中所録於其畢生創作不過吉光片羽）正式刊行。馬氏曾先後主講金陵鍾山、鎮平縣青陽、東臺縣西溪三書院，以經史辭章教授生徒，盡心訓迪，士論翕然。

馬壽齡平生矻矻著述，卷帙甚富，這與其爲學勤苦、『服習精敏』是分不開的〔三〕。其於學廣涉，所涉皆有所成。據現存惜陰書舍課藝記載，馬氏在惜陰書院曾隨馮桂芬習賦、詩、騷、策、序、頌、論、銘等多種文體，課業名列前茅，多有作品傳世。工於詩文，『所爲詩、古文、詞直窺漢、魏、六朝之奥』，『精深華妙』〔四〕。同治年間（一八六二—一八七四），參與纂修安徽通志，援古證今，尤稱淵博。故喬松年在撰要序中贊之『淹博宏通，文爲士則』。馬氏不僅文學一門爲人稱許，還『尤精小學』；其『夙究許學，服膺段氏』〔五〕。既私淑段玉裁，又承晚清説文家馮桂芬名師點撥，終成一代説文及段學研究名家。

説文段注撰要原名讀段札記，劉恭甫爲校遺稿付刊，因有感於其『書減於原注，而注中徵引古誼畢萃』〔六〕，故易現名。書成未刊，馬壽齡便已去世，其本人生前從未提及此書，因此，關於這部書及其小學成就也就鮮爲人知。與其『訂忘年交』的胡恩燮亦不知『先生小學貫通，研窮段學若是深且密也』〔七〕，而馬徵麟也是在與其子（字陽賓，也作暘賓。曾爲廩貢生，亦有文譽，詩與古文辭爲學政祁世長所賞識，同治末年校刊安徽通志)『相晤語』之後才知其『邃於許學，淵原有自』〔八〕。

馬壽齡説文段注撰要於段玉裁説文解字注所作工作的着力處就在於對其體例的闡發上。衆所周知，段注博大精深，卷帙浩繁，惟其體例散見於書中，故不易把握。馬氏有感於『今學者讀段氏書，尟不望洋而歎者』，故對其『分條晰縷，提要鈎元』〔九〕，析其義類爲九：一曰『誤字』，二曰『訛音』，三曰『通用字』，四曰『説文所無字』，五曰『俗字』，六曰『假借字』，七曰『引經異字』，八曰『引經異句』，九曰『異解』，總成説文段注撰要九卷。全書特點簡括有五：一、重新歸類；二、高度概括；三、適度删削；四、博採衆長；五、精心校勘。喬松年説它『亦可爲段氏之羽翼』〔一〇〕，胡恩燮評之『足爲從事段學者示以津梁』〔一一〕，意謂此書可爲初學説文和段注者，指點入學的門徑。正是由於撰要具有這樣重要的價值，所以獲得同時代學者的高度評價，馬徵麟在撰要序中稱許道：『得先生是編爲之梯航，庶從事小學者樂其易易。由是以求六藝之精蘊，不惟小學藉以亙暢，將經學因以昌明，豈特爲功於段氏而已哉！』也就是説，段注如汪洋大海，不易掌握與應用，而撰要則匯總其精華，給初學者以導航作用。撰要即使難與段注同日而語，甚至亦不及其他段書研究者聲名遠播，但其於段注發凡起例，爬梳剔抉，不止爲段氏的功臣，更對『説文學』的傳承與弘揚，以及傳統小學乃至經學的振興和昌隆起到極大的助推作用。

撰要書成後，未能及時付梓。馬壽齡生前，撰要也未獲出版。此後歷經周折。最初喬松年爲該書作序是在其死後二年；又六年，馬壽齡之子暘賓見到馬徵麟，『乃出先生讀段劄記九卷相示』，並請求『願得一言弁簡』『以廣其傳』〔一二〕。五年後，胡恩燮纔看到這部書，並轉托劉恭甫『精校付刊』。而胡氏爲之作跋則是在光緒八年。其間，胡恩燮、劉恭甫、張炳翔及馬徵麟甚有功焉。自喬氏作序，至光緒九年（一八八三）付之剞劂，前後歷時十餘載，不免令人唏噓慨歎！撰要問世後，曾被清史稿、續修四庫全書總目提要、許學叢書等書收録，其影響可見一斑。

撰要書成後，初由馬氏之子陽賓於清同治甲戌年（一八七四）刊刻行世，是爲家刻本，以爲家塾課讀，然傳習不廣。而最早正式公開發行本則爲『光緒九年仲春之月金陵胡氏愚園開雕』〔一三〕，即胡恩燮於一八八三年爲之刊行的本子，共九卷四册，十六行十七字，小字雙行，上下分欄，但此本缺總目録。其後依次有：

一、清光緒十一年刻本，九卷六册，九行二十字，小字雙行，長洲張炳翔儀鄦廬輯許學叢書。

二、清光緒十六年石印本，九卷四册，十六行十七字，小字雙行，上下分欄。

三、王雲五主編叢書集成初編（影印本）（五册），上海商務印書館一九三六年出版。

四、王雲五主編叢書集成初編（影印本）（五册），中華書局一九八五年出版。

以上數種版本中，金陵胡氏主持開雕本雖爲早出，然印行既少，且多訛奪，蓋因馬氏原稿非清本而校又不審所致。長洲張氏刻本於初校時，對其訛誤處曾略爲補正，後因奪誤錯亂甚多，又未見原本，『臆爲添改，恐反失真，因仍其舊』（見跋）。至於叢書集成初編本因較爲晚出，故在汲取前者校勘成果的基礎上，又對原本一些明顯的錯誤作了必要的修正，是目前較爲通行的一個本子；然勘對段注原書，仍有不少訛奪。其中八十年代版叢書本較爲易得，頗便使用。

整理本以清光緒九年胡恩燮主持開雕的刻本（以下簡稱『胡刻本』）爲底本，以上海商務印書館一九三六年出版的叢書集成初編本（以下簡稱『叢書本』）參校，并逐條與段玉裁説文解字注（上海古籍出版社出版，一九八一年一〇月第一版）勘對，據以定其是非正誤。

注釋

〔一〕清蔣啓勳、趙佑宸修，王士鐸等纂續纂江寧府志，中國地方誌集成江蘇府縣誌輯，江蘇古籍出版社一九九一年版。

〔二〕胡恩燮説文段注撰要跋後附録贈鶴船先生舊作。

〔三〕喬松年説文段注撰要序。

〔四〕胡恩燮説文段注撰要跋。

〔五〕馬徵麟説文段注撰要序。

〔六〕胡恩燮説文段注撰要跋。

〔七〕胡恩燮説文段注撰要跋。

〔八〕馬徵麟説文段注撰要序。

〔九〕徐世昌等編纂，沈芝盈、梁運華點校：清儒學案第四册，中華書局二〇〇八年版，第三六八三頁。

〔一〇〕喬松年説文段注撰要序。

〔一一〕胡恩燮説文段注撰要跋。

〔一二〕馬徵麟説文段注撰要序。

〔一三〕胡刻本封面題識。

序

凡爲學，必盡吾力以深造其域，乃能收其秘奧而資我神智。若淺嘗而漫與，則終其身無所得於心焉。僕亦好讀書，而學殖日落，蓋不能彊記，不能精研，雖讀猶之未讀已。鶴船翁讀段氏説文，舉其論説，析其義類，釐爲札記九卷，持以示僕。僕自恨涉獵之粗疏，而深服鶴船翁之服習精敏。以此法讀書，盡一卷則藏一卷於胸中，久之則萬卷必可破。鶴船翁固深知爲學之道者，故每讀一書，輒勤苦若此，宜其淹博宏通、文爲士則也。治説文者，近年有祁相國、王孝廉筠，皆邃於斯學，並有論箸刊行，亦可爲段氏之羽翼，儻可取以相證乎？

同治戊辰季秋，喬松年識於海陵三峯園。

序

文字之興，原於卦畫，仰觀俯察，通德類情，所以綱紀彝倫，錯綜人術者備矣。三代之盛，車書大同，無有亂名改作者。秦隸一變，六義寖失；漢試學僮，書兼八體，聖神微意，賴以不絶。迄乎揚雄訓纂，才五千餘字，視漢初諷書九千以上，所缺失少半矣。光武時，伏波將軍始上書請正文體。迄於和帝之世，許叔重氏乃博問通人，撰説文解字十四篇，初漢九千之數，庶幾復備形體音義，總括六書，天地萬物，靡不畢載。此聖道所待以明、王化所待以亘者也。唐宋以來，羼雜譌奪，非復完書；繫傳妄加音切，謬譔韻譜，而古音絶響，學者且謂許學爲字書之屬矣。其研求形義，若戴侗、周伯琦、趙撝謙輩，亦皆得失相參，擇不精而語不詳。我朝作者林立，段氏晚出，遂執牛耳。厥後匪石鈕氏、遵義鄭氏，頗能别出新義，匡所不逮；然屬鄙借助，亦須句、顓臾之比矣。

姑孰學博鶴船先生，夙究許學，服膺段氏。道光庚子，徵麟年甫弱冠，獲見先生於秦淮水序，聆其言論丰裁，私心臧寫之。自是鴻爪東鹵，戎馬征逐，三十餘年，不獲復親謦欬。歲己巳，予方于役長江軍次，聞先生應省垣志局之聘，竊計晤教有日矣。又三年，曾文正公薨於金陵，徵麟遂有歸與之意。適中丞英公、方伯裕公以協修通志見委，馳檄召歸，比至，而先生已捐館舍踰年。乃日與嗣君暘賓廣文相晤語，知其邃於許學，淵原有自。因略舉先徵君之講古音及六書鄙見與先正不合者相印證。

蓋古無入聲，詩爲樂章，入聲促而不亙，何以能歌？今北音可驗也。古音不過九部，如琴之九弦、七弦而已。「宮」音字譜爲「工」，如段表弟九部「中、宮、東」聲之等是也。變「宮」字譜爲「凡」；「凡」讀若「焚」，「風、鳳、芃」皆「凡」聲，如表六、七、八部「弓、咸、凡」聲之類。『商』譜爲『上』，如表十部『陽、商、网、鬯』聲之類。『角』爲舌音，字譜爲『六』，皆讀若『路』，如表三、四、五部之半，『六、各、路、角、族、亞、若、乇』聲之類。『徵』讀近『齋』，管子以諧『駭』，字譜爲『乙』，讀若『艾』，如表十二、十五、十六部之半，『乙、微、必、隹』聲之類。變『徵』讀如『止』，譜爲『四』，如表十五、十六部之半，『厶、四、易、狄』聲之類。『羽』爲脣音，譜爲『五』，如表三、四、五部之半，『谷、區、華、魚、五』聲之類。其二、三部『毛、喿、秋、臭』等聲，蓋爲倍『羽』，若『芣苢、苴蕉、藷韶、區歐、胡侯』之音轉是也。十四部『袁、宣、匽、算』等聲，則少『商』矣。古音簡易，自然如此，柰何胥執四聲二百六部之見，以截止適屨邪？文字之孳，如重卦觀象；然一爻而象形、指事、會意非一耑，一文而或則象形，或則象事、象意。如『一』爲數始，『在』『不』爲天，『丙』爲陽，『而』爲鼻下，『至』『才』『屯』『耑』爲地，『几』象高平，『丂』爲礙於上，『毋』爲穿於中〔一〕；『亟』五之『二』爲天地，『土』之『二』爲地上、地中，『亙』之『二』爲兩岸，『亘』之『二』爲上下；『王』之『三』爲天、地、人，『王』之『三』象三王連，『畺』之『三』象界。『而』在艸木象根，又象艸多葉；在人物象髭鬚。『子』爲陽氣動，又象襁褓足並之形；『巛』爲流水，在首象髮；『不』爲鳥飛不下，亦象不之承鄂；『㞢』象枝莖益大，又象狻猊頰毛上出，亦象地出三歧所出往，物出三耑有所指適。若斯之類，非關叚借。蓋叚借主聲以濟形、事、意之窮，故取義者絶少，非若轉注主義而兼聲也。段云「『轉注』主義，猶「會意」，說亦未備。如『庠養，校，教，序，射』之類，皆轉注而諧聲實多。暘賓韙之。

又踰年，余奉部檄銓授太平教諭，而先生同選南陵，皆甯國府屬也。脫天叚之年，則師資不遠矣；追念典型，良用慨歎！徵麟既奉檄，迫於例限，行有日矣；暘賓乃出先生讀段札記九卷相示，曰：『此先人手擇，將登諸棗棃以廣其傳，願得一言弁簡。』辭不獲命，遂挾之以行。太平在萬山之中，黃山之麓，學舍多暇，獨與天都、蓮花諸峯相對。因取先生書觀之，其義類凡九：曰『誤字』，曰『譌音』，曰『通用字』，曰『說文所無字』，曰『俗字』，曰『叚借字』，曰『引經異字』，曰『引經異句』，曰『異解』。一以段義爲主，分條晰縷，展卷燦然。今學者讀段氏書，尟不望洋而歎者；得先生是編爲之梯航，庶從事小學者樂其易易。由是以求六義之精蘊，不惟小學藉以互暢，將經學因以昌明，豈特爲功於段氏而已哉！爰書以歸之，所以識嚮往之忱，並趨暘賓速事剞劂也。

同治甲戌春三月，懷甯宗後學徵麟識。

校記

〔一〕毌　叢書本作『冊』，當是。

說文段注撰要卷一

誤字

祡 祡，燒柴尞祭天也。古文尚書作『祡』，不從『木』作『柴』。解字『燒柴』之『柴』，自作『柴』。凡『祡尞』作『柴燎』者，皆誤字。

瓊 左傳成公十八年『璿瑰』，今本作『瓊瑰』；僖公二十八年『璿弁』，今本作『瓊弁』。張守節史記『璿璣』作『瓊璣』。『璿』與『瓊』古書多相亂。

葳蕤 當作『威甤』。

將鏘 秦風『佩玉將將』、玉藻『然後玉鏘鳴』，皆當作『瑲』。

丁 『椓之丁丁』『代木丁丁』〔一〕，蓋當疊字言『玎玎』。

貽 詩『貽我佩玖』，當作『詒』。

劉 當從『丣』作『劉』。『卯』『金』『刀』爲『劉』之說，緯文荒繆。

氣 气，雲气也。後人以『氣』爲『雲气』字。

餼 自以『氣』爲『雲气』字，乃又作『餼』爲『廩氣』字。

穈 虋，赤苗，嘉穀也；莫奔切。今詩作『穈』，非。

芋 詩『君子攸芋』，當作『幠』。

苗〔二〕 蓨也；從『艸』『由』〔三〕。今人往往『苗』字誤作此。

簉 左傳、文選從『竹』之『簉』，皆從『艸』之『䒃』之譌。

葯 『菽』之譌。

筏〔四〕 詩：『其旂茷茷。』

靄 藹，蓋也。『靄』字當用此。

芯 莎，漢書地理志『芯』，省『水』從『心』，與『少』同。俗誤作『芯』。

萑萑 萑，薍也。今人多作『萑』。蓋其始叚『鴟』屬之『萑』爲之，後又誤爲『艸多皃』之『萑』。

玉 釋草：『蒙，王女。』『王』作『玉』，誤。

荼 荼，苦荼也。後世『荼荈』亦當用此，不當用『茶』。

莽 南昌謂『犬善逐兔艸中』爲『莽』。經典『艸莽』字，當作『茻』。

匹 注引孟子『力不能勝一匹雛』。作『匹』者，非。

爾 爾，訾之『必然』也、『如此』也。凡曰『果尔』『不尔』『云尔』『莞尔』『鏗尔』『卓尔』『鼎鼎尔』『猶猶尔』『聊復尔耳』『故人心尚尔』，皆訓『如此』。亦有單訓『此』者，如公羊『焉尔』之爲『於此』是也。論語『女得人焉乎』〔五〕，唐石經譌爲『焉耳』；詩陳風〔六〕『梅之樹，美惡自爾』〔七〕，宋本譌爲『美惡自耳』。古本『尔』字〔八〕，淺人多改爲『爾』。

擾 尚書：『擾而毅〔九〕。』凡『馴擾』字，當作此。隸作『擾』，俗作『擾』。

毛 凡經云『干旄』『建旄』『設旄』『右秉白旄』『羽旄齒革』『干戚羽旄』，今字或有誤作『毛』者。古注皆云：『旄牛尾也。』『旄牛』即『犛牛』。犛牛之尾名『氂』，以氂爲幢曰『旄』。

氂 王莽傳『以旄裝衣』〔一〇〕師古曰：『毛以彊曲者曰「氂」。』此『氂』皆『蘩』之誤。『劉屈氂』亦當作『屈蘩』。

嶷 大雅『克岐克嶷』。俗人不識『嶷』字，蒙上『岐』字從『山』旁。

呼 外息也。今人用此爲『號嘑』『評召』字，非也。『呼』行而『評』廢矣。

唫 口急也，巨錦切。今人誤用爲『吟』字。

听 笑皃也，宜引反。俗以爲『聽』字。

啟 启，開也。後人用『啟』字訓『開』，乃廢『启』不行矣。啟，教也。

拂 玉篇引易『咈經于邱』〔一一〕。今易作『拂』，誤。咈，違也。

厹 詩『叴矛』當作『叴』，不當作『獸足蹂地』之『厹』。

唇 驚也，側鄰切。後人誤用爲『口脣』字。

嗟咨 當作『讙嗞』。謀事曰『咨』，義不相涉。

訛 詩：『或寢或吪。』今各本作『訛』，非也。『訛』即『譌』字。

鸎 詩『鳥鳴嚶嚶』，兩鳥聲也。不言何鳥，就『嚶』改『鸎』爲『倉庚』之名。

蒼 『倉卒』『倉皇』。『倉』字俗從『艸』〔一二〕，誤。

起 當從『辰巳』之『巳』。字鑑從『戊己』之『己』，非也。

靳 赾，行難也。今人『靳固』字，當作『赾』。

慢 當作『趧』。趧，行遲也，莫還切。

踊 喪擗踊。今禮經、禮記皆作『踊』。左傳『曲踊三百』『三踊于幕庭』之類，當從『足』；若『即位哭，三踊而出』之『踊』，當從『走』。

蹕 ⿺走畢，止行也。今禮經皆作『蹕』，惟大司寇釋文作『⿺走畢』。梁孝王傳：『出稱「警」，入言「⿺走畢」。』

漸 漸水也。則訓『進』者，當專作『⿺辶斬』，許所見周易卦名當如是。『漸』行而『⿺辶斬』廢矣。

踵 今人所用『踵』字，當作『歱』；歱，跟也。許『踵』『歱』義別。

前 後人以『齊斷』之『前』爲『歬後』字。

翦 又以『羽生』之『翦』爲『前齊』字。

捷 凡『便捷』之字，當作『疌』。捷，獵也，非其義。

速 籀文『迹』。今人誤以爲『遲速』字。

速 爾雅『鹿其跡速』，『速』乃『速』字之誤〔一三〕。周時古本曰『其速速』，『速』之名不嫌專係『鹿』也。

逆 迎也。今人叚以爲『順屰』之『屰』。『逆』行而『屰』廢矣。

挑 詩『挑兮達兮』，『挑』當同『叏』。又部作『叏』；叏，滑也。

干 『千求』字當作『迁』〔一四〕，『千犯』字當作『奸』。

夷 凡『平』訓皆當作『侇』。今則『夷』行『侇』廢矣。

延 行也。從『㢟』，『正』聲；諸盈切。漢武帝年號『延和』字如此作。今漢書多誤爲『以然切』之『延』；又或改爲從『辵』之之『延』〔一五〕，亦非也。

齜 當從『匕』，不從『七』。

吡 禮『尊客之前不吡狗』，當從『七』，不從『匕』。

齹 春秋傳『鄭有子齹』，今傳作『齹』，實一字也。今删『齹』。

咬 齩，齧骨也。俗以『鳥鳴』之『咬』爲『齩齧』。

碏 漢石經公羊作『石踖』。從『石』，誤字。

距 雞距也。人多以『距』爲『歫』。

籥 龠，樂之竹管。今經傳多用『籥』字，非也。

后 左傳『舌庸』，譌『后庸』。

舌 周書『姜女破后』〔一六〕，譌『破舌』。

舌 舌，從『干』『口』。干，犯也。言犯口而出之，食犯口而入之。俗誤從『千』。

証 諫也。俗以爲『證驗』字。

和 調聲曰『龢』，調味曰『盉』。和，本『唱和』字。今人概用『和』而『龢』『盉』廢矣。

話 話，本『𠯑』聲，楷變爲『舌』。近人作從『干』之『舌』，誤。

托 『寄託』之『託』，往往誤爲『手托』之『托』。

註 『傳注』之『注』，當從『水』。晉唐人作『註記』字。『註』從『言』，『起居』字用此；與『注釋』字別，不從『水』。

作 詐，慙語也。論語『其言之不怍』，當作此『詐』。疑左傳『桓子咋謂林楚』，當作『詐』字。

謬 『繆誤』字從『糸』。『謬』訓『狂者妄言』〔一七〕，與『誤』義隔。

訾 訾訾，不思稱意也。禮記少儀注：『訾，思也。』按：『呰毀』字古作『呰』，與『訾』別，後人混用。此語已見於通用字中，因禮記作『訾』，疑或別有通用之理，非矛盾也。

狐 史、漢表皆有『瓡讘侯』，『瓡』即『執』字，『執』之或體漢志、説文作『狐讘』，皆譌字也。

讓 相夷讓〔一八〕，經傳多以爲『謙攘』字。古『推讓』字作『攘』，使人退讓亦作『攘』，如『攘寇』『攘夷狄』是也。

刺 凡『譏刺』字，當用『誎』；凡言『乖刺』『刺謬』，當作『剌』〔一九〕。作『刺』者，誤。『木芒』字，當作『朿』；今字作『刺』。『刺』行而『朿』廢矣。

訊 釋詁、毛傳皆云：『誶，告也。』國語『誶申胥』，韋曰：『誶，告讓也。』今皆譌『訊』。

證　告也。今人祇知爲『證驗』字。

誄　諡，施於生者以求福；誄，施於死者以作諡。論語之『讄曰』，字當從『畾』。毛傳曰『桑紀能誄』〔二〇〕，字當從『耒』。周禮六辭，鄭司農注二字已不分矣。

謚　諡，行之迹也。從『言』『益』。後人改爲『謚』。

章　從『音』『十』。俗説『立早章』，誤。

童　男有罪曰『奴』；奴曰『童』，女曰『妾』。今人『童僕』字作『僮』，以此爲『童子』字〔二一〕，蓋經典皆漢以後所改。説文『僮』『童』之訓，與後人所用正相反。

黨與　當作『攩与』。攩，朋羣也；与，賜予也。『鄉黨』亦當作『攩』。

顯　檀弓『子顯，公子縶』，盧氏植云：『古者名字相配，「顯」當作「韅」。』見『韅』字注。

鞗革　毛詩『鞗革』，皆當依古金石作『攸勒』『鋚勒』。毛詩：『攸，轡首飾也；革，轡首也。』自來上句奪『首飾』二字，而莫得其解。

酏　内則：『以與稻米爲酏。』酏，本作『餰』，淺人所改。周禮醢人『酏食』，注曰：『酏，餰也。』『酏』在六飲中，不合在豆，故當作『餰』。

鬻　樂記叚『鬻』爲『育』而譌爲『鬻』。

飢 廣雅釋言曰『⿹𢦏食，設也』，釋詁四曰『飢，詞也』。錢氏大昕定『飢』爲『⿹𢦏食』字之誤，古用爲發語之『載』。石鼓詩『載』作『⿹𢦏食』。

鬭 遇也。古凡『鬭接』用『鬭』字，『鬥爭』用『鬥』字。俗皆用『鬭』爲爭競，而『鬥』廢矣。今人謂『鬭』正『鬥』俗，非也。

假 凡云『假借』，當作『叚』。古多借『瑕』爲『叚』。晉士文伯名匄，字伯瑕。楚陽匄、鄭駟乞皆字子瑕。古名字相應，則『瑕』即『叚』也。禮記公肩假，古今人表作『公肩瑕』；左傳『瑕嘉平戎於王』，周禮注作『叚嘉』，皆同音叚借。

畫 當作『畫』。

絚 緊，別作『絚』。成公四年：『鄭伯絚卒。』考左作『堅』，公作『臤』，穀作『賢』，別本作『緊』，別作『絚』。『絚』譌字。

豎竪 當作『豎』。

繫 易毄辭當作『毄』。

毆驅 淺人分析『一口』切，爲『毆打』字；『起俱』『邱于』切，爲『驅逐』字，誤矣。

鍛段 後人以『鍛』爲『段』字，以『段』爲『分段』字。『分段』字自應作『斷』。

圍　圍，古『禦』字；今周禮注作『圍』，誤。『圍繞』『週圍』字，當作『囗』。『圍』行而『囗』廢矣。

燖　古文禮叚『尋』爲『燅』。有司徹『乃燅尸俎』，注：『燅，温也。古文「燅」，皆作「尋」。』俗本禮注作『燖』，誤。

布　漢書上林賦『布結縷』，史記『布』作『尃』。徐廣曰：『尃，即「布」字〔一二〕。』按：『尃』訓『布』也，非一字。

⿱癶𡰪　從『皮』省，謂『𡰪』也。非『耳』，非『瓦』。今隸下皆作『瓦』矣。

典　『典法』『典守』字，皆當作『敟』。『典』行而『敟』廢矣。

⿱奞又　奪，手持隹失之也。敚，强取也。『爭敚』字，後人叚『⿱奞又』爲之。今人誤以『奪』爲『敚』。『奪』行而『敚』廢矣。

悠　釋詁：『永、悠、迴、遠，遐也。』古『悠長』字，皆當作『攸』。

杜　『杜門』字，當作『𢾉』。『杜』行而『𢾉』廢矣。

畢　『事畢』之字，當作『⿰畢攵』。『畢』行而『⿰畢攵』廢矣。畢，田网也。

鼓　擊鼓也。讀若『屬』，之欲切。後以其形似鼓，讀『公户』切。凡『鼓瑟』『鼓琴』『鼓鐘于宮』『弗鼔弗考』『鼔之舞之』〔二三〕，皆分別作『鼔』。其誤久矣。『鼓舞』字與『鐘鼓』字自是一字。

鼓皷鼓 皆誤，當作『鼓』。

昬 凡『昏』旁作『昬』者，誤。

擊繫 古今人表『敤手，舜妹』，顔云：『流俗本作「擊」，合「敤手」二字譌爲一字也。』列女傳云『舜之女弟繫』，則又『擊』之誤矣。

改 毅改，大剛卯，以逐鬼魅也〔二四〕。俗誤以爲『改』字。

觷 𢿋，觷田也。説文本無『𢿋』字，後人增之，其訓蓋作『撆』也。『撆』者，『旁擊』也。一譌爲『觷』，再譌又衍『田』字，莫能通矣。

悔 與『𣫲』本非一字。後人以『悔』爲『易卦之上體』之『𣫲』字，誤。

眅 春秋傳『鄭游眅』，俗本從『日』，誤。

眡 眡，古文『視』，與『眂』別。

豁 『豁目』字，當作『眓』。眓，視高皃。

吁 詩『云何吁矣』，『吁』字誤，當作『盱』。

脈　古詩十九首『脈脈不得語』，系『脈』之譌。脈，莫獲切。

佇　辭章言『延佇』，皆當作『眝』。

貯　外戚傳『飾新宮以延貯』，此『貯』正『眝』之誤〔二五〕。

盼　孟子『使民盼盼然』，趙云：『盼盼，勤苦不休息之皃。』按：丁公著本『盼盼』作『肸肸』。據趙注，則『肸』近是，作『盼』者，譌字。近人又用『盼』爲『美目盼兮』之『盻』，更誤。

眛　從『末』之字，見於公穀二傳及吴都賦；從『未』之字未之見。説文原著從『末』，淺人改爲從『未』，又增從『末』之『眛』於前也。

脩　唐人小説『術士相裴夫人目瞀而緩，主淫』，俗誤『脩長』之『脩』。

眣　公羊傳文六年『眣晉大夫使與公盟也』、成二年『郤克眣魯衛之使，使以其辭而爲之請』，字皆從『矢』，音『舜』。從『失』者，其譌體。以譌體改説文，淺人無識之故也。

瞽瞍　當作『瞽叟』。

這　『者箇』『者般』『者回』，皆取别事之意。不知何時以『迎這』之『這』代之。這，魚變切。

翼　尚書『翼』字訓『敬』、訓『輔』，與訓『明』之『翊』無别。自衛包始，漢、魏、晉、唐初皆有『翌日』，無『翼日』。

隹 凡從『隹』之字，今皆讀爲『佳』，誤。

鶪鵙 爾雅『鵅〔二六〕，鶪鵙』，當作『忌欺』。

巂 漢之『越巂』，或以作『嶲』別之，誤。巂，先蘂反。

來 釋鳥『鷹，來鳩』，郭云：『來，當爲「爽」。』

鴈 鴈，从『鳥』，爲『鵝鴈』〔二七〕；雁，從『隹』，爲『鴻雁』。禮『舒鴈』，當作『舒雁』；謂『雁之舒』者，以別於真雁也。『舒雁』謂之『鴈』，猶『舒鳧』謂之『鶩』也。經典『鴻雁』字多作『鴈』。

母 釋鳥：『鴽，牟母。』鄭注公食大夫禮、月令皆作『鴽，母無也』。『母』與『牟』、『無』與『母』，皆音同。今二注舛譌。説文作『翟，或从鳥』。經典皆从『如』聲。

鴐 爾雅『春鳸，鴐鶞』，説文作『鴐盾』。鴐，當作『頒』。

纖 纖，蓋字當作『𢿌』。

罩 䍜，覆鳥令不得飛走也。都校切，與『罩』異。今則『罩』行而『䍜』廢矣。

芈 當作『羋』，氣出不徑直也。今字中筆不曲，又斷，非也。

羔 虞氏注説卦傳『爲羊』作『爲羔』，鄭本作『陽』，云：『讀爲「養」。』『羔』者，『養』之誤。

僬 『焦僥』作『僬僥』，誤。

讎 釋詁：『仇、讎、敵、妃、知、儀，匹也。』此『讎』字作『雔』，則義尤切近。度古書必有用『雔』者。今則『讎』行而『雔』廢矣。

鳶 此今之『鶚』字。咢，說文作『㖾』；鶚，廣雅作『鶚』。作『鶚』者，隸變耳。詩『匪鶉匪鳶』『鳶飛戾天』，皆當作『鳶』，大雕也。陸德明本乃作『鳶』，云『以專反』。今毛詩因之。又以『與專反』改說文『鳶』字之音，誤之甚矣。鳶，夏小正作『弋』，與職切；俗作『鳶』，與專切。『弋』者，『睢』也，非『鶚』也。『鳶』行而『弋』廢矣。陸不獨改其字，且非其物矣。

鷙 當作『鷙』，从『執』。

構 『結構』當作『冓』。今字『構』行而『冓』廢矣。

茲滋 茲，黑也；从二『玄』，胡涓切。左傳『何故使吾水茲』，釋文：『茲，音玄。』今本作『茲』，子之切，非也。俗加『水』作『滋』，濁也。因誤認爲『滋益』字，而入之之韻也。艸部『茲』，從『絲』省聲。凡水部之『滋』、子部之『孳』、鳥部之『鷀』，皆以『茲』爲聲；而『茲』『滋』字祇當音『懸』，不當音『孜』。訓『此』之『茲』，亦不當用二『玄』。蔡邕石經見於隸釋、漢隸字原者。尚書『茲』字五見，皆从『艸』。則唐石經皆作『茲』者，誤矣。

莩 孟子『野有餓莩』，『莩』當作『𠬪』。

没 『殁死』字當作『殁』。今人作『没』，誤。入水有所取曰『𠬛』，湛於水曰『没』，内頭水中曰『𩔉』。

衣 中庸『壹戎衣』。『衣』讀爲『殷』，聲之誤『壹戎殷』者，壹用兵伐殷。

阼 『阼階』當作『胙』。

臭 臭者，氣也；兼芳、殠言之。今字專用『臭』，而『殠』廢矣。

潰 『殨爛』字作『潰』，而『殨』廢矣。

蹕 鄭司農注周禮典同曰『鍾形下當蹕』，當是『庳』之叚借；列女傳『古者婦人身子，寢不側，坐不邊，立不蹕』，當是『跛』之叚借。今兩書皆譌作『蹕』。

髁 醫經曰『腰髁骨』者，其字當作『骬』，即『骼』字；不當作『髁』。文選注引埤蒼曰：『骼，腰骨也。』

鯁 『鯁』訓『魚骨』。骨留咽中，當作『骾』。

夤 易『列其夤』，當是上『肉』下『寅』。故鄭本作『膑』，非叚『夤敬』字也。

腝 當作『臑』。

襢袒　非正字，『膻』其正字。

胝　『手胼足胝』之『胝』，從『氐』；作『胝』者，誤。

隓　今禮儀注『隋』皆作『隓』〔二八〕，誤。

肶　今儀禮注禮記釋文『膍』皆作『肶』，誤甚。

朓　朓，祭也。從『肉』，『通堯』『他召』二切。鉉本『土了』切，蓋誤以月部之『朓』當之也。

朐䏰　漢碑、古書皆作『朐忍』，不知何時『朐』譌『朐』、『忍』譌『䏰』。闞駰上音『春』，下音『閏』；通典上音『蠢』，下音『如尹』切；廣韻則上音『蠢』，下音『閏』。而大徐於肉部增『朐』『䏰』二篆，上音『如順』，下音『尺尹』。不知爲『朐忍』之字誤。

腥　論語『君賜腥』，字當作『胜』。今經典『膏胜』『胜肉』字，通用『腥』爲之，而『胜』廢矣，而『腥』之本義廢矣。

挺脡　『脯脡』字本作『梃』，從『木』；梃，一枚也。從『手』、從『肉』，皆誤。

淹　今『淹漬』字，當作『腌』。『淹』行而『腌』廢矣。腌，於業切。

脆　當作『脃』。

蛆　當作『胆』。

刊 與木部『栞』音同義異，唐衛包乃改『栞』爲『刊』，誤認爲一字也。

挩 禮言『帨手』，絶無『挩手』，『挩』爲誤字。穀梁『梲殺』。今本注、疏、釋文皆譌從『手』。

剿勦 甘誓『天用𠞰絶其命』，衛包改『𠞰』爲『剿』。開寶中改釋文『𠞰』爲『勦』、『剿』爲『巢』，莫能諟正。𠞰，絶也。曲禮『母剿説』〔二九〕，字从『刀』，不从『力』。力部『勦』，訓『勞』也。

刖 凡絶皆稱『刖』，刖足當爲『跀』。

梁梁 當从『刅』。今人作隸書皆从『办』，非古法，不可從。

鄢 梁國鄢，地理志作『傿』，郡國志作『鄢』。春秋經傳『晉及楚鄭戰于鄢陵』，前志作『傿陵』。今按：从『傿』是。

犕 『犕』字見於經史者，皆譌爲『犕』。

箈 郭注爾雅引周禮『箈菹，鴈醢也』，今本周禮作『箈』。非『菭』，非『篙』，乃是譌字。

蓊 南都、吴都賦『蓊茸』，謝靈運山居賦自注『蓊蔚』。今皆誤从『艸』。

頁葉 今書一紙謂之『一頁』；或作『葉』，當作『枼』。

籔 毛詩伐木傳『以筐曰「釃」，以籔曰「湑」』，『籔』即今之『溲箕』也。今誤从『艸』作『藪』。

敊 持去也；攲，傴也。傾側之意當用「攲」，今人誤作「敊」。

著 「箸落」「箸明」當作「箸」。古無去、入之分，字亦不从「艸」。凡裝棉曰「著」，其字當作「褚」。

簜 大射儀「簜在建鼓之間」，當作「簜」。簜，大竹筩也。

茭 漢溝洫志「搴長茭兮湛美玉」，「茭」宜从「竹」。

莋 西南夷有筰縣。或从「艸」作「莋」，非也。

筥籧 召南傳「方曰『筐』，圓曰『筥』」，「筥」當作「篆」，月令「具曲植篆筐」，或譌作「籧」。

第 詩碩人从「艸」，載驅从「竹」。从「竹」者，誤也。

薆 爾雅「薆，隱也」，方言「揜、翳，薆也」，字皆當从「竹」。

笑 段氏以「笑」爲是，以从「夭」作「笑」爲非。

近 大雅：「往近王舅。」作「近」者，誤。

貣 月令「宿離不貸」，釋文：「貸，他得切；徐音『二』」，「無有差貸」釋文：「貸，音『二』；又他得反」。緇衣「其儀不忒」，釋文「忒，他得反；又作『貣』，音『二』。」漢費鳳碑「貸」與「則」「德」韻，婁氏釋作「貣」，皆「貣」之誤爲「貳」者也。

展 『展布』字，當作『㞡』。『展』行而『㞡』廢矣。

塞 『填塞』字，皆當作『𡨄』。『塞』行而『𡨄』『𢡟』皆廢矣。且有讀『𡨄』爲『鎛』者，愈失其本音、本義矣。燕燕、定之方中、堯典、咎繇謨諸『塞』字，皆當作『𢡟』。即曰叚借，亦當叚『𢡟』。

厭 猒，飽也，足也，與『厭』字音同義異。淺人多改『猒』爲『厭』。『厭』專行而『猒』廢矣。洛誥『萬年猒于乃德』，此古字當存者。飽足則人倦怠，故引伸爲『猒倦』『猒憎』。

册 簡牘曰『册』，以簡告誡曰『𠕋』。『册』行而『𠕋』廢矣。

忽 『冐』與心部『忽』音同義異。羽獵賦：『蠁曶如神』、傅毅舞賦『雲轉飄曶』、漢樊敏碑『奄曶滅形』，當作『冐』，不當作『忽忘』字。今則『忽』行而『冐』廢矣。

憯 民勞、十月之交『憯』，皆當作『朁』。『憯』之本義『痛矣』〔三〇〕。

號 号，痛聲也。凡『唬號』字，當作『号』。今則『號』行而『号』廢矣。

巳 召誥『越三日丁巳』，『巳』當作『亥』。

嚭 大也。按：訓『大』，則當从『丕』。集韻『一作「噽」』，是也。

鼝 魯頌『咽咽』，音義曰：『本又作「鼝」〔三一〕。』鼝，譌字。

幾　『見幾』『研幾』字，當作『幾』；『庶幾』『幾近』字，當作『𧯷』。『幾』行而『𧯷』廢矣。

豆　豆，本瓦器，故以木爲之，則異其字作『梪』。釋器『木豆謂之「豆」』，當作『謂之「梪」』。毛詩當作『梪』。

陶　作瓦器，當作『匋』。

宓　古『伏羲』字作『虙』。五經文字引論語釋文云：『宓子賤姓虙。文字譌舛，轉而爲「宓」。』疑此字當作『伏』，故濟南伏生稱子賤之後。顔氏家訓以爲作『宓』者誤，段氏以爲黄門臆測。若論其同从『必』聲，則作『宓子賤』亦無不可。

沖　『盅虛』字，今作『沖』。水部曰『沖，涌繇也』，則作『沖』，非也。『沖』行而『盅』廢矣。

温　凡云『温和』『温柔』『温暖』者，皆當作『昷』。『温』行而『昷』廢矣。温，水名。

靜　宷也。『安靜』本字，當从立部之『竫』。

鬱　『鬱鬯』字，當作『鬱』。

駛　今俗用『駛疾』字，當作『駛』。

鍚　『鍚』不當从『昜』。

粢　『餈』或字，今人誤用爲『粢盛』字。粢，『𪏁』或字。

饘餰 饘糜也，諸延切。「餰」者，「鬻」之或字，去虔切。淺人妄謂「鬻」「饘」同字。

餠 古祇有「飯」字，後乃分别作「餠」。唐以前多作「餠」字，後來多譌爲「餠」字。

飧 「飧」與「餐」異。鄭風、釋言音義誤認「餐」爲「飧」字，集韻、類篇竟謂「飧」「餐」一字。

饑 穀不熟爲「饑」。今人誤以爲「飢」字。

飢 餓也。今人誤以爲「饑」字。

倉皇 當作「蒼黄」。

仝 完也，即今「全」字。今以「仝」爲「同」字。

括 「矢栝」作「括」，誤。

純醇 「純熟」字，當作「𦎧」。「純」「醇」行而「𦎧」廢矣。

厚 「厚薄」字，當作「𣆪」。「厚」行而「𣆪」廢矣。厚，山陵之𣆪也。

廩 㐭，賜穀也，筆錦切。多譌爲「廩」；即有未譌者，亦皆讀爲「力甚切」矣。今之「廩膳生員」，於古當作「㐭膳」。凡上所賦、下所受，皆曰「㐭」。

鄙 論語「鄙夫」、周書「鄙我周邦」。凡「鄙吝」字，皆當作「啚」。「鄙」行而「啚」廢矣。

麧 史漢皆云「亦食糠麧耳」，孟康曰「麧，麥糠中不破者也」，晉灼曰：「『麧』音『紇』」。京師人謂「麤屑」爲「紇頭」。」按：廣韻引漢書「食糠麧」爲是。孟注、晉音皆是「麧」字，後人妄改漢書耳。

復 复，行故道也。「復」行而「复」廢矣。疑彳部之「復」乃後增。

淩淩陵 「夌越」字，當作「夌」。今字或作「淩」，或作「凌」，而「夌」廢矣。檀弓「喪事雖遽，不陵節」，鄭曰「陵，躐也」，廣韻「陵」下云「犯也，侮也，侵也」，皆「夌」義之引伸。今字概作「陵」矣。

陵遲、陵夷 凡作「陵遲」「陵夷」〔三二〕，當作「夌徲」。今字「陵遲」「陵夷」行而「夌徲」廢矣。

愛 行皃也。今字叚「愛」爲「㤅」，而「㤅」廢矣。

㚇鍐騣 㚇，或誤作「㚇」；鍐，或誤作「鍐」。玉篇又誤作「金騣」〔三三〕，皆誤「子公」反，非也。

違 韋，相背也。今字「違」行而「韋」之本義廢矣。

昆 「昆弟」字，當作「䍐」。「昆」行而「䍐」廢矣。

罤 「䍐」之俗〔三四〕。

降 兄「降服」字〔三五〕，當作「夅」。「降」行而「夅」廢矣。

檽 『㮕』之誤。

𣛧 𣛧〔三六〕，冬桃。誤爲『𣛧』。

樕 召南『林有樸樕』，今譌作『樕』。

槐 釋木『槐，小葉曰「榎」』。郭云：『槐，當爲「楸」。』

披 左傳『披其地以塞夷庚』；韓非子『數披其木』；戰國策『范雎引詩曰：「木實繁者，披其枝；披其枝者，傷其心」』；史記魏其武安傳曰『此所謂枝大於本，脛大於股，不折必披』；方言『披，散也。東齊聲散曰「㾴」，器破曰「披」』：此等非『柀』字之誤，即『柀』之叚借。版本皆譌爲『手』旁之『披』。『披』行而『柀』廢矣。『柀靡』亦不當从『手』。

杻 古文『杶』『丑』，即『屯』字側書之耳。集韻徑作『杻』，非也。

樗 中山經曰：『傅山西五十里曰橐山，其木多樗。』『樗』者，『𣏌』之誤。

蘿 釋木：『檖，蘿。』『蘿』者，『羅』之誤。

櫅 釋木『櫅，白棗』，『櫅』當作『齊』。『櫅』乃别一木。

梢 釋木：『梢，梢擢。』梢，蓋本从『手』作『捎』。

穫 小雅『薪是穫薪』，箋云『穫落，木名也』，陸云『依鄭，則字宜「木」旁』。

蒲　釋木：「楊蒲柳。」蒲，蓋本作「浦」；浦，水瀕也。詩「不東蒲」〔三七〕、左傳「董澤之蒲」。累曰「蒲柳」〔三八〕，單評曰「蒲」，音同「浦」。至唐而失其讀矣。

幸　仲尼弟子列傳：「顏幸。」「幸」者，「辛」之譌。

棠　小雅「常棣」，往往誤作「棠」。

搖　「楓」下曰：「厚葉弱枝，善榣。」榣，樹動也。作「搖」，誤。

本末　當作「本末」。一从「木」下，一从「木」上也。

楔　劉淵林注蜀都賦：「楔，似松，有刺。」按：蜀都「楔」字，蓋「楔」之譌。

荏　詩「荏染柔木」、論語「色厲而内荏」，皆當作「集」。經典多叚「荏」，而「集」廢矣。

顛　人頂曰「顛」，木頂曰「槙」，人仆曰「顛」，木仆曰「槙」。「顛」行而「槙」廢矣。

梗　「梗概」，當作「挭概」。

嘅　「感嘅」當作「感概」。

招搖　今俗語謂「煽惑人」爲「招搖」，當用「柖榣」二字。

槁稿　「枯槁」「禾稿」字〔三九〕，古皆「高」在上；今字「高」在右，非也。

柎　王莽傳「爲銅薄櫨」，師古曰：「柱上枅也。」枅，今本作「柎」，誤。

砌 漢書外戚傳『切皆銅沓，黄金塗』，西京賦『元墀釦切〔四○〕』。文選『切』作『砌』，誤。

柂 齊民要術曰：『柂落不完。』『柂』者，『杝』之誤。

箕 釋器釋文引説文『齊謂之「兹箕」』，『箕』誤，當作『其』。

刨劚 考工記注引爾雅作『句欘』。

扢 當作『杚』。

持 淮南書『具撲曲』，高曰『薄，持也。三輔謂之「撲」』。『持』即『栚』之誤。

瑚璉 『瑚』雖見論語、禮記，然依左傳，作『胡』爲長。『璉』當作許从『木』〔四一〕。

棍幌 吴都賦『房櫳對櫎』，『櫎』之字一變爲『棍』，再變爲『幌』。

搞 槁，孔沖遠左傳正義作从『手』之『搞』，乃誤字也。

橯 廣雅：『「柲」謂之「滕」。』今廣雅『柲』作『橯』，誤。

捆 孟子『梱屨』，孫氏音義从『手』，誤。

核 蠻夷以木皮爲匧，狀如籢尊之形也。今字果實中曰『核』，而本義廢矣。許意果實中之字，當用『覈』。毛詩作『核』，非古也。周人經作『覈』〔四二〕，注作『核』。蓋漢人已用『核』爲『覈』矣。廣韻云：『槅，果子槅也。户骨切。』此字近是。

棬　呂氏春秋：『使五尺童子引其棬。』『棬』者，『桊』之譌字。

膱　儀禮『樴』譌『膱』。

接　以彼枝移椄此樹，當作『椄』。今『接』行而『椄』廢矣。

樏　欙，或省作『樏』，非也。

搉　凡言『大搉』『揚搉』『辜搉』，皆當作『榷』，不當从『手』。

橃　後人以『橃』代『筏』，非漢人意也。

竹　欜，澤中守艸樓。藝文類聚『艸』譌作『竹』。

櫓　左傳成十六年引『欜，澤中守艸樓』〔四三〕，『欜』譌爲『櫓』。

脯哺　後漢楊由傳：『風吹屑肺〔四四〕。』肺，『朩』之叚。一譌爲『脯』，再譌爲『哺』。釋之者曰『削脯是屏障之名』，絕無證據。

柿肺沛梀脨涑　『朩』『肺』『沐』隸變作『柿』『肺』『沛』，殊誤。『柿』之誤作『梀果』、『肺』之誤作『乾脨』、『沛』之誤作『涑水』，其譌又不勝改也。

柧　殳以積竹八觚。『觚』行而『柧』廢矣。通俗文曰：『木四方爲「棱」，八棱爲「柧」。』按通俗文析言之；若渾言之，則急就『奇觚』謂『四方木』也〔四五〕。

荏　漢書貨殖傳『山不茬蘖』，今譌爲『荏』字。

梟　五經文字曰：『从「鳥」在「木」上，隸省作「梟」。』然則，説文本作『梟』甚明。今各本云『从「鳥」頭在「木」上』，而改篆作『梟』，非也。

無　𣞤，文甫切，『蕃𣞤』字也。隸變爲『無』，遂借爲『有無』字〔四六〕。

廡無　『蕃無』乃借『廡』，或借『蕪』爲之矣。

暘　尚書暘谷自説青州嵎夷之地；若日出之地，自是湯谷。改『湯』爲『暘』，非也。

垂　『下來』字，當作『來』。『垂』行而『來』廢矣。

稽極　當作『稽椒』。急就篇：『沽酒釀醪稽極程。』

卓　『如有所立卓爾』，當作『稦』。

漆　木汁名『桼』，因名其木曰『桼』。今字作『漆』而『桼』廢矣。詩書『梓桼』『桼絲』皆作『漆』，俗以今字易之也。

貫　石鼓文『可以橐之』，『橐』讀如『苞苴』之『苞』。蘇軾詩作『貫』，非也。

圈　疑説文本作『圈』，後人改之耳。

紜　『紛賦』字，當作『賦』。『紜』行而『賦』廢矣。

貣貸 求人、施人，古無『貣』『貸』之分。經史內『貣』『貸』錯出，恐皆俗增『人』旁。

貢 贛，賜也。端木賜字子贛。凡作『子貢』者，皆後人所改。

施 毛詩『施于中谷』『施于孫子』，皆當作『貤』。又『旗旖，施也』，經傳叚此爲『敷敀』字。『敀』之形、『施』之本義俱廢矣。

商 行賈曰『賫』。『商』行而『賫』廢矣。

龍 壟斷〔四七〕，孟子作『龍』，丁公箸讀爲『隆』，陸善經乃讀爲『壟』。趙本蓋作『尨斷』，許書亦當作『尨斷』。

域 周禮故書有『乃分地邦而辨其守地』，『邦』謂『土界』。杜子春改『邦』爲『域』，非也。

郡 釋詁曰：『郡，乃也。』此未得其説，疑『那』之誤。

岐 『⿰支阝邑』『岐山』，畫爲二字。漢書地理志皆作『⿰支阝』〔四八〕。⿰支阝，周字也。郊祀志皆作『岐』，岐山字也。師古曰：『⿰支阝，古「岐」字。「岐」專行而「⿰支阝」廢矣。』『⿰支阝』下曰：『⿰支阝，或从「山」，「支」聲，因岐山以名之也。』疑後人以山部原文移入於此而删改之。又曰『古文「⿰支阝」，从「枝」〔四九〕、从「山」』，此亦淺人改山部之文入此部耳。

⿰口阝 京兆藍田鄉。『叩擊』字从『卩』，不當作『⿰口阝』。

葉 禮記『葉公之顧命』，以周書『祭公』解正之，『葉』乃『祭』之誤。

武城 山西汾州府介休縣縣東三十五里有故鄔城，俗譌『武城』。

鄢 鄔，太原縣。陸氏左傳音義乃云『太原縣字從「焉」，作「鄢」』，誤。

鄡〔五〇〕**縣** 仲尼弟子列傳『鄡單』，『鄡』當作『鄡』；鄡單，蓋即檀弓『縣亶』。『縣』乃字之誤。

鄭 史記曰：『扁鵲者，勃海郡鄭人。』徐廣云：『鄭，當爲「鄚」。』

尉李 甘肅慶陽府城東有故郁郅城，水經注謂之『尉李城』，聲之誤也。

郾 前志云：『南陽雉衡山，澧水所出，東至郾入汝。』郾，今本譌作『郾』。

郢 前志曰『郢縣，楚別邑故郢』，『故郢』二字正『故郊郢』之奪誤也；別于故楚郢都。又通典申州羅山、鐘山二縣下皆曰『漢郢縣地』，此處不當有『郢地』。二『郢』字皆『鄳』字之誤。

印 邛，後志俗本譌作『印』。

鄘 詩風之邶庸作『鄘』，非也〔五一〕。

什 四川成都府什邡縣，漢時此縣名作『汁』字。凡作『什』者，以其音改之也。

郁郁 郁鄗縣字當作『存』。或作『栫』者，俗又或譌爲『郁』矣。

郔 鄭地。宋淳化本及明人補刻石經作『延』，皆誤字。

郭 齊之郭氏墟，本國名。今以爲『城𩫏』字，又以爲『恢廓』字〔五二〕。

郲 鄆，齊世家譌作『郲』。

繆 坊記陽侯、繆侯即淮南氾論訓之陽侯、蓼侯。『繆』者，字誤耳。

暗 『闇』者，閉門也。『明暗』字當用『闇』，不用『暗』。『暗』者，日無光也。義異。

晞 齊風『東方未晞』，傳曰『明之始升』，則當作『昕』。昕，讀同『希』，因誤爲『晞』耳。

陽 祭義『殷人祭其陽』，鄭云：『陽，讀爲「曰雨曰暘」之「暘」。』孟子『秋陽以暴之』，亦當作『秋暘』。地理志、郡國志丹楊郡作『陽』者，字誤。

顯 經傳『顯』字，皆當作『㬎』。『㬎』者本義，『顯』者叚借。載籍既皆作『顯』，乃謂古文作『㬎』爲叚借矣，故『㬎』下曰：『古文以爲「顯」字。』

㬥 㬥，晞也。引伸爲『表㬥』『㬥露』〔五三〕，與夲部『暴』義別。凡『暴疾』『暴虎』『暴虐』，皆夲部字。暴，主謂疾。

褻 『暬』與『褻』同音同義〔五四〕。今則『褻』行而『暬』廢矣。

該晐　『晐』爲『晐備』正字。今字則『該』『賅』行而『晐』廢矣。莊子、淮南作『晐〔五五〕』，今多作『該』。

㑆　『古人名㫃字子游』，今之經傳皆變作『偃』。『偃』行而『㫃』廢矣。

師　周禮司常職作『師』。『師』者，『帥』之誤。

旒　左傳『鍚鸞和鈴，昭其聲也』，杜云『鈴在旂』，李云『以鈴著旐端』。周頌疏『旐』作『旒』，誤。云『旐』者，『旐』亦旗，正幅之通稱。

旞　夏采『以乘車建旞』，『旞』當爲『旞』。

綏　雜記『諸侯死於道，以其綏復』，又曰『大夫、士死於道，以其綏復』，『綏』皆『旞』之譌。

旝　旝，轉寫譌爲『旝』。

飄搖　當作『瘭䍃』。『飄搖』行而『瘭䍃』廢矣。

祀姑　吴語『建肥胡』，吴都作『祀姑』，誤。

籠　『牢籠』字，當作『櫳』。『籠』行而『櫳』廢矣。

刁　莊子『之調調』『之刀刀』，『調調』謂『長』者，『刀刀』謂『短』者。俗誤『刁刁』。

種　『嘉穀』見詩生民，改爲『嘉種』者，非。

齊　『齊等』字，當作『⿱齊女』。『齊』行而『⿱齊女』廢矣。

牉　喪服傳曰：『夫妻牉合也〔五六〕。』『牉』當作『片』；片，即媒氏『判』字。

弇　釋器：『圜弇上謂之「鼒」。』弇，依許作『掩』爲正字。

⿵冂鼎鼏　上音『古螢切』，下音『莫狄切』。『以鼎』蓋字之音，加諸『横冊鼎耳』之義，誤矣。

録　毛詩『車歷録』，當作『歷录』。

穜種　『埶』爲『穜』，之用切；『種』爲『先種後熟』，直容切。而隸書互易之。『種』者，以穀播於土，因之名『穀可種』者曰『種』。凡物可種者皆曰『種』，別其音『之隴切』。

失台　昭五年穀梁傳：『狄人謂賁泉矢胎。』今『矢胎』作『失台』者，誤。

毛　漢書『靡有孑遺秏矣』，孟康曰：『無有秏米在者也。』今本作『毛米』，誤。

移　今人但讀爲『遷移』。據說文，則『自此之彼』字當作『迻』。

稛〔五七〕　稇〔五八〕，絭束也。苦本切，非从『困』聲。

禚　春秋經有『禚』字。玉篇禾部『⿰禾羔』下曰『又齊地名』，而示部『禚』字在部末，孫強輩所沾〔五九〕。然則希馮所據春秋字从『禾』。

導　䆃，䆃米也。䆃，擇米也〔六〇〕。凡作『導』者，譌字也。

荒 『荒年』字，當作『穅』。『荒』行而『穅』廢矣。

蘇 穌，杷取禾若也。叚『蘇』爲『穌』。『蘇』行而『穌』廢矣。蘇，桂荏也。

升 鄭注喪服曰：『八十縷爲「升」。「升」當爲「登」。登，成也。』今之禮皆『登』爲『升』，俗誤已行久矣。

歷 秝，稀疏適秝也。凡言『歷歷可數』『歷録束文』，皆當作『秝』。『歷』行而『秝』廢矣。

黎 履黏也。釋詁曰：『黎，衆也。』『衆』之義行，而『履黏』之義廢矣。古亦以爲『黧黑』字。

粜粃粜 皆『粊』之誤。

費 粊誓，衛包妄改作『費』〔六一〕。

斟 吕覽『藜羹不斟』，『斟』爲『糂』之誤。

粽 今之小菜，古謂之『糁』，别製其字作『粽』。通鑑『益智粽』『鬼目粽』、廣韻『枸櫞樹皮可作粽』、南方艸木狀『益智子粽』，俗多改『粽』。胡三省注通鑑曰『角黍也』，蓋誤認爲送韻之『粽』字〔六二〕。

麓 地理志『交止郡麓泠』。『麓』者，『鹿』之俗〔六三〕。

糴 揚雄蜀都賦『糴米肥腯』。轉寫作『糴米』，誤矣。

麸　麸，大徐作『麸』，誤。

蔡　左傳昭元年曰『周公殺管叔而蔡蔡叔』，釋文曰：『上「蔡」字，素葛反，説文作「𣏕」。』『隸書改作，已失字體，『𣏕』字不可復識，寫者全類「蔡」字，至有爲一「蔡」字重點以讀之者〔六四〕。』

䃺　凡言『粉碎』之義，當作『䃺』，忙皮切。徐鼎臣乃云『莫卧切』，蓋誤認爲『磨』字耳。

葲　玉篇：『有子曰「葲」，無子曰「枲」。』廣韻互易之，誤也。

㪔　㪔，分離也。『㪔』行而『㪔』廢矣。

端　『發端』字，當作『耑』。今則『端』行而『耑』廢矣。

耑　此『發耑』字。今多用『耑』爲『專』。

𤓰　隋書『瓟稍』，今之『金瓜椎』也。宋人字作『𤓰』〔六五〕，遂爲牛形。因字譌而附會有如此者！見文昌雜録。

弦　魯靈光殿賦曰：『弦寥窲以崢嶸。』今文選『弦』字皆誤，唯韻會所據不誤。

寧　『安寧』字，當作『寍』。

密　經典作『密』。『密』行而『宓』廢矣。

實 玉篇既云『宲，補道切』，又重出而云『食質切，古「實」字』，殊誤。

寢 乃㝱部『𥧑』字之省，與『寑』異義。今字概作『寢』矣。

吻 今俗云『吻合』者，當用『㝴』。

索 『挍索』『求索』皆當作『索』，俗作『索』，誤。

營 下从『宮』不省，上『熒』省聲，謂『省去「火」也』；與他『熒』省聲，但省下『火』者異』。

窩 華陽國志『孝子隗通爲母汲江膂水，天爲出平石至江中』，『膂』或誤爲『窩』。

曹 孟康漢書注曰『東南謂鑿木空中如曹曰「廇」』，『曹』當作『槽』。

填 寘，今作『填』。『填』行而『寘』廢矣。

究 今本管子、墨子『窕』，誤作『究』。

窕 窕，唐石經左傳譌作『窕』，从『宂』；釋言『窕，肆也』『窕，閒也』，石經亦譌作『窕』，从『宂』。皆字之偶誤耳。許書無从『宂』之『窕』〔六六〕。

絞 今吴俗語曰『絞腸刮肚痛』，字當作『疝』，古音讀如『糾』。

嘶 『馬嘶』字當作『㾷』，散聲也。

擣 詩『惄焉如擣』。『疛』其正字，『𤻲』其或體，『擣』其譌字。

府種　呂氏春秋曰：『身盡府腫。』今本吕覽作『身盡府種』，二字皆誤。

句　玉部『玽』下曰『讀若人「句脊」之「句」』，二『句』字皆『痀』之誤。

痂　『痂』本謂『疥』，後人乃謂『瘡所蛻鱗』爲『痂』。此古義、今義之不同也。『瘡鱗』可曰『介』，『介』與『痂』雙聲。

癘　癘，惡疾也。今義別製『癩』字，訓爲『惡瘡』；訓『癘』爲『癘疫』。

瘷　『㾘』下曰『讀若「欶」』，今字譌作『瘷』〔六七〕。

𤻲　詩『可以樂飢』，唐石經依鄭改爲『𤻲』，誤矣。

最　『冣』與『聚』音義同，才句切。各書『冣』字皆譌作『最』，讀『祖會反』，音義皆非。

莓　左傳：『原田每每。』魏都賦『蘭渚莓莓』，『每』上加『艸』，非。

蒙　凡『蒙覆』『僮蒙』字，皆當作『冡』。『蒙』行而『冡』廢矣。蒙，艸名也。

兩　『二十四銖』之稱也。㒳，再也。今字概作『兩』。『兩』行而『㒳』廢矣。

罝　魯語曰『水虞於是禁罝罜麗』，韋曰：『罝，當作「罛」。』

帥率　『率導』『將帥』字在許書作『𨔞』、作『衛』，而不作『帥』與『率』。

幕　幔，幎也。幎，各本作『幕』，由作『幂』而誤耳。

標 凡物之『幖識』亦曰『徽識』，今字多作『標榜』〔六八〕。『標』行而『幖』廢矣。

綬紱 倉頡篇曰：『紱，綬也。』韍佩廢而存其係綖，秦乃以采組連結於綖。系部曰：『綬，韍維也。』然則，『韍』廢而『綬』乃出，『韍』字廢而『紱』字乃出。

晢 詩『明星晢晢』、易『明辨晢也』，『晢』皆从『日』。曾點字晢字从『白』，往往誤从『日』。

敝 一曰『敗衣』也。『㡀』爲『敗衣』正字。自『敝』專行而『㡀』廢矣。

絺 臯陶謨『絺繡』、周禮司服『希冕』，『希』讀爲『黹』，或作『絺』，聲之誤也〔六九〕。

伊 詩雄雉、蒹葭、東山、白駒之『伊』字，鄭箋云：『當爲「緊」；緊，猶「是」也。』

徇 素問上古天真論：『黄帝幼而侚齊。』侚，今本譌作『徇』。墨子：『年踰五十，則聰明思慮不侚通矣。』侚，亦當作『侚』。釋言：『宣侚，徧也。』

鬛 左傳、國語皆云『長鬛』。『鬛』者，『儠』之叚借。韋昭、杜預釋賦家用『獵獵』字爲『美須𩑶』，誤。詞蓋當作『儠儠』〔七〇〕。

僑 高也。自用爲『僑寓』字，而『僑』之本義廢矣。字林始有『僑』字，云：『寄客爲「僑」。』

備 葡，具也。此今之『備』字。『備』行而『葡』廢矣。『葡』廢而『備』訓『具』，尟知其古訓『慎』者。今義行而古義廢矣。

側 『反側』當作『反仄』。『仄』者，未全反也。

浄 閟宫傳『侐，清浄也』，『浄』乃『静』字之誤。

儽 『絫』『纍』古形、音皆不同，而後人亂之。廣韻六脂曰『儽』，亦作『傫』，『傫』是『儽』非。史記『纍纍若喪家之狗』，韓詩外傳作『羸乎若喪家之狗』。『纍』與『羸』正當作『儽』。集韻五寘『病困』謂之『儽』，字體亦誤。

伯 佰，相什佰也。佰，汲古閣作『伯』，誤。

微妙 散眇，即今之『微妙』字。『微』行而『散』廢矣。

賣賣 儥，見也。大徐本竊取周禮，改『見』爲『賣』，非是。周禮『儥』訓『買』，玉篇作『儥，買也』。今又作『賣』，則誤之中又有誤焉。

懂 定八年曰『懂然後得免』，『懂』蓋『僅』之譌字。

象 凡『形像』『圖像』『想像』字，皆从『人』〔七一〕。許書『二曰「象形」』，而學者多作『象』。『象』行而『像』廢矣。度許固必作『像形』。

需 考工記『馬不契需』，自唐初『需』已誤『需』。

偄懦 左傳、穀梁傳皆曰『宫之奇之爲人也，偄』，注皆云：『弱也。』左傳音義曰『偄，本又作

軟 「耎」，乃亂反；又「乃貨」反，弱也〔七二〕。』字林『愞，音「乃亂」反；懦，音「讓夫」反。云：「弱也。」』按：左傳此音義今本譌甚，考正之如此。

倍 偄，俗作『輭』，譌作『軟』。王念孫曰：『軟，蓋「輭」之譌〔七三〕。』

反也。引伸爲『倍文』之『倍』；又引伸爲『加倍』之『倍』。俗人鈲析〔七四〕，乃謂此專爲『加倍』字，而『倍上』『倍文』則皆用『背』。餘義行而本義廢矣。

擬 訓『度』；儗，僭也。『擬』與『儗』不同。

儚 釋訓『儚儚、洄洄』，當作『儚』。

儔 自唐以前用『儔侶』，皆作『疇』，絕無作『儔』者。下逮六朝辭賦皆不作『儔』。用『儔』者，起唐初以至於今。

佃 中也。廣韻『營田』〔七五〕，玉篇曰『作田』，此今義也。許支部自有『畋』字。許所說者，相傳古義。

㑊 醫經『解㑊』之『㑊』，當作『伿』。

攙 今人『攙和』字，當作『儳』。

易 『慢易』字，當作『偒』。『易』專行而『偒』廢矣。

但　古『但裼』字如此。『袒』則訓『衣縫解』，今之『綻裂』字也。今之經典，凡『但裼』字，皆改爲『袒裼』矣。今人『但』謂爲『語辭』，而尟知其本義。

偶　凡言『人耦』『射耦』『嘉耦』『怨耦』，皆取『耦耕』之意，而無取乎『桐人』之意也。今皆作『偶』，則失古義矣。又俗言『偶然』者，當是『俄』字之聲誤。

犍　犍爲郡，當依漢碑从『木』。

化　『變匕』當作『匕』，『教化』當作『化』。今『變匕』字盡作『化』。『化』行而『匕』廢矣。

疑　『𠤕』字也。詩『靡所止疑』，禮十七篇多云『疑立』，即説文之『𠤕』字，非説文訓『惑』之『疑』也。『疑』『𠤕』字相似，學者識『疑』不識『𠤕』，於是經典無『𠤕』。

傾　頃，頭不正也。引伸爲凡『傾仄不正』之稱。今則『傾』行而『頃』廢。頃，專爲『俄頃』『頃畝』之用矣。

𠟍　匘，考工記作『𠟍』，蓋譌體〔七六〕。

仰　與『卬』義別。『仰』訓『舉』，『卬』訓『望』。今則『仰』行而『卬』廢。且多改『卬』爲『仰』矣。詩『高山卬止』，俗本作『仰』；過秦論『卬關而攻秦』，俗本作『叩』、作『仰』。廣雅『仰，恃也』，『仰』亦『卬』之誤。

朢 『朢』與『望』各字。朢，月滿也。今則『望』專行而『朢』廢矣。

衮 爾雅音義曰：『衮，説文云「从衣、从台」，或云「从公、衣」。』按：『或云「从公、衣」』五字，非許語也。

袗 士昏禮『女從者畢袗玄』、月令『孟冬乘玄路』，鄭云：『今月令作「袗」，似當爲「袀」，聲之誤也。』按：今士昏禮、月令『袀』皆譌作『袗』，知其字形相近易誤矣。

懷抱 當作『褱𧜘』。今字『抱』行而『𧜘』廢矣。『抱』者，引堅也。

懷挾 今人用『懷挾』字，古作『褱夾』也〔七七〕。

拓 今字作『開拓』。『拓』行而『袥』廢矣。

襛 詩『何彼襛矣』，俗本作『穠』。

衂袈 袈，敝衣。易『繻有衣衂』，晁説之曰：『衂，又作「袈」。』『衂』『袈』皆『袈』之誤字。

袓 衣縫解也。許書『但裼』字作『但』，不作『袓』。今人以『袓』爲『袓裼』字，而『但』『袓』二篆本義俱廢矣。

綠瑑 喪大記『士不綠』，顔師古定本『綠』皆作『瑑』，『綠』與『瑑』皆字之誤。古本三『綠』皆正作『褖』。

求 古文『裘』。後加『衣』爲『裘』，而『求』專爲『干請』之用。

贔 奰，俗譌『贔』。

屓屭 『奰屓』之『屓』，俗譌『𡰯』〔七八〕，又譌『屭』。

歷 今人言『履歷』，當作『𡳆』。

舫 篇韻皆曰『竝兩船』，是認『船』爲『方』也。『舫』行而『方』之本義廢矣，『舫』之本義亦廢矣。釋言曰『舫，舟也』，其字作『舫』不誤；又曰『舫，泭也』，其字當作『方』，俗本作『舫』。釋水『大夫方舟』，亦或作『舫』，則與毛詩『方，泭也』不相應。

况況 詩本作『兄』，俗人乃改作从『水』之『況』，又譌作『况』。

卞 『弁』之譌俗爲『卞』，由隸書而貤繆也。

隤 詩『我馬虺穨』，今毛詩作『隤』，誤字也。

廉 高帝紀『廉問』，師古注曰：『廉，察也。』按：史所謂『廉察』，皆當作『覝』。『廉』行而『覝』廢矣。

䀿眡 唐人諱『民』，偏旁省一畫；多似『氏』字。始作『䀿』，繼又譌作『眡』，乃至正譌並存矣。

見見閒 祭義「見以蕭光，見閒以俠甒」，注云：「『見』及『見閒』，皆當爲『覸』。字之誤也。」『覸』不見於許書，蓋即『覵』字。

弜 『哂』即『矤』，後人因『哂』『矤』造『弜』耳。

歎嘆 『歎』與喜樂爲類，『嘆』與怒哀爲類。樂記『一唱而三歎』『長言之不足，故嗟歎之』，論語『喟然歎曰』，皆是『歎』字；檀弓『戚斯嘆』，詩『而無永嘆』『嘅其嘆矣』『愾我寤嘆』皆是『嘆』字。今人多誤用。

唉 項羽本紀『亞父受玉斗，拔劍撞而破之曰〔七九〕：「唉！孺子不足與謀！」』此正怒聲字，當作『欸』。

欸 方言『欸，然也。南楚凡言「然」者曰「欸」；或曰「譬」』，此正訓『譍』字，當作『唉』。

竭渴 渴者，水盡也；音同『竭』。水渴則欲水，人潡則欲飲，其意一也。今則用『竭』爲『水渴』字，用『渴』爲『飢潡』字，而『潡』字廢矣，『渴』之本義廢矣。

䫗 當作『䫗』。

䮧 爾雅：『䮧、騢，短脰。』騢，今本作『䮧』，非。

項煩項煩 煩，玉枕也。一譌爲『項煩』，再譌爲『項煩』，皆非也。

須 玉藻「笏，大夫以魚須文竹」，「須」乃「頒」之誤。故釋文音「班」，崔靈恩作「魚班」。「魚頒」者，謂「魚頰骨」。考工記注曰：「之而，頰頌也。」

順慎 凡「順」「慎」互用者，字之譌。

頷 郭璞游仙詩「洪厓頷其頤」，注引列子亦作「頷」；引廣雅「頷，動也」，「頷」皆「顉」之譌。靈光殿賦「顉若動而躨跜」，今本亦誤「頷」。

倪俾 釋魚「左倪右倪」，郭注「左俾右俾。俾，亦作「庳」」，皆非是，其字正當作「⿰卑頁」。

氂 今人用「豪氂」，當作「⿱𠩺文」〔八〇〕。⿱𠩺文，微畫文也。

鬘 玄應曰：「凡「鬘」字，皆當作「鬗」。」

帕 西京賦「朱鬕」，薛注：「以絳額〔八一〕。」按：薛注：「「帕」乃「帞」之誤。」

鬣 許意「巤」爲今「馬鬣」字，「鬣」爲「⿰巤頁動」之字。今則「鬣」行而「巤」廢矣。

剔 司馬遷傳「鬄毛髮」，文選作「剔毛髮」。韓非曰「嬰兒不剔首，則腹痛」、莊子馬蹄「燒之剔之」，「剔」皆「鬄」之省。士喪禮「特豚四鬄」，禮經此「鬄」，周禮、禮記作「肆」，本非「鬄」字。而今之禮經作「鬄」，則亦譌字而已。今人好用「剔」字，以之當手部「他歷切」之「擿」字，蓋非古矣。

詞 大行人故書『汁詞命』，鄭司農云：『詞，當爲「辭」。』此二義之不可混一也〔八二〕。古本不作『詞』，今説文各本義作『詞』〔八三〕，誤也。

邲 詩『有斐君子』，釋文云：『韓詩作「邲」。』今本釋文及廣韻皆誤从『邑』作『邲』。廣韻六至云『邲，好皃』、五質云『邲，地名，在鄭；又「美皃」』，其誤甚矣。

周週 『周』與『𠣘』義別。周，密也，與『疏』對；𠣘，帀也〔八四〕，謂其『極而復』也。今字『周』行而『𠣘』廢。概用『周』字，或又作『週』，殊爲乖舛。

茍 釋詁『寁、駿、肅、亟、遄，速也』，釋文云：『「亟」字又作「茍」，同；居力反。經典亦作「棘」，同。』而通志刻乃改爲『急』字〔八五〕，蓋誤仞爲从『艸』之『苟』也；或欲易禮經之『苟敬』爲『茍』，則又謬。

魂 當作『䰟』。

私 『公私』字，本當作『厶』。今字『私』行而『厶』廢矣。『私』者，禾名也。

繹 葛嶧山本嶧陽山，在今江蘇省淮安府邳州西北六里〔八六〕，字从『山』；繹山在山東兖州府鄒縣東南二十五里，字从『糸』。史記作『鄒嶧』，漢志作『嶧山』，乃譌字。

華 西嶽字各書皆作『崋〔八七〕』。『華』行而『崋』廢矣。漢碑多有从『山』者。

庭 凡經有謂『堂下爲庭』者，如『三分庭一在南』，正當作『廷』，爲義相近。

秅 ⿸广秅，今字作『秅』，殊誤。

龎 龐，今字作『龎』，誤。

底厎 底，都禮切，訓『止』、訓『下』；與『厎，之視切』，訓『柔石』，引伸之訓『致』也、『至』也迥別。俗書多亂之。小雅『伊于胡厎』，箋云：『厎，至也。』俗本多作『胡底』。

窒 『痤礙』字俗作『窒礙』，非也。

厲 『厲』从『蠆』省聲，則字當作『䗍』；而隸體『蠆』作『蠆』、『䗍』作『厲』，皆从『萬』，非也。後人以隸改篆，則又篆皆从『萬』矣。

壓 厭，笮也。今人字作『壓』，乃古今字之殊。土部『壓』，訓『壞』也、『窴』也，無『笮』義。

厭 寐，寐而厭也；俗字作『魘』。徐鉉用爲新附字，誤矣。山海經『服之使人不厭』，此『厭』字之最古者也。

卝 周禮有『卝人』。賈疏云：『經所云「卝」，是總角之「卝」字。此官取金玉，於「卝」字無所用，故轉從「石」邊「廣」之字〔八八〕。』『卝』之言『礦』，『卝』非『磺』字也。卝，本說文『卵』字。九經字樣曰『卝卵，上說文，下隸變』，是說文『卵』字作『卝』。唐時不誤。五經文字曰：『卄，字林不見。』可證『卄』變爲『卵』，始於字林。今時說文作『卵』，不从『卄』〔八九〕，則五季以後據字林改說文者所爲也。

礝瓀 瑌，石次玉者。『耎』多譌『需』，故山海經誤作『礝』，玉藻誤作『瓀』。

楛 國語曰『肅慎氏貢楛矢石砮』，『楛』當作『枯』。

鍛腶 大雅『取厲取碫』，今本作『取鍛』；當依釋文『本又作「碫」』。又『椎段』字，今多用『鍛』，古祇作『段』。考工『段氏爲鎛器』、禮經『段脩』，字皆作『段』是也。

硈 釋言『硈，鞏也』。邢昺曰：『硈，苦學切，當从「告」。說文別有「硈」，苦八切，石堅也。』釋文、注、疏、唐石經皆譌作『硈』。

硠琅 子虛賦『礧石相擊，硠硠礚礚』，史記、文選皆同。漢書且作『琅』。以音求義，則當爲『硍硍』，而決非『硠硠』。俗本譌作『硠』，且曰『音郎』。韓愈有『乾坤擺雷硠』之句，蓋積譌之莫悟也久矣。

硜磬 論語『鄙哉，硜硜乎』，又『硜硜然，小人哉』，其字皆當作『硻硻』，叚借古文『磬』字耳。『硜』者，古文『磬』字也。『鏗爾，舍琴』，亦當爲『硻爾』。樂記『石聲磬磬』，當爲『硻』。

硩 周禮有『硩蔟氏』，作『硩』是，作『晢』非。今本周禮、說文作『晢』，皆誤〔九〇〕。

落 世説新語云『其人磊砢而英多』，今『砢』作『落』。

物 經傳多作『物』，蓋『㫚』之譌。

陰陽 『陰陽』正字，當作『侌昜』。『陰陽』行而『侌昜』廢矣。『黔』者，雲覆日；『昜』者，旗開見日。今人作『陰陽』，乃其中之一端耳。『黔』字，今僅見大戴禮文王官人篇、素問五帝政大論。

縠 左傳『晉有先縠，字彘子』，蓋『縠』即『㲉』字。縠〔九一〕，步角切。

墾 考工記：『髻貇薜暴不入市。』貇，今本作『墾』，非。

鳩𤺄 左傳『庶有豸乎』〔九二〕，釋文作『廌』，引方言『廌，解也』；正義作『豸』，引方言『豸，解也』。今本釋文『廌』譌爲『鳩』，今本方言『廌』譌爲『𤺄』，音『胡計』切。

貊 凡『狐貉』連文，當作『貈』字。今字乃皆叚『貉』爲『貈』，造『貊』爲『貉』矣。

貛 『貒』『貛』本一字，淺人分別之。宜正之曰：『貒，或从「雚」聲。』

蜴 今俗書『蜥易』字多作『蜴』，非也。小雅『胡爲虺蜴』，釋文：『蜴，星歷反，字又作「蜥」。』『蜴』即『蜥』字，非『羊益反』。

馵 馬，韻書、字書皆作『馵』，疑非是，不當从『十』也。

駮駁 『駁』與『駮』異字，今人誤以爲一字。駁，馬色不純，引爲凡色不純之稱〔九三〕。駮，駮獸，如馬，倨牙，食虎豹。

馵 馬，馬後左足白也。『馬』既作『馵』，則『馬』作『馵』，與篆大乖。石經作『馵』。

附傅 駙，副馬也；一曰『近』也。今人作『附』，或作『傅』，依此當作『駙』。

敺 敺，古文『驅』。从『攴』，不从『支』；與殳部之『毆』義別。

軼逸 『奔軼絶塵』，今人用『俊逸』字，皆當作『駃』。

騺 晉世家『惠公馬騺不行』，今本史記作『騺』，譌字也。癶部曰『樊，騺不行也』，今本亦譌『騺』。莊子馬蹄篇『闉扼騺曼』，今刻釋文亦譌从『鳥』。

馽 馬〔九四〕，从『馬』，『口』其足〔九五〕。隸書作『馽』，失其意矣。

驛 左傳文十六年『傳』注『馹』字，皆譌『驛』；成五年『以傳召伯宗』，注曰『傳，驛也』，『驛』亦『馹』之譌。

祁慎 吉日『其祁孔有』，箋云：『祁，當作「麎」，麎，麋牝也。』大司馬注：『鄭司農曰：「五歲爲慎」，後鄭云「慎，讀爲麎；麋牝曰麎」。』按：『麎』在漢時必讀與『祁』音同。

麤 釋獸『鹿其迹速』，又作『麤』。按：古爾雅作『速』，不作『速』；即加『鹿』，亦當作

『⿸鹿速』〔九六〕，不从『速』。 速，籀文『迹』。 速，無妨專爲『鹿迹』之名；即作『⿸鹿速』亦必『匹迹』切，在十六部。

獥 猲，爾雅釋文作『獥』，乃轉寫譌字。

害 公羊傳靈公有周狗，謂之『獒』，爾雅注及博物志或譌作『害狗』，不可爲據也。

⿰犭耎 『獳』之俗。

沐獼 『母猴』乃此獸名，非謂『牝』者。『沐猴』『獼猴』，皆語之轉、字之譌也。

熊 左傳、國語皆云：『晉侯夢黄能入于寢門。』『能』作『熊』者，皆淺人所改也。

夭 ⿱丷夭，各書譌作『夭』。

淬 火而堅之曰『焠』，與水部『淬』義別。 文選王褒傳『清水焠其鋒』，譌作『淬』，非也。

糟 今俗語謂『燒壞』曰『⿰火曹』。 凡『物壞』亦曰『⿰火曹』，作『糟』者，誤。

⿰火㫐 ⿰火㫐，『㫐』聲；㫐，从『日』『匕』。 玉篇、廣韻、集韻、類篇作『⿰火㫐』，皆誤。

熠熠 『熠』字下引詩曰『熠熠宵行』、文選張華厲志詩『涼風振落，熠熠宵流』注引毛傳『熠熠，粦也』，疑皆『熠燿』之誤。

⿰月習 今本禮記作『爓』；或爲『⿰月習』，誤。

㷋 有司徹注中『尋』字，唐人譌作『㷋』。中庸『温故而知新』，注曰：『温，讀如「尋温」之「温」。』尋，本皆無『火』旁。

焱㷋 古書『焱』與『㷋』二字多互譌。曹植七啟『風厲㷋舉』，當作『焱舉』；班固東都賦『焱焱炎炎』，當作『㷋㷋炎炎』。李善注幾不別二字。

滎 『滎陽』〔九七〕『熒澤』，古無作『滎』者。尚書禹貢釋文經宋開寶中妄改『熒』爲『滎』，而經典、史記、漢書、水經注皆爲淺人任意竄易，以爲水名當作『滎』。不知泲之顯伏不測，如火之熒熒不定也，於『絶小水』之義無涉。

𠬝 報，以『𠬝』〔九八〕；𠬝，服皋也。小徐作『㞋』，音『展』，誤甚。

奓 西京賦：『心奓體泰。』奓，籀文『奢』。薛注未嘗云『奓』即『侈』字。李善引聲類云『奓，「侈」字也』，疑李登始爲此説。

瞿 禮『見似目瞿，聞名心瞿』，詩『狂夫瞿瞿』『良士瞿瞿』，皆當作『𥄎𥄎』。

朱 『丹朱』之『朱』，當作『絑』。

𥏫矮 方言曰『呰〔九九〕、矲，短也。桂林之中謂「短矲」』，郭注言：『矲，雉也。』按：矲，皮買切；雉，苦買切。今本方言『雉』譌作『𥏫』，典同釋文『雉』譌作『矮』。雉〔一〇〇〕，从

『矢』，『隹』聲，非『雉』字。

囟 囟〔一〇一〕，今楷字譌『囟』，又改篆體作『囟』〔一〇二〕。所謂『小兒腦不合』者〔一〇三〕，不可見矣。

厭 大學『此之謂自謙』，鄭云：『謙，讀爲「慊」；「慊」之言「厭」也。』厭，當爲『猒』。

旨指 恉，今字或作『旨』，或作『指』，皆非本字也。

渾 『惲厚』字今皆作『渾厚』，非是。『渾』者，混流聲也。今俗云『水渾』。

悃 『悃愊』字从『心』，『困』聲。困，一本作『囷』，非也。

恬 恬，本从『西』聲，轉寫从『舌』。

懘 樂記『則無怗懘之音』。『懘』者，『慸』之譌。

矆 『愯』之譌。

㤅 古文『愛』。唐人乃用爲『伊余來塈』『民之攸塈』之『塈』，其貤繆有如此者！

勔蠠蠠蜜密黽僶 『愐』爲正字，此皆別字。今則不知有『愐』字，而『愐』字廢矣。

狷獧 論語『狷』，孟子作『獧』，其實當作『懁』。

懦儒 廣韻獮韻『愞，而兗切』、換韻『愞，奴亂切』、過韻『愞，乃臥切』，玉篇『愞』，『乃亂』『乃過』二切，此自古相傳不誤之字。因形近或譌爲『懦』，再譌爲『儒』。於是有『懦』無『愞』，字皆譌作『懦』，不可勝正。『需』者〔一〇四〕，人于切；『耎』聲，乃亂切。心部之『愞』、手部之『㨎』，皆經淺人竄改以合里俗。

憪　今人所用『閒静』字，當作『憪』。

詭　恑，變也。今此義多用『詭』，非也；又『責』也。今人只知爲『詭詐』字。

僥倖、儌倖、徼倖　『饮幸』亦曰『儌幸』；俗作『僥倖』『儌倖』『徼倖』，皆非也。凡傳言『徼福』，皆當作『儌福』〔一〇五〕。

嫌歉慝　『嫌疑』字，當作『慊』。今則『嫌』行而『慊』廢。且用『慊』爲『歉』，非是；或用『慊』爲『慝』，尤非是。

快　王逸少蘭亭序『快然自足』，本非『快』字，而學者尟知之。

太息　當作『大息』。古無『太息』連文者，淺人爲之也。

慘　『懆』訓『愁』，『慘』訓『毒』，音義皆殊而寫者多亂之。白華作『懆』，見於許書。月出、正月、抑皆作『懆』，入韻。而陸氏三者皆云『七感反』，其憒亂有如此者！

萌　釋訓『存存萌萌』，乃『⿱竹悶』之誤。讀若『𥳑』。

憂優　㥑，愁也；憂，和行也。今人『㥑』多誤作『憂』。叚『憂』代『㥑』，則不得不叚『優』代『憂』。

慄　詩『惴惴其慄』，『慄』當作『栗』。

乂艾　㣻，古多用『乂』『艾』爲之，而『㣻』廢矣。

豳　『汃』作『豳』，聲之誤也。

弭彌辟　左傳『弭兵』之『弭』、周禮『彌災兵』之『彌』、郊特牲『有由辟焉』之『辟』，皆當作『弭』〔一〇六〕。

燉焞　敦煌。敦，大也；煌，盛也。唐朝乃作『燉煌』。作『燉』、作『焞』，皆誤。

墊　巴郡有墊江縣，其字音『疊』，淺人乃譌作『昏墊』之『墊』。

涐　渽，从『水』，𢦏聲。俗改『渽』爲『涐』，非是。

柤　沮，子余切。經典釋文、漢書注皆曰『七餘反』。後譌爲『柤』，讀曰『租』，字與音俱變矣。

溺弱　溺，今人用爲『氼没』字，而『氼』廢矣。又用爲人小便之『尿』字，而水名則皆作『弱』。

深　水名。許意『深淺』字當作『罙』。

柳 柳河即古溜水〔一〇七〕，後世譌其字耳。

伶 凡『樂工泠人』本作『泠』。左傳用『泠』字，後人用『伶』字。

澧 禹貢『江又東至於醴』，衛包始改爲『澧』。水經注『出雉衡山者，从「酉」，雉，音『弋爾』反。出武陵者，从「水」』，正是互譌也。

汴 漢志作『卞』，後漢書作『汴』。按：『卞』者，『弁』之隸變也。變『汳』爲『汴』，未知起於何時。恐是魏晉都洛陽，惡其從『反』而改之。

溱 鄭風『褰裳涉溱』與『豈無他人』爲韻，學者疑之。説文、水經皆云『潧水在鄭，溱水出桂陽』，蓋二字古分別如是。後來因鄭風異部合韻，遂形、聲俱變之耳。

濕 水名，它合切。漢隸以爲『燥溼』字，乃以『漯』爲『㳅濕』字。

菏 渮，从『水』，『苛』聲，左形右聲。篆體取結構，乃似上『艸』下『河』耳。

河苛 今史記、漢書、俗本尚書作『浮于淮泗，達于河』，『河』皆誤字，當作『菏』。郡國志注譌作『苛』。

濟 泲水。出常山房子贊皇山，東入泜。與四瀆之『泲』字各不同，而經傳皆作『濟』。風俗通遂誤以常山房子之水列入四瀆。

濡　酈注濡水篇謂「濡」「難」聲相近，今謂之灤河者，音「乃官」反。蓋本作「渜」，譌而爲「濡」。

沽　前志代郡「且如」下曰「于延水出塞外，東至廣寧入治」，「平舒」下「祁夷水北至桑乾入治」。治，弋之反。小顏本「治」皆譌「沽」，「姑」「故」二音，其繆甚矣。

㶟濕溼　「㶟水」當是从「水」，「絫」聲。其山曰「絫頭山」，故其水曰「涤水」。今字「絫」作「累」，又與「纍」相亂。水經注作「濕水」者，「㶟」作「㶟」，乃又譌「濕」也；「涤餘水」亦譌作「濕餘」，又或譌作「溼餘」。

泒　音「孤」。派，俗作「泒」。

演　蜀都賦曰「濱以潛沫」，劉注：「水潛行曰『濱』。」今文選作「演」，誤。釋名、廣雅皆曰「寅，演也」，「演」字皆「濱」之誤。

湞　爾雅「汝爲涓」，郭本作「湞」。蓋非蜀都賦「龍池濇瀑湞其限」。湞，當作「噴」。

潚　「潚湘」猶云「清湘」。其字讀如「肅」，亦讀如「蕭」〔一〇八〕。自景純注中山經云「潚水，今所在未詳」，始別潚湘爲二水。俗又改「潚」爲「瀟」，其謬日甚矣。詩「風雨瀟瀟」，亦當作「潚」。

沇 溛水，今名沇水。沇，余準切〔一〇九〕。『溛』『沇』同聲。酈注『沈水』，『沈』蓋『沇』字之誤。

爛 凡『爛漫』字〔一一〇〕，當作『瀾』。

漪 『猗』字妄加『水』旁作『漪』。吴都賦乃有『刷盪漪瀾』『濯明月於漣漪』之句，其謬甚矣。

灟 爾雅『灟汋』非古本，釋名作『劂』。『劂』訓『竭』，於音得之。

汩 今人『汩亂』字，當作『淈』。

省 今『減省』之字，當作『渻』，古今字也。

沱池 沱，从『它』；池，从『也』。淺人乃謂『沱』『池』無二。

千頃陂 往往誤作『汪汪若千頃波』。

洛 豫州川曰『熒雒』，雍州川曰『渭洛』〔一一一〕。又云『伊水入雒』〔一一二〕『穀水入雒』『澗水入雒』『瀍水入雒』，凡云『上雒縣』『雒陽縣』，字皆不作『洛』。

隈 俗本爾雅作『外爲隈』，『隈』當作『鞫』。

向 漢人書『向背』皆作『鄉』，不作『向』。

溠湛 職方氏『荆州其浸潁湛』『豫州其浸波溠』。許系溠於荆、系湛於豫，蓋以正經文之互譌也。

溟 莊子『南溟』『北溟』，其字當是本作『冥』。

涵 涵，水澤多也。亦訓『容』作『涵』，誤。涵，泥水淊淊也，胡感反。

㶕 公羊『羣公㶕』，今本作『㶕』，誤。

泜 左傳『物乃泜伏』，作『泜』，誤。唐宋以來，『氐』『氏』溷淆多矣。大徐『直尼』切，誤認爲『泜』字耳。

潘 地理志『上谷郡潘縣』，『潘』當作『瀿』。

汰 『沙汰』『淘汰』用『淅米』之義引伸。寫作『汏』，誤。左傳『汰侈』『汰輈』字寫作『汏』，亦誤。

梠 枱，今之『耜』字也。作『梠』，誤。

遶 『繞』之誤。

漾 文選登樓賦『川既漾而濟深』，李注引韓詩『江之漾矣』，『漾』乃『羕』之譌字。

椑 琅邪有稗縣，今地理志作『椑縣』，誤也。小徐本作『蜀稗縣』，非，蜀祇有郫縣。

畾 許無『畾』字。韻書有『畾』字，訓『田閒』，誤矣。

零 詩『靈雨既零』,『零』當作『霝』。

落 零,雨零也。今則『落』行而『零』廢矣。

染 㝹,濡也。今人多用『霑染』『濡染』。『染』行而『㝹』廢矣。『染』者,以繒染爲色,非『濡』義〔一一三〕。

雺霧霿 郗萌曰:『在天爲「濛」,在人爲「霧」;日月不見爲「濛」,前後人不相見爲「霧」。』許以『霿』系天气,以『霚』系地气。大氐『霚』下『霿』上,『霚』濕『霿』乾;『霚』讀如『務』,『霿』讀如『蒙』;『霚』之或體作『霧』,『霿』之或體作『蒙』,不可亂也。經史『雺』『霿』『霧』三字往往淆譌,要當以許書爲正。

霸 許引春秋傳『墊阨』,謂『霸』音同『墊』,非謂春秋傳有『霸隘』也。而九經字樣云:『霸,音「店」,霚也〔一一四〕。傳曰:「霸隘。」』引説文而失其真,遂致爲經作音而非其實,以經典絶無『霸』字也。

鯀 廣韻『禹父鯀』,尚書本作『鯀』。『鯀』乃『鯀』之譌。

鱄 吕覽『魚之美者,洞庭之鱄』,今本作『鱄』,非也。

鱧 『鱶』與『鱧』異物異字,淺人認『鱧』爲『鱶』。

回 『鱯』似『鮎』而大，俗謂爲『回魚』，聲之誤耳。

⿰魚奧 華陽國志『鱯』，誤爲『⿰魚奧』。

鮿 漢書『鯫生教我』，師古作『鮿』字，音『輒』，蓋未然。

禺禺 『周成王時，揚州獻鰅』，今王會篇作『禺禺』，非是。上林賦『鰅』與『禺禺』爲二物。

鰫 上林賦：『鰅鱅鰬魠。』漢書、文選『鱅』皆作『鰫』，非是。

鯸鮔 鮐，即今之『河豚』也。吴都賦『王鮪侯鮐』（一一五），以『王』『侯』相儷。改作『鯸』者，非。廣雅『鯸鮔』，即『侯鮐』之俗字。

⿰魚邑裛 師古注漢書曰『⿰魚邑，今之「⿰魚邑魚」也』，玉篇作『裛魚』，皆當作『浥』耳。

蝦 長須水蟲。字當作『鰕』，今作『蝦』。『蝦』乃『蝦蟇』字，似誤。

⿸虍⿰魚攴 『捕魚』字，古多作『魚』。周禮古文本作『魚』、作『䲆』。『⿰氵䲆』其籀文乎？至小篆，則省爲『漁』。周禮當从古作『魚人』。作『魰』者，次之；作『⿸虍⿰魚攴』者，非也。

龕 龕，『今』聲。今从『合』，誤。

乙 燕燕，乙烏也。乙，烏拔反，俗誤爲『乙』。『紫乙』對『倉庚』，以爲工。

否然 萬章問曰：『人有言「伊尹以割烹要湯」。』孟子曰：『否然也（一一六）。』萬章又問：『孔子於衛主癰疽。』孟子曰：『否然也〔一一七〕。』萬章又問：『百里奚自鬻於秦養牲者。』孟子曰：『否然〔一一八〕。』注皆曰『否，不也，不如是也』，今皆謁作『否不然』。語贅而注不可通矣。

罣 小徐云：『張説梁四公子記有罣罵。』依廣韻，梁四公子字作『罣』，與『罣』各字。

閤下 凡上書於達官曰『閤下』，猶言執事也。今人乃謁爲『閣下』。

閜 上林賦『阬衡閜砢』，『問』當作『閜』，與『谽呀豁問』義不同。

圙 『駱駝鳴聲圙』，字當作『閭』。

閈 疑當作『从「門」「午」』。午，『杵』之省。

爾耳 凡云『而已』者，急言之曰『耳』；凡云『如此』者，急言之曰『爾』。世説『聊復爾耳』，謂『且如此』而已。論語言『云爾』者，謂『如此』也；言『謹爾』『率爾』『鏗爾』者，『爾』猶『然』也；言『無隱乎爾』『一日長乎爾』，『爾』猶『汝』也；言『女得人焉爾乎』，言『得人于此否』也。公羊傳、三年問『焉爾』，皆訓『於此』也。全經惟有『前言戲之耳』，乃『而已』之訓。今俗刻作『汝得人焉耳』〔一一九〕，乃極爲可笑。

耴 耴，耳垂也。吴都賦：『魚鳥聱耴』。耴，牛乙切，非『耴』字。

瞶　生而聾曰『瞶』。作『瞶』者，誤。

帖　凡『帖妥』字，當作『耴』，『帖』其叚借字也。

頣　晉枚頣或作『枚賾』〔一二〇〕，誤也。

摻　詩『攕攕女手』，俗改爲『摻』。

褰　詩『褰裳』，當作『攐』。『褰』訓『絝』，非其義也。亦有作『騫』者，謂『虧其下體之衣』。較作『褰』爲長。

拹　跪而舉其首，唯下其手是曰『肅拜』。漢人曰『拹』，與成十六年之『肅』不同。『肅』不連拜，長揖而已。推手曰『揖』，推之遠胸引手曰『厭』，引之箸胸。周禮疏、儀禮疏『厭』，或作『拹』，譌字不可從。

歛　凡『歛手』當作『撿』。

剜　今人『剜』字，當作『捥』。大徐附『剜』於刀部，非也。

掐　魯語『無掐膺』、文選長笛賦『掐膺擗摽』，李善引國語及韋注而云『苦治反』，殊誤。『苦洽反』當是『掐』字。

挾〔一二一〕　經典『挾』字，皆當从二『入』。挾日，左傳作『浹日』，謂『十日徧』也。

拏 挐，牽引也。漢霍去病傳『昏，漢與匈奴相紛挐』，師古注乃云：『紛挐，亂相持搏也。』以『亂』釋『紛』，以『相持搏』釋『挐』，大非語意。蓋其字本『如』聲，讀『女居』切。説文『拏』訓『持』，即今所用『攫拏』字。其字『奴』聲，讀『女加』切。

簡 擇，柬選也。小徐本作『簡選』，乃是譌字。

梴挻 詩『松桷有挺』，寫詩者譌从『木』。按：挺，篆體右蓋从『延』；延，丑連切。挻，當作『丑延切』。

卽 侯國。今本漢地理志作『卽』。魏郡有擲裴，誤。

摕 有司徹『乃摭于魚腊俎』，古文『摭』爲『摕』，俗本作『今文「摭」爲「摕」』者，非也。

帶 凡俗云『捎帶』者，當作『摕』。

抱 詩『原隰捊矣』，『捊』或从『包』。後人用『抱』爲『褱裒』字。蓋古今字之不同如此。

拂 今人用『拂拭』字，當作『抪』。抪，普活反。

抵 抵，側手擊也〔一一二〕。从『氏』〔一一三〕，諸氏切。今人用抵掌而談每誤作『抵』。抵，从『氐』，丁禮切。

揥 詩『象之揥也』，當作『擿』。擿，正音『他狄反』。

擩　周禮、禮經、漢書、子虛賦注皆作『擩』，譌而从『需』。

撼　摵，别作『撼』，非是。

拘　書『盡執拘以歸於周』，『拘』爲『抲』之誤。抲，撝也。

揮　凡『指揮』字，當作『撝』。

溉　詩：『摡之釜鬵。』凡周禮、禮經『摡』字，皆从『手』。作『溉』者，非。

樛　喪服及檀弓注『摎垂』字，譌爲『樛木』之『樛』，不可通。

拳　『書拳』字，亦當作『捲』。

撲　與『扑』『撲』義皆别〔一二四〕，今人溷之。

杓　史記天官書『抝雲』，今本譌从『木』。

格　今用『格鬥』，當作『挌』。後漢陳寵傳：『斷獄者急於篣挌酷烈之痛。』周禮注『其時格殺之』公羊定四年注『挾弓者，懷格意也』、莊三十一年注『交格而戰者』，此等『格』字，皆當从『手』。

赴　左傳『掖以赴外』，『赴』當是『仆』之誤。

掖　『亦』字或借『掖』爲之，非古也。

帑駑 凡水不流曰『奴』，木之類近根者『奴』。毛傳曰『帑，子也』，左傳『鳥帑，鳥尾也』『駑馬，下乘也』，字皆當作『奴』。

嫚 上林賦『柔嬈嫚嫚』，今文選譌作『嫚嫚』。漢書不誤。史記作『嬛嬛』，則是别本。按：今人所用『娟』字，當即『嫚』。

果 孟子『二女果』，依許當作『婐』。

矯 凡言『夭矯』者，當作『嬌』。

折 檀弓：『吉事欲其折折爾。』『折』者，『提』之譌；『提』者，『媞』之叚借。

熙 老子、史記『天下熙熙』，字皆當爲『嫛嫛』。今『熙』行而『嫛』廢矣。

禪 『禪位』字當作『嬗』，『禪』非其義。『禪』行而『嬗』廢矣。

媻 爾雅『婆娑，舞也』，陸所據蓋作『娑娑』。今經傳『娑娑』字，皆改作『婆娑』。詩、爾雅『媻娑』連文，恐尚非古。

聘 凡聘女及聘問之禮，古皆用『娉』。經傳概以『聘』代之。『聘』行而『娉』廢矣。

暬 與『媟』義似同而實異。宋人合爲一字，非也。媟，今人以『褻衣』字爲之。『褻』行而『媟』廢矣。

瀆黷 嬻，今人以『溝瀆』字爲之。『瀆』行而『嬻』廢矣。黑部有『黷』，握持垢也。義亦與『嬻』别。

妎 楚語：『殄其讒慝。』今本『殄』誤『妎』，文理不可通。

媢 太史公論英布曰『禍之興自愛姬，生於妒媢』、漢書外戚傳『成結寵妾妒媢之誅』，此二『媢』字，皆當作『娼』。

媄 今用『媄』爲『祅』〔一二五〕，非也。

偷 『偷盜』字，當作『媮』。

幸 『親幸』『嬖幸』，皆當作『婞』。

睢雖 『恣雉』或用『恣睢』爲之。今用『雖』爲語詞，蓋本當作『雉』；亦叚『雖』爲之。『雖』行而『雉』廢矣。

慢 凡『慢人』當用『嫚』〔一二六〕。『嫚』與『慢』音同義别。

傲 嫯，侮傷也。與『傲』别。今『傲』行而『嫯』廢矣。

奸 犯婬也。此字謂犯姦婬之罪，非即『姦』字也。今人用『奸』爲『姦』，失之矣。

嫪 許自作『嫪毐』，史漢自作『摎毐』。今本史漢改同。許作『嫪』，非古也。

呡盳 漢人『萌』字，淺人多改爲『呡』，繼又改『呡』爲『盳』。

乂 『𡦹』爲正字。

弗 今人『矯』『拂』皆作『拂』〔一二七〕，而用『弗』爲『不』。其誤蓋已久矣。言『不』者，其文直；言『弗』者，其文曲。禮記：『雖有嘉肴，弗食不知其旨也；雖有至道，弗學不知其善也。』『弗』與『不』不可互易。

系 『厂』聲。寫者短之，乃與右戾之『丿』相溷。『曳』字从『申』，『厂』聲，寫者亦不察。

杙弋 俗用『杙』爲『弋』。顧用『弋』爲『隿射』字，其誤久矣。『杙』者，『劉劉杙』也。不爲『檿弋』字。弋，象形，故不从『木』也。

臷 山海經『或國』『或民國』，今譌作『臷』。

儀 今人『仁義』『威儀』『情誼』分用之。古訓『儀』爲『度』，『儀象』『儀匹』皆非『威儀』也〔一二八〕。北宮文子云：『有儀而可象謂之「義」。』詩『令義令色』『無非無義』『威義棣棣』，『義』之本訓謂『禮容得宜』。禮儀，依許祇當作『義』，許亦从俗用『儀』。

茀 光武紀『大破五校於羛陽』，諸本有作『茀』者，誤也。

朢望 『望』以『朢』爲聲，『朢』以『望』爲義，其爲二字較然，而今多亂之。

㔷 『丙』聲。按：『丙』聲不可通，當是从『内』。

嶰 爾雅『小山别，大山鮮』，文選吳都賦作『嶰』。因爾雅『鮮』或作『嶰』，又譌作『嶰』也。

㕣 史記貨殖傳『蘖麴鹽豉千合』，徐廣曰：『合，或作「台」。』孫叔然云『㼂，瓦器，受斗六升』，『台』當爲『㼂』。

硆 冶者以韋囊鼓火，老子所謂『橐』也。其所執之柄曰『硆』，他書譌作『硆』。

碎 碎，石䃺也；䃺，瓦破也。『碎』與『䃺』音同義異。今則『碎』行而『䃺』廢矣。

弲 詩『騂騂角弓』，釋文曰『騂，説文作「弲」』，此陸氏偶誤，當云：『説文作「觲」。』

虇 爾雅：『菼，薍其萌虇。』虇，弓曲也。偏旁多後人所加。作『虇』者，正是古本『屮初生句曲』也。

戾 『乖戾』正字，當作『盭』。史記、漢書多用『盭』字。今則『戾』行而『盭』廢矣。

繇 『繇』之譌體。

紙 絲滓也。都兮切，與『紙』别。

罣 『挂礙』之字，當作『挂』；俗作『罣』，譌也。

挈㓞 漢張湯傳有『廷尉挈令』，史記又作『絜令』。漢燕王旦傳又有『光禄挈令』。『挈』

繪 『絜』皆當作『栔』。栔，刻也，栔於板之令也。咎繇謨『日、月、星辰、山、龍、華蟲作繪』，鄭注曰：『繪，讀曰「繢」。』『讀曰』猶『讀爲』，易其字也。以爲訓『畫』之字，當作『繢』也。『繪』訓『五采繡』，故必易『繪』爲『繢』。

賡 古文『續』。唐韻以爲說文誤。按：說文非誤也。賡，从『庚』『貝』會意；『庚貝』者，貝更迭相聯屬也。仞『會意』爲『形聲』，其督亂有如此者。

縕綎 『縕』與『綎』義別，韻會誤合爲一字。

揔 『總』之譌。

絹 『繯』字不行，多叚『絹』爲之。淺人將『綃，一曰「繯」也』，『繯』改作『絹』，誤。

衹衹 『衹』與衣部『衹裯』之『衹』大別。彼訓『短衣』也。易『衹既平』，詩『衹攪我心』『亦衹以異』，左傳『衹見疏也』，論語『亦衹以異』，以及凡訓『適』之字，皆从『衣』『氏』。至集韻始从『示』，然恐轉寫、轉刊之誤耳。至類篇，則『衹』『衹』二文皆訓『適』；至韻會，而从『示』之『衹』訓『適』矣。此其遞譌之原委也。周易『衹既平』，他家作『禔』而異其義，要是同音。

繐 廣韻『絹，一名「總」』〔一二九〕，作『繐』者，誤。

揚　紺，帛深青而揚赤色也。揚，當作『陽』，猶言『表』也。以纁入深青而赤見於表，是爲『紺』；入黑爲『緅』。楊雄，『楊』从『木』；或从『手』者，誤。

攘　纕，援臂也。今則『攘臂』行而『纕臂』廢矣。『攘』乃『揖讓』字。

擐　王制『適四方，臝股肱』，注云：『謂擐衣出其臂脛。』蕭該云：『擐，當作「撏」。「擐」是「穿箸」之名，非「出臂」之義。』陸德明曰『擐，舊音「患」。今宜音「宣」〔一三〇〕，依字作「撏」』。俗又作『揎』。

縲累　纍，論語作『縲』。孟子『係累其子弟』，皆字之誤。『纍』不得作『累』。『絫』作『累』，俗體，古所不用。

捲　『舒卷』字，今人用气勢之『捲』，非也。

轡　各本作『轡』，中从軸末之軎也。説文作『轡』，不煩从『軎』。

蛟鮫　蛟，龍屬；鮫，魚名。其字不相代也。

蚨　青蚨，水蟲，可還錢。陶隱居以『螲蟷在穴中』釋之。此由誤認『蚨』爲『蛈』，遂以爾雅『王，蛈蝪』爲注。酉陽雜俎亦云：『青蚨，鬼谷子謂之蚨母。』

螹胡　『螹蝴』字，或作『螹胡』，非也。

狐 蜮，短弧也。作『狐』者，非。

玃 上林賦『蛭蜩蠼蝚棲息乎其閒』，史記作『蠼』，漢書譌作『玃』。

獿 西山經『皋塗之山有獸名「玃」』，其字今譌作『獿』；依郭注，則當作『玃』。

蠹 蠹，縛牟切。爾雅字譌『蠹』，而釋文云『或作「蝵」，郭音「秋」』，蓋誤甚矣。

颯 本作『颯』。

颲颲 詩『二之日栗烈』，說文仌部作『凓冽』。陸氏音義不稱仌部，而曰『說文作「颲颲」』，蓋由疊韻音同而誤也。

烈 『烈風』字，當作『颲』。

偶 桐人也。凡云『偶爾』用之。『耦』者，『二人並耕』之稱，故凡『奇耦』字用之。今人『奇耦』字亦作『偶』，誤。

二三 『二』字兩畫當均長。今人上短下長，便是古文『上』字。『三』字亦三畫均長〔一三一〕。

常 古『長久』字，衹作『長』。淺人分別，乃或借『下裙』之『裳』爲之〔一三二〕。

最 犯而取也。『冣』者，積也，才句切。今當作『冣』者，往往誤作『最』。

土軍 漢王子侯表『土軍侯郢客』，說者以爲洛陽土軍里，非也。按『土軍里』乃『大韋里』

之誤。

蕢　禮運『蕢桴』，『蕢』讀爲『凷』，聲之誤也。

垣　西京賦『繚亘綿聯』、魏都賦『繚亘開囿』，今本皆譌作『繚垣』。

掘　秦國策『窮巷堀門』、齊策『堀穴窮巷』、詩『蜉蝣堀閱』〔一三三〕，今皆譌爲『掘』。鄒陽書『伏死堀穴』，尚不誤。

謹　内則『塗之以謹塗』，『謹』當爲『墐』，聲之誤也。按『墐』當爲『堇』，轉寫者誤加『土』耳。

坻　左傳『物乃坻伏』，開成石經譌作『坁』。坻，音『旨』；坁，丁禮反。『坁』行而『坻』廢矣。

于　吕氏春秋『射而不中，反脩于招』，高云：『于招，墇藝也。』按：『于』當作『干』。

洛　王逸九思『冰凍兮垎澤』，今楚辭作『洛澤』。廣韻、集韻十九鐸皆引『冬水兮洛澤』，誤甚。

附　坿，益也。今多用『附』訓『益』。『附』乃『附婁』，讀『步口』切，非『益』義也。今『附』行而『坿』廢矣。

聖　白虎通『「琮」之爲言「堲」也，象萬物之宗堲也』，今乃譌爲『聖』。

鄣　魯語『鯀鄣洪水』，當作『墇』。

堙陻 垔，寀也。古書多作「堙」、作「陻」，真字乃廢矣。

窆 或以「不封不樹」改讀爲「窆」，誤矣。

信 「侯執信圭」，鄭曰：「信，當爲「身」。」

殘 賊也。「殑」者，禽獸所食餘也。凡「餘」謂之「殑」。今則「殘」行而「殑」廢矣。

奇 凡「奇零」字，皆應作「畸」。今則「奇」行而「畸」廢矣。

場 詩「疆場有瓜」、左傳「疆場之事，一彼一此」，作「疆場」者，誤。

晙暖 郡國志「廣陵郡東陽麋暖」，今後漢書譌爲「晙」，埤雅引此又譌「暖」。

暘 蓋「暘」之隸變。暘，不生也。今訓「長」、訓「充」，皆音義之相反而相生者也〔一三四〕。

强彊 凡「勉强」字，當作「勥」。今則「强」「彊」行而「勥」「彍」廢矣。

劭 漢成帝詔曰「先帝劭農」，蘇林曰：「劭，音「翹」，「精異」之意也。」按：卩部：「邵，高也〔一三五〕。」「邵」與「劭」相似〔一三六〕，轉寫容有譌者，如應仲遠之名，當是「邵」字〔一三七〕。此蘇林所説當亦是「邵農」〔一三八〕。

徹 通也。禮之「有司徹」「客徹重席」，詩之「徹我牆屋」，字皆當作「勶」〔一三九〕。

戮 勠力，併力也。左傳、國語或云「勠力同心」，或曰「勠力一心」，古書多有誤作「戮」者。

劇　文選北征賦注引説文『劇，甚也』，恐是許書本作『勮，用力甚』也〔一四〇〕。後因以爲凡『甚』之詞，又譌其字從『刀』耳。

剋　勊，尤勮也。鄭伯克段于鄢傳曰『得儁曰「克」』，此『勊』之義也，譌而从『刀』。經典有『克』無『剋』，百家之書『克』『剋』不分，而『勊』乃廢矣。

豪　『豪傑』字，當作『勢』。自叚『豪』爲之，而『勢』廢矣。

銕　蓋『銻』之譌。古文『鐵』。

鋚　詩『鋚革沖沖』，本作『攸』，轉寫誤作『鋚』。

鑒　王褒聖主得賢臣頌曰『清水淬其鋒』，李善引三倉解詁云『淬作刀鋻也』，文選俗本譌爲『鑒』。

釘　鍊鉼黄金也。今人用此字，則古『鐕』字之義也。

鉼鈑　爾雅『鉼金謂之「鈑」』，『鉼』當是『鉼』之譌，『鈑』系『版』之譌。

鎔　冶器灋也。謂『鑄器之模範』也。今人多失其義。

鑴　周禮『眡祲十煇，三曰「鑴」』，鄭注：『鑴，讀爲「童子佩觿」之「觿」。』今本周禮注『觿』譌金旁，非是。

鄗 鎬京或書『鄗』，乃淺人所爲，不知漢常山有鄗縣。

鍤 亶衣鍼也。以爲『鍫臿』字者，失之遠矣。

餂 方言曰『銛，取也』，此引伸叚借之義。孟子『以言銛之』『以不言銛之』，今本誤作『餂』。

枱 説文作『枱』，他書作『耜』，大徐作『耒相』。相，臿也。木部『枱』，音『弋之』切，誤。

鉊 方言『錐』謂之『鍣』，其字从『苕』，取其象苕秀也，亦音『苕』。廣韻作『鉊』〔一四一〕，誤矣。

鍰 三鋝而成二十兩。吕刑之『鍰』，當爲『鋝』。

鋝 二十五鍰而成十二兩。弓人『膠三鋝』，當爲『鍰』。一弓之膠，不得多至二十兩也。

鏄 釋名以爲『鎛』亦鉏類。鎛，迫也。今本釋名作『鏄』，非。

轋 釋名『轋言幅轋入轂中也』，『轋入』正『鍯入』之譌。

鑋 左傳『⿱殹是而乘它車』，『⿱殹是』誤作『鑋』。

蛇 晉書『丈八蛇矛左右盤〔一四二〕』，作『蛇』，誤。

錞 説文作『鐓』，梵經作『錞』，乃樂器『錞于』字。

鸞 『八鑾』三見詩，字作『鸞』。詩『執其鑾刀』，今詩亦作『鸞刀』矣。

鑯鉞 疑古毛詩泮水『鸞聲鑯鑯』本作『鉞鉞』〔一四三〕，後乃變爲『鑯』字。許所據作『鉞』，『戌』聲，辛律切；變爲『鑯』，乎會切。說文『鉞』篆譌『鉞』，而鼎臣兄弟乃仍以『呼會』切之，蓋昧其遷移原委矣。以『鉞』作『斧戉』之『戉』，非是。

鐉 尚書大傳『饌』，訓『六兩』，作『鐉』者，誤。

刑 『㓝罰』字从『井』，『刑剄』字从『幵』，劃然異字、異音。今則絕不知有从『井』之字；以『刑』代『㓝』，音義兩失。凡『刑』聲、『并』聲之字盡失古音。

與 俗以『與』代『与』。『與』行而『与』廢矣。

姑 『姑且』當作『嫴且』。

觳 斗二升曰『觳』。謂『觳』爲『斛』者，謬。

蠡 蠡，方言則从『瓜』作『瓥』矣。

斡 斡，或作『幹』，蓋『斡』字之譌也。

斠 古岳切。今俗謂之『校』，因有書『校讎』字作此者。音義雖近，亦太好奇矣。

矜矜 矜，矛柄也。『矜夸』『矜持』『矜式』。無羊傳『矜矜』以言『堅彊』，菀柳傳『矜，危也』，諸義皆由『矛柄』引申。『巨巾』一反，僅見方言注、過秦論李注、廣韻十七真，而他義皆入蒸韻，今音之大變於古也。『矛柄』之字改而爲『穜』，云『古作「矜」』；他義字亦皆作『矜』，从『令』聲，又古今字形之大變也。

范 軓，叚借作『笵』；『笵』又譌『范』。

車軹 周禮大行人：『上公立當車軹。』『車軹』本作『前軓』，『軹』爲字形之譌。

疾 周禮大行人『侯伯立當前侯』，自唐石經已下皆譌作『前疾』。『上公立當前軓』，從來謂『前侯』之異文。今按：非也。『侯』誤爲『軓』，聲若形皆無當也〔一四四〕。

輅⿰車客 輅，車軨前横木也。輓輅之車用人，不用牛馬。疑有『轅』無『軛』也。禮經既夕篇『賓奉幣，由馬前〔一四五〕，當前輅』，見於經者，此而已矣。應劭注漢云『輅，謂以木當胸以挽車』，廣韻用之，改其字作『⿰車客』。『以木當胸』乃今之『縴板』，與『輅』各物。若近代用『輅』爲『路車』字，其淺俗不足道也。

輻 易小畜『九三：輿脱輻』，戴東原曰：『輻，系傳寫者誤，當作「輹」。「轐」「輹」實一字。「輻」在轂與牙之閒，非可脱者。』

柚 詩『杼軸其空』，今作『柚』〔一四六〕，乃俗誤耳。

杼柚 方言：『土作謂之「抒」，木作謂之「軸」。』『抒』作『杼』，『軸』作『柚』，皆非也。方言

『抒』『軸』與大東無涉。

國 喪大記『士葬用國車』，注：『輇，或作「團」』，是以誤爲『國』。

轄 離騷『齊玉軑而並馳』，王逸釋爲『車轄』，玉篇、廣韻皆云『車轄』。『轄』皆『輨』之誤。史記大人賦『轕轄』，漢書『轄』作『螛』。張揖曰『轕螛，搖目吐舌皃』，則史記爲譌字矣。

輩 抵也。與『車重』之『摰』『蟄』『輊』『轋』本各義，與『輖』又殊音。而集韻總合爲一字，誤矣。小徐引潘岳賦『如輩如軒』。今按：潘作『轋』，不作『輩』也。

挶 左傳『陳畚梮』，正義謂『梮』字从『手』，非是。

塹 李斯列傳『陗塹之勢異也』，『塹』當爲『漸』。

瀆 『四瀆』字，當作『𨽍』；亦作『四竇』。

坻 『氐』或譌作『坻』。應仲遠解楊雄解嘲『響若坻隤』，誤合『氐』與『阺』而一之。『響若坻隤』之『坻』，當作『阺』。

隱 孟子『隱几』，當作『𢀄』。𢀄，有所據也。

猗 上黨陭氏阪。今本郡國志作『猗氏』，因河東猗氏而誤。

祚 古者天子踐阼臨祭祀，故國運曰『阼』，不作『祚』。

陾 詩『捄之陾陾』，毛傳謂『陾陾，衆也』爲長。許謂『築牆聲』，似非是。又其篆从『耎』聲，則與『如乘切』相去遠矣。依玉篇作『捄之陑陑』，則之韻『而』韻可轉入蒸韻〔一四七〕，如『耳孫』之即『仍孫』也。

垂陲 『垂』訓『遠邊』，『陲』訓『危』。今義訓『垂』爲『懸』，則訓『陲』爲『邊』。『邊陲』行而『邊垂』廢矣。

淪 陯，山阜陷也。今則『淪』行而『陯』廢矣。

壘 禮喪服注：『於中門之外，垒墼爲之。』今本『垒』，皆譌『壘』。急就篇『墼壘』，亦當作『垒』。蓋俗字『厽』『畾』之不分者多矣。

四 覲禮『四享』，鄭注『「四」當爲「三」』，聘禮注『朝貢禮純四只』，鄭志荅趙商問『「四」當爲「三」』，周禮內宰職注『天子巡守，禮制：幣丈八尺純四积』，鄭志荅趙商問亦云『「四」當爲「三」』，左傳『是四國者，專足畏也』，劉炫謂『「四」當爲「三」』，皆因古字積畫爲『亖』〔一四八〕，由此誤。

七 詩『七月鳴鵙』，王肅云：『當爲「五月」。』古文『五』與『七』相近似。

屈曲 九，昜之變也。象其屈曲究盡之形。許書多作『詰詘』。此『屈曲』恐後人改之。

螭魑〔一四九〕离，山神也，字不从『蟲』。从『虫』者，乃許所謂『若龍而黄者』也。左傳作『螭魅』，東京賦作『魑』，乃俗寫之譌。徐鉉於鬼部增『魑』字，誤矣。若今本作『神獸』，則大誤矣。

嘼　陸德明曰：『「嘼」是嘼養之名，「獸」是毛蟲總號，故釋嘼惟論馬、牛、羊、鷄、犬，釋獸通説百獸之名。』尚書『武成歸嘼』，今作『歸獸』。二字不分久矣。

成　从『戊』，『丁』聲，俗寫作『成』。

罪　捕魚竹网。秦以『辠』似『皇』字，改爲『罪』。易『形聲』爲『會意』。漢後經典多從之，非古也。

辭　經傳凡『辤讓』皆作『辭説』字，固屬叚借，而學者乃罕知有『辤讓』本字；或又用『辤』爲『辭説』而愈惑矣。聘禮之『辭』，曰『非禮也敢』；謂『辤』，則『其辭如是』也。故鄭注『辤，不受也』，以别於他處之言『辭曰』者。

㯻穀𣪊㲉　穀，左傳作『㯻』，漢書作『穀』；或作『𣪊』，或作『㲉』，皆非也。音如『構』，誤。山海經注『穀瞀』，亦『𣪊』之誤。

辜　『孤負』之『孤』作『辜』，誤。

𠫓 周易『突如其來如』，惠氏定宇校李鼎祚周易集解改爲『𠫓如其來如』，是爲紕繆。

㠯巳 『辰巳』之『巳』，巳也。廣雅釋言『巳，㠯也』，乃淺人所改。近大興朱氏重刻汲古閣説文改爲『已也』，殊誤。

梧 儀禮『梧受』，爾雅、釋名『梧邱』，太史公書『魁梧』『枝梧』，漢書『抵梧』，皆『啎』之譌字。不識『啎』字，乃多妄改。

田 詩『應田縣鼓』，『田』當作『朄』。聲轉字誤，變而爲『田』。

瘐 史稱『瘐死獄中』，皆當作『臾』。

蘊藉 『醞藉』謂『如醞釀及薦藉』，道其寬博重厚也。今人多作『蘊藉』，失之遠矣。

禮 禮經以醴酒敬賓曰『醴賓』〔一五〇〕，注多改爲『禮賓』。

農 鴻範『次三曰：「農用八政」』，鄭曰：『農，讀爲「醲」。』

酌 士虞禮注、少牢禮注皆云『古文「酳」作「酌」』，特牲注『今文「酳」皆爲「酌」』，三『酌』字必皆『酳』字之誤。其一云『今文』者，則『古文』之誤。

醋 酢，醶也；醶，酢漿也。酢，倉故切；醋，在各切。諸經多以『酢』爲『醋』，惟禮經尚仍其舊。今俗皆用『醋』，以『酢』爲『酬酢』字。『醋』『酢』互易如『種』『穜』互易。

鴆 左傳『宴安酖毒，不可懷也』，從來謂即『鴆』字。竊謂非也。所樂非其正，即毒也，謂之『酖毒』。

私燕 燕私，湛露傳譌爲『私燕』。

不脱屨 毛詩作『不脱屨升堂謂之「飫」』（一五一），飫，於韓爲『醧』。由不善讀毛者摭取國語及韓詩説妄增『不』字。

獻 周禮司尊彝『獻尊』，鄭司農云：『獻，讀爲「犧」。』

母 『太史令胡毋敬作博學篇』，『毋』音『無』；或作『父母』字，非也。

閤 許沖叙『臣父故太尉南閤祭酒慎』。閤，各本譌作『閣』。百官志『太尉掾史屬二十四人，黄閤主簿録省衆事』，『黄閤』即『南閤』也。沈約宋志『三公黄閤陳元爲司空南閤祭酒』，見經典釋文。古書『閤』之誤『閣』者多矣。

儵 詩『予尾儵儵』，『消』誤作『儵』。

軓 詩『濟盈不濡軓』，改爲『軌』以韻『牡』者，非也。

疷疧 俱無此字。宋劉彝臆改『疷』。考唐石經正作『疧』。顧亭林從劉説，謂石經乃從諱『民』減畫之例，非也。

墠 詩「東門之壇」，作「墠」者，誤。

蠋 毛傳「厄，烏噣也」，今譌爲「烏蠋」。

校記

〔一〕代　叢書本作「伐」，是。

〔二〕苗　當作「苗」。

〔三〕由　當作「由聲」。

〔四〕筰　説文未收，當爲「莜」的譌字。

〔五〕焉乎　論語雍也作「焉耳乎」。

〔六〕陳風　段引詩經陳風下有「箋」字，是。

〔七〕美惡自爾　鄭箋作「善惡自有」。

〔八〕本　段作「書」。

〔九〕擾　段引尚書作「犪」。

〔一〇〕旄　段引王莽傳作「氂」。

〔一一〕邱　段引周易作「丘」。

〔一二〕艸　段作「廾」。

〔一三〕速字　當爲「速字」。

〔一四〕千　當作『干』。下同。

〔一五〕之之　衍一『之』字。

〔一六〕姜　當作『美』。

〔一七〕狂者妄言　説文言部今作『狂者之妄言也』。

〔一八〕夷　段作『責』，當是。

〔一九〕刺　叢書本作『刺』，是。

〔二〇〕桑　叢書本作『喪』，與段同。

〔二一〕童　段作『僮』。

〔二二〕即　段引徐廣注作『古』。

〔二三〕『鼓瑟』『鼓琴』『鼓鐘於宮』『弗鼓弗考』『鼓之舞之』五『鼓』字　段皆作『鼓』。

〔二四〕㲉改大剛卯以逐鬼魃也　説文攴部今作『㲉改，大剛卯也，以逐精魃』。

〔二五〕第二個『貯』　當作『眝』。

〔二六〕鴿　爾雅今作『鴿』。

〔二七〕鵝鴈　段作『鵝』。

〔二八〕禮儀　當作『儀禮』。

〔二九〕母　禮記曲禮今作『毋』。

〔三〇〕矣　説文今作『也』。

〔三一〕鼘　經典釋文今作『淵鼓』。

〔三二〕作　段作『言』。

〔三三〕駿　段作『音』，是。

〔三四〕俗　段作『誤』。

〔三五〕兄　當作『凡』。

〔三六〕楙　字林作『楸』。

〔三七〕不束蒲　詩經王風揚之水作『不流束蒲』。叢書本是。

〔三八〕累　當作『累呼』。

〔三九〕枯槁禾稿　段作『枯藁禾藁』。

〔四〇〕西京賦　當作『西都賦』。

〔四一〕作　叢書本作『依』，同段。

〔四二〕周人　段作『周禮』。

〔四三〕年　段此下有『正義』二字。

〔四四〕肎　段作『削』。

〔四五〕木　段作『版』。

〔四六〕無　段作『森』。

〔四七〕壟斷　段作『壟』。

〔四八〕郱　段作「岐」，是。

〔四九〕枝　叢書本作「支」，是。

〔五〇〕鄬　當作「鄬」。下同。

〔五一〕非　段作「皆非」爲妥。

〔五二〕廓　段作「郭」。

〔五三〕纍露　段此下有「之義」二字。

〔五四〕同音同義　段作「音同義異」。

〔五五〕晐　段作「賅」。

〔五六〕胖　段作「胖」，是。

〔五七〕稛　當作「稛」。

〔五八〕稠　當作「稛」。

〔五九〕蜚　段作「等」。

〔六〇〕簗擇米也　説文禾部：「簗，簗米也。」段云：「簗，擇也。擇米曰簗米。」

〔六一〕費　段作「費誓」。

〔六二〕子　叢書本作「字」，與段同。

〔六三〕俗　段作「誤」。

〔六四〕「隸書」云云　孔穎達疏「字體」原作「本體」，「不可復識」原作「不復可識」。

〔六五〕爆　段作『爆稍』。

〔六六〕疕　段作『字』。

〔六七〕欶　段作『欶』。

〔六八〕榜　段作『牓』。

〔六九〕聲　段作『字』，是。

〔七〇〕詞　段無。

〔七一〕从　段作『當从』。

〔七二〕弱也　今左傳音義無。

〔七三〕蓋　段引王念孫注作『當』。

〔七四〕釽　段作『鎃』，是。

〔七五〕廣韻　當從段作『廣韻曰』。

〔七六〕蓋　段作『乃』。

〔七七〕夾　段作『夾』。

〔七八〕肩　當作『肩』。

〔七九〕拔　史記項羽本紀今作『拔』。

〔八〇〕鍪　當作『鍪』。下同。

〔八一〕以絳額　西京賦薛琮注原作『以絳帕額』。

〔八二〕義　段作『篆』，當是。

〔八三〕義　段作『篆』，當是。

〔八四〕帀也　說文作『帀遍也』。

〔八五〕通志　當從段作『通志堂』。

〔八六〕在今　段作『今在』。

〔八七〕崋　段作『華』，是。

〔八八〕之字　今周禮地官卝人賈公彦疏無。

〔八九〕从　當作『作』。

〔九〇〕誤　段作『誤本』。

〔九一〕穀　當作『穀』。

〔九二〕庻　左傳今作『庶』。

〔九三〕引爲　段作『引申之爲』。

〔九四〕馬　當作『畢』。

〔九五〕口　段作『〇』。

〔九六〕廛　當作『廛』。

〔九七〕榮　當作『熒』。

〔九八〕以　叢書本作『从』，當是。

〔九九〕呰　叢書本作「呰」，與段同。

〔一〇〇〕雉　當作「雉」。

〔一〇一〕囟　叢書本作「囟」，當是。

〔一〇二〕囟　篆體當作「⊠」。

〔一〇三〕小　今説文作「象小」。

〔一〇四〕者　叢書本作「聲」，與段合。

〔一〇五〕慠福　段此下有「爲正」二字。

〔一〇六〕洱　段作「㳅」。

〔一〇七〕河　段作「江」。

〔一〇八〕瀟　段作「蕭」。

〔一〇九〕余　段引集韻作「庾」。

〔一一〇〕爤　段作「瀾」。

〔一一一〕川　段作「浸」。

〔一一二〕又　依下文，段作「凡」字爲妥。

〔一一三〕濡　段作「霑」。

〔一一四〕霰　段作「寒」，當是。

〔一一五〕侯　吴都賦今作「鯸」。

〔一一六〕否然也　孟子萬章今作「否，不然」。

〔一一七〕否然也　孟子萬章今作「否，不然也」。

〔一一八〕否然　孟子萬章今作「否，不然」。

〔一一九〕焉耳　當作「焉耳乎」。

〔一二〇〕枚　段作「梅」。

〔一二一〕挾　疑當作「挾」。

〔一二二〕側手擊也　説文今作「側擊也」。

〔一二三〕氏　當作「手」。

〔一二四〕撲　段作「樸」。

〔一二五〕襆　段作「襆」。

〔一二六〕慢　段作「嫚」。

〔一二七〕第一個「拂」　當作「弗」。

〔一二八〕威儀　段作「威儀字」。

〔一二九〕廣韻　當作「廣雅」。

〔一三〇〕今　陸德明釋文作「今讀」。

〔一三一〕字　段作「篆」。

〔一三二〕裳　叢書本作「常」爲妥。

〔一三三〕閱　段作「穴」。

〔一三四〕音　衍字。

〔一三五〕劭　段作「卲」。

〔一三六〕邵　叢書本作「卲」，與段同。

〔一三七〕邵　叢書本作「卲」，與段同。

〔一三八〕邵　叢書本作「卲」，與段同。

〔一三九〕儩　當作「儩」。

〔一四〇〕甚　段作「尤甚」。

〔一四一〕廣韻　當作「廣雅」。

〔一四二〕蛇　段作「鉈」，是。

〔一四三〕鱥鱥　段引詩經魯頌泮水作「噦噦」。

〔一四四〕「侯誤」云云　段作「若侯誤爲帆，聲形皆無當也」。

〔一四五〕前　今儀禮既夕禮作「西」。

〔一四六〕今　段作「今本」。

〔一四七〕韻　段作「聲」，是。

〔一四八〕亖　叢書本作「三」，當是。

〔一四九〕魑　叢書本作「魑」，當是。

〔一五〇〕醴酒　段作『醴』。

〔一五一〕毛詩　當作『毛傳』。

說文段注撰要卷二

譌音

丕丕邳秠伾駓額魾 敷悲切。讀去聲，誤。

下厦夏 胡雅切。『下』『夏』又『胡駕』切。今人誤讀『虛也』『虛夜』二切。

祜户怙楛扈雇鄠岵鶚鳸苄 候古切。讀去聲，誤。

祥詳洋翔庠痒 似羊切。讀如『牆』，誤。翔，古多讀如『羊』。洋，水名，似羊切。毛詩『洋洋』，讀『與章』切。

祉 敕里切。讀如『止』誤。

祀似汜巳姒相耜枱 詳里切。讀去聲，誤。『枱』『相』即今『耜』字。

禩 『祀』或字。寫作『禩』『禩』，誤；讀如『異』、如『冀』，誤。

祡柴豺儕靠 仕皆切。讀『丑諧』切，誤。

祠詞辭辤辝 似兹切。讀如『慈』，誤。

祫洽狹陜陿峽硤 侯夾切。『祫』『洽』讀『乞壓』切，誤；餘讀『吸壓』切，誤。

合郃盒詥 侯閤切。『合』『盒』讀『胡惡』切，『郃』『詥』讀『乞壓』切，俱誤。

社 常者切。讀去聲，誤。

禍輠 胡火切〔一〕。讀去聲，誤。

玉 魚欲切。讀如『遇』，誤。

瓊璚藑瞏惸煢 渠營切。讀如『窮』，誤。

瓚 徂贊切。讀如『贊』，誤。

瓛桓寏芄莞完荁丸雚紈汍莧峘垸俒 胡官切。讀『五丸』切，誤。俒，當讀如『完』。

『胡困切』者，借爲『溷』字之音。

瑞 是僞切。讀如『鋭』，誤。

瑱 它甸切〔二〕。讀如『店』，誤。

瑑篆摶 持兖切〔三〕。讀如『轉』去聲、如『串』，俱誤。爾雅：『十羽謂之「縳」』。

瑕霞遐瘕蝦蕸鰕騢鍜 乎加切。讀『虛耶』切，誤。

舝鎋轄 乎捌切。讀『虛俠』切，誤。

璶盡賮燼藎 徐刃切。讀如『晉』，誤。

玗于盂雩竽迂杇 羽俱切。讀如『愚』，誤。

琨昆幝褌晜錕崐鵾騉鯤䖵 古渾切。讀『苦温』切，誤。

盪璗蕩簜崵𥳑 徒朗切。讀如『當』去聲，誤。河内郡蕩陰有羑里城，西伯所拘，音『湯』。讀『徒朗』切，誤。

玨㲉覺較斠角桷榷搉 『㲉』或『玨』字，古岳切。讀如『㱿』，誤。覺，讀『吉約』切，誤。角，舊音如『穀』，亦如『鹿』。詩『麟之角，振振公族』，韻也。宮、商、角、徵、羽，亦音『鹿』。

士卮戺柹 即『柹』字。

仕 鉏里切。讀如『四』、如『世』，誤。

壻 讀與『細』同，穌計切。讀如『絮』，誤。

毒䓯碡纛 徒沃切。讀『都沃』切，誤。

遺嬻黷瀆讀獨讟髑殰牘贕櫝隫𢕌韇犢匵䪅督 徒谷切。讀『都沃』切，誤。

萐箑歃霎　山洽切。讀如「接」，誤。

藿霍靃癨　虛郭切。讀如「鶴」，誤。

莠誘牖庮　與久切。讀如「又」，誤。

葵𨇨夔逵馗騤頄頯　彊惟切。讀「苦回」切，誤。易夬「九三：壯于頄」，鄭作「頯」。「馗」「逵」古同字，讀若「仇」。顧氏以「逵」在脂韻爲本音，讀「仇」如「其」以合之，誤。

菹沮　側魚切。讀「子魚」切，誤。

苣巨虡距拒粔炬岠秬鉅駏踽齲矩榘　苣，俗「藘」字，其吕切；又彊魚切。餘皆其吕切。讀如「句」，誤。

莧　侯盰切〔四〕。讀如「現」，誤。

菔蔔匐僰菩踣仆　「蘆菔」即今之「蘿蔔」也，蒲北切；讀如「婆」如「僕」，俱誤。匐，讀如「福」，誤。

苹坪萍枰評　符兵切。讀「蒲明」切，誤。

薲蘋櫇瀕嬪顰蠙嚬獱玭臏　符真切。讀「蒲民」切，誤。「薲」「蘋」古今字。

茝厎畤　諸市切。茝，又「昌改」切；讀如「齒」，誤。厎，讀如「底」，誤。

萹褊 方沔反。讀『卑揙』反，誤。

蓖𪗉毗比琵蚍蠯膍枇榌貔 房脂切。讀『蒲卑』切，誤。

菅蕑菅姦 古顏切。讀『居言』切，誤。

薂毄激擊墼獥 古歷切。讀『基乙』切，誤。

蕮賜澌 斯義切。讀如『刺』，誤。

薣賢弦趨胘幩舷蚿 胡田切。讀『吸言』切、『虛員』切，俱誤。

蘻計係髻繫繼檵繫契葪 古詣切。讀『虛詣』『居詣』切，誤。

芰騎忌 奇寄切。讀『基意』切，誤。

芡儉 巨險切〔五〕。『芡』讀如『欠』，『儉』讀如『見』、如『檢』，俱誤。

茄迦葭加家嘉枷痂猳麚袈迦跏笳珈瘕 古牙切。讀『吉了』切，誤。

芍皛 爾雅：『芍，鳧茈〔六〕。』今人謂之『葧臍』，即『鳧茈』之轉語。芍，胡了切。讀如『杳』，誤。

葛割輵 古達切。讀如『各』、如『格』，皆誤。

荇莕荇杏 詩作『荇』，說文作『莕』，何梗切。讀『希應』切，誤。

菌窘蜠莙蔨箘 渠殞反。讀如『君』上聲、去聲，誤。

蕈 慈衽切。讀『子運』切，誤。

葚𣡟 常衽切。讀『時任』切，誤。

芽牙衙枒呀錏 五加切。讀『以遮』切，誤。

茁 鄒滑切。讀如『卓』，誤。

莖䪫 户耕切。讀如『庚』，誤。

葩 普巴切。讀如『巴』，誤。

萎 平聲。讀『無木不萎』者，往往誤爲上聲。

莢頰鋏唊𩊚筴梜蛺 古叶切。讀『居怯』切，誤。

蓧滌㣙踧迪笛篴敵翟狄𦅾邮荻覿䊮 徒歷切。讀如『的』，誤。詩『踧踧周道』，又『子六』切。

茬 齊北有茬平縣，仕甾切。讀如『池』，誤。

薈 烏外切。讀如『會』，誤。

苛 乎哥切。讀如『科』，誤。

薉穢鐬 於廢切。讀如『會』，誤。

薀惲慍韞緼醞 薀，俗作『蘊』，於粉切；讀如『運』，誤。『韞』『慍』讀如『問』，誤。

茷 符發切。讀如『旆』，誤。

薄泊礴箔亳鑮簙 旁各切，讀如『博』，誤。

苑婉[illegible][illegible]菀蜿畹踠晼宛惌 於阮切。讀去聲，誤。

菑甾淄輜緇紎茬鶅錙椔鯔 側詞切。讀如『咨』，誤。

[illegible]漸鏨槧蔪 慈冄切。讀如『箭』，誤。

苾飶邲柲馝[illegible]佖駜怭泌弼弻 毗必切。讀如『必』、如『祕』，誤。

荐[illegible]栫洊薦 在甸切。讀如『箭』，誤。

藉躤 『慈夜』『秦昔』二切。讀『子夜』『子昔』反，誤。

苫痁 失廉切。今俗語『舒膽』切，誤。

莜蓧掉調銚 莜，論語作『蓧』，徒弔切。今煮物瓦器謂之『銚子』；讀如『弔』，誤。

芻 叉愚切。讀『族無』切，誤。

茭交嘐鮫鵁膠郊蛟教轇艽迒 古肴切。讀『基邀』切，誤。

荹步捕餔鞴哺鮬鵏 薄故切。讀如『布』，誤。

菉緑録醁騄淥碌逯簶 力玉切。讀如『陸』，誤。

范軓笵範犯 房芝切。讀去聲，誤。

菆鄒鄹騶郰陬黀緅棷 側鳩切。讀『則歐』切，誤。

莫慕募墓慔 莫故切。讀『磨』去聲，誤。

犉瞤眴 如匀切。讀如『純』，誤。

牽靡汧蚈雃岍 苦堅切。讀如『謙』，誤。

犕鞁葡備㷶絥鞴贔糒 平祕切。讀『必異』切，誤；讀如『背』，更誤。

牣刃韌軔訒牣 而震切。讀上聲，誤。

於 詩『於牣魚躍』，段注：『於，如字。』則讀如『烏』者，誤。

犛 里之切。史記西南夷謂之『髦牛』〔七〕，周禮樂師注謂之『氂牛』。禮注、爾雅注、北山經、上林賦注、漢書西南夷皆謂之『旄牛』。『氂』『髦』『旄』三字同音，因之讀『犛』如『毛』，非也。

吻 武粉切。讀如『忽』、如『化』，俱誤。

晅烜諼 況晚切。讀如『諠』，誤。

咀沮 慈吕切。讀平聲，誤。

吮雋 徂沇切。『吮』讀如『允』，誤；『雋』讀『子運』切，誤。

唱和 古不讀去聲。

啞 於革切，笑也。俗訓爲『瘖』，幺下切。

噱蹻谷⿰口卻臄醵 其虐切。讀如『脚』，誤。

咄柮 當没切。讀如『出』、如『拙』、如『毒』，皆誤。柮，又『女滑』切，又『五骨』切。

啻翅翄⿰羽氏施雒翟 施智切。讀如『帝』、如『滯』、如『智』，俱誤。

吃訖 吃，言蹇難也，居乙切。讀如『乞』，誤。

啖噉啗 徒敢切。讀如『憨』，誤。

嗑蓋 候榼切。讀『胡咢』切，誤。漢有蓋寬饒。

叱 昌栗切。讀『尺亞』切，誤。

吒咤奼詫 陟駕切。讀『尺亞』切，誤。

嘖賾猎 士革切。讀『租厄』切，誤。

咼⿵門爲 咼，口戾不正也；苦媧切。讀『屋乖』切，誤。

喈皆⿰月皆痎偕湝階楷鶛荄薢佳街⿱艹黠稭 古諧切。讀『吉哀』切，誤。廣志云：『孔子冢上特多楷樹。』楷，平聲。

局 渠録切。讀如『匊』，誤。

喪 凡『喪失』字本皆平聲，俗讀去聲以別於『死喪』平聲，非古也。

赳糾丩 居黝切。讀平聲，誤。

趮躁 則到切。讀『騷』去聲，誤。

趁 ⿺走亶也，當讀『張人』切。今人『趁逐』字作此。反語爲『丑刃』，非古音、古義。

⿺走票飆標杓蔈猋驫贆票鏢僄犥嫖旚彯飄漂螵 撫招切。讀『必腰』切，誤。爾雅『扶搖』謂之『飆』，『飆』即『扶搖』切。今讀『飆』爲『標』、讀『飄』爲『擘遥』切，誤。『蒺藜』爲『茨』、『不律』爲『筆』，皆此類也。

⿺走匝匠 疾亮切。讀如『醬』，誤。

赽趹決眏鴂肤䬆玦駃譎訣觖抉 古穴切。讀『菊月』切，誤。

趙肈庳狣翄䠷𠁥鮡兆旐 治小切。讀『招傲』切，誤。

堂樘瞠竀 丑庚切。讀『策恩』切，誤。堂，今俗字作『撐』。

壁辟襞躄 必益切。讀如『霹』，誤。

疌捷倢寁 疾葉切。讀如『接』，誤。

癶撥鉢盋襏茇 北末切。讀如『博』，誤。

是褆恀氏諟 承旨切。讀如『示』，誤。

造慥 七到切。造，又『昨早』切。俗讀如『竈』，誤。

遄篅圌輲輇 市緣切。讀如『傳』，誤。

屰逆縌 宜戟切。讀『麗一』切，誤。

遞棣杕第遰髢締睇悌軑娣禘踶題 特計切。讀『丁計』切，誤。

逮代岱黛埭隸瑇帒袋 徒耐切。讀如『帶』，誤。

遲柢 直尼切。

遲緻稺稚治 直利切。今人謂『稽延』爲『遲』，平聲；謂『待之』爲『遲』，去聲。唐人經典用『遟』不用『遲』。

逗豆梪竇脰窬餖 田候切。讀『都漚』切，誤。

避 毗義切。讀如『祕』，誤。

遴磷粦燐 良刃切。讀如『鄰』，誤。

逡⿰夋兔皴墫竣夋踆 七倫切。

巡旬馴洵紃循 詳遵切。逡巡，讀『即勻』『悉雲』二切，誤；『竣』『夋』讀去聲，誤。

達 行不相遇也，讀如『撻』。今俗說不相遇尚有此言。乃古音也〔八〕；讀『都遏』〔九〕、訓『通達』，今音、今義也〔一〇〕。

逭垸漶 胡玩切。讀『胡盌』『枯盌』切，誤。

逋誧餔晡 博孤切。讀如『蒲』，誤。

逐軸妯筑舳蓫 直六切。讀如『竹』，誤。

近殣覲饉僅墐廑 渠遴切。讀如『鏡』，誤。經典釋文『遠近』上聲，『近之』去聲，古無此分別。

迫 博陌切。讀如『帛』，誤。

邇爾尒 兒氏切。今人誤讀。

遏卢頞 烏割切。讀如『惡』、如『戹』，誤。

遮 止車切。今人誤讀。

道稻纛 徒皓切。讀如『到』，誤。

遽具懼 其倨切。讀如『句』，誤。

徼梟澆蟂県 古堯切。讀如『囂』，誤。

徐俆 似魚切。讀『七魚』切，誤。

𢓭踐諓俴餞 慈衍切。讀『子燕』切，誤。

徬傍謗 蒲浪切。讀『補浪』切，誤。傍，又平聲。

徯丂棨綮 『徯』字，書孟音義、廣韻、玉篇、集韻、説文篆韻並皆『胡禮』切。疑『胡計』反，誤。

蹊奚騱鼷螇貕嵇兮 胡雞切。讀『吸衣』切，誤。『蹊』者，『徯』之或字，今人畫爲二字；音則『徯』上、『蹊』平，誤矣。

假假檟榎椵瘕叚賈斝 古雅切。讀『吉也』切，誤。經典多借『假』爲『假』；假，至也。後人分『非真也』爲『古雅』切，『至也』爲『古領』切，古音無此區別。

後后郈㫗厚垕垢 胡口切。讀『胡寇』切，誤。

行 户庚切。讀如『形』，誤。

衕洞恫迵 衕，通街也。今京師『衕衕』字如此。作『徒弄』切、讀如『同』，誤。

齜 差貴切。讀『初忍』『初覲』『初問』『恥問』切，皆未確。

齟齬 上『牀呂』切，下『魚舉』切。齟，讀『側加』『即雨』切，皆誤。

齩 五巧切。讀如『幺』上聲，誤。

足哫 即玉切。讀『祖屋』切，誤。

跪 去委切。讀如『簣』，誤。

跽 渠几切。讀如『跪』，誤。

跧 莊緣切。讀如『全』，誤。

蹢擿擲躑〇躅蠲蠋 蹢，直隻切。躅，直録切；俗讀如『職粥』，誤。擿，搔也，音『剔』；一曰『投』也，今字作『擲』。

跲劫衱袷 居怯切。讀『其壓』切。跲，又『巨業』切。

蹇謇攓 九輦切。讀如『遣』，誤。

跔岣捄駒眗斞痀 其俱切。廣韻讀如『俱』，誤。

嗣寺 祥吏切。嗣，俗讀若『祠』；寺，讀『即字』切，誤。

舓舐䑛 神紙切。讀如『忝』，誤。

狧 與『舓』『舐』『䑛』異字、異音而同義。顏注『狧，古「䑛」字』，乃大誤。狧，他合切。

丈仗杖 直兩切。讀如『帳』，誤。

謦 去挺切。讀『渠應』切，誤。

讎疇酬雔 市流切。讀如『籌』，誤。

誦頌訟 似用切。讀『子宋』切，誤。

誾 語巾切。按此字自來反語，皆恐誤。『門』聲當讀『莫奔』切；或讀如『瞞』、如『蠻』，斷不當反從『言』之雙聲切『語巾』也。

訪舫 敷亮切。讀『敷网』切，誤。

訂 他頂切。讀『丁應』切誤；又平聲。

諦柢疐蔕嚏蝃 都計切。讀如「遞」，誤。

識 「知識」「記識」「標識」，今人分入、去二聲，古無是也。

諶忱訦煁 是吟切。讀如「程」、如「陳」，俱誤。

誠成郕城盛 氏征切。讀如「程」，誤。盛，今人分平、去，古不分。如左傳「盛服將朝」，「盛」音「成」，本亦作「成」字。

誡戒屆疥玠尬悈介魪界芥价丯 古拜切。讀「吉礙」切，誤。

詁 「公户」「公務」反。讀如「護」，誤。

諴咸鹹函椷 胡毚切。讀如「賢」，誤。「椷」訓「容」者，「含」之叚借。

諧龤鞵骸湝鞋 户皆切。讀「吸崖」切，誤。

話 胡快切。讀「胡化」切，誤。

諈 竹寘切。讀「出尾」切，誤。

諉 女恚切。讀如「委」，誤。

謙 苦兼切。讀「乞淹」切，誤。

譞儇翾嬛蠉 許緣切。讀如「旋」，誤。

諍 側迸切。讀『則恩』切，誤。

訝迓砑 吾駕切。讀『於駕』切，誤。

講港 古項切。讀『雞養』切，誤。

營營塋瀯 余傾切。讀如『盈』，誤。

訹 思律切。讀如『出』，誤。

騃 方言：『癡，騃也。』騃，吾駭反。讀『魚崖』切，誤。

詛 莊助切。讀如『祖』，誤。

詿卦挂罣 古賣切。讀『瓜』去聲，誤。

誣巫 武扶切。讀如『符』，誤。

諅忌惎䴊邔誋 渠記切。讀如『記』，誤。

誕但蜑澶僤 徒旱切。讀『都淺』切，誤。

謬繆 靡幼切。讀如『溜』，誤。

讒毚儳饞 士咸切。讀『此顏』切，誤。

譴 去戰切。讀上聲，誤。

謫讁擿 陟革切。讀如『則』，誤。

譙噍趭誚 才肖切。讀如『笑』，誤。

誶粹睟 雖遂切。讀如『萃』，誤。

詰 去吉切。讀如『吉』，誤。

詗敻 朽正切。讀『九正』切，誤。敻，讀如『瓊』，誤。

誩競 渠慶切。讀如『鏡』，誤。

善墠單鱓鄯蟺 常衍切。讀去聲，誤。

業鄴 魚怯切。讀『乙揭』切，誤。

奉唪 扶隴切。讀如『蓬』上聲，誤。

共 渠用切。讀『公』去聲，誤。

龔恭供 九容切。讀如『公』，誤。

晨晨辰鷐臣麎宸 食鄰切。讀如『陳』，誤。

鞹廓 苦郭切。讀如『各』，誤。

鞃弘 胡肱切。讀如『紅』，誤。

鞊怗帖貼蝶跕 他叶切。鞊，鞌飾。俗讀如『韔』、如『纏』去聲，俱誤。帖，讀『都協』切，誤。

鬻餌珥咡刵眲佴峏洱 仍吏切。讀如『耳』，誤。

燮韘燮躞屧 蘇叶切。讀如『屑』，誤。

尹瑱 余準切。讀如『影』，誤。

及笈 巨立切。讀如『吉』，誤。

度渡斁鍍 徒故切。讀如『妒』，誤。

度莌鮵敓奪 徒活切。讀『多活』切，誤。

鏗 从『堅』聲；堅，从『臤』聲。今音『鏗』，在耕韻，非也。

堅豣肩鰹菺麉幵鳽 古賢切。讀『吉煙』切，誤。

豎樹裋 臣庾切。讀去聲，誤。臣，植鄰切；植，常職切；常，市羊切。樹，扶樹也。與『樹木』之『樹』異。

殿電畋奠甸澱淀佃鈿䵤 堂練切。讀如『店』，讀〔一一〕。

殽肴爻筊崤洨淆恔筊 胡茅切。讀『吸遥』切，誤。肴，今經、傳皆作『殽』，非古音之舊也。

效傚恔斅 胡教切。讀『吸要』切，誤。

敳 左傳：『八凱有隤。』敳，讀若『豤』。今音『五來』切，非是。

赦舍騇 始夜切。今人讀誤。『舍』『捨』古音不分上、去，二字義相同。

敗唄 薄邁切。自破曰『敗』，薄邁切；破他曰『敗』，補邁切。

𢿌杜稌 徒古切。讀如『妒』，誤。

敲墝磽跤骹 口交切。讀『乞邀』切，誤。『墝』『磽』讀『吸邀』切，誤。

改 毅改，大剛卯改，余止切；一本作『古亥』切，非。

教校珓窖酵覺較 古孝切。讀如『叫』，誤。

斅學鷽礐确嶨嶨 胡覺切。讀『虛約』切，誤。

嘂訆叫徼鷘敫徼噭 古弔切。讀『吉要』切，誤。

占瞻詹蟾 職廉切。讀如『氈』，誤。蟾，讀如『纏』，誤。

眼 五限切。讀如『揜』，誤。

眩縣炫袨衒贙眩甸 黄絢切。讀『虛怨』切，誤。

眥嚌穧齊劑癠懠 在詣切。讀如『祭』、如『紫』、如『躋』，誤。

睞睫婕楫檝 子葉切。讀『即謁』切，誤。

晛峴蜆俔晛 胡典切。讀如『揜』，誤。

睨垷眄 研計切。讀『泥』去聲，誤。

監𥌓礛𨟚 古銜切。讀『吉煙』切，誤。

相 古無平、去之别。

睊羂罥懁狷獧 孟子『睊睊胥讒』，於絢切；廣韻『古縣切』。讀平聲，誤。

自 疾二切。讀『即二』切，誤。

鼻比痹 父二切。讀如『必』、如『祕』，誤。

翡鬻蜚厞屝蔽蟦𨇾䕁 房未切。讀如『匪』，誤。

翥庶䗪 章庶切。讀如『煮』，誤。周禮有『庶氏』。

翩篇萹偏媥扁 芳連切。讀『步邊』切，誤。

翳纛導䆃燾幬悼蹈翿盜 徒到切。讀如『到』，誤。纛，又『徒谷』切；讀『都督』切，誤。

鵯卑椑庳裨顐 符支切。『卑居』俗作『鵯』，音『匹非』也。餘讀若『杯』，誤。

雀爵燋爝 即略切。『雀』『爵』同音；讀如『鵲』，誤。

雉滍 直几切。讀如『滯』、如『志』，誤。

雞笄枅稽禾 古兮切。讀『吉兮』切，誤。

雛媰 士于切。讀『蹙吴』切，誤。

雁鴈贋 五晏切。讀如『燕』，誤。

雄熊 羽弓切。讀『吸容』切，誤。

舊匛柩匶 巨救切。讀『吉又』切，誤。

羜佇竚眝紵宁苧杼 直吕切。讀如『住』、如『主』，俱誤。

美媺渼 無鄙切。讀如『浼』，誤。

雧集亼檝輯咠 秦入切。讀如『即』，誤。

蔦乚鳥　都了切。讀如『了』，誤。

鸑嶽岳樂鸒　五角切。鸑，讀如『育』，誤；『嶽』『岳』『樂』讀如『約』，誤。古『音樂』與『喜樂』無二字，亦無二音。

鷟浞丵篧灂籍澩汋　士角切。讀如『族』，誤。

鴿閤合郃匌㕉鞈蛤佮　古沓切。讀如『各』、如『割』、如『恰』，俱誤。

鶪昊郹湨犑䰴　古闃切。讀『菊月』切，又如『吸』，誤。

鷲就　疾僦切。讀『即又』切，誤。

鴞　于嬌切。許『許嬌』切，非。

刀舠　釋鳥：『鳭鷯剖葦。』『鳭』者，『刀』之俗字；改『刀』爲『鳭』，讀『丁堯』切，非也。

鶿茲　龜茲，國名；疾之切。讀如『茲』，誤。

鷂　弋笑切。讀如『遥』，誤。

鶡曷褐蝎鞨　胡割切。讀如『鶴』、如『黑』，俱誤。

鷕　詩『有鷕雉鳴』，『鷕』與『瀰』韻，『鳴』與『盈』韻。鷕，以水切，音『唯』。『水』字譌爲『小』，讀如『杳』，誤。

鴆朕 直禁切。朕，又『直稔』切。讀如『枕』上聲、去聲，俱誤。

鷇詬 爾雅『生哺鷇』，口豆切。讀如『彀』，誤。

鶱 虛言切。讀如『騫』，誤。

玄縣 胡涓切。讀『虛員』切，誤。

争箏䋫綪 側莖切。讀『則莖』切，誤。

殊茱洙銖 市朱切。讀如『朱』、如『除』，誤。殛，殊也；殊，陟輸切，『殊殺』字也。古『殊殺』字作『殊』，與『誅責』字作『誅』迥別。周禮：『八曰「誅」，以馭其過。』禁殺戮、禁暴氏、野廬氏皆云『誅之』，此『誅責』也，公羊傳『君親無將，將而誅焉』，此『殊殺』也。

臭殠 尺救切。『臭』兼『芳』『殠』言，大學：『如惡惡臭。』近人讀『臭』如『齅』，誤。

殆迨駘待怠紿⿱竹怠詒 徒亥切。讀如『帶』，誤。

殨潰繢闠讀 胡對切。讀如『貴』，誤。

薨儚 呼肱切。讀如『烘』、如『昏』，俱誤。

薧槁熇祰 薧，呼毛切。周禮、禮記音『考』；讀如『稿』，誤。

殂 昨胡切。今作『徂』，讀上聲，誤。

别 皮列切。『分别』『離別』皆是也。今人『分别』則『彼列』切，『離別』則『憑列』切，古無是也。

臚 今之『膚』字。『膚』行而『臚』廢矣。讀如『盧』，誤。

脣⿱艹脣漘 食鄰切。讀如『純』，誤。

肓 呼光切。按，當云：『网，平聲。』讀如『忙』、如『門』，誤。

腎蜃祳脤 時忍切。讀去聲，誤。

肊臆憶薏億繶檍𠶷 於力切。讀如『意』，誤。

胯綔袴 苦故切。讀如『跨』，誤。

脛踁 胡定切。讀如『勁』，誤。

胻行 户更切。讀『虛映』切，誤。

胝 『手胼足胝』之『胝』，竹尼切。讀如『底』、如『低』，誤。

牒 直葉切。讀如『丁葉』『徒葉』切，俱誤。

肙 烏懸切。讀『菊冤』切，誤。

綮 『肎綮』之『綮』，音『罄』。讀如『啟』，誤。

剴 五來切；又『古愛』切。讀『開』上聲，誤。

剞掎攲踦 居綺切。讀如『奇』、如『以』，誤。

劊檜 古外切。檜，又『古活』切。讀如『桂』，誤。

切 引伸爲『一切』，俗讀『七計』切。

刉憒 刀不利，於瓦石上刉之。古愛切，今俗言『古巷』切。

劌橛蹶蹷劂㔾衛 居衛切。讀如『桂』、如『會』、如『厥』，俱誤。

辧辯辡諞 符蹇切。讀如『變』，或『變』字上聲，俱誤。

剈鋗淵蘙 烏玄切。『剈』『鋗』讀『菊冤』切；『淵』『蘙』讀如『煙』：誤。

刑荊邢形侀鉶陘硎型鈃滎 户經切。讀『吸銀』切，誤。

剄 古零切。讀『吉音』切，誤。

耒纇酹 盧對切。讀上聲，誤。

耤藉籍瘠踖 秦昔切。讀如『即』，誤。

耡助麆 牀倨切。讀『租』去聲，誤。

掣瀄掣挈 尺制切；又『之世』反。讀如『制』，誤。

觸歜斶 尺玉切。讀如『竹』，誤。

解薢 佳買切。讀『吉乃』切，誤。

解邂 户賣切。讀『吸礙』切，誤。

解蟹獬澥嶰 胡買切。易解卦音『蟹』，讀『吉乃』切，誤。

懈 古隘切。今多讀『胡害』切。

斅儌覢鶩敫獥 胡狄切。讀如『吸』，誤。

筍隼簨 思允切。讀如『損』，誤。

笨畚 布忖切。讀去聲，誤。

篸槮參 所今切。讀如『層』陰平、陽平，俱誤。

籀冑胄宙酎繇 直又切。讀如『晝』，誤。

簡柬揀僩 古限切。讀『吉衍』切，誤。

篦 古作『比』，當依俗音『毗』。漢書『頻寐』切。今人讀如『蔽』，誤。

簍摟 洛侯切。讀上聲，誤。

簋軌匭宄晷厬氿 居洧切。讀『孤尾』切，誤。

鬼 居偉切。讀『孤尾』切，誤。

箠捶 之累切。讀如『椎』、如『吹』上聲，俱誤。

算匴 穌管切。讀如『筭』，誤。

巧 苦絞切。讀『奇攲』切，誤。

甚 常枕切。讀去聲，誤。

嘗常尚徜鱨償裳 式羊切。讀如『長』，誤。

盇嗑闔葢 胡葛切。讀如『鶴』、如『黑』，誤。盇，隸變作『盍』。

哿舸笴 詩：『哿矣富人。』哿，古我切。讀如『可』，誤。

虧 去爲切。讀『枯威』切，誤。

吁訏盱 况于切。讀如『虚』，誤。

醯橀 胡雞切。讀如『希』，誤。

堨揭藒愒 邱竭切。讀如『潔』，誤。

血 呼決切。讀『虛決』切，誤。

監肬噴醓 他感切。讀如『貪』，誤。

彤佟疼鼕爞鼟 徒冬切。讀如『同』，誤。

阱 疾正切。讀如『井』，誤。

既旡无暨穖 居未切。讀如『計』，誤。

飯 食也。謂『食之』也，此『飯』之本義；引伸之，『所食』爲『飯』。今人於本義讀上聲，於引伸之義讀去聲，古無是分别也。

飪餁棯恁稔衽 如甚切。讀如『認』，誤。

饎糦熾埴幟 昌志切。讀如『職』，誤。

籑饌䉵僎譔僝 士戀切。讀『專』去聲，誤。

養 今人分别上、去，古無是也。

饟 人漾切。讀如『亮』，誤。

餉蟓曏蠰 式亮切。讀如『向』，誤。

賤錢諓 才線切。讀『子燕』切，誤。

饋餽匱蕢簣櫃 俱位切。讀『枯未』切，誤。

會繪𣍘璯 黃外切。讀『胡畏』切，誤。𣍘（一二），左傳：『日月之會是謂「辰」。』據說文，則日月之合宿謂之『𣍘』，黃外切；據周禮、左傳，則日月𣍘處謂之『辰』也。『𣍘』者，即左傳之『會』字，非左傳之『辰』字也。玉篇曰『𣍘，時真切，日月會也。』今作『辰』，誤讀左氏者爲之也。

入廿 人汁切。『入』讀如『肉』、『廿』讀如『念』，俱誤。

罌罃甖鶯鸚嚶櫻鸎莖 烏莖切。讀如『嬰』，誤。爾雅釋艸：『姚莖涂薺。』

䍋縋硾槌腄膇甀 池僞切。讀如『垂』，誤。

缸夅栙降 下江切。讀如『岡』，誤。『夅』『栙』『降』讀『吸江』切，誤。

鏬嚇唬 呼迓切。讀『吸迓』切，誤。

罄𦉢 苦定切。讀『欽定』切，誤。

罊契栔𥂁 苦計切。讀如『乞』，誤。

射貰麝 食夜切。『射』『麝』讀如『晒』，誤；『貰』讀如『世』，誤。

冂坰坰扃駉䍉 古熒切。讀如『君』，又讀上聲、去聲，俱誤。

市時恃 時止切。讀如『試』，誤。

舛喘荈 昌兖切。讀『穿宛』切，誤；讀如『倉』、如『參』，更誤。

鍛緞段瑖椴 徒玩切。讀『都玩』切，誤。

䵵䵵揫遒鰍湫蝤揂啾 即由切。讀『七由』切，誤。

韓榦汗邗翰鶾邯 『井韓』『井榦』俱音『寒』。榦，讀『古峅』切，誤。可汗，蕃王稱也。

弟娣 弟，韋東之次弟也，特計切。今作『兄弟』字，特禮切。讀『的異』切，又讀『第亦』如之，俱誤。

桀傑竭揭渴榤碣偈楬杰 渠列切。讀『吉葉』切，誤。

橙瞪朾 大庚切。讀如『層』，誤。

柚狖鼬槱猶櫾 余救切。讀如『柚』，誤。

楷 苦駭切。讀『驅矮』切，誤。

楑湀揆 求癸切。讀『孤尾』切，誤。

栟并屏 府盈切。讀『補盈』切、『普盈』切，俱誤。屏營，徬徨。

柀彼　甫委切。讀『補以』切，誤。爾雅『柀，黏』，音義音『彼』；又『匹彼』反。今爾雅音義『彼』譌作『柀』〔一三〕，非也。

桔結絜潔拮袺　古屑切。讀如『吉』，又讀『吉葉』切，俱誤。

榮蠑　永兵切。讀『一兵』切，誤；讀如『容』，更誤。

松　祥容切。讀如『嵩』，誤。

樸墣幞璞　匹角切。讀『普木』切，誤。

墌　丑格切。讀如『策』，誤。

栽　今分平、去二聲，古無是也，中庸注可證。

極　渠力切。讀如『吉』，誤。

柱　直吕切。讀如『住』，誤。

榱衰　所追切。『榱』讀如『催』，誤。『衰』讀『孰衰』切，誤。

植埴湜殖　常職切。讀『之職』切，誤。

樞姝　昌朱切。讀如『區』，誤。

楗鍵　其獻切；又『渠偃』『紀偃』反。讀『吉獻』切，誤。

栅 楚革切。讀如『札』，誤。

杝 池爾切。按『池爾』之音傳合下文讀爲『阤』爲之〔一四〕，非許意也。許時，『杝』爲『籬』字，讀『杝』如『離』，而又如『阤』。阤，古皆作『他』，非也。

牀 仕莊切。讀『除莊』切，誤。

杷爬琶 蒲巴切。讀如『巴』，誤。

榼 苦盍切〔一五〕。讀『胡蹋』切，誤。

棚庄 薄庚切〔一六〕。讀如『蓬』，誤。庄，俗誤讀『莊』。

棓棒蚌蜯 步項切。讀『補巷』切，誤。

柯菏 古俄切。讀如『科』，誤。

梐綼陛 邊兮切。

橋 古者『挈皋』曰『井橋』。曲禮『奉席如橋衡』，讀若『居廟』反，取『高舉』之義也。讀如『喬』，誤。

械韰薤瀣齘 胡戒切，讀『希戒』切、『冀戒』切，俱誤。

杽杻 敕九切。俗言『周耦』切，誤。

柙狎匣 烏甲切。廣韻胡甲切。讀『虛壓』切，誤。

楚齇憷 創舉切。讀『促武』切，誤。

帀噆 子荅切。讀如『札』，誤。

産滻簅 所簡切。今南北語言皆作『楚簡』切。

𠂹陲圖箠倕 是爲切。讀如『椎』，誤。

雩 況于切。今江蘇皆言『花』，户瓜切。

巢樔鄛 鉏交切。巢，讀如『招』、如『超』、如『燒』，俱可；讀如『潮』，則誤。

刺糲 凡言『刺謬』『乖刺』『刺刺不休』，皆『盧達』切。讀如『刺』，誤。論語『其蔽也絞』，馬融曰：『絞，刺也；刺，盧達切。』皇侃、陸德明乃讀爲『譏刺，七賜切』，其謬甚矣。

圈菀菌 渠篆切。讀『居願』切，誤。

振 俗作『賑』，之忍切。讀去聲，誤。

貸 他代切。讀如『帶』，誤。

賸孕䲆媵 以證切。讀如『勝』、如『暈』，俱誤。

貤希𢑴 以豉切。讀如『移』，誤。

貶 方斂切。讀『賓斂』切，誤。

貧 符巾切。讀『蒲巾』切，誤。

賃 尼禁切。讀如『任』，誤。

郡 渠運切。讀『君運』切，誤。

邽圭珪室袿閨桂 古畦切。讀如『歸』，又讀『苦歸』切，俱誤。

部 蒲口切。讀如『布』、如『步』，俱誤。

郗 丑脂切。讀如『希』，誤。

尋鄩梣潯鱏鬵 徐林切。讀『才林』切，誤。

郰匡筐劻眶恇 去王切。讀『苦汪』切，誤。

郟夾韐裌袷筴 工洽切。讀『居洽』切，誤。

鄧蹬 徒亙切。讀『都亙』切，誤。

郫陴裨蜱脾螷紕埤 符支切。讀『匹支』切，誤。

鄞犾齗狺 語斤切。鄞，讀如『鄰』，誤。

鄑貲鼊媊揹　即移切。鄑，集韻、類篇皆有『即刃反』，疑當从此讀。

酅攜觿驨巂畦⿺尢巂黊⿰忄巂蠵鑴　户圭切。讀如『兮』，誤。

鄫繒驓橧嶒　疾陵切。讀如『增』、如『僧』，俱誤。

酈　小顏漢書注：『酈姓音「歷」，縣名音「擲」。』

晢　旨熱切；或讀如『制』。『晢』字『日』在下，或在旁作『晣』，同耳。與『晳』字下从『白』別。

曉皢　呼鳥切。讀『吸杳』切，誤。

昭　晉避司馬昭諱，一切讀『上饒反』。而陸氏乃以入經典釋文，陋矣。

晵啟棨綮⿰齒启稽䏿啓　康禮切。讀『期禮』切，誤。

晧暭昦浩昊鎬鄗顥薃鰝滈灝　胡老切。讀去聲，誤。

昴　召南傳曰：『昴，留也。』古謂之『昴』，漢人謂之『留』。惠氏棟因毛傳之語，謂『昴』必當从『卯』。其説似是而非。王氏鳴盛尚書後案襲之，非也。昴，莫飽切，不當讀『力九』切。

昨酢怍莋⿰⿱丵臼殳⿰米斬笮鑿柞　在各切。讀『租惡』切，誤。

暇下夏　胡嫁切。讀『吸亞』切，誤。

暫蹔蹔 藏濫切。讀「朱濫」切，誤。

昪弁卞汴拚抃莽忭 皮變切。讀如「變」，誤。

昱 衛包改尚書「六翌」皆爲「翼」。「翌」者，「昱」之叚借。昱，余六切，不讀如「翼」。

署鼠癙黍 舒呂切。讀「除呂」切，誤。

㬎顯韅蜆 呼典切。讀「吸典」切，誤。

披 「披」「靡」皆上聲；讀「披」平聲，誤。

疊牒喋蹀堞諜褺鷃氎慴蝶 徒叶切。讀「都叶」切，誤。

覇怕 普伯切。後代「魄」行而「覇」廢矣。俗又讀「不亞」切。怕，憺怕也。

粟涑 相玉切。讀「桑谷」切，誤。

稼幏駕價嫁架假 古訝切。讀「吉訝」切，誤。

杭稉 古行切。讀如「京」、如「衡」、如「杭」，俱誤。

秏 呼到切。按：當音「毛」、音「耄」。漢書曰「訖於孝武後元之年，靡有孑遺秏矣」，孟康曰：「秏，音『毛』。」

稗粺 旁卦切。讀如「拜」，誤。

杓 玉篇云『杓，亦懸物也』，則『杓』同方言之『𠄌』，都了切。俗讀去聲，誤。

穫鑊檴 胡郭切。讀如『忽』，誤。

楷戛圿桔鴶秸袺頡 古黠切。讀『吉壓』切，誤。漢書有頡羹侯。

稍 小也、少也、漸也，所教切。讀平聲，誤。

兼鶼鰜縑蒹 古甜切。讀如『堅』，誤。

馨𧌑 呼形切。讀如『欣』，誤。

䕮麴 酒母也。驅六切。讀如『菊』，誤。

糗 去九切。讀如『鼿』，誤。

糈諝稰醑湑稰 私吕切。讀如『胥』，誤。

氣槩餼欯唏塈 許既切。讀如『气』，誤。

鑿鑿柞 則各切。讀如『撮』，誤。柞，又音『昨』。

臼舅麔咎 其九切。讀如『救』，誤。

舂椿踳惷 書容切。讀如『沖』，誤。

瓣辨辦俗**釆** 蒲莧切。讀『卜晏』切，誤。

瓢飄剽幖薸 符霄切。讀『闢遥』切，誤。

宅澤擇蠌蘀檡 場伯切。讀如『則』、如『折』，俱誤。

宏弦紘紭嶸閎吰竑 户萌切。讀如『紅』，誤。崝，士耕切；嶸，户萌切。今人讀如『爭榮』，誤。

定錠廷 徒徑切。讀『都徑』切，誤。

寂家宗啾 前歷切。讀如『積』，誤。

宕踼碭 徒浪切。讀『當』去聲，誤。

宮躬弓 居戎切。讀如『功』，誤。

窠薖 苦禾切。讀『五禾』切〔一七〕，誤。

窋 丁滑切。后稷之子不窋。讀如『出』，誤。

卒猝 穌骨切。讀如『蹙』，誤。

窈窕 皆上聲。讀平聲，誤。

窆砭 方驗切。讀如『變』，誤。

寐 密二切。讀『母畏』切，誤。

痫病評 皮命切。讀『賓』去聲，誤。評，又音『平』。

疾嫉蒺 秦悉切。讀如『即』，誤。

疴痾 烏何切。讀如『科』，誤。

疝絞攪狡佼姣 古巧切。讀如『矯』，誤。

瘁悸 其季切。讀如『季』，誤。

瘧虐 魚約切。讀『間約』『盧洛』切，皆誤。

痳 釋名『淋懍也〔一八〕。小便難凜凜然也〔一九〕』，力尋切。讀去聲，誤。

痔峙跱時峙徛庤 直理切。讀如『志』，誤。

痿 儒隹切。讀如『委』、如『威』，俱誤。

瘴瘇 時勇切〔二〇〕。讀如『腫』，誤。

瘢蹣 薄官切。讀如『斑』、如『瞞』，誤。

疸 丁榦切。讀上聲，誤。

痞鄙啚 方美切〔二一〕。讀『蒲美』切，誤。

疲皮郫 符羈切。讀『普羈』切，誤。

疧 渠支切。爾雅音義『或「丁禮反」』，非是。

罨浥 於業切。讀如『掩』，誤。

罩鵫 都教切。讀如『照』，誤。

罻尉熨慰畏蔚蝁 於位切。讀如『位』，誤。

覆 覂也，芳福切；一曰『蓋』也。古本同一音。南音乃別『蓋也』之義爲『敷救』切。今人往往誤讀。

幣獘斃敝㡀 毗祭切。讀『必祭』切，誤。

帔 披義切。讀如『閉』，誤。

帑 金幣所藏也，乃都切。今音『帑藏』『他朗』切。

帛白舶 旁陌切。讀『補陌』切，誤。

皎皦璬恔儌徼 古了切。讀『吉了』切，誤。

㝐隙綌郤 起戟切。讀如『吸』，誤。

俊儁晙寯餕竣駿　子峻切。讀「即峻」切，誤；讀如「進」，更誤。

儦鑣藨瀌𦔪穮　甫嬌切。讀「必邀」切，誤。

佶姞結　巨乙切。讀如「吉」，誤。

僤彈憚　徒案切。讀「都案」切，誤。

健　渠建切。讀「居建」切，誤。

倞競　渠竟切。讀如「鏡」，誤。

仡　魚訖切。讀如「乞」，誤。

伴扶　薄滿切。讀如「半」，誤。

俺　於業切。廣韻「於驗」切，今人讀如「吾講」切。

僩　下簡切。讀如「險」，誤。

傭　余封切。廣韻訓「均也」「直也」。依廣韻、説文當「丑凶」切。

何　今音「擔何」，則「胡可」切；餘義「胡哥」切。古音平、上不甚分。今義行而古義廢矣。

俠協叶勰劦挾　胡頰切。讀「吸甲」切，誤。

傫 玉篇、廣韻、類篇『力追』『力罪』反，皆不若集韻入五寘『力僞』一反合於古。

像象橡蟓襐 徐兩切。讀去聲，誤。

便平㛹箯楩緶 房連切。『便』亦去聲，婢面切。今人讀平聲，平緣切。去聲、讀如『變』，誤。

俔 苦甸切。讀如『現』，誤。

俾椑鞞箄蔄髀 并弭切。讀如『卑』，誤。

倪婗齯猊麑貎棿蜺梘鯢兒 五雞切。讀如『泥』，誤。

使史駛𪗠 疏士切。讀『斯士』切，誤。

傳 後儒分別爲『知戀』『直戀』『直孿』三切，實一語之轉。

倍菩 薄亥切。讀『不畏』切，誤。

儔 直流切，侶也；徒到切，隱也。其音與『疇侶』絕不同，與『翿纛』音同。『翳』義廢而『侶』義獨行矣。

俑 他紅切，痛也；余隴切，木偶也。

仇 巨鳩切。讀如『籌』，誤。

仳否痞圮 芳比切。讀『蒲鄙』切〔一二二〕，誤。『方命圮族』之『圮』，從『人己』之『己』。

圯宧 與之切。『圯上進履』之『圯』，从『辰巳』之『巳』，橋也。讀如『圮』，誤。

僔蓴蹲撙 慈損切。讀『尊』上聲，誤。

倦 渠眷切。讀如『眷』，誤。

茸 汝容切。讀如『農』者，誤。

萃蔡 讀如『碎』『祭』二音。讀如本字，誤。

𧛔 誤爲『袈』。袈〔一二三〕，女加切；古音在五部，女居切。讀如『如』，誤。

袒綻組 袒，俗作『綻』，丈莧切。讀『之盎』切，誤。

襭纈頁擷頡籺紇絜覈 胡結切。讀『奚葉』切，誤。

著紵褚 丑呂切。凡裝綿曰『著』。讀如『主』，誤。

屐劇 奇逆切。讀如『擊』、如『計』，俱誤。

觀 古完切。本無二音，學者强爲分別，乃使周易一卦而平、去錯出，支離殆不可讀，不亦固哉！

歙 許及切。今徽人讀『式陟』切。

歙 與人歙之謂之『歙』，俗讀去聲。

頌 皃也。古祇『余封』一切。今又『似用』切。

項缿 胡講切。讀若『向』，誤。

俛 舊音『無辨』切。頫，玉篇音『靡卷』切，正是一字、一音；而孫强輩增『説文音「俯」』四字，不知許正讀如『免』耳。大徐云『方矩切』者，俗音也。過秦論『俛起阡陌之中』，李善引漢書音義音『免』；史記倉公傳『不可俛仰』，音『免』。龜策列傳『首俛』，索隱、正義皆音『免』。玄應書兩云『俛仰，無辨切』。廣韻『俛，亡辨切，俯俛也』，玉篇人部『俛，無辨切；俯俛也』。表記『俛焉日有孳孳』，釋文音『勉』。毛詩『黽勉』，李善引皆作『僶俛』。古無讀『俛』如『府』者也。

髟 必由切，音轉乃爲『必凋』切。其云『所銜切』者，大謬。誤認爲『彡』聲也。

礳 今字省作『磨』。俗分别『石磑』則去聲，模臥切；『研磨』則平聲，莫婆切。其始則皆平聲耳。

長 『多餘』之『長』、『度長』之『長』，今音『直亮』切。讀如『張』去聲，誤。

貐庾窳愈楰斞瘉 以主切。爾雅音義：『韋昭曰：「餘彼反。」』按：『彼』字必『俟』字或

『候』字之誤。集韻、類篇不知其誤，乃云『貐，尹捶切』，入四紙。蓋古書之襲繆有如此者。

貈　下各切。按：此切乃『貉』之古音，非此字本音也。『貈』字『舟』聲，古音在三部。

易　羊益切。古無去、入之分，亦『以豉』切。

驈　食聿切；又『餘律』切。

麃　字林『麃』，讀『上尸』反，俗改爲『上刃』反。蓋古書之難讀如此。

狙疽沮胆趄雎岨砠　七餘切。自叚借『狙』爲『覷』字而後讀去聲，餘否。

灼繳彴斫妁禚　之若切。讀若『勺』，誤。

灺　徐野切。讀『昌者』切，誤。

煣揉蹂鞣楺　人久切。讀平聲，誤。

票姚　漢有『票姚校尉』『票騎將軍』。票姚，荀悅漢紀作『票鷂』，服虔音『飄搖』，小顏二字皆去聲，讀『頻妙』『羊召』二切，非古也。證以杜子美詩，益可見矣。平聲者，古音；去聲者，今音耳。

靃　古音讀如『擊』、如『椒』。後人昧其本音，乃以『襍』字之反語爲『靃』字之反語，非也。

焜混鯶梱緷棍 胡本切。讀若『昆』，誤。

煖讙塤壎 況袁切。今人讀『煖』，乃管切，同『煗』。

𡗝倖 𡗝，胡耿切。讀『興』去聲，誤。

犬𦓐 大徐云『犬，徒蓋切；𦓐，他達切』，分别殊誤。古去、入不分，凡今去聲之字，古皆入聲。『大』讀入聲者，今惟有會稽太末縣獨存古語耳。實則凡大皆可『入』，非古文『去』、籀文『入』之謂。

虙 古音讀如『密』。今音『房六』切，非也。

磊𨗨 今俗語猶有之。惟讀如『雷堆』聲，誤。

愊堛副䮠 芒逼切。『悃愊』之『愊』、『土田』之『堛』，芳逼切。玉篇『愊，普力切』，今讀如『福』，非。

恢魁悝詼 苦回切。俗讀『恢』『悝』如『灰』。讀『魁』，枯灰切，誤。

思 讀如『删』。大徐『息廉』切，非也。篇韻皆同，其誤久矣。

慓摽鰾縹 敷沼切。讀『匹杳』切，誤。

忿紛 敷粉切。讀『分』去聲，誤。

恚 於避切。讀如『挂』，誤。

好惡 凡物之美惡，引伸爲人之好惡。人過曰『惡』，有惡而人憎之亦曰『惡』。本無去、入之别，後人皆强分之。

憤墳魵鼢蚡坋 户吻切〔二四〕。讀去聲，誤。坋，後漢東夷傳注引説文『蒲頓切』爲長。今俗語如『蓬』去聲。

恐 邱隴切。讀如『孔』，誤。

怖 普故切。讀如『布』，誤。

𢡃憊𤸻鞴橐 蒲拜切。讀如『背』，誤。𢡃，今隸作『憊』。

江矼扛釭豇杠 古雙切。讀如『姜』，誤。

溱 方輿紀要載舊志云『「溱」與「尋」同音』，可證『溱水』讀如『秦國』。前志『秦』爲古字。

汳 舊音切『芳萬』。今『皮變』切，則併其音改之也。

濮卜轐蹼鳪𨻐纀襆 博木切。俗讀『蒲木』切，誤；讀如『百』，更誤。

濰 今山東土語與『淮』同音，故竟作『淮』字。

潢 潢污行潦之水。潢，乎光切。唐有妝潢匠。潢，乎曠切；讀平聲，誤。

湛　大徐『宅減』切，未知古音、古義也。引伸之義甚多，其音不一；要其古音，則同『直林』切而已。

漬骴胔㧗𣩵　前智切。讀『咨』去聲，誤。

濃醲穠襛農　女容切。詩『何彼襛矣』，讀若『隆』，誤。

浚峻濬鵔夋　私閏切。讀『浚運』切，誤。

瀋　昌枕切。讀若『審』，誤。

洗　洒面曰『靧』〔二五〕，洒足曰『洗』。洗，讀如『跣足』之『跣』。自後人以『洗』代『洒滌』字，讀『先禮』切。沿至今日〔二六〕，以『洒』代『灑』，轉同詩禮之用矣。

潎漂　潎，匹蔽切；漂，孚妙切。雙聲轉注。玉篇及曹憲注廣雅乃合『潎』『漂』爲一字，同切『孚妙』，誤矣。

灑　山豉切。音變爲『所蟹』切，音轉爲『沙下』切。

讞瀱孼孽闑蠥蘗钀　魚列切。讀若『獻』、若『列』，誤。

漕　在到切。讀若『曹』，誤。詩：『土國城漕。』漕，平聲。

汩　于筆切。俗音『古忽』切，訓『汩没』『汩亂』。

雹⿵几勺颮⿵几交謈⿰馬孛鰒㝅犦撲撲　蒲角切。讀若『博』，誤。

雨鄅　『雨』『雨』皆切『王矩』，何以見爲殊語？依集韻，當作『讀若「虎」』。

蜺蜺　蜺，一从『虫』作『蜺』，五雞切。讀若『泥』，誤。如淳『五結』切，郭璞『五擊』切。沈約郊居賦『雌蜺連蜷滚恐人』〔二七〕，讀爲平聲。

鯞　釋魚：『鱎鯚，鱖鯞。』鯞，音同『婦』。音『章酉』切，誤。

魱　音『胡』。讀『胡誤』切，誤。

不　本讀如『北』音，轉入尤有韻，與『弗』字音義皆殊。公羊傳曰：『「弗」者，「不」之深也。』俗韻書謂『不』同『弗』，非是。

否　易之『否泰』〔二八〕、堯典之『否德』、小雅『否難知也』、論語『予所否者』，皆殊其音，讀『符鄙』切。要之，古音則同在第一部。

闢　古文『闢』。舊讀『闢』爲『開』，非也。

閒　隙也。又『稍暇』也，故曰『閒暇』。今人分別其音爲『户閑』〔二九〕。又『隙之可尋者』也，故曰『閒廁』、曰『閒迭』、曰『閒隔』、曰『閒諜』。今人分別其音爲『古莧』切。

闖　許讀若『郴』。今讀去聲〔三〇〕，俗語讀若『趻』。

聵 五怪切。讀若『匱』，誤。

掔捥惋腕 烏貫切。讀上聲，誤。

操 七刀切。重讀之曰『節操』、曰『琴操』，皆去聲。

挻 詩『松桷有挻』，式連切。按：當作『丑延切』。老子：『挻埴以爲器。』挻，始然切，音『羶』。

抍 玉篇曰『抍，音「蒸」』；又上聲』，蓋古多讀平聲，今則讀上聲。

撋 郭璞『而沿』反、李善『而緣』反、劉昌宗『而玄』反、陸德明『而泉』反，皆『耎』聲之正音也；杜子春讀如『虞芮』之『芮』、郭璞『而悅』反、劉昌宗『而誰』反、顔師古『如閲』反、陸德明『而劣』反，皆『耎』聲之音轉也。絶無『汝主』一反。

拾 禮：『拾級聚足。』『拾』讀爲『涉』，聲之誤也。

撞幢 折江切〔三一〕。讀『出江』切，誤。

挨欸毐 於駭切。挨，今俗音平聲。

捐沿蝝橼鉛 與專切。今俗音『居專』切。或音『延』，或音『圓』，或音『牽』，俱誤。

婢庳 便俾切。讀若『比』者，誤；讀去聲，更誤。

嫋 楚辭讀上聲，上林賦讀入聲，實無二義也。

果婐 孟子『二女果』，當作『婐』，烏果切。讀『果』如字，或『奴果』切，皆誤。

戀 力眷切。讀如『念』，誤。

孌孌 力沇切。讀如『暖』，誤。

嬖 博計切。讀若『擘』，誤。

妯 『妯娌』之『妯』，度六切。讀若『軸』，誤。

嫫 郭注方言『莽，音「嫫母」之「嫫」』，是其讀『模』上聲。師古音『暮』，似未協。

嫩媆〔三二〕 而沇切。俗音『奴困』切，又改其字作『嫩』。

戎 有讀若『汝』者，常武之詩是也；有讀若『鞣』者，常棣之詩是也。

戔 古寒切。淺人不識『戔』爲『干戈』字，讀『侯旰』切。

或域 于逼切。廣韻『分域』切『雨逼』，或切『胡國』，非也。

戔 望易〔三三〕：『束帛戔戔〔三四〕。』望，昨干切。

匄 古代切。俗以『气求』爲入聲，以『气與』爲去聲。『匄』訓『气』，亦分二義、二音，要皆强爲分别耳。今人以物與人曰『給』，其實當用『匄』字。

匿 古音同『質』，今音乃『女力』切。

㔸篋愜㥦 苦叶切。讀『許壓』切，誤。

甓鷿椑 扶歷切。讀若『闢』，誤。

敦㝌 可讀如『旨』，不得竟讀『彭』也。孟子作『弸』，亦雙聲字。

弸 父耕切。讀若『朋』，誤。

絖帨 呼光切。按：當讀如『芒』。

紝絍 經典及玉篇、廣韻皆平聲。二徐『如甚』切。豈唐韻有上聲一切邪？抑二徐誤邪？

綜 子宋切。讀若『總』、若『宗』，俱誤。

統 他綜切；一音『桶』。

繦鏹襁 居兩切。讀如『强』上聲，誤。

絶 情雪切。讀『津雪』切，誤。

續俗賫 似足切。讀『穌屋』切，誤。

賡 古文『續』。咎繇謨『乃賡載歌』，釋文『加孟』『皆行』二反。今俗作『古行』反。

縱 足用切。讀『子用』切，誤。

纖銛暹綅憸 息廉切。讀若『尖』、若『甜』、若『仙』、若『宣』，誤。

辮 頻犬切。讀若『徧』，誤。

縛 符钁切。讀若『博』，誤。

繃絣拼 補盲切。讀若『朋』，誤。

綺 祛彼切。讀若『倚』，誤。

縠穀 胡谷切。讀若『谷』，誤。

絳降洚 古巷切。讀『吉巷』切，誤。『降』字俗分平、去聲。

綰 烏版切。讀若『管』，誤。

紑 匹邱切。讀若『浮』，誤。

紞 都感切。讀『徒感』切，誤。

紖 『絼』變作『紖』而讀『丈忍』切，仍『絼雉』之雙聲。今人讀『紖，余忍切』，則非也。

繘聿鴥遹鷸驈矞 余聿切。讀若『橘』，誤。

緍 武巾切。讀若『昏』，誤。

繫 繫繚，『口奚』『郎兮』二反。六朝以後，舍『系』不用而叚『繫』爲『系』，遂使『繫』之本義薶薀終古。大徐『古詣』切，非也。

緝葺諿咠 七入切。讀若『績』，誤。

纞轡祕柴毖毖柲鉍泌 兵媚切。讀『平避』切，誤。

蠖艧 烏郭切。讀『胡郭』切，誤。

蝥 莫交切。俗依本艸讀耳。盤蝥，俗作『斑貓』，古音當如『木』。

蟬鋋澶禪嬋單 市連切。讀『尺連』切，或讀如『延』，誤。

蛸 古音『消』，今音『所交』切，此古今之轉變也。

蝻 陸此『蝻』〔三五〕，失羊反。字林『之亦』反，則字本作『蝻』；而許書『蝻何』，當作『啻何』矣。

蜡 蠅胆也〔三六〕，七慮切。自大徐『鉏駕』切，遂有改其義曰『年終祭名者』矣。

蓋螯 蓋，或讀『呼各』切，或讀『式亦』切。今人乃以『蓋』切『呼各』、『螯』切『式亦』，分而二之。

𡐨 直立切。讀若『執』，誤。

𩇯 平聲讀如『冥』，入聲讀如『密』。

卝 周禮有『卝人』，鄭曰『「卝」之言「礦」也』，謂金玉錫石之樸，如卵之在腹中也。未嘗曰『卝，古文「礦」』，亦未嘗曰『卝，讀爲「礦」』也。自劉昌宗讀『侯猛』『虢猛』反，謂即『礦』字，遂失注意，而後有妄人曰『卝，古文「礦」』。

亟 今人分入聲、去聲。入之訓『急』也，去之訓『數』也。古無是分別，『數』亦『急』也，非有二義。

㙮 力𡎺切。此音非也。玉篇曰：『説文木貢切。』

格 學記『發然後禁，則扞格而不勝』，注『格，讀如「凍洛」之「洛」』〔三七〕，讀如『貉』。今讀『格』如字，誤。

壓鴨押閘 烏狎切。讀『魚狎』切，誤。

埃欸 烏開切。讀『一崖』切，誤。

壒噎縊 於計切。讀如『壹』，誤。

疃 土短切。讀如『董』，誤。

動　徒總切。今人謂物由此移彼曰『動』，以他鑰勘此鎖曰『動』，皆不誤。讀書則『動』字讀『東』去聲，誤。

鉉泫琄旬咠稍贙　胡犬切。讀『虚願』切，誤。

錡螘蟻蛾艤檥踦轙　錡，鉏鋤也；魚綺切。豳風音義『巨宜』切。

鈹狓旇披　敷羈切。讀『匹宜』切及去聲者，誤。

鉏鋤耡　士魚切。讀『蹙無』切，誤。

鐲濁鵫鸐擢鸀濯　直角切。讀如『竹』、如『卓』，誤。

鋭　『徒外切』者，執『鋭』舊音；必許云『讀若「兑」』『以税切』者，訓『芒』之音。

鐓隊憝懟譈錞　徒對切。讀『諸位』切，誤。隊，又『直類』切；讀如『對』，誤。

鐏鱒　『進戈者前其鐏』，徂寸切。讀『尊』上聲、去聲，俱誤。

鏑　都歷切。讀若『摘』，誤。

銜　户監切。讀如『賢』，誤。

鈇　『椹質』爲『鈇』，以古詩斬芻之質謂之『槀砧』。隱語『夫』字言之，此説是也。鈇，甫無切。五經文字云『鈇，音「斧」；又與「斧」同』，繆甚。

勺 時灼切。大徐『之若』切，非也。

斷 今人斷物讀上聲，徒管切；物自斷讀去聲，徒玩切。

斡 音『筦』，俗音轉爲『烏括』切。

車 古音『居』，行所以居人也。今『尺遮』切。車，舍也，行者所處若屋舍也。

軺 以招切。讀如『苕』、如『韶』，俱誤。

輕 本車名。作音者，乃以周禮之『輕車』，讀『遣政』反。古無是分別矣。

載 詩『載輸爾載』，上『載』，作代切；下『載』，才再切。今讀兩『載』字無二音，誤也。

轉 淺人分別上、去異義，無事自擾。

限𡐦閬 乎簡切。讀『虛𥂡』切，誤。

陷臽 户猎切。讀『虛𥂡』切，非。

阼祚胙 昨誤切。讀『租』去聲，誤。

陛梐髀蔽 旁禮切。讀如『比』，誤；讀去聲，更誤。

厽 力詭切。大徐『九軌』切，非。

宁貯佇竚眝紵芧苧杼羜⿰宁者著 直佀切。讀如『住』，誤。『宁』『貯』古今字。周禮注作『⿰宁者』，史記作『積著』。今字專用『貯』矣。

箸 直略切。讀如『酌』，誤。

亞稏婭 衣駕切。讀『壓』去聲，誤。

甲柙胛 古狎切。讀『吉壓』切，誤。

乾 上出也。自有文字以後，乃用爲卦名。上出爲『乾』，下注則爲『溼』，故『乾』與『溼』相對。俗別其音，古無是也。

戊 莫候切。俗讀若『務』，誤。

㝅 大徐『古候』切，非也。當『乃苟』『奴豆』二反。

醋 在各切。讀『倉故』切，誤。

酢 倉故切。讀『在各』切，誤。今『醋』『酢』互誤〔三八〕。

⿰酉句酗昫煦姁呴 香遇切。酗，讀若『凶』上聲，誤。

⿱敄酉⿰酉俞 或音『茂逗』，或音『牟頭』，或音『模途』，皆疊韻也。

弟 竹竿二章『泉源在左，淇水在右。女子有行，遠父母兄弟』，『右』爲古韻弟一部字，『弟』

爲弟十五部字，二字古鮮合用。及考唐石經、宋本集傳、明國子監注疏本皆作『遠兄弟父母』，而後其疑豁然。

改字就韻　匏有苦葉改『軓』爲『軌』以韻『牡』，無將大車改『疧』爲『痻』以韻『塵』，劉原甫欲改『烝』也。『無戎』之『戎』爲『戍』以韻『務』。

改本音就韻　毛詩新臺之『鮮』讀『師』，顧氏謂古音『徙』；小雅杕杜之『近』讀『幾』，顧氏古音『悸』。

造茂告　思齊以『造』韻『士』，召旻以『茂』韻『止』，正古合韻，而顧氏皆云『無韻』；楚茨以『告』韻『備』『戒』，抑以『告』韻『則』，爾雅釋訓以『告』韻『忒』『食』『則』『慝』，正古合韻。顧氏於抑二章則云『無韻』，於楚茨五章則以『備』『戒』『位』爲韻。

誰　韓愈諱辨以『昔』『晳』同音，不知『昔』本音『誰』也。

迎　離騷合韻，故字讀若『魚』。

來　女曰雞鳴合韻，『贈』字讀如『凌』。

調　古合韻，讀如『稠』。車攻以韻『同』字、離騷以韻『同』字、東方朔七諫以韻『同』字，皆讀如『重』。江氏謂車攻『調』『同』非韻，離騷、七諫爲古人相效之誤，其説似是而非。

顯 郭璞山海經注音『娛』，古合韻也。

慶 『彰皇德兮侔周成，永延長兮膺天慶』，尚讀平聲；後此讀去聲，入映韻矣。

聾 老子：『五音令人耳聾。』聾，讀如『郎』，合韻『盲』『爽』『狂』字。

至恤 杕杜『來』『疚』，弟一部，平聲；『至』『恤』，弟十二部，入聲；『偕』『近』『邇』，弟十五部，上聲。凡用三韻。蓼莪『矣』『恥』『久』『恃』，弟一部，上聲；『恤』『至』，弟十二部，入聲。凡用二韻。顧氏皆合爲一韻，不能分別。

晉 古音平讀如『親』而近『汀』，人讀如『七』而近『鐵』〔三九〕。

西 漢、魏、晉人多讀如下平一『先』之音。

洒 顏師古東方朔傳注：『音「信」。』

炳 古合韻，讀如『份』。

蔚 古合韻，讀如『盒』。

敦 北門之『敦』讀『堆』。

熑 采芑之『焞』讀『推』。

頎 碩人之『頎』讀『畿』。

亹 『亹亹』之字本音『旼』。

釁 本在十三部，而鄭司農讀『徽』。

歌 古合韻，讀如『幾』。

局 古合韻，讀如『昊』。

地 古音讀如『沱』，又讀如『狄』。

陂 唐玄宗不知洪範『遵王之義』『義』讀『俄』，而改『頗』爲『陂』以合之；又不知『陂』之本讀『坡』也。

陸 古合韻，讀如『羅』。宋人改『鴻漸于陸』爲『逵』以韻『儀』，不知古韻『逵』音『仇』、『儀』音『莪』也。

寇 古今韻〔四〇〕，讀如『科』。

路 古合韻，讀如『羅』。

裼 古合韻，讀如『拕』。江氏改易『地』字。古音謂『地』『裼』一韻，『瓦』『儀』『議』『罹』一韻，其說疏矣。

裘箕 學記『良冶之子必學爲裘，良弓之子必學爲箕』，列子云『古詩言良弓之子必先爲箕，良冶之子必先爲裘』，知韻語也。

校記

〔一〕火　段作『果』。
〔二〕它　段作『佗』。
〔三〕持兗切　段作『直戀切』。
〔四〕盱　段作『瞷』。
〔五〕險　段作『儉』。
〔六〕皃　當作『皃』。下同。
〔七〕西南夷　段引作『西南夷傳』。下同。
〔八〕古音　當作『古言』。
〔九〕都遏　段作『徒葛切』。
〔一〇〕今音今義　段作『今言』。
〔一一〕讀　叢書本作『誤』，當是。
〔一二〕釁　疑衍。
〔一三〕柀　段作『披』。
〔一四〕讀爲　段作『讀若』。

〔一五〕苦盍切　段作「枯蹋切」。

〔一六〕庚　段作「衡」。

〔一七〕五　叢書本作「工」，當是。

〔一八〕懍　段作「懔」。

〔一九〕凜凜　當作「懔懔」。

〔二〇〕勇　段作「重」。

〔二一〕方美切　段作「符鄙切」。

〔二二〕蒲　段作「符」。

〔二三〕絜　段作「綔」，是。

〔二四〕户　段作「房」。

〔二五〕黷　當作「黷」。

〔二六〕今　段作「近」。

〔二七〕湥　叢書本作「湥」，段作「深」。集韻侵韻：「深，古作「湥」。」

〔二八〕否泰　段作「泰否」。

〔二九〕户閑　當作「户閑切」。

〔三〇〕讀　段作「轉」。

〔三一〕折　段作「宅」。

〔三二〕嫩　當作『嫩』。

〔三三〕望　疑衍。

〔三四〕束帛戔　周易原作『束帛戔戔』。

〔三五〕此　叢書本作『云』，同段。

〔三六〕胆　説文原作『胆』。

〔三七〕涷垎之垎　今禮記學記鄭玄注作『涷洛之洛』。

〔三八〕誤　段作『易』，當是。

〔三九〕人　叢書本作『入』，是。

〔四〇〕今　叢書本作『合』，是。

説文段注撰要卷三

通用字

由䌷 『祝由』即『祝䌷』也。玉篇曰：『古文作「䄂」。䌷，力救切。』

裖脤 裖，經典多从『肉』作『脤』。

祅妖 祅，經傳通作『妖』。

瑅琪 爾雅『東北之美者，有醫無閭之珣玗瑅』〔一〕，『瑅』『琪』同。

珣宣瑄亶 『珣』下云：『醫無閭之珣玗瑅，讀若「宣」。』爾雅『璧大六寸謂之「宣」』、郊祀志『有司奉瑄玉』、詛楚文『敢用吉玉亶璧』，皆即『珣』字。

洵敻 毛詩『于嗟洵兮』，韓詩『洵』作『敻』。

環還 環，引伸爲『圍繞無端』之義。古祇用『還』。

玠介 玠，大圭也。詩『錫爾介圭』、書『太保承介圭』，『介』者，大也。

瓛桓 瓛，桓圭，胡官切。

瑁冒 考工記以「冒」爲「瑁」。

珩衡 佩上玉也。韓傳曰「佩玉上有蔥衡」，「衡」即「珩」字。

玼瑳 「玼」之或體作「瑳」，故君子偕老二章、三章皆曰「玼兮玼兮」，或兩章皆作「瑳」。淺人分別「玼」屬二章，「瑳」屬三章，畫爲二字、二義。

璪栗 玉英華羅列秩秩。聘義：「縝密以栗。」

虋穈 毛詩釋文宋槧「穈」，即艸部「虋」字之或體。艸部不言「或作『穈』」，而此見之，亦可見或字不能悉載。

釁璺 高注淮南書曰「瑕，猶「釁」也」，「釁」同「璺」。

琱雕彫 經傳以「雕」「彫」爲「琱」。

玗華 齊風「尚之以瓊華乎而」，傳曰「華，美石」，「華」即「玗」，二字同「于」聲。

琀含唅 琀，送死口中玉也。經傳多用「含」，或作「唅」。

璗瑒 詩正義「璗琫而鏐珌也」，王莽傳「瑒琫瑒珌」，「瑒」即「璗」字。

靈𤫊 靈，或作「𤫊」。

班頒 周禮以「頒」爲「班」。

屮艸 屮，古文或以爲「艸」字。

毒竺篤 毒，厚也。微子篇「天毒降災」，史記作「天篤」。「竺」「篤」古今字。「篤」行而「竺」廢矣。

萁萺 「萁」即「萺」字。

营藭鞠窮 营藭，香艸也。左傳：「有山鞠窮乎？」

茿蓄 爾雅釋艸「竹萹蓄」，說文作「萹茿」。「蓄」「茿」疊韻通用。

藎進 詩「王之藎臣」，以爲「進」字。

虆蒪蓴 古作「虆」，今作「蒪」、作「蓴」。虆，洛官切。蒪，蒲叢也，徒官切。鉉本「常倫」切，此「蓴絲」字。

騶留流 說文作「留黃」，辭賦家多作「流黃」，禮記義疏作「騮黃」，皇侃作「緇黃」。

薀莙 段疑左傳「薀藻」，「薀」即「莙」字。「薀」與「藻」爲二，亦猶「筐」與「筥」、「錡」與「釜」皆爲二。

茈紫 茈莀，紫艸；茈薑，紫色之薑；茈蠃，紫色蠃。古「茈」「紫」通用。

藘蘆 茅蒐，茹蘆。釋艸、詩鄭風毛傳皆云：『茹蘆，茅蒐也。』蘆，亦音『閭』。

茜倩〔二〕

蘭茖〔三〕

蕅藕〔四〕

蔿薳 左傳『蔿』『薳』錯出，『蔿』即『薳』字。

薺齊 析蓂，大薺也。『薺』爲『蒺黎』字，則此謂薺菜必當作『齊』〔五〕。

曼莚蔓延 古作『曼』，今作『蔓』；古作『莚』，今作『延』。

荇莕洐 詩作『荇』，說文作『莕』；或从『洐』。

葩皅 靈樞經曰『紛紛皅皅』，『皅』與『葩』通。

蓨芛 羊捶切。

撥伐發墢坺垡 『茇』字下曰：『春艸根枯，引之而發土爲「撥」，故謂之「茇」。』考工記注曰：『く土曰「伐」，「伐」之言「發」也。』詩『駿發爾私』，箋：『發，伐也。』周語：『王耕一墢。』一墢，一耦之發。『爲撥』之『撥』，即考工記之『伐』。國語之『墢』、說文土部之『坺』、今韻書之『垡』，實一字也。連根之土曰『坺』，故俗語謂『土發』子〔六〕。

茲滋 茲，艸木多益。滋，益也。許皆訓「益」，經傳用「茲」爲「滋」者。常棣、召旻、桑柔傳：「兄，茲也。」

茷旆淠 詩「白旆央央」，本又作「茷」。泮水之「其旂茷茷」，即出車之「旟旐旆旆」、采菽之「其旂淠淠」也。然則小弁「萑葦淠淠」，亦當云「茷茷」〔七〕。本言艸葉之多，而引伸之狀旌旗。

荐薦洊 「洊」者，「薦」之異文。釋言「荐原，再也」，易作「洊」。

蕝蕞蕞酇 朝會束茅表位曰「蕝」，史記、漢書叔孫通傳字作「蕞」。何氏纂文云「蕝，今之『纂』字」，鄭注樂記作「酇」。蕝，子悅切；又「茲會」切；又音「纂」。

藙艾 藙，煎茱萸。本艸圖經曰：「食茱萸，蜀人呼其子爲『艾子』。」按「艾」即「藙」字。

莘窯 莘，羹菜也。集韻有「窯」字，烹也。即此字。

萎餧 萎，食馬也〔八〕；於僞切。今字作「餧」。

苖曲 蠶薄也。

亂卵 夏小正「十二月納卵蒜」，陶貞白云「『小蒜』名『亂子』」，「亂」音「亂」，即小正「卵」字。

蒿縞鎬 夏小正「正月緹縞」、釋艸「蒿侯，莎」，說文「莎，鎬侯也」；「縞」「蒿」「鎬」同字。

堇菫　堇，艸也。今經典通用「菫」。

芑杞　詩「維虋維芑」、管子「其種蓼杞」，字从「禾」。

藜萊　小雅「北山有萊」，陸璣云：「萊，兖州人蒸以爲茹，謂之「萊蒸」。」按：「萊蒸」蓋即「蒸藜」，「藜」「萊」雙聲。

茸戎　左氏傳「狐裘蒙茸」〔九〕，即詩之「狐裘蒙戎」。

㒸遂　㒸，从意也。「隨从」字，當作「㒸」。後世皆以「遂」爲「㒸」矣。

介盼　古今字。

余予　古今字。余，語之舒也。引伸訓爲「我」。凡言「古今字」者，主謂同音，而古用彼、今用此，異字。若禮經古文用「余一人」，禮記用「予一人」。「余」「予」本異字、異義，非謂「余」「予」本即一字也。

特犆〔一〇〕

犓芻　經傳「犓豢」字，今皆作「芻豢」。

牴牴觝〔一一〕

犳犳〔一二〕

犛髦旄 犛，里之切。牛，謂之『犛牛』『髦牛』『旄牛』，三字音同。

味噣〔一三〕

吹哺 古『父』『甫』通用，後人不知爲一字也。

嘰既 嘰，小食也；既，小食也。『嘰』與『既』音義皆同而各字。

噫餩 噫，飽出息也。亦作『餩』，於介切。

嚛熮烈 嚛食辛嚛也。火部引周書『味辛而不熮』，吕覽『本味，味辛而不烈』，『嚛』與『熮』『烈』同義。

喙呬 人之安寧與困極皆驗諸息，故假樂、繇之『呬』，不嫌異義，同稱『喙』與『呬』，不嫌異字同義。

跲劫 詩『願言則疐』，毛傳『疐，跲也』，釋文『「疐」作「疌」，「跲」作「劫」』。

噤吟 史記淮陰侯傳『雖有舜禹之智，吟而不言』，『吟』『噤』義相似。

嘫然 『然』即『嘫』，應聲也。

嗔闐填 玉藻『盛氣顛實』，注云：『顛，讀爲「闐」。』詩『振旅闐闐』、孟子『填然鼓之』，皆叚借爲『嗔』字。

台怡〔一四〕

説悦〔一五〕

啻翅　疒部『疧』下曰『病不翅』、孟子曰『奚翅食重』，『翅』即『啻』。

嗄歠　太玄經『柔兒于號，三日不嗄』，傅奕校定老子作『歠』。『歠』同『嗄』。

呧詆　言部有『詆』字，口部『呧』似複出。集韻『詆』『呧』爲一字。

呰訾　凡言『呰毀』當用『呰』，與『訾』別，後人混用。喪服四制『「呰」者，莫不知禮之所生也〔一六〕』，今禮記作『訾』。

吒咤〔一七〕

啐啐　啐，儀禮今文以爲『啐酒』字。

嗸嚻謷熬　嗸，衆口愁也。董仲舒傳『嚻嚻苦不足』、食貨志『天下謷謷』、陳湯傳『熬熬苦之』，皆同音叚借。

嗼莫貉　啾，嗼也。詩『求民之莫』，毛曰：『莫，定也。』『貉其德音』〔一八〕，左傳、韓詩『貉』皆作『莫』。韓曰：『莫，定也。』

捪昏　易『捪囊无咎』，『捪』即『昏』字。

㕣兖沇 『沇』爲九州之渥地，如『㕣』爲山閒之渥地。音、義皆同。古文作『㕣』，小篆作『沇』，隸變作『兖』。

喌粥 夏小正『正月雞桴粥』『相粥粥呼也』，『雞聲喌喌』，『粥』『喌』古今字。又曰：『朱朱、祝祝，皆疊韻雙聲字。』

趫僑 張注列子説符篇『異伎』云『僑人』，郭注山海經『長股國』言『有喬國』。今伎家僑人象此。僑人，今俗謂之『踹僑』。『僑』即『趫』字。

趮躁 考工記『羽殺則趮』，今字作『躁』。

趌跬 趌，半步也。今字作『跬』。

⿺走亘爰轅換 何云『換主易居』，班云『更耕自爰其處』，孟云『爰土易居』，許云『⿺走亘田，易居』。地理志曰：『秦孝公用商君，制轅田。』

⿺走眞蹎 ⿺走眞，走也〔一九〕；蹎，跋也。音、義同。

趒跳 趒，雀行也。今人概用『跳』字。

⿱辟止躄 躄，説文作『⿱辟止』。

戠疌捷簪⿸广疌撍寁宗埴 疌，疾也。易『朋盍簪』，虞作『戠』，荀作『撍』，京作『宗』。子夏傳云『簪，疾也』、鄭云『速也』，實『寁』之叚借字。晁説之云：『陰宏道按：張揖古今字詁「⿸广疌」作「撍」；埤蒼云：「撍，疾也。」説之按：「撍」「簪」同一字。王原叔謂即詩「不寁」字。』釋詁『寁，速也』，本或作『疌』。『寁』『⿸广疌』『撍』同字。京作『撍』。尚書『厥土赤埴』，古文作『赤戠』。

臧藏　藏，今字也。古作『臧』。

⿺辶賣嬻黷瀆　説文作『媟⿺辶賣』『媟嬻』。黑部作『黷』，經典作『瀆』。

迮作　子各切。

迮窄　阻革切。

⿺辶交遣交錯　古用『⿺辶交遣』，今用『交錯』。

遁巡　遁，古音同『循』，『遷延』之意。凡『逡遁』字如此，今之『逡巡』也。

辟僻　古今字。

迭达　達，或从『大』，或曰『迭』字。『迭』下曰：『一曰「达」。』蓋『迭』『达』二字互相爲用。

逑仇　詩『君子好逑』，亦作『仇』。兔罝『好仇』，毛傳『逑，匹也』，釋詁『仇，匹也』，孫炎曰『相求之匹』，則孫本釋詁亦作『逑』可知。

退敗〔二〇〕

邍原　『邍』字，後人以『水泉本之原』代之，惟見周禮。

忂躍〔二一〕

蠭　『蠭』之省。

𢓜踐衜〔二二〕

𢓊踧　『𢓊𢓊』與小弁『踧踧』同。

𢓮徇循巡　𢓮，亦作『徇』。大司馬『斬牲以左右徇陳』、小子『凡師田、斬牲以左右徇陳』，陸德明引古今字詁曰：『徇，巡也。』項羽傳『徇廣陵』『徇下縣』，李奇曰『徇，略也』，如淳曰『徇，音「撫循」之「循」』。此古用『循』『巡』字，漢用『徇』字之證。

乂引　乂，今作『引』。『引弓』字行而『乂』廢矣。

𨒪延征〔二三〕

𧗾衝　𧗾，今作『衝』。

𧗿𨔊率　𧗿，今之『率』字。『率』行而『𧗿』廢矣。『率』者，捕鳥畢也。

衛帥　『將帥』字，古衹作『將衛』。『帥』行而『衛』又廢矣。『帥』者，佩巾也。

齯兒 釋詁『齯齒』，今文也；詩『兒齒』，古文也。

噍嚼 『噍』即『嚼』字。

跖蹠跅 跖，或借『蹠』爲之；跅，『跖』字之異者。

倉踤蒼猝倉卒 今人多用『蒼猝』，古書多用『倉卒』。

襭擷 襭，或作『擷』。

蹲踆 蹲，山海經作『踆』。

踣仆⿺走咅 踣，蒲北切。爾雅釋文音『赴』，與『仆』音義同；又走部『⿺走咅』同。

距⿰角巨⿰角居 距，亦作『⿰角巨』、作『⿰角居』。

⿰足非跀剕刖⿰足兀兀 ⿰足非，亦作『剕』。跀，一名『⿰足非』，經傳多以『刖』爲『跀』。⿰足兀或从『兀』〔二四〕。莊子養生主曰〔二五〕：『介，偏刖之名。崔本作「兀」，又作「⿰足兀」，云「斷足也」。德充符「申徒嘉，兀者也」，李曰：「刖足曰兀。」』

疋雅足胥疏 疋，足也。或以爲詩『大雅』字〔二六〕，亦以爲『足』字，或曰『胥』也〔二七〕。一曰『疋記』也。後世改『疋』爲『疏』，『疋』『疏』古今字。

枎扶⿰㐅疋疏⿷匚疋胥蘇 諸書『枎疏』字，太玄作『枎⿰㐅疋』。疏，通作『胥』，亦作『蘇』。鄭風『山有扶蘇」，毛曰：「扶胥，木也。」

咠諿〔二八〕

龥篪箎 樂記作「箎」。

册策 「册」正字，「策」叚借。

𠿟喚 古今字。説文無「喚」字。

嚃餂 曲禮「毋嚃羹」，「嚃」即「餂」也。

碭秕秖㹱 神紙切。漢書：「㹱康及米。」

筍筠 古今字。尚書「敷重筍席」、禮器「如竹箭之有筍」、聘義「孚筍旁達」，皆引伸爲「竹青皮」之稱。今字作「筠」，俗。

向訥〔二九〕

偃揠 古今字。

空孔 古今字。

蠁蠁蠁向 甘泉賦：「蠁呹肸以掍批。」蠁，蓋同「蠁」，蜀都賦「翕響」義同。春秋「晉羊舌肸字叔向」。向，釋文「許兩切」，即「蠁」字。

劦扐仂　王制「祭用數之仂」，注：「仂，什一也。」一當十爲「劦」，什取一亦爲「仂」。又「喪用三年之仂」，「仂」「劦」蓋同字。

詵駪莘侁　詩「螽斯羽詵詵兮」，或作「駪駪」「莘莘」「侁侁」，皆同。

諸者　釋魚「前弇諸果，後弇諸獵」，「諸」即「者」。郊特牲「或諸遠人乎」，亦作「或者遠人乎」。

譔撰　鄭注論語「異乎三子者之撰」，「「撰」讀曰「譔」；「譔」之言「善」也。」廣韻「譔，善言也」，此緣切。

諭喻　諭，或作「喻」。

諟題　大學「諟」，或作「題」。

諶忱〔三〇〕

誥告　以言告人，古用「誥」字；後以「誥」爲「上告下」之字。

故詁　漢人傳詁多稱「故」〔三一〕，「故」即「詁」。

丕不　詩書「丕」多通「不」。

䚻謠　古今字。「謠」行而「䚻」廢矣。

訢欣〔三一〕古今字。

釋懌古今字。

檜栝檜，亦作「栝」。

警儆警，亦作「儆」。

誼義周時作「誼」，漢時作「義」，皆今之「仁義」字。

義儀「威儀」字，周時作「義」，漢時作「儀」。

吁詡殷吁，白虎通「吁」作「詡」。鄭注禮云：「『吁』名出於幠；幠，覆也。」義可相發明。

譞儇〔三三〕

諰鰓𢡡偲漢書「諰」作「鰓」，蘇林曰：「讀如『慎而無禮則葸』之『葸』。鰓，懼皃。」按：又作「𢡡」，又作「偲」。

託侘〔三四〕

譒播〔三五〕

諍爭諍，經傳通作「爭」。

訕姍訕，謗也。姍，誹也。「姍笑」之「姍」，音義亦同。

詶祝呪 詶，詛也。經典通用『祝』，不用『詶』。祝，今作『呪』。『詶』訓以言荅之，而『詶詛』作『呪』。此古今之變也。

誃簃 爾雅之『簃』，蓋即『誃』之異體。

䜌𤔔亂 䜌，又『呂員』切。

誒欸唉〔三六〕

呭詍〔三七〕

誻沓〔三八〕

詽研妍 『劉祥言事，蒙遜曰：「汝聞劉裕入關，敢研研然也，斬之。」』魏書作『妍妍』，皆『詽詽』之同音。

扣叩敂 『扣』『叩』古今字。『扣』『叩』行而『敂』廢矣。

誂挑 誂，相評誘也。後人多用『挑』字。

讀潰 說文：『訌，讀也。』釋言『虹，潰也』，郭云『謂「潰敗」』，『讀』與『潰』同。

訆嘂叫〔三九〕

諕號〔四〇〕

譌爲僞 古同音通用〔四一〕。唐風「人之爲言」，定本作「僞言」。小雅「民之訛言」，箋云：「訛，僞也。」尚書「南譌」，周禮注、漢書皆作「南僞」。

謊誣 吕覽「無由接而言見謊」，高曰：「謊，讀爲『誣妄』之『誣』。」

亡無〔四二〕

荒憮〔四三〕

譽服𠚖 東方朔傳：「舍人不勝痛，呼譽。」「田蚡疾，一身盡痛，若有擊者，謼服謝罪。」晋灼曰：「服，音『𠚖』。」關西俗謂得杖呼及小兒啼呼爲「呼𠚖」。

訏謇吁嗟 訏謇，今字作「吁嗟」。

讋慴〔四四〕

諰謚讗嗑 「諰謚」即「讗嗑」。

訟頌 古今字。

㡯厈 凡从「㡯」之字，隸變爲「厈」。

譙誚 漢人作「譙」，壁中作「誚」，實一字。

譂㦝革〔四五〕

鮮誓 釋詁『鮮，善也』，釋文曰：『本或作「誓」。』

訧郵尤 邶風毛傳『訧，過也』，亦作『郵』；釋言『郵，過也』，亦作『尤』。孟子引詩『畜君何尤』。

醜討 學記『比物醜類』，『醜』或作『討』。

讄𧮑𧭤 讄，或从『纍』。論語釋文：『或云作「𧭤」。』

龏恭〔四六〕

𠬜攀扳〔四七〕

變孿〔四八〕

戴載 周頌『載弁俅俅』、月令『載青旗』，皆同『戴』。

要遷罨搯〔四九〕

興 六詩：曰『比』、曰『興』。『興』者，託事於物。古無平、去之別。

釁薰熏徽 釁，樂記作『衅』。齊語『三釁三浴』，或爲『三薰』。呂覽『湯得伊尹，釁以犧猳』，風俗通作『熏以萑葦』。漢書『豫讓釁面吞炭』，顏云：『釁，熏也。』釁，又讀爲『徽』。

鞃𩊚䩌〔五〇〕

畢必〔五一〕

必鞑繹 『約圭』與『約車』相類。

鞁被 鞁，車駕具也。封禪書『駕被具』，『被』即『鞁』字。

鞙鞙〔五二〕

融彤 融，通作『彤』。思玄賦『思泄泄以彤彤』〔五三〕、廣成頌『豐彤薱蔚』。

鬺鬺鬺 韓詩作『鬺』，毛詩作『湘』。

饔糜 孟子『飦粥之食』，趙曰『飦，饔粥也』，『饔』同『糜』。

鬻瀹汋 内肉及菜湯中薄出之。

爪仉 爪，从反『爪』。小顏云：『爪，古「掌」字。』『爪』之變爲『仉』。

䎃載 䎃，古用爲發語之『載』。石鼓詩『載』作『䎃』。

䕡茶 『茶』者，『䕡』之變。諸韻書皆於薺韻作『䕡』，屑怗韻作『茶』，是不知爲一字矣。

叉釵 首笄曰『叉』，今字作『釵』。

聿盡〔五四〕

隶逮　『逮』專行而『隶』廢矣。

緊絚堅臤賢　緊，别作『絚』。成公四年『鄭伯絚卒』，左作『堅』，公作『臤』，穀作『賢』，别本作『絚』。

祋咄　『祋』下云『或説城郭市里高縣羊皮，有不當入而欲入者，暫下以驚牛馬曰「祋」』，『祋』與『咄』同義。

𣪔擣　市流切。

殹也兮　詛楚文『禮使介老將之以自救殹』，薛尚功所見秦權銘『其於久遠殹』、石鼓文『汧殹沔沔』、權銘『殹』字，琅邪臺刻石及他秦權、秦斤皆作『乜』；然則周秦人以『殹』爲『也』。詩之『兮』字，稱詩者或用『也』字爲之，三字通用也。殹，於計切。

㱿𣪍　擊空聲也。『㱿』亦作『𣪍』，枯公切。

弑試　弑，漢石經公羊作『試』。二字同『式』聲。

炮靤　玄應引作『靤』，旁教切。

拇母　拇，足大指也。古作『母』。

敃敯〔五五〕

攲迫〔五六〕

傚效 詩「君子是則是傚」，又「民胥傚矣」，皆「效法」字之或體。

敷旉〔五七〕

敦扞 古今字。「扞」行而「敦」廢矣。

敶敕 「敕」者，「敶」之省。素問注云：「敕，古「陳」字。」

斁釋 斁，解也。與「釋」音義同，後人區別之。

赦捨 非專謂「赦罪」也。「捨」行而「赦」廢。「赦」專謂「赦罪」矣。

弦 宋書山居賦「攲弦」，即江賦之「叩舷」。舟底曲如弓，故其上曰「弦」。

擿擲 擿，今之「擲」字。

擊敲 公羊傳「以斗擊而殺之」，「擊」即「敲」字。

毃擊 公羊傳「以斗擊而殺之」，何云「擊，猶「擊」也」，「擊」即「毃」字，與「敲」義異。

敹椓〔五八〕

斵斲〔五九〕

剠黥〔六〇〕

敔禦　『敔』爲『禁禦』本字。『禦』行而『敔』廢矣。

首手　舜女弟名『斁首』，古今人表作『斁手』。『首』『手』古同音通用。

田畋　詩『無田甫田』，上『田』即『畋』字。

敕策　所以擊馬者曰『箠』，亦曰『策』；以『策』擊馬曰『敕』。『策』專行而『敕』廢矣。

𢿭[illegible]　𢿭，亦作『[illegible]』，初桊切。

寧甯　許意『寧』爲『願』詞，『甯』爲『所願』，略區別耳。左傳『公孫寧』，公羊作『公孫甯』。

籬杝欐援　籬，説文作『杝』。通俗文曰『柴垣曰「欐」』，謝靈運云『激流植援』。

眴旻〔六一〕

矈顲　矈，蓋即方言之『顲』。

睔綸　睔，古本切。春秋傳有鄭伯睔，古今人表作『鄭成公綸』，顔曰：『工頑切。』又有『泠淪』，服虔曰『淪，音「鰥」』，此音之轉也。

窅眹坳窔容窔凹凸　窅眹，即今『坳窔』字。倉頡篇作『容窔』，上『烏交』切，下『徒結』切。葛洪字苑作『凹凸』。

眊毷 廣雅『眊眊，思也』，謂思勞而目少精也。或作『毷毷』。

矘䁅矘莽 『矘䁅』猶『矘莽』。

眂昏〔六二〕

昒曶 與『昧』同。

眔隶 眔，徒合切。

眽覛〔六三〕

矆矆 篇韻『矆』爲正字，『矆』爲或字。

穋睦〔六四〕

雺瞀霧霿愗 洪範曰『雺恒風若』，尚書大傳作『瞀』，宋世家作『霧』，漢書五行志作『霿』，宋書、隋書五行志作『瞀』。班志云『區霿』，服虔曰『人傋瞀』，荀卿云：『傋，猶「瞀儒」。』他書或云『婺瞀』，或云『瞀瞀』，或云『怐愗』。説文子部云『㝅瞀』，皆謂『冒亂不明』。其字則『霿』爲正字。霿，晦也。

監䀋 監，又作『䀋』〔六五〕。

眷婘 『眷屬』之『眷』，史記作『婘』。

宁竚佇 皆訓『立』。

眙瞪 古今字。敇吏、丈證，古今音。廣韻別爲二字。而『瞪』下云『陸本作「眙」』，法言固知是一字也。

眱睇 『眱』亦『睇』字。

瞖翳 集韻作『瞖』。

瞀覒 莊子作『覒』。

蔑瞡 瞡者，或體。

瞯瞷驨騆 人目白白『瞷』〔六六〕，馬目白曰『驨』。『驨』即从『瞷』省。爾雅『一目白，瞯』，『瞯』同『瞷』，亦作『騆』。孟子『王使人瞷夫子』，諸書多從『閑』〔六七〕。

戫戫 戫，或作『戫』。

皆偕〔六八〕

𠷎疇𠷎 壁中古文字作『𠷎』，古字也；爾雅作『疇』，今字也。許以『疇』爲叚借字，『𠷎』爲正字。故口部曰『𠷎，誰也』，則又『𠷎』『疇』爲古今字。

悊知 釋言：『哲，智也。』方言：『哲，知也。』

鶾翰 爾雅：『鶾，天雞。』鶾，本又作『翰』。

翊昻猳猓 吴都賦『猳猓』，廣雅：『猳猓，飛也。』猳猓，即説文之『翊昻』。

彷徉方羊 翔，徉也。言『彷徉』，左傳作『方羊』。方，蒲郎切。

翯皠皜鶴 詩『白鳥翯翯』、何晏賦『皠皠白鳥』，賈誼書作『皜皜』，孟子作『鶴鶴』。『皠』『翯』音義同。

翌皇義 周禮舞師『教皇舞』，鄭司農云：『翌舞，蒙羽舞。』書或爲『皇』，或爲『義』。

帗翇 周禮故書『帗』作『翇』。

翳翢翿〔六九〕

雔隹 雔，本又作『隹』。

雉邪邪 『雉』下云：『睢陽有雉水。』邪，睢陽鄉名；『邪』即『雉』字〔七〇〕。有雉水而後有邪鄉也。集韻、類篇字作『邪』。

鳪卜 釋鳥作『鳪』，説文作『卜』。

秩失 『秩秩海雉』，陸曰：『本又作「失失」。』

鵗翰 鵗雉，陸云：『字又作「翰」。』

卓鵫 釋鳥作『鵫』，説文作『卓』。

鷂摇揄褕 爾雅：『江淮而南，青質五彩皆備成章曰「鷂」。』『夫人揄狄』，鄭云：『謂衣畫摇者。』揄，衣部作『褕』。

鳦乞 釋鳥作『鳦』，説文作『乞』。

鶅甾 釋鳥作『鶅』，説文作『甾』。

鵗稀 釋鳥作『鵗』，説文作『稀』。

鷷蹲 釋鳥作『鷷』，説文作『蹲』。

雡鷚鷚 『雡』與『鷚』別，而俗通用『鷚』。

鸈渠 雝渠。渠，鳥部作『鸈』。

雝雍 『雝渠』之『雝』，經典多用爲『雝和』『辟雝』，隸作『雍』。

雇 鳥名。今用爲『雇僦』字。

鳸户 左傳『屈蕩户之』、漢書『王嘉户殿門失闌』，注皆曰：『户，止也。』『鳸民不淫』，『鳸』同『户』。

鶉鷻 焦氏循曰：『説文「隼」下云：「一曰鶉字。」「鶉」即「鷻」省。輈人：「鳥旟七斿以象鶉火。」「鳥隼」爲「旟」，則「鶉火」之「鶉」即「鷻」。詩「鶉之奔奔」，當亦是「鷻」。唯有「縣鶉兮」，毛特訓爲「小鳥」，乃爲「鴾鶉」。」内則有『鶉羹』，字當爲『雜』。

蔑眛亡 左傳：『公及邾儀父盟于蔑。』晉先蔑，公穀皆作『眛』。又引伸之義爲『無』，如『亡之，命矣夫』，亦作『蔑之，命矣夫』。

鷫鷞肅爽 鷫鷞，鳥名。左傳『唐成公有兩肅爽馬』，賈逵曰『色如霜紈』，馬融説『肅爽，雁也；其羽如練，高首而修頸。馬似之，天下稀有。』

鳺鴀夫不 釋鳥『隹其鳺鴀』，毛傳：『隹，夫不也。』

鵫乾鵫〔七一〕

鸒鵯 釋鳥『鸒，山鵯』，爲一物；説文『鵫鸒，雗也』，爲一物。今本説文『雗』字上增『山』字。廣雅：『鵯鵯，鵯也。』

鶹留鷅離 釋鳥：『鳥少美長醜爲鶹鷅。』詩：『留離之子。』

鷸鷸述 禮記曰『知天文者冠鷸』，司馬彪輿服志引記曰：『知天者冠述。』莊子『鷸』，一作『鷸』；『述』者，『鷸』之省。

鷗漚 列子作『漚』。

鶂鷊鶃　鶂，今皆左「兒」右「鳥」；字多作「鶃」〔七二〕。

鶇夷　國語「盛以鴟夷而投之於江」，宋明道二年本作「鴟鶇」。「夷」者，「鶇」之省。「鴟夷」者〔七三〕，謂其如「鴟」之貪、如「鶇」之善受也。

鸇䲶　戰國策「宋康王之時，有雀生䲶於城之隅」〔七四〕，新序作「鸇」，一字也。

鷙⿱折鳥〔七五〕

鴪鴥　説文作「鴪」，詩作「鴥」。

鴝鸜　左傳「鸜鵒」，鸜，本又作「鴝」。公羊傳作「鸛」，音「權」；穀梁作「鸜」，亦作「鸛」。考工記作「鸛」，亦作「鸜」。「句」「瞿」音同。作「鸛」、音「權」者，語轉也。

⿰介鳥鶡　「⿰介鳥」音「芥」，或作「鶡」；「鶡」音「曷」。此通用耳。其實「鶡」非「⿰介鳥」。

鸚嬰　曲禮釋文「嬰」，本或作「鸚」。

⿰母鳥母鵡　本作「母」、作「⿰母鳥」，不作「鵡」。至唐武后時，狄仁傑對武后〔七六〕，其字、其音與三國時不同。此古今語言文字變移之證也。

鼯⿰吾鳥由⿰由鳥　釋鳥「鼯鼠，夷由」，「鼯」或作「⿰吾鳥」，「由」或作「⿰由鳥」。

鸓鼺蠝⿰犭畾　以其似鳥、似獸、似蟲、似鼠也。

于於烏 於，象古文『烏』省，蓋古文之後出者。此字既出，則又『于』『於』爲古今字。釋詁、毛傳、鄭注經皆云：『亏，於也。』凡經多用『于』，凡傳多用『於』，而『烏』『鳥』不用此字矣。孔子曰：『烏亏，呼也。』詩書用『亏』，論語用『於』。今音：于，羽俱反；於，央居反；烏，哀都反。古無是分別。

斁畢 畢，田网也；斁，盡也。今『盡』義，通作『畢』。

冓溝 廣韻侯、候二韻皆曰：『冓，數也。』紙韻引風俗通作『壤生溝，溝生澗』。五經算術、數術記遺等書，亦皆作『溝』矣。

架加 架，古祇作『加』。

爯偁稱 凡手舉字當作『爯』，凡偁揚當作『偁』，凡銓衡當作『稱』。今字通用『稱』。『稱』行而『爯』『偁』廢矣。『稱』者，今之『秤』字。

幼幽窈 斯干毛傳曰『冥，幼也』，『幼』同『幽』，一作『窈』。

懥懫疐 大學『懥』，亦作『懫』，『懥』即『躓』字〔七七〕。

舒紓〔七八〕

爰援〔七九〕

𤔡隱 『隱』行而『𤔡』廢矣。

矮委 古今字。

菸蔫 古今字。

殨膭 殨，古作『膭』。

歾朽 今字用『朽』而『歾』廢矣。

殆肆迨〔八〇〕

殖脂膱 脂膏久曰『殖』。字林『脂，膏敗也』，廣雅『膱，臭也』，玉篇、廣韻『膱，油敗也』。

𦙶𨐨 玉篇曰：『𦙶，古文「𨐨」字。』

𤕌核 古今字。

腢髃〔八一〕

肫膊 皆說文之『腨』字。腨，腓腸也。

骼胳骼骬骱 『骼』是本字，亦作『胳』。禮經『牲體之胳』，今文作『胳』，古文作『骼』。埤蒼乃作『骼』，廣雅、字林變作『骬』；又或作『骱』。

骴胔骴髊 胔，『骴』之或字。玉篇作『骴』，呂氏春秋作『髊』，亦或字也。

髻髖會檜髻擒括 髖，骨擿之可會髮者。周禮弁師「會五采玉琪」，注曰：「故書『會』作『髖』。先鄭曰：『讀如馬會之會。』」士喪禮：「檜用組，乃笄」，「檜」讀與「髖」同。周禮注引作「擒」，今士喪禮字作「髻」。古文「髻」皆爲「括」。

揥擿擿 鄘風「象之揥也」，毛曰：「揥，所以擿髮。」擿，本又作「擿」。揥，一名「擿」。

胲頦 頰肉，音改。

臄頊 頰肉，居衣切。

肊臆髓〔八二〕

脟綸 九歎說流水：「龍卬脟圈，繚戾宛轉。」脟，一作「綸」。

脢脥 内則注「脥，脊側肉也」，「脥」即「脢」字。

瑋偉 「臁」下曰「益州鄙言人盛諱其肥，謂之『臁』」，「諱」當作「瑋」。「瑋」同「偉」，奇也，「鷩羡」之意也。

膌瘠〔八三〕

瘦腴〔八四〕

贅綴〔八五〕

肕肭膹 篇韻皆云「肕，脊肉」，是爲「肭膹」字也。

隋墮綏挼妥挪 禮經「隋祭」，或作「墮」。特牲、少牢篇今文作「綏」，古文作「挼」，或作「妥」。鄭注曰：「周禮作『隋』。」鄭以「隋」爲正字，餘當是叚借字。阮孝緒字略云：「煩撋，猶『挼莎』也。」今人多用此義，而字作「挪」。

腯腞〔八六〕

胡侯遐何 「胡」「侯」「遐」皆訓「何」，四字雙聲。

脾膍膍脛 字異而音、義皆同。

奧腴 内則「鴇奧」，玉篇、廣韻「奧」，皆作「腴」。

肶膍脾 釋詁「肶，厚也」，毛詩曰「膍，厚也」，實一字，皆引伸叚借之義。采菽「福禄膍之」，音義曰：「韓詩作『肶』。」釋詁「肶」，亦作「脾」。

胖判 引「周禮有『膴判』」，周禮作「胖」。

膚鱐 引「周禮有『腒膚〔八七〕』」，周禮作「鱐」。

腝濡臑胹 腝〔八八〕，爛也。内則作「濡」；廣韻作「臑」，云：「籀文作『胹』。」

腨膞饌 釋名有「胏膞」，「膞」同「腨」；廣韻：「『膞』同『饌』。」

冰凝
莊子「肌膚若冰雪」，「冰」「凝」古今字。

脃膬
蓋本一字異體。小宗伯音義曰：「字書無『脃』字，但有『膬』字，音『千劣』反。」據此，則陸氏所見等書有「膬」無「脃」也〔八九〕。而李善於魏都、七發分引此二字，則唐初説文非無「脃」矣。二字皆可入、可去，分廁祭薛，古音理不然也。

㪔散
㪔，分離也；散，雜肉也。引伸凡「㪔」皆作「散」。「散」行而「㪔」廢矣。

昵樴𦛗暱䵒膱䵑
弓人説「膠」曰「凡『昵』之類」，故書或作「樴」，或爲「𦛗」。杜作「昵」，又作「𦛗」；後鄭作「膱」。一説：説文「膠，昵也」，及周禮注「不義不昵」之「昵」，三「昵」字皆當作「䵒」。今左傳作「暱」「昵」或「暱」字。杜子春云：「昵，或爲『𦛗』。」齊、魯、青、徐自關而東或曰「䵒」，或作「𪎭」。

肎肯
肎，隸作「肯」。

筋𦟍
考工記故書「筋」，或作「𦟍」。

餌䏌
内則注曰：「『餌，筋腱也。』餌，篇韻作『䏌』。」

剸弣拊
剸，刀握也。篇韻皆云「『剸』同『弣』」，弓把曰「弣」。考工記、少儀「弣」作「拊」。刀把曰「剸」，少儀亦作「拊」；「拊」與「剸」音相近。

𠞡咢鍔 淮南脩務訓「摩其鋒𠞡」，王子淵聖主得賢臣頌、漢書作「越砥斂其咢」，文選作「鍔」。

㓞𠞡 釋詁：「剡、㓞，利也。」㓞，古字；𠞡，今字。

㓤鉤 㓤，亦作「鉤」。

剴刉杚槩〔九〇〕

𠞈劂〔九一〕

刖劊 易「劓刖」，京房本「劓劊」。

刳挎 繫辭：「刳木爲舟。」刳，一作「挎」。

副劈 今字用「劈」爲「副」，「劈」行而「副」廢矣。「劈」與「副」，古經有相通者。

疈罷披 大宗伯「疈辜祭」，故書「疈」爲「罷」。大鄭釋爲「披，磔牲以祭」。

割蓋害𠜱 釋言：「蓋、割，裂也。」舍人本「蓋」作「害」，明「害」與「割」同也。鄭注緇衣曰「『割』之言『蓋』也」，明「蓋」與「割」同也。割，古字亦從「匄」聲，故宋次道、王仲至家所傳古文尚書曰：「𠜱申勸寧王之德。」

飾拭 古今字。

帥帨率説刷㕞 漢時，禮經『捝手』有作『刷手』者，叚『刷』爲『㕞』，別無『捝』字。左傳『藻率鞞鞛』，服云「『率』爲『刷巾』」，巾部云：『帥，佩巾也。』帨，『帥』或字。樂師故書『帥』爲『率』，聘禮古文『帥』皆作『率』。韓詩『帥時農夫』，毛詩作『率』。鄭禮經今文作『帨手』，古文作『説手』。是此六字同音通用〔九二〕。後世『帥』訓『率導』、訓『將帥』，而『帥』之本義廢矣。

抏刮 考工記故書『抏摩之工』，大鄭：『抏，讀爲「刮」。』

挫剉 剉，折傷也。考工記『揉牙内不挫』，注：『挫，折也。』經史『剉折』字，多作『挫』。

刓园 刓，齊物論作『园』。

㓠玷 古今字。

𠟍撙 古今字。

挌格 挌，枝挌也。庾信賦：『枝格相交。』『格』行而『挌』廢矣。

𦔳𦔫芸耘 今字省『丮』作『耘』。

悳得 廣韻『𩾜悳，縣名』，漢書作『得』。

觢掣挈 説文『觢，二角仰也。』睽『六三：其牛掣』，鄭作『挈』。

觭契挈 荀易『其牛觭』，子夏傳作『契』，虞作『挈』。

隻倚觭 公羊傳『匹馬隻輪無反者』，穀梁作『倚輪』，漢五行志作『觭輪』。

觭奇 周禮『觭夢』，杜子春讀爲『奇偉』。

觶畏威隈 觶，角曲中也。考工記『夫角之中，恒當弓之畏』，杜子春讀『畏』爲『威』；『威』謂『弓淵』。鄭讀『畏』如『秦師入隈』之『隈』。

觿端 觿，漢書、文選作『端』。

觜柴 鳥味曰『觜』〔九三〕，俗語因之凡口皆曰『觜』。鳥口之『觜』，廣雅作『柴』。

觼玦 觼，或『鐍』字。通俗文直謂『觼』爲『玦』字。

篦 即『箘』之異體。

筱篠 筱，今字作『篠』。

簜篖篃 『簜』『篖』古今字。西山經『英山其陽多箭多篖』，今本作『篃』。

筍笋 筍，今字作『笋』。

箘簬 釋艸『箘，簬中』，『箘』同『簬』。

篾箈 竹已析可用者曰『篾』，禮注作『箈』。

篸差槮差參差 集韻「篸差，竹皃」；又「篸，竹長皃」。木部：「槮，木長皃。」今人作「參差」，古則从「竹」、从「木」也。

笐桁 釋艸「仲，無笐」，户剛切。引伸之，取竹爲衣架亦曰「笐」，亦作「桁」。衣笐，衣桁；下浪切。

傅辨符別 小宰「傅別」，故書作「傅辨」，鄭大夫讀爲「符別」。

比篦 古今字。

余疎梳 史記「遺單于比余一」，漢書作「比疎一」。「余」「疎」皆即「梳」字。

篗籰 所以絡絲也。今俗謂「篗子」〔九四〕。

薄箔亳 韋昭注國語曰：「薄，簾也。」薄，今字作「箔」；亦借爲「亳」。禮記：「薄社北牖。」

筰笮窄 古今字。

笫茨 士喪禮古文「笫」爲「茨」。

籭篩 籭，漢賈山傳作「篩」，所宜切。今音「山佳」切。

籓藩 籓，大箕也；一曰「蔽」也。是則「籓」與「藩」音義同。

箛篍〔九五〕

筲䈰⿱竹捎　『筲』即『䈰』字。⿱竹捎，一曰『飯器，容五升』，謂『⿱竹捎』與『䈰』同字。

簬落絡　桮簬，盛桮器籠也。引伸爲『籠絡』字。今人作『絡』，古當作『簬』；亦作『落』。

籢匳　籢，別作『匳』。

篅圌　篅，以判竹，圜以盛穀者。別作『圌』。

輿轝⿱與木　公羊傳曰：『脅我而歸之，筍將而來也』，何曰：『「筍」者，竹箯；一名「編輿」。』史、漢張耳傳『貫高箯輿前』，説文『箯，竹輿也』，『輿』皆去聲。亦作『轝』、作『⿱與木』。

个介　經傳『个』多與『介』通用。左氏或云『一个行李』，或云『一介行李』。月令『左个右个』，亦作『左介右介』。書『如有一介臣』，大學作『若有一个臣』。

箝鉗〔九六〕

籋鑷　夾取之器曰『籋』。今人以銅鐵作之，謂之『鑷子』。

笰蔽　詩言『簟笰』，周禮巾車『蒲蔽』『棼蔽』等，『蔽』即『笰』也。

厞茀　儀禮今文作『厞』，古文作『茀』。『厞』『茀』同字。

⿱竹朵檛簻　『⿱竹朵』『檛』古今字，亦作『簻』。

錣笍〔九七〕

籣韊韊 西京、吴都、魏都賦皆云『蘭錡』，劉逵曰：『受他兵曰「蘭」，受弩曰「錡」。』『蘭』字皆當从『竹』。

栙雙箻篗 『栙雙』見木部。以籧席爲帆，故字或从『竹』。

箴鍼 風俗通曰『衛大夫箴莊子』，今左傳作『鍼』。籖之使不散，則用『箴』；若用以縫，則从『金』之『鍼』〔九八〕。

簫箾〔九九〕

牙芽 古今字。

篴笛 古今字。

筭算 『筭』爲『算』之器，『算』爲『筭』之用。二字音同而義别。古書多不别。

其丌亓丌 其，籀文『箕』。經籍通用此字爲語詞，作『其』，渠之切；或『居之』切。古又多用『丌』爲『渠之切』之『其』。墨子書『其』字多作『亓』，『亓』與『丌』同。

逌輶遒 『逌人』即『遒人』。卣，气行皃。『卣』訓『行』，『卣人』即『行人』。楊雄荅劉歆書云『嘗聞先代輶軒之使』，即『遒人』也。

己忌記其迈 大雅『往迈王舅』，傳曰：『迈，己也』；王風『彼其之子』，箋云：『其，或作

「記」，或作「己」。』鄭風箋曰：『忌，讀爲「彼己之子」之「己」。』

巺巽顨 巺，今作『巽』。『顨』爲卦名，『巺』爲卦德。孔子言『重巺以申命』『巺以行權』。震，動也；巺，入也。『巺』爲『雞』、『巺』爲『股』、『巺』爲『木』、爲『風』、爲『長女』，皆當舉卦名而不作『顨』。但云『巺以德爲名』者，於伏羲、文王爲古今字也。

⿱代心忒〔一〇〇〕

矩巨 大學『絜矩之道』，注云：『矩，或作「巨」。』此古文之遺也。

恬甛 周禮注『恬酒』，恬即『甛』字。

猒厭 古今字。

粵于爰曰 四字可互相訓。詩書古文多以『曰』爲『爰』者。

乃然而若汝 一語之轉，故『乃』又訓『汝』。

攸逌 禹貢『陽鳥攸居』『豐水攸同』『九州攸同』，漢書地理志『攸』，皆作『逌』。『逌』之言『于』也。

甹俜 甹，俠也。俜，俠也；俠，俜也。漢季布傳：『爲人任俠。』俠，甹也。今人謂『輕生』曰『甹命』，即此字。

哥歌　漢書多用『哥』爲『歌』。

憙喜　憙，古有通用『喜』者。封禪書：『天子心獨喜其事。』

鼜鼛　鼜，今周禮作『鼛』。

逢韸彭　詩『鼉鼓逢逢』，埤蒼，廣雅，高注淮南、吕覽，郭注山海經引詩，皆作『韸韸』。『彭』即『韸』也。

鼛皋　鼛，周禮作『皋』。

賁⿰革賁　『賁』即『⿰革賁』之省。

𪔳鼛鼕　𪔳，徒冬切。其作『鼕』，讀『徒東』『徒冬』二切者，即『𪔳鼛』之變。

鼞閶鏜闛　司馬法曰：『鼓聲不過閶。』閶，吐剛反，即『鼞』也。投壺音義曰『口，鄭呼爲「鼓」，其聲高，其音鏜鏜然』，『鏜』亦『鼞』也。上林賦『鏗鎗闛鞈』，顏曰：『闛鞈，鼓音。』『闛』亦『鼞』也。楊雄賦『闛闔』即『閶闔』。

鼛闒榻　司馬法曰『鼛聲不過闒』，『闒』即『鼛』也。投壺音義曰『〇，鄭呼爲「鼛」也，其聲下，其音榻榻然』，『榻』亦即『鼛』。

幾⿰足幾〔一〇一〕

汔訖〔一〇二〕

蠡𧓍盠 漢書：『以蠡測海。』急就篇：『𧓍升參半升巵觛。』王伯厚注急就云：『皇象碑本作「盠」，李本作「蠡」。』

豆 『尗』與『古食肉器』同名。

豋䭅 豋，豆飴也。方言『「飴」謂之「餃」，「䭅」謂之「餚」』，『䭅』即『豋』字。

𧯞䖒 廣雅『鍑、鍪、䖒，鬴也』，『䖒』即『𧯞』字。

鍪堥 𧯞，土鍪也。鄭注周禮所謂『黃堥』也。『堥』即『鍪』字。

虡鐻 典庸器，經文作『虡』，注文作『鐻』。

虘虘 當是以『一』譌『二』，未知孰是耳。

𧇷虪 釋獸曰『𧇷，黑虎』，釋文曰：『𧇷，今作「虪」。』

苗貓 苗，今之『貓』字。

虥虦 許作『虥』，爾雅作『虦』。

虓𧆣 許作『虓』，篇韻作『𧆣』。

凵盧𥬡籚 許作『凵盧』，士昏禮注作『𥬡籚』。

盛醓　『醓』即『盬』之變。

卹恤　古書多用『卹』字，後人多改寫『恤』。比部引周書『無毖于卹』、潘岳籍田賦『惟穀之卹』、李注引書『惟刑之卹』、今尚書『卹』，皆作『恤』。疑古祇有『卹』，『恤』其或體。

蜭䘓　蜭，羊凝血也。釋名曰『血䘓，以血作之』，『䘓』即『蜭』字。

主〔一〇三〕　古今字。

主炷　亦古今字。凡『主人』『主意』字，本當作『丶』。今叚『主』爲『丶』，而『丶』廢矣。叚『主』爲『丶』，則不得不別造『鐙炷』字；正如叚『左』爲『𠂇』，不得不別造『佐』爲『左』也。

薌香〔一〇四〕

卩節〔一〇五〕

气氣　古今字。

栗烈　左傳『嘉栗旨酒』，『栗』讀爲『烈』。

飪餁〔一〇六〕

餳糖餹　餳，古音如『洋』，語之轉如『唐』。『糖』『餹』同字。

張皇餦餭　餦餭，古字蓋當作『張皇』。

餱糗　『餱』下曰：『峙乃餱粻。』據正義引鄭注『糗，擣熬穀也』與周禮注『糗』同。然則古文尚書作『糗』矣。

粻糧　周書曰『峙乃餱粻』，釋言、詩箋皆曰『粻，糧也』，則『餱粻』即『餱糧』。

饡⿸尸食⿸尸⿱夕食　『⿸尸⿱夕食』即『饡』字。玉篇曰『「⿸尸食」者，「饡」之古文』，然則本作『⿸尸食』，轉寫作『⿸尸⿱夕食』耳。

餔晡　餔，一作『晡』。

⿰口睘⿰食肙〔一〇七〕

餟醊腏　史記孝武帝紀『其下四方地爲餟食』，封禪書作『醊食』，漢郊祀志作『腏』。

⿰食兌祱〔一〇八〕

䬴秣〔一〇九〕

俾埤𩞀裨　古今字。『裨』行而『埤』『𩞀』『俾』廢矣。

甀⿱垂缶〔一一〇〕

⿱䀠比⿱䀠缶〔一一一〕

缺⿰垂夬〔一一二〕

抗伉亢　梓人『故抗而射汝』，許作『伉』，大戴作『亢』。

兄況况况 常棣傳『況，兹也』、桑柔傳『況，兹也』〔一一三〕、召旻傳『兄，兹也』，『兄』『況』不同。『矧兄』『比兄』，以『兄』爲正。後乃用『況』字，後又改作『况』、作『况』。

亯饗 亯，『下獻上』之詞〔一一四〕。周禮用字之例，凡『祭亯』用『亯』，凡『饗燕』用『饗』；禮經十七篇用字之例，聘禮『内臣亯君』字作『亯』，士虞禮、少牢饋食禮『尚饗』字作『饗』；小戴記用字之例，凡『祭亯』『饗燕』字皆作『饗』，無作『亯』者；左傳則皆作『亯』，無作『饗』者。毛詩之例，則『獻於神』曰『亯』，『神食其所亯』曰『饗』。周禮之『饗燕』，左傳皆作『亯燕』。此等葢本書固然，非由後人改竄。

亯亨烹 薦神作『亨』，亦作『享』。飪物作『亨』，亦作『烹』。易之『元亨』，則皆作『亨』，皆今字也。凡從『𦎫』者，今隸皆作『享』，與『亯』之隸無別矣。

㫗厚 古今字。

𩫏庸 廣韻曰：『「𩫏」者，「庸」之古文。』

癛懍廩 凡『戒慎』曰『癛癛』，亦作『懍懍』，漢書通作『廩廩』。『廩廩』者，『癛癛』之叚借。

來麳𥝩𨤲牟麰䵏 詩作『來牟』，廣雅作『麳麰』〔一一五〕，劉向傳作『𨤲麰』。埤蒼『來』作『𥝩』，韓詩内傳『牟』作『䵏』。

鏠夆 『夆』者，『鏠』之省。

躧屣 古今字。

遟徲邌 『遟』與『徲』同。『夌徲』爲『邌』之反語。古『遟』『邌』通用。『遟』，古讀如『夷』。

致 送詣也。引伸爲『召致』之『致』，又爲『精致』之『緻』〔一一六〕。

夋僕 夋，行夋夋也，即今俗語『僕僕道途』之謂。

竷坎欿 小雅伐木作『坎坎』，許引作『竷竷』，魯詩伐檀作『欿欿』。

㚇鍐 㚇，或加『金』旁。『弁』也、又『髦』也〔一一七〕、『㚇』也，一也。

夒猱獶 夒，小雅作『猱』。樂記作『獶』，隸之變。

舛僢 『舛』字亦作『僢』，淮南書及周禮注多用『僢』字。

舞儛〔一一八〕

舝轄〔一一九〕

韝褠𢃼 臂衣也。『褠』見後漢書，『𢃼』見南都賦。

韔鬯 秦風作『韔』，鄭風作『鬯』。

昆兄 大功已上皆曰『昆弟』；小功已下同異姓，皆曰『兄弟』。惟禮經喪服經、傳異其辭，他經不爾。

久灸 許引周禮『久諸牆』。士喪禮『皆木桁久之』，鄭注云：『久，當爲「灸〔一二〇〕」。』引伸爲『遲久』。『遲久』之義行而本義廢矣。

磔矺 『磔』字或作『矺』，見史記。

柚櫾 柚，爾雅亦作『櫾』，列子、山海經皆作『櫾』。許則云：『「櫾」者，崐崘河隅之長木也。』

君遷桾櫏 司馬光作『君遷』，吴都劉注作『桾櫏』。

李理 『行李』與『行理』並見，『大李』與『大理』不分。

亲槈 亲，蜀都賦作『槈』。

胥邪胥餘楈枒梛 上林賦有『胥邪』，史記作『胥餘』，南都賦作『楈枒』。蜀都、吴都賦單評之曰『枒』，艸木狀作『梛』，實大如瓠，俗用『梛瓢』是也。

楑揆 楑，一曰『度』也；與『揆』音義同。『揆』專行而『楑』廢矣。

心杺 廣韻曰『杺，木名，其心黄』，『杺』即爾雅釋木『心』字。

梘雞　梣，陶隱居云「是樊梘木」、集韻云「江南樊雞木」，「樊雞」即「樊梘」。

虆櫐　「櫐」者，「虆」之省。近於艸者，爲艸部之「藟」、詩之「藟」也；近於木者，爲木部之「虆」、釋木之「山櫐」「虎櫐」也。

滕藤　古今字。

栟櫚并閭　上林、甘泉賦作「并閭」，南都、吴都賦作「栟櫚」。

櫝榎　「榎」者，「櫝」之或字。

槢槴　古今字。

梡栲　古今字。

芓柔〔一二一〕

梭椶　梭，梭本也〔一二二〕；私閏切。今人訓「織具」者，用爲「杼」字也；於其雙聲讀之，廣雅作「椶」。

枋柄　禮、周官皆以「枋」爲「柄」，周禮「柄」作「枋」。

槨欂　古今字。

欄楝　「欄」者，今之「楝」字。

欚杞 「枸欚」爲古名，「枸杞」雖見本艸經而爲今名。

牙枒渠 枒，一曰「車网會」也，車輪之肉。今北人謂之「瓦」，即古語之「牙」也。「牙」「枒」古今字。「牙」亦謂之「渠」。

梂莍〔一二三〕

還欙〔一二四〕

棯稔 爾雅作「還味，棯棗」，說文作「欙味，稔棗」。

柏栢 柏，經典相承亦作「栢」。

机榿 古今字。机，居履切，郭曰「机木」。榿，韻會音「邱其」切。

繇櫾 穆天子傳曰「天子釣于河，以觀繇之木」，郭云「姑繇，大木」，「姑繇」亦即「櫾」也。

末蔑莫無 聲義皆通。

枝岐〔一二五〕

標表剽 莊子：「有長而無本剽者。」肆師「表齍盛告絜」，注云：「故書表爲「剽」；「剽」「表」皆謂「徽識」也。」按：「表」「剽」皆同「標」。

招搖柖榣 漢志郊祀歌：「體招搖，若永望。」按：此「招搖」與「柖榣」同。

樛朻　詩作『樛』，許作『朻』。容許當曰：『毛詩亦作「朻」。』

旖施檹施倚移猗儺阿那猗柅猗狔旖旎椅柅　許於『旗』曰『旖施』，於『木』曰『檹施』，於『禾』曰『倚移』，皆讀如『阿那』。檜風：『猗儺其枝。』上林賦『旖旎從風』，張揖云：『旖旎，猶「阿那」。』漢書、文選皆作『猗柅』，韻書紙韻作『猗狔』『椅柅』『旖旎』。

妸娜旑㫊𧙗袲𣛮㰖　皆俗體。

昒忽　『倏忽』字，今作『忽』，許作『昒』。

橚蕭　史記、上林賦『紛容蕭蔘』，『蕭』同『橚』。

枯姑橭　周易『大過之枯』，鄭音『姑』，謂『無姑山楡』。周禮壺涿氏，杜子春讀『橭』爲『枯』，云：『枯楡，木名。』禹貢之『枯』，疑當是『枯楡』也。鄉射禮注引國語『肅慎貢枯矢』，音義曰：『「枯」字又作「楛」。』

儀檥　釋詁『楨、翰、儀，榦也』，許所據爾雅作『檥』。人儀表曰『榦』，木所立表亦曰『榦』。

冓構桷　杜林用『構』爲『桷』，古音如『穀』。杜意『構造』字用『冓』，『椽桷』字用『構』。

模橅　模，漢書亦作『橅』。

眉楣　許之『眉棟』，即禮經之『楣』也。

户㞚 許之「户」，即禮經之「㞚」也。

氐底 古今字。

舄磶 磶，見西京、景福殿二賦，字作「舄」。

磌填 磌，見西都賦，字作「填」。

㮼節 㮼，論語、禮器、明堂位、爾雅舊本皆作「節」。

枅榍 枅，亦作「榍」。

楯盾 楯，闌檻也。古亦用爲「盾」字。

鐵鉆 「鐵」亦「鉆」。周禮注「飛鉆」，子廉切。玄應書曰「説文「櫼」，子林切」，今江浙語作「知林」切。

落簩㯎 杝，落也。廣雅作「簩」，廣韻引音譜作「㯎」。

桓和華 桓，亭郵表也。陳宋之俗言「桓」聲如「和」，今猶謂之「和表」，師古曰「即「華表」也」。

牏窬 史記萬石君傳「石建取親中羣廁牏，身自浣滌」，徐廣曰：「一讀「牏」爲「竇」，竇，音「豆」。」吕静云：「椷窬，褻器也；音「威豆」。」裴駰按：蘇林曰：「牏，音「投」。」

櫝匵 論語「韞匵而藏諸」「龜玉毁於櫝中」。

楖櫛 考工記「楖」字，「櫛」之古文也。

茉鏵鋘〔一二六〕「茉」「鏵」古今字；亦作「鋘」。

虆欙 孟子「蓋歸反虆梩而掩之」，趙曰「虆梩，之屬〔一二七〕」，「虆」即「欙」之叚借。

梩梠 「梩」同「梠」，可以臿地擾土者。梠，一曰「徙土輂」，謂「梠」即「欙」。孫奭孟子音義曰「梩，土轝也」，本此。

穜種樓耬 椴，穜樓也。「穜」者，今之「種」字；「樓」者，今之「耬」字。

概杚 「概」與「杚」同。

㭙棏𣚁 皆「槌」也。

杫榹 肉几也。

栚榺朕 「槌之横」者也。

㯻梮檋 㯻，所以舉食者。漢書溝洫志「山行則梮」，韋曜曰「梮，木器」。如今轝牀，人轝以行也。左傳襄九年「陳畚梮」，杜曰：「梮，土轝也。」「梮」同「㯻」，史記「梮」作「檋」。

柎趺 古今字。

槶篋匱 『匡當』也。

弋杙 古今字。

欑鑽 欑，一曰『穿』也；與『鑽』音義同。

柲閉韠柴 禮謂之『柲』，詩謂之『閉』，周禮注謂之『韠』，禮古文作『柴』，皆所謂『檄』也。

隰隰〔一二八〕

柄棅 古今字。

皁槽〔一二九〕

墇準 古今字。

旳的 古今字。

伐瞂 『伐』即『瞂』；盾，瞂也。

干𢧀 『干』即『𢧀』；𢧀，盾也。

楇過輠鍋 楇，盛膏器。孟子荀卿列傳『炙過髡』〔一三〇〕，劉向別録：『「過」字作「輠」。』方言：『「盛膏」者，乃謂之「鍋」。』

欙蕐梮橋 欙，山行所乘者。河渠書作『橋』。徐廣曰：『一作「蕐」。』漢書作「梮」。』『蕐』

『榻』『橋』三字同，以『榻』爲正。『橋』者，音近轉語也。榻，自其盛載而言；欙，自其輓引而言。

軓毳橇楯輴 軓，史記作『毳』，亦作『橇』；漢書作『毳』，徐廣注史記作『楯』，僞孔傳作『輴』。一聲之轉，其義一也。

㯱搜 漢書溝洫志『漕船五百㯱』，其字从『木』，古文从『手』〔一三一〕。

欐欚 越絶書曰：『欐溪城，闔廬所置船宫也。』蓋『欐』與『欚』古通用。

檇醉 左傳『越敗吳於檇李』，公羊傳作『醉李』。

椓斀〔一三二〕

朾敞揨敦 朾，撞也。三蒼作『敞』，周記職金注作『揨』，他書作『敞』、作『敦』，實一字也。

枿蘖 方言：『烈枿，餘也。』『枿』者，『蘖』之異文。

槎柞 周禮有『柞氏』，周頌『載芟載柞』，『柞』皆即『槎』字。

葉世 音義俱相通。

休庥〔一三三〕

杽杻 古今字。廣韻：『杽，「杻」古文。』

著櫫　漢酷吏傳曰『瘞寺門桓東，楬著其姓名』，『著』『櫫』同字。

鬱宛菀　鬱，木叢者。鄭司農注考工記曰『惌，讀如「宛彼北林」之「宛」』、菀柳傳曰『菀，茂林也』，『宛』『菀』皆即『鬱』字。

摻棽〔一三四〕

攡儷麗　張揖大人賦注曰『林離，摻攡也』，『摻攡』蓋即『棽儷』。東都賦『鳳蓋棽麗』，李善注七略『雨蓋棽欐〔一三五〕』：『「麗」與「儷」同。』

楙茂〔一三六〕

才材財裁纔

扶榑〔一三七〕

若叒　離騷『總余轡乎扶桑，持若木以拂日』〔一三八〕，『若木』即謂『扶桑』。『扶若』字即『榑叒』字也。

槷隉臲劓倪○黜杌卼卼仉　槷黜，不安也。困：『上六：于臲卼。』『九五：劓刖』，荀王作『臲卼』。鄭云『「劓刖」當作「倪仉」』，許作『槷黜』，蓋孟易也。尚書：『邦之杌隉〔一三九〕。』

𢍏蕢　周易『拔茅茹以其彙，征吉』，釋文云：『彙，古文作「蕢」。』按『蕢』即『𢍏』字之異者。

丰妦　方言『好，或謂之「妦」』，『妦』即『丰』字。

産𤯺　産，生也。通用爲『罾𤯺』字。

雩華　音義同。引伸爲曲禮『削瓜爲國君華之』之字；又爲『光華』『華夏』字。

積枳枝迟〔一四〇〕

𥝩椇句枸拘曲　『積𥝩』字，或作『枳椇』，或作『枳枸』，或作『枳句』，或作『枝拘』。『積』與『枳』『枝』『迟』，『𥝩』與『椇』『句』『枸』『拘』『曲』，皆疊韻；『積𥝩』與『迟曲』皆雙聲字。

或有囿　常道將引洛書曰『人皇始出，分理九州爲九囿』，『囿』即毛詩之『九有』〔一四一〕、韓詩之『九域』也。『域』同『或』，古『或』與『有』、與『囿』通用。

游由𡇛　潘岳射雉賦『恐吾游之晏起』；又『良游呃喔，引之規裹』，徐爰注：『雉媒，江淮閒謂之「游」。』唐呂温有由鹿賦，『游』與『由』皆即『𡇛』字。

齎資　聘禮曰『問幾月之齎』，鄭司農曰：『齎，或爲「資」。』

貾糈　貨殖傳『爲重糈也』、日者傳『奪糈』，『糈』皆當作『貾』。貾，所以饋卜者也；祭神米曰『糈』。卜者必禮神，故其字亦作『糈』。

庸傭　古今字。

賣粥鬻　古今字。「賣」即周禮之「儥」字，今之「粥」字。周禮多言「儥」；「儥」訓「買」，亦訓「賣」。胥師「飾行儥慝」、賈師「貴儥」者，蓋即説文之「賣」字。而説文人部「儥，見也」，則今之「覿」字也。經傳今皆作「覿」。「覿」行而「儥」廢矣。

邦封　「邦」之言「封」也。古「邦」「封」通用。書序云「邦康叔」「邦諸侯」，論語「且在邦域之中」，皆「封」字也。

酇欑儹　酇，聚也；欑，一曰「叢木」也；儹，冣也。

鄙否　通叚用。

窮竆　左傳作「窮」，許所據作「竆」，今古字也。

鄴薊　古今字。「薊」行而「鄴」廢矣。漢地理志、郡國志皆作「薊」，則其字叚借久矣。

郃檾　古今字。

户扈鄠　三字一也。「扈」爲周字，「鄠」爲秦字，通典云：「至秦改爲『鄠』。」

屠鄘　古今字。

浢郖〔一四二〕

䕠裴　伯益之後封於䕠鄉，因以爲氏。後徙封解邑，乃去『邑』从『衣』。按：今字『裴』行而『䕠』廢矣。

俞郇　吕嬰、欒布皆封俞侯。『俞』即『郇』。

鄦鄦許　『鄦』『許』古今字。漢字作『許』，周時字作『鄦』。古書唯史記鄭世家僅存『鄦』字。

鄸穰　鄸，古字；穰，漢字。

潕舞　潕水在舞陰縣西北，縣在潕水東南。水作『潕』、縣作『舞』者，漢時『縣』字作『舞』也。水經注作『潕陰』者，依水改字也。

冥鄳　戰國策、史記二書，或云『黽阨』，或云『黽塞』，或曰『黽阨之塞』，或云『鄳隘』，或云『冥阸之塞』。

阸阨隘〔一四三〕

鄳鄍　隋書地理志『義陽郡鍾山縣舊曰鄍』，魏世家正義引水經注作『鄍』。『鄍』者，『鄳』之變。

郥邳　左傳『郥』，或作『邳』。

郥洵旬 張守節注貨殖傳曰：『郥關當爲洵關，在金州洵陽縣。』段按：謂酈商傳之『旬關』即『郥關』可也。

那 西夷國，蓋即『冄駹』之『冄』字，古今字也。

鄱番 鄱陽，豫章縣。楚世家：『昭王十二年，吴伐楚，取番』。按：字本作『番』，故史漢皆曰『番君吴芮』。地理志作『鄱陽』者，漢字也。

堇鄞 鄞縣以堇山得名。蓋其字初作『堇』，後乃加『邑』。

郝沛 古今字。

鄌鄭柤 本爲鄌縣，今爲鄭縣，古今字異。春秋襄公十年『公會諸侯及齊世子光於鄌』，今三經皆作『柤』。

潧溱 説文作『潧』，詩作『溱』。

播波 書作『熒波』，鄭詩譜作『播』。

萊求〔一四四〕

妘云〔一四五〕

鄶會 大戴禮、世本皆云：『祝融之弟吴回。吴回生陸終。陸終弟四子萊言是爲妘鄶人，即鄶之祖也。」萊，亦作『求』；妘，亦作『云』；鄶，亦作『會』。

鄒騶 周時作『鄒』，漢時作『騶』。趙氏岐曰『鄒本春秋邾子之國』，此未知其始本名『鄒』也。

䣄徐 尚書作『徐夷』『徐戎』，許鄭所據作『䣄』也。楚所取之徐州，即『䣄』也〔一四六〕。

邿詩 古今字。東平國亢父詩亭，故邿國。

郰鄹 郰，論語作『鄹』。

郕成 古今字。郕，魯孟氏邑。今春秋三經、三傳皆作『成』，非姬姓郕國之地也。

奄𨚕 二字周時並行。今則『奄』行而『𨚕』廢矣。

鄆運 左傳作『鄆』，公羊作『運』。

酄讙 三經、三傳作『讙』，許作『酄』。

鄫繒 國語之字〔一四七〕，左傳、公羊作『鄫』，穀梁作『繒』。左釋文於『鄫』首見處云『亦作「繒」』。據許，則國名从『邑』也，漢縣名从『糸』。

邪也 今人文字『邪』爲疑辭，『也』爲決辭，古書多不分別。如子張問『十世可知也』，當作『邪』是也。『邪』『也』二字，古多兩句並用。如龔遂傳『今欲使臣勝之邪？將安之也』，韓愈文『其真無馬邪？其真不知馬也』，皆『也』與『邪』並用〔一四八〕。

虢郭 左傳『虢國』字，公羊作『郭』。

郣勃垺 周禮艸人『勃壤用狐』、廣雅曰『垺，塵也』、今俗謂『粉之細』者曰『勃』，皆即『郣』字。

鄿譚 古今字。春秋、公、穀皆作『譚』，齊世家譌作『剡』，司馬所據正作『鄿』。

戠甾載戴 春秋經隱十年『宋人、蔡人、衛人伐載』，三經皆作『載』。唯穀梁音義曰『載，本或作「戴」』，而前志作『戴』。古『載』『戴』同音通用耳。許作『戠』，漢之甾縣，古之戠國也。『甾』與『戠』古音同。戠，古字；甾，漢字。

⿰黨阝⿰尚阝 廣韻曰『⿰黨阝，地名』，說文作『⿰尚阝』。

駢郱 前志『齊郡臨朐』，應劭云：『有伯氏駢邑。』春秋莊元年『齊師遷紀、郱、鄑、郚〔一四九〕』，杜云：『郱在東莞臨朐縣東南。』然則伯氏駢邑即此地。『駢』即『郱』字。

鄝蓼 前志六安國、後志廬江郡皆作『蓼』，許不謂此。

⿰舍阝舒俆徐 玉篇引春秋『徐人取⿰舍阝』，杜預云：『今廬江舒縣。』按：僖三年、魯頌二志皆作『舒』，未審希馮所據。齊世家『田常執簡公於徐』，索隱曰：『徐廣音「舒」，左氏作「舒」』，説文作「郤」，魯世家作「徐」。」

郄蓋 廣韻蓋姓，字書作『郄』。

鄉鄉向 『鄉』下曰：『民所封鄉也。』『封鄉』之『鄉』，今之『向』字。漢字多作『鄉』，今作『向』。釋名曰『鄉，向也』，禮注『「鄉」字，或作「鄉」』。今人語曰『向年』『向時』，『向』者即『鄉』字。

䢽衖 古文作『䢽』，爾雅作『衖』，即『巷』字。

哲質 許引『哲明行事』，士冠禮作『質』。哲明，古文；質明，今文。

晃熿 楊雄賦『北熿幽都』，李善云：『「熿」與「晃」音義同。』

宴晏曣曹〔一五〇〕

曣晛 韓詩作『曣晛』。廣雅釋詁『曣曣，煗也』，『曣曣』即韓詩之『曣晛』。荀卿非相篇引詩作『宴然』；『宴然』即『曣曣』也。玉篇曰：『曣同「晛」。』又『曹星無雨也』，字亦作『曣』。

晏温曣晶 郊祀之『晏温』，封禪書作『曣晶』。

晏安 今文堯典『晏晏』，古文作『安安』；左傳『安孺子』，古今人表作『晏孺子』。

暆施 史記屈原賈生列傳曰『庚子日施兮，服集予舍』，『施』即説文『暆』字。『暆暆』猶『施施』，詩毛傳曰『施施，難進之意』。

㕫昃昊 㕫，隸作『昃』，亦作『昊』。

䜌蠻曼鄤 『䜌』下曰：『讀若「新城䜌中」。』左傳昭十六年『楚子誘戎蠻子殺之』，左穀皆作『蠻』，公羊作『曼』，劉昭引左傳作『鄤』。

翊翌 三輔決録注釋『左馮翊』曰『馮，盛也；翊，明也』，『翊』即『翌』。

昔𦞦腊 『昔』者，古文『乾肉』也。籀文增『肉』作『𦞦』，於義爲短。今隸作『腊』。

旆末 士喪禮『書名于末』，注：『今文「末」爲「旆」。』

允術 詩『仲允膳夫』，古今人表作『膳夫中術』。

允盾 允，古音如『弋盾』之『盾』。漢『太子中盾』，後世稱『太子中允』。

游斿 游，周禮省作『斿』。

蘢旇 爾雅『「旄」謂之「蘢」』，集韻、類篇皆作『「麾」謂之「旇」』。爾雅『蘢』字，即許之『旇』字。

翢儔翿〔一五一〕

𣪠纛幢〔一五二〕

旛幡肥　凡「旗幅」，皆曰「旛胡」。吴語「建肥胡」，韋注：「肥胡，幡也」，「幡」即「旛」字，「旛胡」即「肥胡」，謂「大」也。

族鏃　古今字。

窈杳〔一五三〕

曟辰　「曟星」字，亦徑作「辰」，周語「辰馬農祥」。

期基　周禮質人、士虞禮古文「期年」字作「基」。

蔏茫〔一五四〕

星曐晶精晴　詩「星言夙駕」，韓詩曰：「星者，精也。」史記「天精而見景星」，漢書作「天曐」。漢天文志曰：「日晡時，天星晏。」「曐」「晶」「精」皆今之「晴」。

夙宿　隸變作「夙」，通用「宿」。

毯恢〔一五五〕

調卣　莊子曰「之調調」「之刀刀」，「調調」即「卣卣」。

版板　版，今字作「板」。

稃稚 古今字。

齋盛粢齊 古今字。玉篇曰『黍稷在器曰「齋」』，知舊本經典故作『齋盛』。周禮經作『盛』，注作『粢』。甫田作『齊』，亦作『盛』。

秜穭秜離旅 秜，他書作『穭』，亦作『秜』；古作『旅』。淮南書：『離先稻熟，而農夫耨之。』『離』『秜』『旅』一聲之轉，皆謂『不種而自生』者也。

移迻 古叚『移』爲『迻』。考工記『飾車欲迻』，故書『迻』爲『移』，少牢饋食禮『移袂』。

秝秸 禮器『稾秝之設』，鄭注：『穗去實曰「秝」。』『秝』與『秸』同物。

𠄌杓 玉篇『杓，亦懸物也』，『杓』同方言之『𠄌』。『𠄌』者，象形字；『杓』者，諧聲字。

秒蔈標 淮南書『秒』作『蔈』，亦作『標』。

稭秸秝藍 『稭』『秸』『秝』三形同。又或作『藍』，亦同。

稍藹 稍，一作『藹』。潘岳射雉賦：『闞閒藹葉（一五六）。』

梨茢 廣雅：『黍穰謂之「梨」。』左傳『使巫以桃茢先祓殯』，杜注云：『茢，黍穰』；檀弓『以巫祝桃茢執戈』，鄭注云：『茢，萑苕。』按：二物皆可爲彗，二字可通用，故注不同。許說其本義也。

秧　禾若秧穰也。今俗謂『稻之初生』者，曰『秧』。凡『艸木之幼可移栽』者，皆曰『秧』。此與古義別。

㱿穀　『㱿』者，今之『穀』字。

糕穛穱　糕，早取穀也。内則『稰穛』，『穛』即『糕』字；亦作『穱』。

粊秕　粊，惡米也。莊子『塵垢秕康』，『粃』即『粊』字。

粊肦鮮獮　粊誓之『粊』，伏生作『肦』、作『鮮』、作『獮』，古文作『粊』，音正相近。

糟䓍　䓍，亦『糟』字。未漉謂『糟』，已漉粗糟謂『粕』。

乾干　乾飯，亦作『干飯』。

䭌粗　一字。今之『糅䊝』字也。

䊝麩〔一五七〕

氣槩餼既　聘禮記曰『日如其饔既之數』，注云：『古文「既」爲「餼」。』中庸篇曰『既稟稱事』，注云：『既，讀爲「餼」。』大戴朝事篇：『私覿致饔既。』三『既』皆『槩』之省。

糳殺　糳，亦省作『殺』。齊民要術凡云『殺米』者，皆『糳米』也。孟子曰『殺三苗于三危』，即『糳三苗』也。

䊳爢糜 王逸注離騷『瓊爢』云『爢，屑也』，『糜』即『䊳』字。廣雅『糜，糏也』，即說文之『䊳，碎也』。

缶橐 古今字。

萉蕡黂 喪服傳曰『苴，麻之有蕡者也』，艸部曰『萉，枲實也』。『萉』者，『蕡』之本字；黂，或『萉』字。周禮『蕡燭』，『蕡』即『黂』字。

𦃇䔛顈莔 周禮典枲注『艸〔一五八〕，葛䔛之屬』，『䔛』即『𦃇』字之異者。又作『顈』，襍記：『則既顈，其練祥皆行。』今之『𦃇麻』，本艸作『莔麻』。

尗菽 古今字。戰國策『韓地五穀所生，非麥而豆。民之所食，大抵豆飯藿羹』，史記『豆』作『菽』。

宧宎穾 宧，室之東南隅。禮經及他書作『宎』，亦作『穾』。

柍央桭宸 古書言『柍桭』者，即『棟宇』也。伏虔曰『柍，中央也；桭，屋梠也』，『柍』即『央』，『桭』即『宸』。

寔是 音義同。召南毛傳曰『寔，是也』，韓奕鄭箋亦曰『寔，是也』。穀梁傳曰：『「寔來」者，「是來」也。』

宋嘁寂家 宋，今字作『寂』。口部作『嘁』，方言作『家』。

寴親 秦碑以『寴軌』爲『親巡』，廣韻曰：『寴，古文「親」字。』

富福 音義同。

事士仕 通用。

宿肅 『先期』亦曰『宿』。周禮世婦『掌女宮之宿戒』、祭統『宮宰宿夫人』，禮經『宿尸』，鄭云：『宿，讀爲「肅」。』

𡧯寤〔一五九〕

𡪙墊〔一六〇〕

宔主 經典作『主』，小篆作『宔』。『主』者，古文也。

匋窯 古今字。

罙深 古今字。隸變『罙』作『深』。

訿呰 毛詩『訿』即『呰』。

窌奅 漢『公孫賀南窌侯』，表作『南奅』。呂覽『穿竇窌』，月令、淮南皆作『窖』。

窆堋封傰 周官謂之『窆』。春秋傳『朝而堋』，禮謂之『封』。春秋所謂『傰』〔一六一〕，皆一聲之轉。

寤寣𥧖 寣，籀文「寤」。周禮占夢釋文云：「寤，本又作『𥧖』。」

寐𥨂 寐，亦作「𥨂」。

瘽懃 瘽，亦作「懃」。

疚頄疚（一六二）

痵悸 痵，亦作「悸」。

痱腓疕 毛詩「百卉具腓」，本作「痱」；痱，亦作「疕」。

瘜息 肉部「腥」下曰「星見食豕，令肉中生小息肉也」，「息肉」即「瘜肉」。

疥蚧 後漢書烏桓傳曰「手足之蚧搔」，「蚧」同「疥」。

搔瘙 疥，搔也。疥急於搔，因謂之「搔」，穌到切。或作「瘙」。

癘㾐 癘，公羊傳作「㾐」。

疢痓 急就篇「癰疽瘛瘲痿痺疢」，「疢」即「痓」。

癉𤺺 癉，或作「𤺺」。

痳惐 公羊傳曰「曷爲以二日卒之？惐也」，「痳」「惐」蓋同字。

痑壇 漢書大人賦「衍曼流爛，痑以陸離」，史記「痑」作「壇」。

瘥差 瘥，通作「差」。

瘉愈 「愈」即「瘉」字。

緍罠 古今字。

罕罕 罕，隸省作「罕」。

䍖罘 䍖，隸作「罘」。

覂泛 武帝紀「泛駕之馬」，字本作「覂」。

帉帉〔一六三〕

㠴㡊 㠴，亦作「㡊」，枕巾也。

𢃳衳 幒，或从「松」；方言作「衳」。

幬燾 幬，或作「燾」。

𢁮𢂁 𢁮，或作「𢂁」〔一六四〕。

簚幭 簚，本又作「幭」。

撋揗抆捫擟 「幔」下曰「以巾撋之」，「撋」即「揗」字，今之「抆」字〔一六五〕。廣韻作「巾捫」，集韻作『巾擱』。

幓㧥幓 廣韻、集韻皆云：『幓，布名；㧥，縣名。』魏地形志、晉地理志、今本郡國志皆作『幓縣』。

幦 許以『髼布』釋『幦』，『幦』言本義也〔一六六〕。經典用爲『車覆笭』之字。

辭綷 綷，或『辭』字。

藻璪 皋陶謨『藻火粉米黼黻』，許『藻』作『璪』。

企跂 企，或作『跂』。詩『跂予望之』、禮『不至焉者，跂而及之』。

遵僎全 鄉飲酒禮『遵者降席』，注曰：『今文「遵」爲「僎」，或爲「全」。』禮記從今文禮作『僎』。

中仲〔一六七〕

倢伃婕妤〔一六八〕

伀妐 『夫兄』曰『兄伀』，或作『妐』。

倓賧 蠻夷『贖罪貨』曰『倓』，此夷語耳。字亦作『賧』。

徇叡 史記『徇齊』，大戴禮作『叡齊』，亦作『慧齊』。

僸僸〔一六九〕

侅駭 『奇侅』與今云『奇駭』音義同。是以左氏春秋『無駭』，穀梁春秋作『無侅』。

偉瑋 偉，埤蒼作『瑋』。

倞傹〔一七〇〕

般伴 方言、廣雅、孟子注皆曰『般，大也』，謂『般』即『伴』。伴，大皃。

僩撊 僩，左傳、方言、廣雅皆作『撊』。

倗朋傰 周禮士師『掌士之八成，七曰爲邦朋』，故書『朋』作『傰』，鄭司農讀爲『朋友』之『朋』。管子曰『練之以散羣傰署』，皆即『倗』字。

偏扇煽 古通作『扇』。詩『豔妻煽方處』、韓詩『閻妻扇方處』〔一七一〕。

仿佛、俩佛、髣髴、拂扐、放悲〔一七二〕

仿髣 仿，或作『髣』。

跱偫庤 釋詁『供、跱、共，具也』，『跱』即『儲偫』字。經典或作『庤』，周頌臣工傳曰：『庤，具也。』庤，儲置屋下也。

龔共供 尚書『共行天罰』，漢人作『龔行天罰』，謂『奉行天罰』也。今『供』行而『龔』廢矣。

立位 小宗伯「掌神位」，故書「位」作「立」。古文春秋「公即位」爲「公即立」。古者「立」「位」同字。

儑㒌〔一七三〕

仢約招摇 古音「仢約」，讀如「招摇」。

冣聚〔一七四〕

併竝 義有别。禮經注曰「古文『竝』，今文作『併』」，是古二字同。

俌輔 釋詁：「弼、棐、輔、比，俌也。」「輔」專行而「俌」廢矣。

仍乃扔乃 周禮故書「仍」爲「乃」。

側仄 不正曰「仄」，不中曰「側」，二義有别，而經傳多通用。

侒安〔一七五〕

仰卬〔一七六〕

侸尌豎侸 侸，立也；與「尌」「豎」音義同。玉篇作「侸」，云：「今作『樹』。」「樹」行而「侸」「尌」「豎」廢，并「侸」亦廢矣。周禮注多用「尌」字。

傫纍累 「傫傫」爲「垂皃」，與「纍纍」義同。「纍」字隸變爲「累」，「累」行而「纍」廢矣。

譜　爾雅釋鳥『譜譜』，『譜』乃『譜』之或體。

司伺　古今字。

磬罄　詩『俔天之妹』，傳曰：『俔，磬也。』爾雅『罄，盡也』，猶言『竟是天之妹』也。

僖嬉　『僖』字少用〔一七七〕，隸變爲『嬉』。李注洞簫賦引說文『嬉，樂也』，即謂此也。

偭面　偭，古通作『面』。『偭』訓『鄉』，亦訓『背』。離騷『偭規矩而改錯』、賈誼弔屈原曰『偭蟂獺以隱處』、項羽傳『馬童面之』、張歐傳『上具獄事不可卻者，爲涕泣面而封之』。惠氏定宇左傳補注曰『面縛之，皆謂「偝之」也』〔一七八〕。考工記『審曲面勢』，先鄭釋以『陰陽之面背』。

倛睽　『倛』即『睽』之或字。倛，其季切。

令伶泠　毛詩『寺人之令』，韓詩作『伶』，云『使令』。古『伶人』字，本作『泠』。

儷離　古文『儷』爲『離』。月令『宿離不貣』，鄭云：『離，讀爲「儷偶」之「儷」。』

媵揚騰　檀弓『杜蕢洗而揚觶』，禮『揚』作『媵』；今文禮『媵』作『騰』。

屈詘曲屈　屈，亦作『詘』。虫部『尺蠖屈申蟲也』，太平御覽引作『曲信蟲』。屈，乃『屈』之隸變。

倍偝 『倍』之或體作『偝』，見坊記、投壺、荀卿子。

偏翩 周易『翩翩』，古文作『偏偏』。

廱雝壅 『廱』『雝』，今之『壅』字。

⿰亻囟⿱徒云 『佌佌彼有屋』，許所據作『⿰亻囟』，或作『⿱徒云』。

侊觥 國語曰『侊飯不及壺湌』〔一七九〕，『侊』與『觥』音義同。

伎偍 詩『維足伎伎』，與『偍偍』音義同〔一八〇〕。

汏泰 凡傳云『汏侈』者，即許書之『泰』字。

僄嫖 僄，亦作『嫖』，『霍嫖姚』是也。

失佚逸泆 石經文尚書『毋逸』字作『劮』〔一八一〕，許所不取。許作『佚民』，正字也；論語作『逸民』，叚借字也。

頃傾〔一八二〕

繇⿰亻⿱夕言傜 釋詁『繇，喜也』，『繇』即『⿰亻⿱夕言』。『傜役』字，即『⿰亻⿱夕言』字之隸變。

夸毗⿰身夸⿰身比 夸毗，亦作『⿰身夸⿰身比』。

催摧 詩『室人交偏摧我』，『摧』或作『催』。

俑恫〔一八三〕

俐列 俐〔一八四〕，本作『列』。

密買汨潰〔一八五〕

朱鉏州〔一八六〕

邾婁鄒 春秋『莒人弑其君密州』，左傳云『書曰：「莒人弑其君買朱鉏」』，『買』即『密』，如『潰水』即『汨水』；『朱鉏』即『州』，如『邾婁』即『鄒』。

但徒唐 一聲之轉，空也。

仳倠倭傀 仳倠，醜面。四子講德論作『倭傀』。

值直 史漢多用『直』爲『值』。

傮遒 傮，終也。『傮』之古音與『遒』同，亦訓『終』，蓋通行〔一八七〕。

㐰身 玉篇曰：『㐰，妊身也。』『身』者，古字；『㐰』者，今字。

僊仙 仙，今『僊』字。『仙』行而『僊』廢矣。

㒃 市也，即今之『兑換』字。

匕比朼枇 古『匕』與『比』通用。匕，所以匕取飯〔一八八〕；用匕亦曰『匕』。古經作『匕』，漢人或作『杝』，禮記雜記作『枇』；非器名作『匕』，『匕載』作『杝』。以此分別也。注中容有『木』旁之『杝』，經中必無。劉昌宗分別，非是。

匙鍉提 匙，亦作『鍉』；方言作『提』。

犖躒 『卓犖』亦作『卓躒』。

从從 『从』者，今之『從』字。『從』行而『从』廢矣。

虚墟 『虚』者，今之『墟』字。自學者罕能會通，乃分用『墟』『虚』字，別『休居』『邱於』二切，而『虚』之本義廢矣。

昆侖崐崘 昆侖，今之『崐崘』字。

𡋯泥涅 仲尼之『尼』，『𡋯』是正字，『泥』是古通用字，『尼』是叚借字。若言駭俗則難依，若言古義則不可不知也。漢碑有作『仲泥』者，淺人深非之，豈知其合古義哉！魏晉以後，『泥涅』字作『涅』。

𧜀䄩〔一八九〕

裣衿襟 『裣』之字，一變爲『衿』，再變爲『襟』，一耳。

襤艦 艦，楚謂『無緣衣』也。『襤』與『艦』同。

襜幨裧 巾車皆有容蓋，大鄭曰「容謂「幨車」」，「幨」即「襜」字。士昏禮「婦車有裧」、襍記「其輤有裧」，「裧」亦即「襜」字。

庰祏〔一九〇〕

褎褏裒 褎，衣博裾。隸作「褏」、作「裒」。

褍端 褍，衣正幅。左傳「端委」，周禮「士有玄端、素端」。

袳移侈袲 袳，衣張也。經典罕用「袳」字者，多作「移」、作「侈」。左傳經「公會宋公、衛侯、陳侯于袲」，「袲」與「袳」同。

袁爰 袁，長衣皃。今祇謂爲姓而本義廢矣。古與「爰」通用；袁盎，漢書作「爰盎」。

裕⿴衣谷〔一九一〕

裂⿴衣列列 裂，古作「⿴衣列」，通作「列」。

袽絮 糸部引易「需有衣袽」，「袽」與「絮」可通用。

緻襧 方言曰：「襜褕，箸敝者謂之「緻」〔一九二〕。」按：「緻」即「襧」字。「黹」爲「鍼刺〔一九三〕」，「襧」爲「縫敝衣」。

裸裎倮程 孟子「袒裼裸裎」，士喪禮注「倮程」。

夔回〔一九四〕

衺邪〔一九五〕

帙袠〔一九六〕

緝縺 漢時通用。

藼耄眊旄 藼，今作『耄』字，亦作『眊』，亦作『旄』。

乾翰 乾，古書多作『翰』。翰〔一九七〕，長毛也。

臀臋 臀，今周易、春秋、考工記皆作『臋』，从『肉』。

屆尼埱堀 屆尼，吴都賦作『埱堀』。

屎屜 屎，本音『他頰』切，轉爲『他計』切。今籢匵有『抽屜』，本即『屎』字。

詘申屈伸 今人『屈伸』字，古作『詘申』。

屨履 易、詩、三禮、春秋傳、孟子皆言『屨』，不言『履』。周末諸子、漢人書乃言『屨』〔一九八〕。履，本訓『踐』，後以爲『屨』名。

肜融 肜〔一九九〕，毛詩箋作『融』。

柁杕 方言曰『舟後曰「舳」』，郭云：『今江東呼「柁」爲「舳」。』仲長統、郭璞皆用『柁』字，而淮南字作『杕』〔二〇〇〕。

杭斻航抗　詩『一葦杭之』，『杭』即『斻』字。斻，亦作『航』。方言曰：『舟或謂之「航」。』『杭』者，說文或『抗』字。

吁⿱彐⿰糸寸㝷　吁，五經文字曰『字林作「⿱彐⿰糸寸」』，隸省作『㝷』。然則『㝷』字又出字林後。

吁詡　吁，白虎通作『詡』。『吁』『詡』皆『大』意〔二〇一〕。

⿰麗見矖〔二〇二〕

⿰兒見睨〔二〇三〕

覶覼　覶縷，古書亦作『覼縷』。

⿰票見瞟〔二〇四〕

⿰甚見眈〔二〇五〕

矀⿰見微〔二〇六〕

睒覢〔二〇七〕

⿰豈見欿幾⿰馬豈冀　⿰豈見，欿⿱丞日也。古多作『幾』；漢人或作『⿰馬豈』，亦作『冀』。

⿰春見惷〔二〇八〕

靚請 靚，召也。廣韻曰：『古「奉朝請」，亦作此字。』

覞兒 目部所謂『覾兒』，『兒』即『覞』字。

歟與 歟，通作『與』。論語『與與如也』。

款窾〔二〇九〕

欲谷 易曰『君子以徵忿窒慾』〔二一〇〕，陸德明曰『欲，孟作「谷」』，晁説之曰：『谷，古文「欲」字。』今本改爲『孟作「浴」』，非也。

噁欶 喑噁。『噁』即『欶』之或字。

蹵踧 『蹵踖』同『踧踖』。

歋擨邪揶 歋，或作此數字。

瘉歈瘉揄擨 瘉，或作此數字。

歖喜 歖，古文『喜』。

欷唏 欷，亦作『希』。史記：『紂爲象箸，而箕子唏。』

欌釂 欌，盡酒也。與『釂』音義皆同。

歋㽹 吴都賦『東吴王孫㽹然而咍』，劉注云『㽹，大笑皃』，『㽹』即『歋』字之異者。

嘔咯歐欲 左傳「吾伏弢嘔血」，林曰〔二一一〕：「嘔，吐也。本又作『咯』。」按：「嘔咯」即「歐欲」字。

聿適〔二一二〕

述遂 爾雅言「述」，而「遂」在其中。毛公或言「遂」，或言「述」，因文分别也。

琮涼〔二一三〕

薄溥 廣雅釋詁曰「琮，溥也」，「溥」即「薄」字。

皃稽 小篆「䭬」，古文作「皃」。今隸則「䭬」用「稽」字，而「皃」「䭬」不行矣。

頌容 頌，皃也。詩序謂「頌」以形容其德。以「形容」釋「頌」，不作「形頌」，則知叚「容」爲「頌」，其來已久。以「頌」字專係之六詩，而「頌」之本義廢矣。

權顴 頯，權也。「權」者，今之「顴」。

準肫頔 肉部曰：「『肫』者，面頯也。」儀禮釋文引説文「肫」，章允反。漢高祖「隆準」，「準」與「肫」音同。故應劭曰：「隆，高也；準，頰權準也。」入聲，音「頔」〔二一四〕，則字又作「頔」。

項㑔 小雅「四牡項領」，傳曰「項，大也」，此謂「項」與「㑔」同。

䫖頛𩑋 蘇，亦作『頛』，亦作『𩑋』。

顆堁 賈山傳『蓬顆蔽冢』，晉灼曰：『東北人名「土塊」爲「蓬顆」。』按：此即淮南書、宋玉風賦之『堁』字。

頷 面黃也。今則『頷』訓爲『頤』，古今字之不同也。

頞㞋没 頞，内頭水中也。與水部之『没』義同而別。今則『㞋』『頞』廢而『没』專行矣。

𩑺𩕝須𩕄 𩑺𩕝，今作『須𩕄』。

螓蜻 碩人傳曰『螓首，顙廣而方』，箋云『「螓」謂「蜻蜻」也』，『螓』『蜻』一字。

楬髦髗 鄭注明堂位曰『齊人謂「無髮」爲「禿楬」』，釋名曰『禿，無髮沐禿也』。髦，頭生瘡曰『瘕』，『髦』亦然也。『楬』與『髦』皆即『髗』字。

肩顅牼 考工記『數日顅脰』〔二一五〕，故書『顅』或作『牼』。莊子『其脰顅顅』〔二一六〕，『肩』即『顅』、『顅』即『髗』也。

頟頹 頟，禿也。玉篇『「頹」者，頰下也』，是其字可作『頹』，而淺者謂爲『穨』字。

頪類 古今字。『類』本專謂『犬』，後乃『類』行而『頪』廢矣。

䫏魌倛 方相氏注『如今魌頭也』、淮南書『視毛嬙、西施猶䫏醜也』，『魌』『䫏』字同，亦作『僩』。

㬎顯　『顯』本主謂『頭明飾』，乃『顯』專行而『㬎』廢矣。日部『㬎』下曰：『古文以爲「顯」字。』由今字叚『顯』爲『㬎』，乃謂古文叚『㬎』爲『顯』也。此古今字之變遷所必當深究也。

巽頙顨僎　丌部曰『巽，具也』『顨，具也』、人部曰『僎，具也』，是四字義同。

𦣻百　自古文『𦣻』行而『百』廢矣。

腼柔〔二一七〕　腼，面和也。禮：『柔色以蘊之。』今字『柔』行而『腼』廢矣。

靦㥏𩈖　靦，面見人也。青徐謂『慙』爲『㥏』，字書作『𩈖』。

䩌嫶○省㾪　玉篇引楚辭云：『顔色䩌顇。』漢外戚傳『嫶妍大息，歎稚子兮』，晉灼曰『三輔謂「幽愁面省瘦」曰「嫶冥」』，『嫶妍』猶『嫶冥』也。按『嫶』即『䩌』字，『省』同『㾪』。

𩓣髬　西京賦『猛獸髬髵〔二一八〕』，『髬』即『𩓣』字。

彰章　彰，通作『章』。

斐匪　斐，分別文也。衛風『有匪君子』，傳曰『匪，文章皃』，考工記注曰：『匪，采皃也。』

辬賁媥璸玢豳斑　『辬』之字多或體。易卦之『賁』字，上林賦之『媥』字，史記『璸媥』，漢書、文選『玢豳』，俗用之『斑』字，皆是。班，今之『斑』字。

紞髧优 詩『髧彼兩髦』，許作『紞』，釋文云：『本又作「优」。』

髦鬏髳 詩『如蠻如髦』，即書『羌髳』字。髳，即『鬏』字。

結髻紒髤 結，今之『髻』字。士冠禮『采衣紒』，注云：『古文「紒」爲「結」。』髤，蓋即今文禮之『紒』。曹憲注廣雅曰：『說文「髤」，即籀文「髻」字。』

帕鬕 西京賦『朱鬕』，薛注『以絳帕額』，『帕』即『鬕』字。

⿰毛巤⿰馬毛⿰葛毛 鬣，或从『毛』。周禮巾車『翣』字，故書爲『⿰馬毛』；亦或爲『⿰葛毛』。按：『⿰馬毛』『⿰葛毛』皆即『⿰毛巤』字，隸體多叚『葛』爲『巤』。

听响〔二一九〕

⿸厂尃榑 急就篇皇象本『榑榼椑榹』，『榑』即『⿸厂尃』也。

⿸厂耑椯 顏師古急就篇『椯榼椑榹』，『椯』即『⿸厂耑』也。

卷捲鬈 論語『則可卷而懷之』，即手部之『捲收』字也。陳風『碩大且卷』，傳曰『卷，好皃』，此與齊風傳『鬈，好皃』同，謂即一字也。檀弓『女手卷然』，亦謂『好皃』。

抑懿 抑詩，國語作『懿戒』，『懿』同『抑』。金縢『對曰：「信懿」』，馬云：『猶「噫」也。』『抑此皇父』『懿厥哲婦』，『懿』亦同『抑』。鄭云：『「抑」之言「噫」，有所傷痛之聲〔二二〇〕。』古『懿』『抑』同用，『懿』『抑』『壹』三字同音，可證古書讀如一。

鞠躬鞠窮匔匑　聘禮『鞠躬』，亦作『鞠窮』；史記魯世家作『匔匑』。

勼鳩逑九　釋詁曰『鳩，聚也』，左傳作『鳩』，古文尚書作『逑』，莊子作『九』。今字則『鳩』行而『勼』廢矣。

旬均勻　周禮均人『豐年則公旬用三日焉』，注曰：『旬，均也；讀如「畇畇原隰」之「畇」。』易『「坤」爲「均」』，今書亦有作『旬』者。內則『旬而見』，注曰：『旬，當爲「均」。』銞，古文『鈞』。古『旬』『勻』多通用。

复複　今則『複』行而『复』廢矣。

魅䰠　西山經『剛山是多神䰠』，『䰠』即『魅』字。

禨祈幾　伏虔曰『禨祥，求福也』，顧野王云：『禨祥，吉凶之先見也。』按：伏讀『禨』同『祈』，顧讀爲『知幾其神』之『幾』，皆『好事鬼』之意耳。

䰗禨　䰗，各書从『示』作『禨』，同。

䰐那　『䰐』爲『柰何』之合聲。凡驚詞曰『那』者，即『䰐』。左傳『弃甲則那』，亦是『柰何』之合聲。

魗醜 詩『無我魗兮』，鄭云『魗，亦「惡」也』，是『魗』即『醜』字。

醜州 内則曰『鼈去醜』，鄭云『「醜」謂「鼈竅」也』，謂即爾雅『白州，驠』之『州』字也。

羑牖誘 『文王拘羑里〔二二一〕』，尚書大傳、史記作『牖里』；大雅『天之牖民』，韓詩外傳、樂記作『誘民』。『牖』『誘』同字，『誘』爲『羑』之或體。今則『誘』行而『羑』廢矣。

峱嶩 齊風『遭我乎峱之閒兮』，地理志引作『嶩』。

嶷疑 諸書多作『九疑』，惟山海經作『嶷』，音『疑』；而郭注亦作『九疑』。

㚇㚇 九㚇山，古書皆作『㚇』，『山』在左。

嵎陽 許意首嵎山即伯夷、叔齊餓於首陽之下也。馬融注論語、曹大家注幽通賦、戴延之西征記説夷、齊、首陽各不同。

峐屺 釋山作『峐』，三蒼、字林、聲類並云：『「峐」即「屺」字。』

嶅敖 魯有具敖二山。『晉師在敖鄗二山之閒』，『敖』蓋即『嶅』字，以多小石得名。

砠岨 詩、爾雅作『砠』，許作『岨』。

嶜岑岑崟 楊雄蜀都賦、張衡南都賦皆有『嶜岑』字，李善讀爲『岑崟』。

厜㕒⿸厂差⿸厂我嵳峩崔嵬 釋山：『「崒」者，厜㕒。』厜㕒，又作『⿸厂差⿸厂我』，又作『嵳峩』。小雅十月之交箋曰『「崒」者，崔嵬』，是鄭所據爾雅『厜㕒』作『崔嵬』也。許書釋『嵳峩』曰『山皃』，釋『厜㕒』曰『山顛』，不曰同字。

隓隋橢 隓，山之隓隓者。詩毛傳：『方銎曰「斨」，隋銎曰「斧」。』鄭注月令曰『隋曰「竇」，方曰「窨」』，注禮器曰『棜禁，如今方案隋長』，皆用『隋』字；爾雅『蟦貝小而橢』，平準書、食貨志三曰『復小橢之』，皆用『橢』字。

㟪峨 『尤高』謂之『㟪』，今字作『峨』。

崇崧嵩宗 大雅『崧高維嶽』，釋山、毛傳皆曰：『「山大而高」曰「崧」。』孔子閒居引詩『崧』作『嵩』，釋名作『「山大而高」曰「嵩」』。『崧』『嵩』二形皆即『崇』之異體。地理志作『宗』，體之小異耳。

嶐嵻 說文作『嶐』，廣韻作『嵻』。

壘嶉嵔㠑 西京賦曰：『上林岑以壘嶉。』按：『壘嶉』即『嵔㠑』也。

崝崢 崝，今字作『崢』。

嶸嵤 嶸，亦作『嵤』。

阬硎陘 師古作『阬谷』，正義及類聚作『硎谷』，實則『陘谷』也。

崩崩 隸體『山』在『朋』上。

焦嶕 嶕，古祇作『焦』。

嵎隅 孟子『虎負嵎』，『嵎』即『隅』字。隅，亦作『湡』。

峹塗 峹山即會稽山。『峹』『塗』古今字。今左傳作『塗』。

廱雝 魯頌傳曰『天子辟廱，諸侯泮宫』，韓詩說：『言「辟廱雝」者，取其和也。』〔二二二〕

璧廦〔二二三〕

屏庰溷圂圊清 廣雅『圊、圂、庰，廁也』、急就篇曰『屏廁清溷糞土壤』，『屏』與『庰』通，『溷』與『圂』通，『圊』與『清』通。

侈斂侈廉 今人曰『侈斂』，古字作『侈廉』。

夾俠 夾，古書多作『俠』。

茇废 古今字。

廙翼 廙，行屋也。魏晉後用爲『翼』字，如魏丁廙字敬禮，是用爲『小心翼翼』字也。

麗廔離樓蠡廔 廔，屋麗廔也。長門賦、靈光殿賦皆作『離樓』，玉篇作『蠡廔』。

樓耬廔　木部曰『杸，穜樓也』、廣韻『耬，種具也』，皆即『廔』字。

勵廑僅勤　射義『蓋勵有存者』，『勵』即『僅』字。古多用『廑』爲『僅』，亦用爲『勤』字。文選長楊賦注引古今字詁曰：『廑，今「勤」字。』

廖寥　廖，今『寥』字。

磏礛厱　磏，礪石，赤色。淮南説山訓：『玉待礛諸而成器。』厱諸，治玉石也。『磏』『厱』即『礛』，三字一也。

犀屖　漢書馮奉世傳『器不犀利』，犀，宋本漢書作『屖』。

唐磄鎕厗銻　厗，唐厗石也。廣韻作『磄厗』，又曰：『鎕銻，火齊也。』玉篇曰：『厗，古「銻」字。』

𠫔拉　吴都賦曰『拉擸雷硠』，『拉』即『𠫔』字。

峬庯　廣韻引字林云『峬峭，好形皃也』，『峬』即『庯』之隸變。

錯厝　鶴鳴傳曰『攻，錯也。』錯，古作『厝』。金部『鑢』下云『錯銅鐵也』，『錯』亦當作『厝』。

廦偪　今人言『偪仄』，當作『廦仄』。

厞陫茀　屈原賦『隱思君兮陫側』，『陫』蓋同『厞』。禮注曰：『古文「厞」作「茀」。』

磤隊〔二二四〕

磒隕霣 春秋經『隕石于宋五』，左穀作『霣』，許所據左傳作『磒』。

雷礧 左思吴都賦『拉擸雷硍』，『雷』即子虚『礧石』之『礧』。

硍硍 周禮典同『高聲硍』，注曰：『故書「硍」爲「硍」。』杜子春讀『硍』爲『鏗鏘』之『鏗』。『硍』字見於經典者，惟此。

礰磿 左思蜀都賦原稾『鬼彈飛丸以礌礰』，集韻曰：『「礰」即「磿」字。』

嶄巖巉巖磛礹 上林賦『嶄巖嵾嵳』、高唐賦『登巉巖而下望』、西都賦『㢘嶄巖』，皆『磛礹』也。

礙硋 礙，列子黄帝篇作『硋』。

哲擿 古今字。

研硯〔二二五〕

磿摩 詩『如琢如磨』，釋器、毛傳皆曰『「石」謂之「磨」』。詩釋文：『磨，本又作「摩」。』詩、爾雅皆言『治石』，非謂以石治物。然則作『摩』是矣。釋玄應引爾雅作『「石」謂之「摩」』，乃善本。

确埆墧　确，即今之「埆」字，與「墧」音義同。

磽墽〔二二六〕

硪礒　硪，玉篇作「礒」。

班般　「公輸班作磑」，世本作「般」，古通用。是以檀弓作「般」，孟子注作「班」。

磻碆〔二二七〕

鐯櫡⿰石著　釋器：「斫謂之『鐯』」，又作「櫡」，依許則當作「⿰石著」。

研硯　「研」與「硯」同。硯，本謂「石利不澀」〔二二八〕。今人「研墨」者曰「硯」，其引伸之義也。

磊磥〔二二九〕

镾彌　镾，今作「彌」。蓋用弓部之「𢐀」代「镾」，而又省「王」也。「彌」行而「镾」廢矣。

豖豨　左傳「封豖長蛇」〔二三〇〕，淮南作「封豨脩蛇」。

豷屓呬⿱雨見　音義同而有人、豖之别。

敖澆奡　左傳「生澆及豷」，説文引「澆」作「敖」，論語及夰部作「奡」。

陂池貏豸罷池陂陀　上林賦「陂池貏豸」，即子虛賦之「罷池陂陀」。

貘貊狛〔二三一〕

⿰豸庸⿰牛庸庸 ⿰豸庸，亦作『⿰牛庸』。漢書作『庸』，即爾雅之『犦牛』也。

蜼貁 古今字。

兕⿵冂豕⿱⺌儿 今字『兕』行而『⿵冂豕』不行。漢隸作『⿱⺌儿』，經典釋文云：『本又作「⿱⺌儿」。』

陟騭 古今字。

玄駭 釋嘼『玄駒』〔二三二〕，音義曰：『玄，字林作「駭」，音同。』蓋字林始變『馬』爲『駭』。

魚䲇 魚，字林作『䲇』。

⿰馬⿻丕丨駓 古作『丕』字；中直貫下，或作『⿻丕丨』。詩釋文本作『⿰馬⿻丕丨』，字林乃作『駓』。

⿰馬半⿰馬岸半漢 廣韻曰『⿰馬半⿰馬岸，馬行』，此今義也。按：東京賦作『半漢』。

州豚 驠，馬白州也。『州』『豚』同字。

⿰馬舀⿰舀馬 説文作『⿰馬舀』，篇韻及初學記引何承天纂文作『⿰舀馬』。

馮 馬行疾馮馮然。展轉他用，而『馮』之本義廢矣。

騃俟 『騃騃』與『俟俟』音義同。

䮥駉 䮥，玉篇作『駉』。

駭駴 駭，經典亦作『駴』。

𩡷𩣿 𩡷，篇韻皆作『𩣿』。

駤騺 廣雅『驐駤，止也』，『駤』即『騺』。

驧𥦡騊 驧，馬曲脊也。『𥦡』者，曲脊。玉篇作『騊』。

𩢉𩬘髻 𩢉，廣韻作『馬尾結也』；『結』即今之『髻』字。『𩢉』與『𩬘』音義同。詩曰『駟介』、左傳『不介馬而馳』，疑『介』即古文『𩢉』。

騷懮 屈原列傳『離騷〔二三三〕，猶「離憂」也』，此於『騷』古音與『憂』同部得之。『騷』本不訓『憂』，而騷動則生憂也〔二三四〕，故曰『猶』。

騅馰 騅，一曰『馬白頟』，與『馰』音義同。

解廌𧳋䝰獬豸 廣韻曰：『字林、字樣作「解廌」，廣雅作「𧳋䝰」，陸德明切韻作「獬豸」〔二三五〕。』

䴸麬 廣韻作『䴸』，玉篇作『麬』。

麇夭 麇，王制祇作『夭』，注云：『少長曰「夭」。』

章獐麞 考工記『繢人山以章』，鄭云：『章，讀爲「獐」；獐，山物也。齊人謂「麇」爲「獐」。』說文作『麞』。

麢羚 山海經作『麢』，本艸作『羚羊』。

麗離 士冠注曰：『古文「麗」爲「離」。』

填寘鎮 桑柔傳『填，久也』，東山傳『烝，寘也』，當是『填』爲正字，『寘』『鎮』與『填』同。

⿱兔⿰兔兔赴⿺走孚 玉篇、廣韻皆曰：『⿱兔⿰兔兔，急疾也。今作「⿺走孚」。』少儀曰『毋拔來，毋報往』，注：『報，讀爲「赴疾」之「赴」，「拔」「赴」皆「疾」也。』按：『赴』『⿺走孚』皆即『⿱兔⿰兔兔』字。今字『⿱兔⿰兔兔』『⿺走孚』皆廢矣。

猲歇⿰犭歇 猲，毛詩作『歇』，爾雅又作『⿰犭歇』。

獢驕 獢，毛詩又作『驕』。

默嘿 默，亦作『嘿』。

夒獿猱 夒，今作『獿』、作『猱』；『獿』則別一字、別一義，繆也。

狺⿰犭斤 九辨『猛犬狺狺而迎吠』，『狺』即『⿰犭斤』字。

獡猎⿰犭足 獡，亦作『猎』、作『⿰犭足』。

黄獚獷　呂氏春秋：『荆文王得茹黄之狗。』廣雅『犬屬有楚黄』，廣韻作『楚獚』，經典釋文作『楚獷』，實一字也。

狤猎〔二三六〕

獧狷　古今字。論語作『狷』，孟子作『獧』。

犮址〔二三七〕

獘斃　經書『頓仆』，皆『斃』〔二三八〕。今左傳『犬獘』，亦作『犬斃』。蓋許時經書『斃』多作『獘』。

猶豫猶與冘豫　『猶豫』雙聲，亦作『猶與』，亦作『冘豫』，皆『遲疑』之皃。離騷『心猶豫而狐疑』，李善注洛神賦乃以『猶獸多豫，狐獸多疑』對説，禮記正義又以『猶』與『豫』二獸對説，皆郢書燕説也。

猒繇　詩『秩秩大猒』，漢書作『大繇』。

檗柏　今人『黄檗』字作『黄柏』，正雙聲之轉。

貛貒　釋獸『狼，牡貛』，許謂『貛』即『貒』。

狛畎　狛，廣韻作『畎』。

獄伺覗 玉篇「獄」注云：「察也。今作『伺』『覗』。」

㺜鼠 毛詩正月作「㺜」，兩無正作「鼠」，實一字也。

蟠鱕負婦 釋蟲「蟠，鼠負」，「蟠」即「鱕」字，「負」即「婦」字。

鼢犂 鼢鼠，方言謂之「鼢鼠〔二三九〕」；「鼢」即「犂」字。

鼩留貓 鼩，莊子作「留」，又作「貓」。

鼲昆灰 魏志注引魏略云「青昆子、白昆子皮」，王氏引之云：「『昆子』即『鼲子』也。」今俗語通曰「灰鼠」，聲之轉也。

鼤𪕎蟖胡蟖胡蟖猢鼷鼪 鼤𪕎鼠，或作「蟖胡」，或作「蟖胡」，或作「蟖猢」，或作「鼷鼪」。

炎熊羸 古人謂「雄」與「熊」皆「于陵」反〔二四〇〕。今音「羽弓」切。雒誥「火始燄燄」，漢書作「庸庸」；淮南書「東北曰『炎風』」，一作「融風」，皆古音之證。春秋左氏「敬羸」，公穀作「頃熊」。蓋三字雙聲。

眴眗〔二四一〕

暵熯〔二四二〕

熇嗃 詩「多將熇熇」、易「家人嗃嗃」，「嗃」即「熇」字。

炮缹⿰火缶　『炰』『缹』古今字。或作『⿰火缶』。

菆黀　麻中榦〔二四三〕，亦曰『菆』，亦作『黀』。

煙煴壹壼　煙煴，猶『壹壼』也。

燂朕　考工記弓人『撟角，欲孰於火而無燂』，故書『燂』或作『朕』。

煇暉　易：『君子之光，其暉吉也。』析言之，則玉藻：『揖私朝煇如也，登車則有光。』

煖晅烜　說卦傳：『日以晅之。』『晅』亦作『烜』，蓋即『煖』字。

爟權　如淳曰『爟，舉也』；許云『舉火曰「爟」』；高云『爟，讀曰「權」』。然則『爟』『權』一也。

黬蒧箴　仲尼弟子列傳『曾蒧字皙』『奚容箴字子皙』；又『狄黑字皙〔二四四〕』。『蒧』『箴』皆『黬』之省。

黗䵑　偏旁異耳。檀弓有『䵳』字〔二四五〕。廣韻曰『魯公子名；亦黃色也』，然則『䵳』字亦同。

黚黔　地理志『犍爲郡黚水』，許作『黔水』，音同故也。易『爲黔喙』，鄭作『黚』。

⿰黑冤黦⿱穴黑　⿰黑冤，亦作『黦』。周禮染人『夏纁』，玄注云『故書「纁」作「⿱穴黑」』，『⿱穴黑』即『黦』也〔二四六〕。

黨曭尚 屈賦遠游篇『時曖曖其曭莽』，『黨』『曭』古今字。釋名曰『五百家爲「黨」，黨，長也，一聚所尊長也』，此謂『黨』同『尚』。

黷辱⿰黑辱 古凡言『辱』者，皆即『黷』。字書『辱』，亦作『⿰黑辱』。

瀆褻嬻媟 瀆褻，許女部作『嬻媟』。

黴⿸敫黑 黴，集部或作『⿸敫黑』〔二四七〕，蓋古體。

緎⿰黑或 詩『素絲五緎』，許所據詩作『⿰黑或』。

澱⿰黑展 二篆異部而實一字。

⿰黑敢憨 今人所用『憨』字，即『⿰黑敢』字之變。

赧然 周失天下於赧王。尚書『中候赧爲然』，鄭注云：『然，讀曰「赧」。』

奄弇〔二四八〕

奞⿱叟大⿰焦犬 奞，玉篇作『⿱叟大』、作『⿰焦犬』。

頑⿰㐱允 或曰淮南書有『嚴志頡頑之行』，『頑』即『⿰㐱允』字。

允⿰革允 『旞』下曰『導車所載全羽以爲允』〔二四九〕，許意謂即『⿰革允』之省也。

告皋嘷號〔二五〇〕

羿囧〔二五一〕

皋臭　義相近，音同。

奚豯　周禮職方氏「豯養」，杜子春讀「豯」爲「奚」。許艸部作「奚養」。

包犧伏戲虙羲　易繫辭作「包犧氏」，孟氏、京氏作「伏戲」，許作「虙羲」。

莅涖　經典「莅」字，或作「涖」。

竫靖〔二五二〕

需頿　今字多作「需」、作「須」，而「頿」廢矣。「需」與「頿」音義同。

䴖鴇　七雀切。

䠷罷𥎞　䠷䠷，短皃。或作「罷」。周禮典同注：「陂，讀爲『人短罷』之『罷』。」司弓矢「庳矢」注：「鄭司農讀爲『人罷短』之『罷』。或作『𥎞』。」

志識幟　今人分「志向」一字，「識記」一字，「知識」一字，古衹有一字、一音。又「旗幟」亦即用「識」字，則亦可用「志」字。詩序曰「在心爲志，發言爲詩。志之所之，不能無言」，故「識」从「言」。

愷豈〔二五三〕

愿愜 愿，今作『愜』。

㛗愿癋嬮 癋，或作『嬮』，見後漢書。傳寫誤爲『嬮』。

嵃巕 嵃，高也。集韻：『岹巕，山形。』

惐苟戒棘亟〔二五四〕

維唯惟 毛詩皆作『維』，論語皆作『唯』，古文尚書皆作『惟』，今文尚書皆作『維』。俗本匡謬正俗乃互易之，大誤。魯詩作『惟』，與毛詩作『維』不同，亦見漢石經殘字。

㑦㒒〔二五五〕

窓恪 窓，今字作『恪』。

惰謂〔二五六〕

籧躇躊躇 籧躇，猶今人所用『躊躇』。

怢怈 説文作『怢』，字林變作『怈』。按：怈，蓋本作『怈』。唐人避諱，於偏旁『世』字多改爲『曳』〔二五七〕。

愔懕 愔，見左傳『祈招之詩』。『愔』即『懕』之或體。廣韻『愔愔，苗善也』〔二五八〕，用載芟『有厭其傑』『厭厭其苗』傳也。

憺倓 子虛賦：『憺乎自持。』按：人部曰：『倓，安也。』音義皆同。

懽歡 廣韻『懽』『歡』同。

⿰忄卸御〔二五九〕

愞懦 弱也。本『乃亂切』，音轉爲『乃過切』。

恁荏 廣雅『恁，弱也』〔二六〇〕，與詩『荏染』同音通用。

悒邑〔二六一〕

嘾憛悆悇 皆古今字。

忿𧺆 古今字。

嘲 啁，今之『嘲』字。

詼 悝，今之『詼』字。今則『詼嘲』行而『悝啁』廢矣。

悝瘇 釋詁曰『悝憂也』，又曰：『瘇病也。』『悝』『瘇』同字。

譑憍〔二六二〕

惏婪〔二六三〕

愃憶愔〔二六四〕

怲彭 「怲怲」與「彭彭」音義同。

惄愵〔二六五〕

毌貫串弗 「毌」「貫」古今字。「貫穿」字當用「毌」；古「毌」多作「串」。「患」字上从「毌」，或横之作「串」，而又析爲二「中」之形，蓋恐類於「申」也〔二六六〕。「親串」即「親毌」。詩「串夷載路」，字本作「毌」。炙肉之器爲「弗」，亦「毌」字之變體。擐，毌也。今人廢「毌」而專用「貫」矣。「毌」不見於經傳，唯田完世家「宣公取毌邱」。

壇憚 周禮「暴内陵外則壇之」，「壇」書或爲「憚」。

惼𢞁 惼，今周易、公羊皆作「𢞁」。

漣瀾 「漣」者，「瀾」之或體，後人乃別爲異字、異義、異音。

沾添 古今字。俗製「添」爲「沾益」字，而「沾」之本義廢矣。楚辭大招「不沾薄只」、漢曹全碑「惠沾渥」、白石神君碑「澍雨沾洽」、魏受禪表「玄澤雲行，罔不沾渥」〔二六七〕，皆即今之「添」字。

淇濝 淇，山海經作「濝」。

潭潯　潭，水名。今義訓爲『深』，取从『覃』之意也；或訓『水側』，與『潯』同也。

潩濻　『濻』爲『潩』字之異體，如『潰』『汩』之實一字也。

洶細　古今字。説文作『洶水』，水經注地理志作『細水』。

澱瀱澱　『澱水』字一變爲『瀱』，再變爲『澱』。

濼泊　玄應曰：『凡陂池，山東名爲「濼」，匹博切；幽州呼爲「淀」，音「殿」。』洝〔二六八〕：『濼』『泊』古今字，如『梁山泊』是也。

淨埩　魯北城門名『爭』，其池曰『淨』，从『爭』旁『水』。廣韻作『埩，士耕切』〔二六九〕。

定淀　古今字。魏都賦張注曰『淀者，如淵而淺』，是也。

濅浸　『沈浸』『浸淫』之字多用『濅』；濅，隸作『浸』。

州洲　古今字。

浭庚　前志『右北平無終』下曰『浭水，西至羅奴入海〔二七〇〕』、『俊靡』下曰『灅水，南至無終，東入庚』，『浭』與『庚』一也〔二七一〕。

治灅　治水、灅水異名同實，武五子傳作『台水』；『台』即『治』也。

葰靃霍　葰人縣。葰，如淳音『瑣』，師古音『山寡反』。史記周勃、樊噲二傳作『靃人』，左傳襄十年之『霍人』也。

保堡 古今字。

沴汈淟涊 汈，乃見反。

洦泊薄怕 洦，古『泊』字。説文作『洦』，隸作『泊』。淺水易停，故『泊』又爲『停泊』；淺作『薄』，故『泊』亦爲『厚薄』字。又以爲『憺怕』字。

澥嶰 説文作『澥』，廣韻作『嶰』。

洚夅降 洚，一曰『下』也。『洚』與『夅』『降』音義同。

潒瀁蕩漾 瀁，古今爲『漾』字〔二七二〕，隸爲『潒瀁』字，是亦古今字。潒瀁，今字作『蕩漾』。

繇摇 古今字。

沆亢〔二七三〕

澎滂〔二七四〕

猗兮 毛詩『漣猗』『直猗』『淪猗』，『猗』與『兮』同，漢石經魯詩殘碑作『兮』可證。書『斷斷猗』，大學引作『兮』。

測深 深所至謂之『測』，度其深所至亦謂之『測』；不淺曰『深』，度深亦曰『深』。今則引伸之義行而本義隱矣。

洞迵駧〔二七五〕

滦湒〔二七六〕

灪沸 古今字。

湛沈 古今字。

瀓澄沈 『瀓』『澄』古今字。禮運『澄酒在下』，鄭云：『「澄酒」與周禮「沈齊」字雖異，蓋同物也。』

清瀞 瀞，無垢薉也。此今之『浄』字。

潣浼 一説『潣』『浼』古今字。『免』聲古讀如『門』。潣，眉殞切。

渻婿 『減省』之字當作『婿』，古今字也。女部又曰：『「婿」者，減也。』『婿』『渻』音義同。

溽辱 月令『溽』，本或作『辱』。

墳濆 詩『鋪敦淮濆』傳『濆，厓也』；『遵彼汝墳』傳『墳，大防也』；周禮『邱陵墳衍原隰』注『水厓曰「墳」』；常武箋亦釋『濆』爲『大防』：是鄭謂古經叚借通用。

汻滸〔二七七〕

氿漸〔二七八〕

畢沸滭弗淳 上林賦作『滭弗』，一本作『淳』。

洫淢〔二七九〕

杲桀 小徐云『「杲」即「柜」字』，堯廟碑以『杲』爲『桀』〔二八〇〕。

鞫阬坑 爾雅釋水『外爲鞫』，韓詩、漢志作『阬』，字林作『坑』。

灘滭 『沙灘』字，亦或作『滭』。

渧滴 埤蒼有『渧』字，讀去聲，即『滴』字也。

渼沃 渼，隸作『沃』。

休溺 休，没也。今人多用溺水水名字爲之。古今異字耳。

湇黷 詩『有湇凄凄』，漢書作『黷』。

黕沈 同音通用。

洳澤〔二八一〕

優 瞻卬傳曰『優，渥也』，『優』即『瀀』之叚借。

糝罧 詩『潛有多魚』，毛傳曰：『潛，糝也。』説者云：『「糝」即「罧」字。』

漬骴脊膌 公羊傳『大膌』，禮記注引作『大漬』。周禮蜡氏『掌除骴』，故書『骴』作『脊』。鄭司農云：『脊，讀爲漬。』四字古同音通用。

渥腥 考工記『欲其柔滑而腥脂之』，注：『腥，讀如「沾渥」之「渥」。』

郃洽 釋詁『郃，合也』，『郃』即『洽』。毛詩『在洽之陽』，稱引者多作『在郃之陽』。

漉麃 詩『雨雪漉漉』，劉向傳作『麃』。

睗儩 『睗』者，『澌』之叚借。亦作『儩』。

踧踖〔二八二〕

瀎泧、末殺、抹摋〔二八三〕 瀎泧，今京師人語如此，音如『麻沙』。釋名曰：『摩挲，猶「末殺」也。』末殺，字林作『抹摋』，即『瀎泧』也。異字而同音義。

渜腝 内則作『濡』，蓋字之誤。

觀涫 周禮注曰『今燕俗名「湯熱」爲「觀」』；「觀」即「涫」」。今江蘇俗語『鬻水』曰『滚水』；『滚』即『涫』〔二八四〕，語之轉也。

淥盝 淥，考工記作『盝』。

瀾瀾 瀾，潘也。與『大波』之『瀾』别，而古書通用。

㞒氿 音同字異。

澹淡、**淊淡**、**泔淡** 皆訓『滿』。

液醳 考工記『春液角』，鄭司農：『液，讀爲「醳」。』

汁叶〔二八五〕

瀿涮 瀿，衫洽切；又『先活』切，即今之『涮』字。涮，所患切。

滄滄〔二八六〕

瀙洵 楚慶切。今吴俗謂冷物附他物其語如鄭國之『鄭』，即『瀙』字也。

焠淬 焠，通作『淬』。

沬靧頮 沬，古『靧』字；頮，古『沬』字。説文作『頮』，内則作『靧』。蓋漢人多用『靧』字。『沬』『頮』本皆古文，小篆用『沬』，而『頮』專爲古文。

繅澡慅 或叚『繅』爲『澡』。雜記『緦冠繅纓』，荀卿又作『慅纓』。

洿汙 郭注以『洿池』釋之，非也。

濽湔濺㳷 江南言『濽』，子旦反；山東言『湔』，子見反。史記廉藺傳作『濺』，楊泉物理論作『𠹈』，皆音『子旦』反。

泣歰 泣，素問以爲『歰』字。

𤅊讞〔二八七〕

萍苹 艸部『苹，萍也』、水部『萍，苹也』，夏小正、毛詩、爾雅皆作『苹』。周禮『萍氏』，疑本作『苹氏』。

淈汩 同訓『治』也。

瀕濱頻 瀕，今字作『濱』，厓也。今字用『頻』訓『數』，本無二字、二音，而今字妄爲分別，積習生常矣。

戚蹴 戚，古音作『蹴』〔二八八〕。

𡿨涓〇甽畎 古今字。

荒巟 易『包荒』，陸氏云：『本亦作「巟」』。

減烕 江賦『㵸減瀸湏』，『減』即『烕』。

𠂢派 『派』蓋後出。

礲谾 司馬相如傳曰『巖巖深山之谾谾兮』，晉灼曰：『「谾」音「籠」，古「礲」字。』

漺滄淨清 方言：「漺，淨也。」二字當从「冫」，「漺」即「滄」字，「淨」即「清」字。

霄綃消 「雨霰」爲「霄雪」，此「霄」字本義。若淮南書「上游於霄雿之野」，高讀如「紺綃」之「綃」。今義行而古義罕用矣。霄，亦叚「消」〔二八九〕。

云員〔二九〇〕

鯤卵 「鯤」即「卵」字。卵，說文作「卝」〔二九一〕，音讀如「關」〔二九二〕，亦可讀如「昆」。內則「濡魚卵醬」。卵，鄭讀「鯤」；或作「擉」。「鯤醬」者，「魚卵醬」也。內則讀「卵」如字，未嘗不協。

鱗 周禮「其動物宜鱗物」，劉本作「鱗」，叚「鱗」爲「鱗」耳。

鯀⿰骨系⿰骨玄鰥 禹父之字，古多作「⿰骨系」、作「⿰骨玄」，禮記及釋文作「鰥」。

鰥矜 「鰥寡」字，古衹作「矜」。

蠡鱺 鮦，鱺也。「蠡」即「鱺」。

⿱攸魚⿰魚攸鮋 「白⿱攸魚」即今「白⿰魚餐條」；字亦作「⿰魚攸」，亦作「鮋」。

⿰魚豆鮭〔二九三〕

⿰魚脊鰿〔二九四〕

鱏淫潛鱘 諸書或作『鱏魚』，或作『淫魚』，或作『潛魚』。今字作『鱘』。

鯇鯶 古今字。鯇，户版切，舊音也；又胡本切，今音也。鯶，今讀如『混』。

鮷鯷䱱 三形一字。『鮧』則別一字、別一音。

鯫鄹 鯫，士垢切，通作『鄹』。『淺鯫』即『淺鄹』。

鰂賊鱡 鰂，吴都賦作『賊』，他書作『鱡』。

鮊鮁 鮊，廣韻禡韻作『鮁』。

鮫蛟 中庸『黿鼉鮫龍』，本又作『蛟』。

時鰣𩸄 時魚，或作『鰣』，或作『𩸄』。

魧蚢 江賦『魧』字作『蚢』。

鮚蛣 文選『鮚』字作『蛣』。

陛狴 『陛牢』謂之『獄』。法言曰『狴犴使人多禮』，字作『狴』。

煢惸睘嬛 煢，回疾也。引申爲『煢獨』，取『裴回無所依』之意。或作『惸』、作『睘』、作『嬛』。

不柎 詩『鄂不韡韡』，箋云：『「不」當作「柎」。柎，鄂足也。』古聲『不』『柎』同。

臺握　或作古文『握』。古文『握』與『臺』形同義〔二九五〕。

闒闥　『闒』即今『闥』字。

闑槷　禮古文『闑』作『槷』。

柣榍切　釋宮：『「柣」謂之「閾」〔二九六〕。』柣，郭『千結』切，即『榍』也。漢人多作『切』。

閾戚　禮古文『閾』作『戚』，此皆叚借字。

閞闢　古今字。自衛包改『閞』爲『開』，而古文之見於尚書者滅矣。

關櫰　關，通俗文作『櫰』。

闌蘭　成帝紀『闌入尚方掖門』，應劭曰：『無符籍妄入宮曰「闌」。又或作「蘭」。』列子：『宋有蘭子。』

耽攝　『耽耳』之『耽』，讀如『衣褶』之『褶』；或作『攝』，以兩手攝其肩之耳也。

聯連　周人用『聯』字，漢人用『連』字，古今字也。

朻莍　爾雅：『「朻」者，聊。』『朻』即『莍』，椒樧實成莍彙。

職識　周禮『職方』，亦作『識方』。

聆黔亭聆　國語『回祿信於聆遂』，宋庠音『禽』，後漢書楊賜傳引作『黔遂』，說苑引作『亭遂』，竹書帝癸三十年作『聆遂災』。

牂將㨾 玉篇曰：『牂，今作「將」。』『㨾』同。

鉆拑 鬼谷子『有飛鉆』，『鉆』即『拑』字。

贄摯 周禮『六贄』字，許作『摯』。

捕搏 古『捕盜』字作『搏』。今則『捕』行而『搏』廢，但訓爲『搏擊』。

摛攡 蜀都賦『摛藻掞天庭』，太玄經『幽攡萬類』。

按擫擪壓 莊子『外物擪其噦』，一作『壓』。南都賦『彈琴擫籥』，李注引説文。按：『擫』『擪』皆同『擪』。

撫循拊揗 揗，食尹切；廣韻『詳遵切』。今人『撫循』字，古蓋作『拊揗』。撫，安也；一曰『揗』。拊，亦訓『揗』。淮南曰『引揗萬物』，讀如『允恭』之『允』。

揃搣偝㨉 急就篇：『沐浴揃搣寡合同。』莊子『偝㨉可以休老』，本亦作『揃搣』。『揃搣』者，道家修養之法。

接扱 周禮廩人『接盛』，讀爲『一扱再祭』之『扱』。

揣敪摶㨆 聲義皆同，而『㨆』讀『兜果』反。今人用『故敪』字，『敪』亦『揣』之或體，音爲

『耑』之雙聲。國語『溥本肇末』，即孟子『揣其本』之『揣』。

摜遺〔二九七〕

撓擾捄〔二九八〕

撓嬈〔二九九〕

協搚 『搚』者，『協』之或體。

𩌏䴛揫𤏡 𩌏，收束也。或作『䴛』，或作『揫』『𤏡』。

披陂 五帝本紀『黄帝披山通道』，他本亦作『陂』，當音『詖』。『披』『陂』皆有『旁其邊』之意。

擧揵 邱言切。

拯抍 古今字。

抍承撜拯丞〇承 『承』之或體。

擭濩 今之『布濩』字，本作『擭』。

捝脱 古用『捝』，今用『脱』。『脱』行而『捝』廢矣。

扭攎〔三〇〇〕

攟捃〔三〇一〕

搯抽由紬籀　搯，引也。尚書「克由繹之」，「由繹」即「籀繹」。毛詩傳「讀，抽也」，「抽」即「籀」。太史公自序「紬史記石室金匱之書」，「紬」即「籀」也；「籀」之言「抽」也。

搴攓　又音「騫」。

撆撇蔽襒　蔡邕篆勢曰「揚波振撆」、文選「撇波而濟」，「撇」同「撆」。史記荊軻傳「跪而蔽席」、孟荀傳「襒席」，皆謂「拭席」，皆「撆」之異體。

捆因　今「因」行而「捆」廢矣。

捭擗擘　禮記「燔黍捭豚」，注作「擗」；又作「擘」。巨擘，手大指也；大指主開，餘指主合，故謂「巨擘」。今俗語謂「裂」之爲「擘開」，其字如此。

赤捇　周禮有「赤犮氏」，注云：「『赤犮』猶『赤拔』也。」捇，呼麥切，釋文「采昔切」。

摹摸　摹，或「手」在旁。今人謂之「摸索」，入聲〔三〇二〕，實一字。

搰掘　左傳「搰褚師定子之墓」，本亦作「掘」。

沮渣　沮，今之「渣」字。

揟湑〔三〇三〕

摎絞糾繆 繩帛等物二股互交皆得曰『摎』，曰『絞』，亦曰『糾』。檀弓『繆絰』，『繆』即『摎』之叚借。

拼〔三〇四〕

摼掔 玉篇引論語『掔爾』，『掔』蓋『摼』之異體。

抌揕 刺客列傳『右手揕其匈』，『揕』即『抌』字。

枝支榰搘 『枝持』字古書用『枝』，亦用『支』。許之字例，則當作『榰』。

柱拄 許之『榰柱』，他書之『搘拄』也。

扞捍 祭法『能捍大患』，魯語作『扞』。

姞吉 姞，黃帝之後伯鯈姓，詩都人士作『吉』。

嬴盈偃 嬴，帝少皞之姓。地理志作『盈』，又作『翳』〔三〇五〕，嬴姓；其子皋陶，偃姓。『偃』『嬴』語之轉。

英瑩匽 『娥皇』『女英』，世本作『女瑩』，大戴禮作『女匽』〔三〇六〕，亦一語之轉。

⿱肥女埶妃仇 太玄經作『⿱肥女埶』，即左傳之『嘉耦曰「妃」，怨耦曰「仇」』也。

嫛婗鷖彌 嫛，是也；言是人也婗，其啼聲也。襍記曰『中路嬰兒失其母焉』，注：『嬰，猶

「嫛彌」也。」按：『鷖彌』即『嫛婗』，『嬰兒』則『嫛婗』之轉語，語同而字異耳。

可阿妿　列女傳華孟姬、楚伯嬴傳皆言『保阿』〔三〇七〕，内則篇、喪服經注皆言『可』者，蓋『可』即『阿』、『阿』即『妿』。

姆母娒　何注公羊曰『選老大夫爲「傅」，選老大夫妻爲「母」』，『母』即『姆』也。許作『娒』，字林及禮記正義作『姆』〔三〇八〕。

嫄原　嫄，周棄母字也。裴駰引韓詩章句曰：『姜，姓；原，字。』按：史記作『原』。

嬃須　『樊噲以吕后女弟吕須爲婦』，『須』即『嬃』字也。楚辭：『女嬃之嬋媛。』鄭注周易『屈原之妹名女須』，『妹』字恐『姊』字之誤。

須諝胥〔三〇九〕

倢婕　『倢伃』字，或从『女』。

婕伃　『倢伃』之『伃』，蓋亦可用『婕』。

靈婁　漢婦官有『娱靈』；靈，蓋可作『婁』。

僚嫽　毛詩傳及許人部曰『僚，好皃』，蓋亦可作『嫽』。

㛄依　漢婦官『充依』，蓋可用『㛄』。

憮嫵 張敞傳『長安中傳京兆眉憮』〔三一〇〕，『憮』即『嫵』字。

美媄嬍 『美惡』字可作『媄』。周禮作『嬍』，蓋其古文。

婧⿰女倩 曹植七啟『形婧服兮揚幽若』，『婧』即『⿰女倩』之省。

興嬹 李善注潘岳關中詩、顏延年和謝靈運詩皆引說文『嬹，悅也』，謂『興』與『嬹』古同。

姝⿰女殳〔三一一〕

嫣嘕 文選『嫣然一笑』，大招字作『嘕』。

姌染 毛詩『荏染』，即『姌』也。

孅纖〔三一二〕

煢嬛睘 詩『嬛嬛在宊』〔三一三〕、左傳『煢煢在疚』〔三一四〕，魏風作『睘睘』，依韻當用『焱』聲之『煢』，而或用『嬛』『睘』者，合音通用。

委蛇、委隨 『委蛇』即『委隨』，皆疊韻。

婐⿰女厄旖施 音義皆同。

果惈 果敢，爾雅倉頡篇皆作『惈』。

佻嬥 詩『佻佻公子』，魏都賦注云：『佻，或作「嬥」。』廣韻曰：『韓詩云：「嬥嬥，往來皃。」』

娭嬉 娭，今之『嬉』字。『嬉』行而『娭』廢矣〔三一五〕。

宛冤〔三一六〕

婉娩〔三一七〕

嫥專 古『嫥壹』字，今作『專』。『專』行而『嫥』廢矣〔三一八〕。

數娖 娕，讀若『謹敕數數』，錢氏大昕曰：『「數數」即「娖娖」。』

嬗嬋 今人用『嬋』字，亦作『嬗』。

嬰纓 嬰，繞也。『繞』與『嬰』通〔三一九〕。

𡛟粲𡝐 𡛟，經傳作『粲』，字林作『𡝐』，漢晉字之變遷也。

孌嬭戀 孌，在籀文爲『嬭』，順也；在小篆爲今之『戀』，慕也。『孌』『戀』爲古今字。『孌』訓『美好』，力沇切；『戀』訓『慕』，力願切〔三二〇〕。

媢冒〔三二一〕 媢，妒也。尚書作『冒』。

嫭姐怚 文選幽憤詩『恃愛肆姐』，『姐』即『嫭』之省。與魏文帝箋『蹇姐名昌』，『姐』亦『嫭』字。怚，驕也，子去切。

婞陰嫛阿 婞嫛，韻會作『陰阿』，李燾本作『陰嫛』。

雉隹〔三二一〕

須嬬　易：『歸妹以須。』須，荀陸作『嬬』。

嬯𡡉〔三二三〕

𡢻母㑄母嫫姆　𡢻母，古帝妃，都醜也。漢書古今人表『㑄母，黄帝妃』，荀卿詩、四子講德論皆作『嫫姆』。

裶騑　裶裶，往來皃。詩『騑騑』，行不止之皃。

孃攘囊勷　『擾攘』字，古用『孃』。賈誼傳作『搶攘』，莊子在宥作『傖囊』，楚詞作『恇攘』，俗作『劻勷』，皆用叚借字。今『攘』行而『孃』廢矣。

壤孃膢　漢書『壤子王梁代』，『壤』即『膢』『孃』字。

婄諳〔三二四〕

娷諈〔三二五〕

無毋　詩書皆用『無』。古文禮作『無』，今文禮作『毋』；漢人多用『毋』，故小戴禮記、今文尚書皆用『毋』，史記則竟用『毋』爲『有無』字。

氏坘阺是　氏，亦作『坘』，亦作『阺』。『姓氏』之『氏』本當作『是』，叚借『氏』字爲之。人第習而不察耳。

⿸厂⿱夊木身〔三二六〕 ⿸厂⿱夊木，亦作『身』，隸變也。

肁肈 漢和帝之諱。伏云『諱肁』，實則漢人『肁』字不行，衹用『肈』。後漢書正文作『肈』，譌也。

戟棘 周禮『棘門』、明堂位『越棘大弓』、左傳『子都拔棘以逐之』，『棘』皆訓『戟』。

⿰角巨歫 張揖注子虛賦曰『雄戟，胡中有⿰角巨』。『⿰角巨』即『歫』〔三二七〕。

戲麾 戲，大將之麾也；讀與『麾』同。

或國 在周時爲古今字。既乃加『口』爲『國』，又加『心』爲『惑』。

戭⿰寅攵 春秋傳有『檮戭』，漢書作『⿰寅攵』。

莊壯 周書『兵甲亟作莊』『睿圉克服莊』『勝敵志强莊』『武而不遂莊』，皆『壯』字也。後人以『莊』代之耳。『典』下云『莊都説』，六當作『壯』〔三二八〕。晉語有『壯馳兹』，蓋古姓。古作『壯』〔三二九〕，後乃盡改爲『莊』。古書『莊』『壯』多通用。

戔殘歺諓 『戔』與『殘』音義同。今則『殘』行而『戔』廢矣。周易『束帛戔戔』，子夏傳作『殘殘』，與『歺』通。周書『戔戔』、春秋公羊傳曰『惟諓諓善竫言』，『諓』即『戔』。許作

『戔』，爲本字；他家作『諓』，加之『言』旁也。許『殘』訓『賊』，『歺』訓『餘』；『殘餘』字當作『歺』，後人輒同之。『殘』專行而『歺』廢矣。

蕛戲 蕛陽聚屬魏郡，左傳：『卒於戲陽。』

陋㔷 側㔷，即堯典之『側陋』。

匪棐篚 匪，漢書作『棐』。方曰『箱』，隋曰『棐』。『隋』者，方而長也。『匪』『篚』古今字。

㔸莜 蓋一物也。

匱鐀 匱，史記『石室金鐀』，字作『鐀』。

匵櫝 實一物也。

匛柩 匛，亦作『柩』。造字之初，斷不从『木』。以後『柩』行『匛』廢。

㔲㘥委曲〔三三〇〕古用『㔲㘥』，今人用『委曲』字。

瓨缸〔三三一〕

㼜盌 㼜，方言作『盌』。

㼱㵖㼘 用瓦石去垢曰『㼱』。『㵖』『㼘』同。

瓴㯉 冶者以韋囊鼓火。老子所謂『橐』也，其所執之柄曰『瓴』。古用瓦爲之，故字从

『瓦』；後乃以木爲之，故集韻作『檜』，从『木』。

韛櫜　冶橐，謂『排囊』；其字或作『韛』，或作『櫜』。

甚椹　周禮司弓矢『以射甲革甚質』，今作『椹質』，故書作『鞎』，大鄭云：『鞎，當爲「椹」。』

干豻　周禮司弓矢『以躲干侯鳥獸』，『干』今作『豻』。

嬰䙬　公羊傳何注曰『大夫嬰弓』，『嬰』即江賦之『䙬』弓〔三二二〕。

彌硯弭靡辟　周禮『彌災兵』、漢書『彌亂』，皆即『硯』字也。『弭節』亦作『靡節』；郊特牲有『由辟焉』，『辟』亦『弭』字。

弘弦環　『弦』『環』皆即『弘』字。

郭廓　『郭』即今『廓』字。

弜羿〔三二三〕

系係　可通用。然經傳『係』多謂『束縛』。

純稛麇　詩之『純束』，讀如『屯』；國語之『稛』、左傳之『麇』，皆『純』字也。

幐絠　古蓋一字。

庚賡　庚，古文『續』。毛詩『西有長庚』，傳：『庚，續也。』

眇妙 眇，今之『妙』字。

抮縳、紾轉 鄭司農考工記注之『抮縳』，即『紾轉』二字。

桀縏〔三三四〕

粉米、黺絲 咎陶謨作『粉米』，許所見壁中古文作『黺絲』。

育湇 育水，水部作『湇水』。

纁𥨍 周禮故書『纁』作『𥨍』。

綥綦騏綨 綥，帛蒼艾色也。詩『縞衣綦巾』『其弁伊騏』，皆謂『蒼文』也。玉篇作『綨』。

不借、薄借、搏腊 不借，亦名『薄借』〔三三五〕，釋名作『搏腊』。不借綦，猶今『艸鞵襻』也〔三三六〕。

緇純紂 玉藻『大夫佩水蒼玉而純組綬』，注：『純，當爲「緇」。』古文『緇』字，或作『糸』，旁『才』。周禮『媒氏純帛』注『純，實「緇」字也』；祭統『王后蠶於北郊以供純服』注『純以見繒色』；論語『今也純』，鄭讀爲『緇』。鄭意今之『紂』字，俗譌爲『純』耳。

菼𦯀〔三三七〕

閎紘 冠無笄有武，冕弁有笄無武。引申之，凡中寬者曰『紘』，如月令『其器圜以閎』，『閎』

讀爲『紘』。淮南書有『八紘』。

綾蘣　綾，古字或作『蘣』。

襮暴　『領』謂之『襮』，『連領』謂之『暴』，玉篇以爲同字也。

絝袴　絝，今作『袴』，今所謂『套袴』也。

幝褌　幝，今作『褌』，今所謂『滿當袴』也。

線綫　許時，古『線』今『綫』；晉灼時〔三三八〕，則爲古『綫』今『線』。

纍羸　易『大壯羸其角』，鄭虞作『纍』。

績綪　士喪禮『不績』；注云：『績，讀爲「綪」。』

緘咸　齊人謂『棺束』曰『緘』，喪大記作『咸』。

繁鞶　鄭注周禮、禮記之『繁纓』：『繁，讀爲「鞶帶」之「鞶」。』此易字之例。

緧緧紂受緻　考工記『必緧其牛後』，注云：『緧，讀爲「緧」。關中謂「紂」爲「緧」〔三三九〕。』

按：亦作『緻』。商王紂，古文尚書作『受』。

紖絼雉　紖，牛系也。周禮封人作『絼』。鄭司農云：『今時謂之「雉」，與古者名同。』

纆纏　纆，今字从『纏』〔三四〇〕。

緪揯〔三四一〕

褚著　凡絮必絲爲之，古無今之木綿。以絮納袷衣閒爲袍曰「褚」，亦作「著」。以麻緼爲袍亦曰「褚」。

縡縩繫縩牽離　繫縩讀如「谿黎」，音轉爲「縡縩」；或謂之「牽離」，煮孰爛牽引使離散如絮也。

綷綷綷　从「素」之字，古亦从「糸」。故「綷」字，或作「綷」，或作「綷」。

睢雖　凡人窮極其欲曰「恣睢」。「雖」即「睢」也。

䖦𧎸　爾雅「蝎，蛣𧎸」，説文作「䖦」。

蚰蝬〔三四二〕　蛝，馬蛓。鄭注「俗呼『馬蝬』」〔三四三〕，方言「馬蚿大者，謂之『馬蚰』」，「蚰」「蝬」同字。

螘蛾　許意「螘」，一名「蛾」。「蛾」是正字，「蟻」是或體。郭注爾雅「蛾羅」爲「蠶蠽」，非許意也。

祇振〔三四四〕

發皇蛂蟥蟜蟥　考工記鄭注：「翼鳴，發皇屬。」「發皇」即「蛂蟥」，「蛂蟥」即「蟜蟥」也。

姑蛣蛘羊〔三四五〕 姑螿，強羊。爾雅作『蛣』、作『蛘』。爾雅正文恐亦本作『羊』。

盧蠦 盧蜰，爾雅作『蠦蜰』。

蛲蝍 玉篇謂同字。

鹿螰 螇鹿，蛁尞也。釋蟲：『蜓蚞，螇螰。』

蛉蝏蜓 蜻蛉，今人作『蜻蝏』『蜻蜓』。

商螪 商何，爾雅作『螪何』。

蜡胆〔三四六〕

狙司覷伺 『覷』『狙』古今字。蜡氏，鄭曰：『蜡，讀如「狙司」之「狙」。』『狙司』即『覷伺』也。

蜡䄍 禮作『蜡』，字林作『䄍』。

伎跂蚑 詩『維足伎伎』，字當作『蚑蚑』；漢書『跂跂脈脈善緣壁』，字亦當作『蚑蚑』。

蝙扇 蠅醜蝙。爾雅衹作『扇』。

螫蛆蜇 螫，施隻切。或云『蛆』，音『知列』切；亦作『蜇』。

疥螺蚧 疥，或作『螺』，或作『蚧』。

蝕食　春秋經「鼷鼠食郊牛角」，又「日有食之」，字或作「蝕」。

厲蠣　牡厲，本艸經作「牡蠣」。

螆䗪　陶隱居注本艸之「蠐螆〔三四七〕」，「螆」即「䗪」字。

蜯蚌〔三四八〕

蠃螺蝸　蠃，螔蝓。此物亦名「蝸」。周禮、儀禮「蠃醢」，内則作「蝸醢」。蠃，今人所用「螺」字。

螔虒　虒蝓，俗呼「延游」，即「虒蝓」，古語也。虒蝓，讀「移臾」二音。

鱓鮮䱜鱔䱇　「鮮」者，今之「鱓」字。今大戴禮作「䱜」，或誤「䱜」，荀子作「䱇」。玄應曰：「鱓，又作「鱔」「鮮」二形。同。」

蛧蜽方良罔兩罔閬　許作「蛧蜽」，周禮作「方良」，左傳作「罔兩」，孔子世家作「罔閬」。

蝯猨　「蝯」正，「猨」通。

蛩卭　蛩蛩，獸。史記作「卭卭」。

蟦蝃　詩作「蝃」，爾雅作「蟦」。

蠥孽　蠥，諸書多用「孽」。

蚰昆　『昆蟲』即『蚰蟲』。

蠽蚻　釋蟲『蠽，茅蜩』，方言『蟬其小者，謂之「麥蚻」』。蠽，子列切，亦音『札』。『蠽』『蚻』同字。

蠠没、⿱面䖵没、蜜勿、僶勉　釋詁『蠠没，勉也』，亦作『⿱面䖵没』；韓詩作『蜜勿』，毛詩作『僶勉』。『蜜』者，『蠠』之或體。

⿱求䖵肌求肌蛷務求蚑蛷蛷螋蟱蛷蚤溲蠷螋　⿱求䖵，多足蟲也。肌求，本或作『蛷』，今俗所謂『蓑衣蟲』也。通俗文曰『「務求」謂之「蚑蛷」』、廣雅曰『蛷螋，蟱蛷』也、玄應曰『關西呼「蚤溲」爲「蚑蛷」』，『蚑蛷』即鄭所謂『肌蛷』也。陶隱居、陳藏器作『蠷螋』，音『劬蘇』。

蠜蜚　蠜，負蠜也。『負蠜』與『蠜』畫然二物，春秋三經皆作『蜚』〔三四九〕。

颫䬍　説文『颫』，廣韻『䬍』，一也。

鼃𪓰蛙　『鼃』者，周禮所謂『蟈』。今南人所謂『水鷄』，亦曰『田鷄』。『鼃』『蛤』皆其鳴聲，故宋人詩多云『吠蛤』，亦云『蛙聲閤閤』。字亦作『𪓰』、作『蛙』。

蠅䵶鼀　蠅屬〔三五〇〕，其俱切，古音讀如『鉤』。篇韻皆作『䵶』。吴都賦有『鼀䵹』，與單名『䵶』者各物。

蝃蚍 鼀蝥。郭曰：「今江東呼『蝃蝥』。蝃，音『掇』。」「蝃」即「鼀」促言之耳。蝃，或作「蚍」，本艸亦作「蚍」。蚍，章悅反。

鼂晁 漢書鼂姓，又作「晁」。

疾捷 攴部曰：「敏者，疾也。」「疾」者，本無其字，依聲託事之字也。後人以「捷」當之。

亟悈慬 釋言「悈，急也」，亦作「慬」，皆「亟」字之異者耳。

恒緪 詩「如月之恒」，本亦作「緪」，謂「張弦」也。月上弦而就盈，於是有「恒久」之義。

磐盤槃般 易「磐桓」，「磐」亦作「盤」，亦作「槃」，義當作「般」。

桓亘 「桓」義當作「亘」。「般」者，辟也；「亘」者，回也。馬融云：「槃桓，旋也。」

晐垓 「晐」者，「垓」字之異也。

嵎堣禺〔三五一〕

銕夷鐵鐵〔三五二〕

暘崵 「堣夷暘谷」者，孔氏古文如是；「禺銕崵谷」者，今文尚書如是。今堯典作「宅嵎夷」「曰暘谷」。依古文而「堣」譌「嵎」，恐衛包所改耳。尚書考靈曜及史記作「禺銕」，尚書正義卷二曰「夏侯等書古文『宅堣夷』爲『宅嵎鐵』」，「嵎鐵」即「禺銕」之異字。山部曰

『首崵山在遼西』，然則堯典之『堣夷』，非禹貢青州之『嵎夷』。司馬貞注禹貢云：『今文尚書及帝命驗並作「禺鐵在遼西」。』

牧坶⿰土每　牧野，鄭所見詩、禮記作『⿰土每』，許所據書序則作『坶』。

陂坡　𨸏部曰『陂，阪也』、土部曰『坡，阪也』，是『陂』『坡』二字音義皆同。

壤場塲　蟲鼠作穴出土曰『壤』，字亦作『場』、作『塲』，音『失羊』反。今俗語謂『弱』曰『壤』。

埴戠熾⿰土戠⿱戠土　埴，黏土也。禹貢『埴』字，鄭本作『戠』，而讀爲『熾』。禹貢正義曰：『「戠」「埴」音義同。』『戠』『⿰土戠』『⿱戠土』皆『埴』之異字。

堫稯穜種　廣雅曰『稯，種也』，即『堫，穜』字之異體。

坄⿱役土役　坄，禮經作『⿱役土』，古文禮作『役』。

沂垠圻幾畿塈　殿，有殿鄂也。『殿鄂』即禮記注之『沂鄂』。沂，說文作『垠』、作『圻』，合音作『幾』、作『畿』。是以禮記『彫幾』，謂有『沂鄂』。周禮故書『畿』爲『近』；『土畿』可作『王圻』，『王圻』亦可作『王垠』也。淮南書『垠』亦作『塈』。

⿰土耑墆　爾雅『「垝」謂之「坫」』，郭云：『坫，⿰土耑也；在堂隅。』按：⿰土耑，本作『墆』，高皃也；以土爲之。

涂塗泥涅 皆古今字。

挸垷 廣雅「挸，拭也」，即「垷」字之異也。

坌糞⿰扌糞 坌，埽除也。曲禮作「糞」，又作「⿰扌糞」。「糞」即華部之「⿱米⿱𠦬共」字。

垔坐 坐，古文「垔」。今古文行而小篆廢矣。

璽壐 古者尊卑通偁「壐」，至秦漢而後爲至尊之稱。周人已刻玉爲之，故古文从「土」，籀文从「玉」。

藝臬 吕氏春秋「射而不中，反脩于招」，高云「于招，埻藝也」，「藝」同「臬」。

庸墉 古今字。詩「以作爾庸」，傳：「庸，城也。」

⿰土葉堞 ⿰土葉，今字作「堞」。

檃壏 周禮「彊檃」。檃，一作「壏」。

埱俶〔三五三〕

咢⿰土噩堮 「⿰土噩」「堮」者，「咢」之異體也。

壇墠封禪 詩「東門之壇」、鄭子産「艸舍不爲壇」，「壇」皆即「墠」字。築土曰「封」，除地曰「禪」，凡言「封禪」，亦是「壇墠」而已。經典多用「壇」爲「墠」，古音略同也。

㙛鎛〔三五四〕

墲橅 方言：『凡葬而無墳謂之「墓」，所以墓謂之「墲」。』注引漢劉向傳『初陵之墲』，今漢書作『初陵之橅』。

畝畂 『畝』正，『畂』通。

場易 詩『疆場有瓜』，古祇作『易』。

氓甿萌 唐人諱『民』，於詩『氓之蚩蚩』、周禮『以下劑致氓』，石經皆改爲『甿』，古祇作『萌』。許引周禮『以興耡利萌』，鄭云：『變「民」言「萌」，異外内也。』

曈躖暖 楚辭九思：『鹿蹊兮躖躖。』『躖』與『曈』蓋一字，亦作『暖』。

男任 古同音。史記『二百里任國』，即『三百里男邦』〔三五五〕。故『公侯伯子男』『王莽男』作『任』。

來勑 孟子『放勳曰「勞之來之」』、詩序『宣王能勞來還定安集之』，『來』皆『勑』之省。

勖懋 勖，古讀如『茂』，與『懋』音義同。

勍倞〔三五六〕

并併 『并』者，相從也；『併』者，竝也。『并』『併』古通用。

楗券倦 輈人：『終日馳騁左不楗。』書『楗』或作『券』，鄭云：『券，今「倦」字也。』據此，則漢時已『倦』行『券』廢矣。

勦剽 許時从『力』、从『刀』並行，二形不必有是非矣。

鏉𪟝劋 『鏉』『𪟝』義同。『劋』即『鏉』字。

段鍛碫 考工記『段氏爲鎛器』，『段』即『鍛』也。詩之『碫石』，則『鍛質』也。

鐩遂 鐩，陽鐩也。周禮秋官本作『遂』。

鉶鈃 鉶，經典亦作『鈃』。此猶『荆罰』，字本从『井』，作『刑』非正字也。

鏕熝𪏸 鏕，或作『熝』，或作『𪏸』。

𩨨臿 『𩨨』即古『臿』字。

銚斛梟鍫 『銚』『斛』『梟』三字同，即今『鍫』字。

跗柎 跗，説文作『柎』，闌足也。

涂搽 錯，金涂也。涂，或作『搽』。

錡奇 錡，或作『奇』。

檿欣銽 『檿』『欣』皆即『銽』字。

枱耜 説文作『枱』，他書作『耜』。

乂刈 乂，芟艸也。字或作『刈』。

⿰金罷⿰金羆 説文作『⿰金罷』，廣韻作『⿰金羆』。

槾鏝杇釫墁 秦謂之『杇』，關東謂之『槾』；木爲者曰『杇』，金爲者曰『鏝』。戰國策『豫讓刃其杇』，杇而有刃，知古者通稱。『杇』『槾』，古字；『釫』『鏝』，今字。孟子作『墁』。

鑢鐗 鑢，厝銅鐵也。周禮注作『鐗』。

淳錞 淳于，國語、周禮注作『錞于』；周禮作『錞』，乃矛戟之鐏也。

鏗⿰金身鎗鏘 漢書禮樂志『鏗鎗』，藝文志作『鏗鏘』，廣雅作『⿰金身鎗』。

⿱殸足脛踁 左傳『⿱殸足而乘他車』，『⿱殸足』蓋即『脛』字，亦或作『踁』。

鋒鏠 鋒，許書之『鏠』字。

釾鋣 釾，漢郭究碑作『鋣』，杜篤傳注引同。

鍦鉈䂑 『鍦』即『鉈』字，廣雅作『䂑』。

鐌穳⿰禾爨 字詁云：『古文「鐌」「穳」二形，今作「⿰禾爨」，同。麤亂切。』

鏑鍉 鏑，古亦作『鍉』。

橾藪 橾，考工記作『藪』。

鐊鍚 鐊，馬頭飾也。經典作『鍚』。

盧顱 詩『鉤膺鏤鍚』。箋云『眉上曰「鍚」，刻金爲之〔三五七〕，今當「盧」也』，『盧』即『顱』字。

錣銴 淮南氾論訓注『錣檽頭箴』，『錣』即許之『銴』字。

捶箠〔三五八〕

鍡鑸磈磊 玉篇：『鍡鑸，亦作「磈磊」。』

処處 処〔三五九〕，或從『虍』聲。今或體獨行，轉謂『処』俗字。

斫斸句欘 斫斸，考工記作『句欘』。

醆湔 周禮量人音義曰『琖，側產反』，劉昌宗本作『湔』，音同。按：古當用『戔』字，後人以意加旁。

斡掯斛 斡，又作『掯』、作『斛』。

勺酌 枓曰『勺』，用勺挹注亦曰『勺』〔三六〇〕。詩『洞酌彼行潦』，『勺』『酌』古通。凡處分曰『斟勺』，今多用『斟酌』。

料半 漢書『士卒食半菽』〔三六一〕，『半』即『料』。半，五升器名也〔三六二〕。

庣窕　『庣』即『窕』之異體。

苹輧　周禮『苹車之萃』，杜子春云：『「苹車」當爲「輧車」。』

衝幢　詩：『與爾臨衝。』衝，衝車也。説文作『幢』。

轈巢　轈，左傳作『巢』。

軓軋　軓，車軾前也。古文作『軋』，今字作『軓』。

較較校搉覺　較，古岳切。古音讀如『交』，今字作『較』。周禮故書『校』作『搉』。凡言『校讎』，可用『較』字。史籍『計較』字，亦用『覺』。

𨊻輴〔三六三〕

軨轔　曲禮『僕展軨效駕』，『軨』亦作『轔』，與許所謂『軨，車轖閒横木〔三六四〕』。

令霝靈　『令』『霝』通用。令，又或作『靈』。

零霝　零，或作『霝』。

苓蘦　苓，或作『蘦』。

輇槫蜃團輲　鄭注周禮『蜃車』云『禮記或作「槫」，或作「輇」』，注士喪禮曰：『雜記謂之「團」』，襍記『大夫載以輲車』，『輲』『蜃』『團』『槫』皆即『輇』。戴東原曰：『「輇」者，輪之名;「輲」者,車之名,不宜混而一之。」

轡轡 上説文,下隷變。是則説文『軎』作『𨊻』也。

軶軛槅 轅前也。隷省作『軛』,西京賦作『槅』。木部『槅,大車枙也』,『枙』當作『軶』。

啁啄〔三六五〕

轑橑 蓋弓曰『轑』,亦曰『橑』。

範犯〔三六六〕

轄轄 異字、同義、同音。

摯墊輊 同字。摯,依聲託事字也。

蹤從 蹤,古字衹作『從』。羔羊傳:『委蛇委蛇,行可從迹也。』

軼泆 書『泆』爲『㷅』,漢志作『軼』。

軵軵輎 説文『軵』,廣雅作『軵』,玉篇作『輎』,皆即此字也。

揖茸輯輯軏 『揖』『茸』『輯』三字通用。輯,或作『輯』,或作『軏』。

穹隆篕籠 許之『穹隆』即『篕籠』,車蓋弓也。

輐輼 篇韻云『轒輐,兵車』,漢書、文選作『轒輼』。

輂梮輁橋轎欙　左傳『陳畚梮』,『梮』乃『輂』之或字。禮經『輁軸』,『輁』即『輂』字之異者。用之舁人,則謂之『橋』。橋,即漢書『輿轎而越嶺』之『轎』字也。史記河渠書『山行即橋』,夏本紀正作『欙』。

轝轝　輂之制,四方如車之輿,故曰『轝』,或作『轝』。

連輦　古今字。輦,周禮、管子皆作『連』。

轟軥輷輷　轟,古字作『軥』,今字作『輷』,玉篇作『輷』。

追自　詩『追琢其章』,『追』亦同『自』。蓋古治金玉突起者爲『自』,穿穴者爲『琢』。

峻陖〔三六七〕

隥墱　登陟之道曰『隥』,亦作『墱』。

敧嶇崎嶇　敧嶇,他書作『崎嶇』。

隋陊墮墮　毛傳『隕,隋也』,『隋』即『陊』字。小篆作『墮』,隸變作『墮』。

杌扤　杌,當同『扤』,訓『摇動』。

菟檡　論語注『名穀於菟』,段説楚人謂『乳穀』,謂『虎於檡』。

隄啶　隄,或作『啶』,猶『麟之定』即『麟之題』也。

阯止〔三六八〕

陘徑岆 孟子『山徑之蹊』，楊子法言作『山岆之蹊』。『徑』『岆』皆即『陘』字。

附婁部婁培塿 依許，則左傳本作『附婁無松柏』。今本作『部婁』，或作『培塿』。

阺坻 『阺』字或作『坻』。

西先 爾雅『西隃』，史記趙世家作『先俞』。古『西』『先』同音。

石柘 『四鈞』爲『石』，許作『柘』。

亞惡 詛楚文『亞駞』，禮記作『惡池』。史記『盧綰孫他之封惡谷』，漢書作『亞谷』。宋時玉印曰『周惡夫印』，劉原甫以爲即條侯亞父。易上繫『言天下之至嘖而不可惡也』，荀爽『惡』作『亞』。尚書大傳『王升舟入水，鼓鐘惡、觀臺惡、將舟惡』，鄭注：『惡，讀爲「亞」。亞，次也。』

喬高〔三六九〕

离離 史記『如豺如離』，『离』『離』通用。

萬万 萬，蟲也。叚借爲十千數名，唐人作『万』。

空腔 古今字。

㠱居、箕踞 許云「㠱居」，即他書之「箕踞」也。

辤辭𤔲 左傳「王辭而後許」〔三七〇〕，釋文：「辭，本又作『辤』。」世說新語、蔡邕題曹娥碑「外孫齏臼」，「齏臼所以受辛〔三七一〕，『辤』字也。」按：此正當作「辭」。可證漢人「辤」「辭」不別耳。易「毄辭」，本亦作「𤔲」。

孕𦡀 管子「孕」作「𦡀」。

佝瞀㝅瞀溝瞀區霿傋霿怐愗瞉瞀婺瞀 「佝」下曰「佝瞀也」，荀子儒效篇作「溝瞀」，漢書五行志作「區霿」，又作「傋瞀」；楚辭九辯作「怐愗」，廣韻五十侯作「怐愗」，又作「瞉瞀」、又作「婺瞀」；應劭注漢書作「瞉霿」，郭景純注山海經作「㝅瞀」，「㝅」字蓋有誤。其字皆上音「寇」，下音「茂」，其義皆謂「愚蒙」也。

輸孺儒輸偷儒 輸儒，尚小也。方言十二曰「儒輸，愚也」，「輸孺」即「儒輸」也；荀子修身篇「偷儒憚事」，「偷儒」即「輸孺」。

孜孶 古多通用。「蕃生」之義當用「孶」，故从「茲」；「無怠」之義當用「孜」，故从「攴」。

放仿〔三七二〕

釨孑 「釨」即「孑」字，左傳正作「孑」。

濱蟦 寅，濱也。史記、淮南王書作『蟦』。

震振〔三七三〕

晨晨 晨，或省作『晨』〔三七四〕。

巳 巳，已也。『辰巳』之『巳』久用爲『已然』『已止』之『已』，故即以『已然』之『已』釋之。漢人『巳午』與『已然』無二音。

㠯已 古有通用者。今字作『以』，由隸變加『人』於右也。

仵啎 天文訓曰『午，仵也』，『仵』即『啎』字。

逆屰 古亦通用『逆』爲『屰』。

啎㕶 管子七臣七主篇『事無常而法令申。不㕶，則失國勢』，戰國策有『樓㕶』，吕覽明理篇『亂世之民長短頡㕶百疾』，字皆左『吾』右『午』，『啎』之或體也。

酟沽 酟，買酒也。論語鄉黨作『沽』。

酳醋〔三七五〕

餪飫 角弓傳『餪，飽也』，『餪』即『飫』，此『飫』之本義也。

酌酗 許作『酌』，書作『酗』。

醫醷 醫，本酒名。内則作『臆』，此字疑誤。今内則作『醷』。

盇盍 『盇』者，『盍』之或體〔三七六〕。

䣼涼 許作『䣼』，即周禮、内則之『涼』字。

其綦 許敘：『庶業其緐。』其，同荀卿書之『綦』，猶『極』也。

撝摩 『指撝』與『指摩』同。

埶藝 埶，今『藝』字。

闕邱蓋 三字雙聲。許敘：『其於所不知，蓋闕如。』漢書儒林傳曰『疑者，邱蓋不言』，蘇林曰：『「邱蓋」者，不言所不知之意也。』邱蓋，荀卿書作『區蓋』。

曾層 許沖敘『曾曾小子』，『曾曾』猶云『層層』。

厲列 厲山，一作『列山』。

甫吕 『鄦』下言『甫侯所封』，許沖敘『吕叔所侯』，『甫』即『吕』也。詩言『甫』不言『吕』，國語言『吕』不言『甫』。尚書『吕刑』即『甫刑』。吕叔、甫侯皆謂文叔。

祚胙 祚，古作『胙』，漢碑多作『胙』〔三七七〕。

霝冬令終 古鼎彝以『霝冬』爲『令終』〔三七八〕。

召邵〔三七九〕

敚微〔三八〇〕

茅苗 士相見禮：『在野則曰艸茅之臣。』茅，古文作『苗』。

窋窋〔三八一〕 『窋』同『窋』〔三八二〕。窋〔三八三〕，安也。所謂本有其字而叚借者。

造竈 周禮大祝『二曰「造」』，故書作『竈』。

養永 夏小正『時有養日』『時有養夜』，即『永日』『永夜』也。

獻犧 古『獻尊』爲『犧尊』。

干柯 古『若干』爲『若柯』。

媻婆 古『媻娑』，今爲『婆娑』。

校 記

〔一〕堪 爾雅釋地今作『琪』。

〔二〕脱釋文。

〔三〕脱釋文。

〔四〕脱釋文。

〔五〕此謂　段無。
〔六〕子　當依叢書本作『字』。
〔七〕莜莜　段作『萑葦莜莜』。
〔八〕食馬　說文艸部原作『食牛』。
〔九〕蒙　左傳僖公五年今作『尨』。段同。
〔一〇〕脱釋文。
〔一一〕脱釋文。
〔一二〕脱釋文。
〔一三〕脱釋文。
〔一四〕脱釋文。
〔一五〕脱釋文。
〔一六〕『呰者』云云　喪服四制原作『呰之者，是不知禮之所由生也』。
〔一七〕脱釋文。
〔一八〕貉　詩經大雅皇矣今作『貊』。
〔一九〕走也　說文今作『走頓也』。
〔二〇〕脱釋文。
〔二一〕脱釋文。

〔二二〕脱釋文。

〔二三〕脱釋文。

〔二四〕趴趴　當作『跀』。本句説文今作『跀，或从兀』。

〔二五〕養生主　段作『養生主注』，是。

〔二六〕或　説文今作『古文』。

〔二七〕也　説文今作『字』。

〔二八〕脱釋文。

〔二九〕脱釋文。

〔三〇〕脱釋文。

〔三一〕詁　段作『注』。

〔三二〕脱釋文。

〔三三〕脱釋文。

〔三四〕脱釋文。

〔三五〕脱釋文。

〔三六〕脱釋文。

〔三七〕脱釋文。

〔三八〕脱釋文。

〔三九〕脱釋文。

〔四〇〕脱釋文。

〔四一〕音　疑衍。

〔四二〕脱釋文。

〔四三〕脱釋文。

〔四四〕脱釋文。

〔四五〕脱釋文。

〔四六〕脱釋文。

〔四七〕脱釋文。

〔四八〕脱釋文。

〔四九〕脱釋文。

〔五〇〕脱釋文。

〔五一〕脱釋文。

〔五二〕脱釋文。

〔五三〕思　思玄賦作『展』。

〔五四〕脱釋文。

〔五五〕脱釋文。

〔五六〕脱釋文。

〔五七〕脱釋文。

〔五八〕脱釋文。

〔五九〕脱釋文。

〔六〇〕脱釋文。

〔六一〕脱釋文。

〔六二〕脱釋文。

〔六三〕脱釋文。

〔六四〕脱釋文。

〔六五〕䲨　當作『䲨』。

〔六六〕白白　叢書本作『白曰』，當是。

〔六七〕閑　段作『閑作瞯』。

〔六八〕脱釋文。

〔六九〕脱釋文。

〔七〇〕烸　段作『猚』。下同。

〔七一〕脱釋文。

〔七二〕字　段作『今字』。

〔七三〕鴟夷　段作『云鴟夷』。

〔七四〕隅　戰國策今作『陬』。

〔七五〕脱釋文。

〔七六〕狄仁傑對武后　段作『狄仁傑對云：「鵡」者，陛下之姓。起二子則兩翼振矣』。

〔七七〕懥　段作『疐』。

〔七八〕脱釋文。

〔七九〕脱釋文。

〔八〇〕脱釋文。

〔八一〕脱釋文。

〔八二〕脱釋文。

〔八三〕脱釋文。

〔八四〕脱釋文。

〔八五〕脱釋文。

〔八六〕脱釋文。

〔八七〕周禮有腒䐹　爲説文原文。

〔八八〕腝　當從段作『胹』。

〔八九〕所見　段作『所見説文』。

〔九〇〕脱釋文。

〔九一〕脱釋文。

〔九二〕『是此』云云　段作『是則六字以同音通用』。

〔九三〕味　段作『味』，當是。

〔九四〕子　段作『車』，是。

〔九五〕脱釋文。

〔九六〕脱釋文。

〔九七〕脱釋文。

〔九八〕『若用』云云　疑『則』下脱『當作』二字。

〔九九〕脱釋文。

〔一〇〇〕脱釋文。

〔一〇一〕脱釋文。

〔一〇二〕脱釋文。

〔一〇三〕主　叢書本此上有『丶』字。

〔一〇四〕脱釋文。

〔一〇五〕脱釋文。

〔一〇六〕脱釋文。

〔一〇七〕脱釋文。

〔一〇八〕脱釋文。

〔一〇九〕脱釋文。

〔一一〇〕脱釋文。

〔一一一〕脱釋文。

〔一一二〕脱釋文。

〔一一三〕況兹也　段引桑柔傳作『兄，滋也』。

〔一一四〕獻　段作『進』。

〔一一五〕彝　段引廣雅作『黍』。

〔一一六〕緻　段作『致』。

〔一一七〕又　當從段作『叉』。

〔一一八〕脱釋文。

〔一一九〕脱釋文。

〔一二〇〕當爲　鄭注原作『讀爲』。

〔一二一〕脱釋文。

〔一二二〕本　段作『木』，是。

〔一二三〕脱釋文。

〔一二四〕脱釋文。

〔一二五〕脱釋文。

〔一二六〕茮　當作「茉」。下同。

〔一二七〕之屬　孟子滕文公上趙岐注作「籠臿之屬」。

〔一二八〕脱釋文。

〔一二九〕脱釋文。

〔一三〇〕炙過　史記孟子荀卿列傳原作「炙轂過」。

〔一三一〕文　段作「本」。

〔一三二〕脱釋文，且與「欬榡」條相重。

〔一三三〕脱釋文。

〔一三四〕脱釋文。

〔一三五〕李善注　段作「李善注引」。又據文義，「欐」下當有「曰」字。

〔一三六〕脱釋文。

〔一三七〕脱釋文。

〔一三八〕持　離騷作「折」。

〔一三九〕桯　尚書作「陧」。

〔一四〇〕脱釋文。

〔一四一〕囿　或當作「九囿」。
〔一四二〕脱釋文。
〔一四三〕脱釋文。
〔一四四〕脱釋文。
〔一四五〕脱釋文。
〔一四六〕也　段作「地」，是。
〔一四七〕語　當作「名」。
〔一四八〕並用　段作「同」。
〔一四九〕部　春秋作「郶」。
〔一五〇〕脱釋文。
〔一五一〕脱釋文。
〔一五二〕脱釋文。
〔一五三〕脱釋文。
〔一五四〕脱釋文。
〔一五五〕脱釋文。
〔一五六〕閒　射雉賦作「閰」。
〔一五七〕脱釋文。

〔一五八〕艸　周禮典枲作「草」。
〔一五九〕脱釋文。
〔一六〇〕脱釋文。
〔一六一〕春秋　段作「春秋傳」。
〔一六二〕脱釋文。
〔一六三〕脱釋文。
〔一六四〕或　段作「亦」。
〔一六五〕抆　當作「抆」。
〔一六六〕言　段作「之」，是。
〔一六七〕脱釋文。
〔一六八〕脱釋文。
〔一六九〕脱釋文。
〔一七〇〕脱釋文。
〔一七一〕韓詩　當從段作「魯詩」。
〔一七二〕脱釋文。
〔一七三〕脱釋文。
〔一七四〕脱釋文。

〔一七五〕脱釋文。
〔一七六〕脱釋文。
〔一七七〕僖字少用　段作『僖字之本義少用』。
〔一七八〕皆謂偝之也　惠棟左傳補注原作『謂反背而縛之』。
〔一七九〕滄　段引國語作『殰』。
〔一八〇〕偍偍　段作『徥徥』，是。
〔一八一〕石經文　段作『今文』，是。
〔一八二〕脱釋文。
〔一八三〕脱釋文。
〔一八四〕例　當作『例』。
〔一八五〕脱釋文。
〔一八六〕脱釋文。
〔一八七〕通行　當作『通用』。
〔一八八〕所以　説文作『所以用』。
〔一八九〕脱釋文。
〔一九〇〕脱釋文。
〔一九一〕脱釋文。

〔一九二〕箸　方言作『其』。
〔一九三〕剌　當作『剌』。
〔一九四〕脱釋文。
〔一九五〕脱釋文。
〔一九六〕脱釋文。
〔一九七〕翰　當作『翰』。
〔一九八〕屨　段作『履』，當是。
〔一九九〕彤　當作『彤』。
〔二〇〇〕字　段作『子』。
〔二〇一〕意　段作『義』。
〔二〇二〕脱釋文。
〔二〇三〕脱釋文。
〔二〇四〕脱釋文。
〔二〇五〕脱釋文。
〔二〇六〕脱釋文。
〔二〇七〕脱釋文。
〔二〇八〕脱釋文。

〔二〇九〕脱釋文。

〔二一〇〕慾　周易作『欲』。

〔二一一〕林　當作『杜』。

〔二一二〕脱釋文。

〔二一三〕脱釋文。

〔二一四〕䪼　段作『拙』。

〔二一五〕日　考工記作『目』。叢書本不誤。

〔二一六〕䪼䪼　莊子作『肩肩』，段同。

〔二一七〕脜　説文作『脜』。下同

〔二一八〕獸　今西京賦作『毅』。

〔二一九〕脱釋文。

〔二二〇〕傷痛　詩經鄭箋原作『痛傷』。

〔二二一〕文王拘羑里　史記太史公自序原作『西伯拘羑里』。

〔二二二〕『言辟』云云　韓詩原作『言辟䧢者，取其䧢和也』。

〔二二三〕脱釋文。

〔二二四〕脱釋文。

〔二二五〕脱釋文。

〔二二六〕脱釋文。

〔二二七〕脱釋文。

〔二二八〕利　説文作『滑』。

〔二二九〕脱釋文。

〔二三〇〕豖　左傳作『豖』。

〔二三一〕脱釋文。

〔二三二〕釋噐　當作『釋畜』。

〔二三三〕離騷　史記屈原列傳作『離騷者』。

〔二三四〕騷　段作『擾』。

〔二三五〕陸德明　當作『陸法言』。

〔二三六〕脱釋文。

〔二三七〕脱釋文。

〔二三八〕皆斃　據文義，當作『皆作斃』。

〔二三九〕斛　方言原作『㪷』。下同。

〔二四〇〕讀　段作『讀』。

〔二四一〕脱釋文。

〔二四二〕脱釋文。

〔二四三〕麻中榦　段作『析麻中榦也』。
〔二四四〕宇　當作『字』。
〔二四五〕韡　段引檀弓作『韡』。
〔二四六〕甈　段作『甈』。
〔二四七〕集部　當作『集韻』。
〔二四八〕脱釋文。
〔二四九〕旞　當作『旞』。
〔二五〇〕脱釋文。
〔二五一〕脱釋文。
〔二五二〕脱釋文。
〔二五三〕脱釋文。
〔二五四〕脱釋文。
〔二五五〕脱釋文。
〔二五六〕脱釋文。
〔二五七〕曳　段作『抴』，是。
〔二五八〕善　廣韻鹽韻作『美』。
〔二五九〕脱釋文。

〔二六〇〕凭　廣雅釋詁今作『凭』。
〔二六一〕脱釋文。
〔二六二〕脱釋文。
〔二六三〕脱釋文。
〔二六四〕脱釋文。
〔二六五〕脱釋文。
〔二六六〕申　段作『申』。
〔二六七〕罔　段作『罔』。
〔二六八〕洝　當作『按』。
〔二六九〕士　廣韻今作『七』。
〔二七〇〕羅　當作『雍』。
〔二七一〕一也　段作『一字也』。
〔二七二〕古今爲漾字　段作『古文爲「漾水」字』。
〔二七三〕脱釋文。
〔二七四〕脱釋文。
〔二七五〕脱釋文。
〔二七六〕脱釋文。

〔二一七七〕脱釋文。

〔二一七八〕脱釋文。

〔二一七九〕脱釋文。

〔二一八〇〕臬　段作『櫝』。

〔二一八一〕脱釋文。

〔二一八二〕脱釋文。

〔二一八三〕抹　當作『抹』。下同。

〔二一八四〕滚　段作『滚水』。

〔二一八五〕脱釋文。

〔二一八六〕脱釋文。

〔二一八七〕脱釋文。

〔二一八八〕作　段作『同』。

〔二一八九〕亦　當作『亦』。

〔二一九〇〕脱釋文。

〔二一九一〕廾　説文作『廾』。

〔二一九二〕音　段作『古音』。

〔二一九三〕脱釋文。

〔二九四〕脱釋文。

〔二九五〕形同義　段作「形相似」。

〔二九六〕秩　爾雅釋宫作「秩」。

〔二九七〕脱釋文。

〔二九八〕脱釋文。

〔二九九〕脱釋文。

〔三〇〇〕脱釋文。

〔三〇一〕脱釋文。

〔三〇二〕入聲　段作「讀入聲」。

〔三〇三〕脱釋文。

〔三〇四〕拼　叢書本作「評拼」。叢書本有釋文，兹補録如下：「廣雅曰『彈，拼也』，『拼』即『抨』。孟康漢書注：『引繩以抨彈。』」

〔三〇五〕又作翳　段作「又按伯翳」。

〔三〇六〕晏　段作「匽」。

〔三〇七〕楚伯　當作「楚昭伯」。

〔三〇八〕正義　段作「音義」。

〔三〇九〕脱釋文。

〔三一〇〕京兆　漢書張敞傳作『張京兆』。
〔三一一〕脱釋文。
〔三一二〕脱釋文。
〔三一三〕嬛嬛　説文宀部引詩經作『煢煢』。
〔三一四〕煢煢　説文女部引春秋傳作『嬛嬛』。
〔三一五〕嬉行　段作『今嬉行』。
〔三一六〕脱釋文。
〔三一七〕脱釋文。
〔三一八〕專行　段作『今則專行』。
〔三一九〕繞　當作『纓』。
〔三二〇〕願　段作『眷』。
〔三二一〕娟　説文作『娟』。下同。
〔三二二〕脱釋文。
〔三二三〕脱釋文。
〔三二四〕脱釋文。
〔三二五〕脱釋文。
〔三二六〕身　當作『身』。殷敬順曰：『槩，説文作「身」。』下同。

〔三二七〕即　段作「同」。

〔三二八〕六　疑當作「亦」。

〔三二九〕古　段作「本」。

〔三三〇〕骫　説文作「骩」。下同。

〔三三一〕脱釋文。

〔三三二〕弓　段作「字」。

〔三三三〕脱釋文。

〔三三四〕脱釋文。

〔三三五〕名　段作「作」。

〔三三六〕猶今　段作「若今云」。

〔三三七〕脱釋文。

〔三三八〕晉灼　段作「晉」。

〔三三九〕關中　周禮考工記鄭玄注作「關東」。

〔三四〇〕纆　當作「墨」。

〔三四一〕脱釋文。

〔三四二〕蟸　當作「蟸」。

〔三四三〕鄭　當作「郭」。

〔三四四〕脫釋文。

〔三四五〕蚈　當作「蚌」。下同。

〔三四六〕脫釋文。

〔三四七〕蠐　段引本草陶隱居注作「蜳」。

〔三四八〕脫釋文。

〔三四九〕三經　疑當作「三傳」。

〔三五〇〕䵷　說文作「䵷」。

〔三五一〕脫釋文。

〔三五二〕脫釋文。

〔三五三〕脫釋文。

〔三五四〕脫釋文。

〔三五五〕三　當作「二」。

〔三五六〕脫釋文。

〔三五七〕爲　鄭箋原作「飾」。

〔三五八〕脫釋文。

〔三五九〕処　當作「處」。

〔三六〇〕曰勺　當從段作「曰料」。

〔三六一〕敊　漢書作『菽』。

〔三六二〕升　孟康作『斗』。

〔三六三〕脱釋文。

〔三六四〕『與許』云云　下或脱一『異』字。

〔三六五〕脱釋文。

〔三六六〕脱釋文。

〔三六七〕脱釋文。

〔三六七〕脱釋文。

〔三六九〕脱釋文。

〔三七〇〕王　左傳作『五』。

〔三七一〕𪓰臼　段作『解之曰𪓰』。

〔三七二〕脱釋文。

〔三七三〕脱釋文。

〔三七四〕晨　段作『晨』，是。

〔三七五〕脱釋文。

〔三七六〕體　段作『字』。

〔三七七〕胙　當作『祚』。

〔三七八〕彝　段作「彝銘」。

〔三七九〕脱釋文。

〔三八〇〕脱釋文。

〔三八一〕盜盜　當作「盜寧」。

〔三八二〕盜同盜　當作「盜同寧」。

〔三八三〕盜　當作「盜」。

説文段注撰要卷四

説文所無字

低 當作『氐』。徐氏鉉曰『低、僨、價、停、僦、伺六字，皆後人所加』，是也。

橐 橐字下：『讀若「春麥爲橐」之「橐」。』

禰 秋畋也，即犬部之『獮』。鉉新坿有『禰』，訓『親廟』。許意蓋欲以『爾』『邇』概之。『禰』字自今文堯典早有此字，何休云：『父死稱「考」，入廟稱「禰」。』舊説云：雖入廟而猶冣近於己，故从『示』旁『爾』。行之久遠，安可不用也！

禮 祝也，即言部之『詛』。

祧 周禮故書『祧』作『濯』，鄭司農：『濯，讀爲「祧」。』或許君意在别裁，謂『祧』字不古，當从故書。

祆 後人杜撰。

祚 『胙』之俗，後人臆造。

逍遥 『繇』即『遥』字。

璵 説文止作『璠與』。

瓄 『壐』下云『壐瓄』。蓋古衹用『賣』，後人加偏旁，曹憲音『瀆』。

琡 爾雅『璋大八寸謂之「琡」』，宜同『璹』。

瑳 内司服兩引『瑳兮瑳兮』〔一〕，今詩作『泚』。

蕺 與『⿱艹並』同，即今魚腥艸，凶年人掘食之。

芹 説文作『菦』。今於『艾』『蓳』二字之下又出『芹』字，此恐不知『菦』即『芹』者，妄用爾雅增之。

葯 楚辭王注『葯，白芷也』，廣雅曰：『白芷，其葉謂之「葯」。』

斳 蘄，『斳』聲。古鐘鼎款識多借爲『祈』字。

𠭴 爾雅釋詁『𠭴，息也』，字林以爲『喟』，孫本作『快』，郭又作『嘳』。艸部『𠭴』、耳部『⿱𠭴耳』，皆『𠭴』聲，則固有『𠭴』字矣。漢書酇成侯周緤，服虔音『菅𦵯』之『𦵯』，則服作『𠭴成侯』。

薠 爾雅『薠，鼒蕫』，蓋許所據祇作『頮』。

菝 爾雅『菝，蔜蔜』，蓋許所據祇作『敊』。

稊 『蕛』字從此。考禾部無『稊』字，則『蕛』字『稊』聲，乃『梯』聲之誤。

莕 『萸』字下曰：「一曰『莕茈』。」集韻『莕，勇主反。莕茈，木耳』，是謂『萸』之一名也。

鋩 『芒』即『鋩』。

芾 召南『蔽芾甘棠』，爾雅釋言：『芾，小也』；卷阿毛傳云：『芾，小也。』『芾』『茀』同字。

馥 小雅『苾苾芬芬』，韓詩作『馥』。

洴 『荓』字，從『艸』『水』，『并』聲，乃『洴』聲也。

筵 有『籥』無『筵』。

銘 許意凡經、傳『銘』字，皆當作『名』。

噉 玉篇、廣韻皆正作『噉』，云：『「啖」同。』以『犨』字例之，蓋説文『啖』本作『噉』。

鸜 高誘注吕覽曰：『含桃，鸜桃；鸜鳥所含。』陸璣詩疏『黄鸝留，幽州人謂之「黄鸜」』，『鸜』字始見。要因其聲製字耳。

嵩 『唬』下曰『讀若「嵩」』，玉篇『呼交』切。

麌 詩：『麀鹿麌麌。』

訃 古作『赴』，取『急疾』之意。今文从『言』，『急疾』意轉隱。

紒髻 士冠禮『采衣紒』，注：『古文「紒」爲「結」。』糸部有『結』無『紒』。古無『髻』字，即用『結』。

趭 廣雅釋室『騰趭犇也』、大人賦『騰而狂趭』、吴都賦『狂趭獷猤』，則古非無『趭』字。

鞈鞻 周禮有『鞮鞻氏』。字林有『鞻』，釋之曰『鞈鞻』，則『鞈』字亦字林始有之，説文『鞈』字殆後人所增。

趾 『止』即『趾』也。

拒 『歫』即『拒』也。

峯 當作『夆』。

遜 六經有『孫』無『遜』。爾雅釋言淺人改爲『遜』。許書『遜，遁也』，蓋後人據今本爾雅增之，非本有也。

逼偪 蓋衹用『畐』。

寘 『窴』之誤。凡『寘彼周行』『寘諸河之干』，皆當作『窴』。

迅 小雅、盤庚皆作「弔」，釋詁、毛傳皆云：「弔，至也。」許蓋本無此字，後人爲之。

佐佑 當作「左右」。

粻 食部引「峙乃餱粻」。

睟眵 即「𠦝」之俗。

佳 人部有「佷」。

跛 即「彼」之隸變。經傳多作「跛」。

禫 今有者，後人增也。許作「三年導服」。導，古語，蓋讀如「澹」，故今文變爲「禫」字。是其音不與「凡導」同。

喚 「囂」「喚」古今字。

辡 陸氏音義云：「詵詵」，説文作「辡」。陸所據多部有「辡」字。

悦懌 只用「説釋」字。

誺 「謯」下云：「謯娽也。」廣雅曰：「謯，誺也。」篇韻皆曰：「謯，誺也；誺，謯也。」

借 「譜」下云：「大聲也。」爾雅「行扈唶唶」，釋文曰：「唶，説文云：『借字也。』」三字語，不完。一云「大聲也」。」許書「叚」下曰「借也」，「耤」下曰「古者使民如借」，序目曰：「六曰「叚借」。』人部未必無『借』字，而『諎唶』可以爲『借』字固非無徵矣。借，『資昔』『資夜』二切。孔沖遠曰：『「叚借」字在「取」者，則「假」讀上聲，「借」讀入聲；在「與」者，則皆讀去聲。』

架　古無『架』字，以『加』爲之。

魑　『謧』下曰『从「言」，「魑」聲』，大徐據此補入鬼部。

訛　説文無『訛』有『吪』，『訛』俗字。

偵　史、漢淮南傳『王愛〔二〕，多予金錢，爲中詗長安』，孟康曰『詗，音「偵」』，『詗』即『偵』。

畾　靁，从『雨』象形作此。凡曰『从「畾」聲』者，皆從『靁』省聲，形聲兼會意。許有『畕』無『畾』。

謚　字當作『謚』。

輂　車軸束也。疑『輂』『桊』本一字。許書有『桊』無『輂』，後人補之；又改『輹』爲『軸』。

燧　『鞻』下云：『讀若論語「鑽燧」之「鑽」。』

埶藝勢　周時『六藝』字，蓋亦作『埶』。禮運『在埶者去』，不作『勢』。

繽　『闠』下云『讀若「繽」』，則許時非無『繽』字也。

燮 炎部蓋本無『燮』字，俗用文字指歸説增之。

拭 『彡』下云『毛飾畫文也』，『𦘔』下云『聿飾也』，皆即今之『拭』字。『拭圭』雖見聘禮，必系俗改。司尊彝『涚酌』，大鄭云：『涚〔三〕，拭勺而酌也。』拭，釋文作『飾』。

敺 攴部無『敺』。

揉 𣪊下云：『揉屈也。』説文有『煣』柔無『揉』〔四〕。煣，屈申木也。

杀 『殺』下曰『「杀」聲』，相傳音『察』。張末曰〔五〕：『杀，古「殺」字。』

簿笏 專，六寸簿，蓋『笏』也。古者貴賤皆執『笏』，即今『手版』。篰，蓋即今之『簿』字。象笏，古作『曶』。

儁 人部有『俊』無『儁』。

弅 人部有『倂』，舟部有『艕』，皆从『弅』聲。然則今本説文專『弅』字無疑。而隴切。

扑 本當作『攴』，又變加『手』。

轍 古有『徹』無『轍』。

繣 離騷『緯繣』，廣韻『徽繣』。

叩 攴部作『敂』，手部作『扣』。

敹 說文本無『敹』字，後人增之。

𠧞兆 古本說文卜部無『𠧞』『兆』字。八部『𠔁』，即『龜兆』字。今『𠔁』音『兵列』切。卜部『兆』中多一筆，以殊於『𠧞』，皆非古也。

睆 詩古本多作『睆』〔六〕。大徐謂『睆』爲『或「睅」字』。

窅宎凹凸 窅，烏交切；宎，徒結切。凹，陷也；凸，起也。

昒 說文有『昧』無『昒』。

希 『希』聲字多有，然則『希』篆奪也。疑『希』者，古文『黹』。

佇竚 惟有『宁』字。

妙 『眇』即『妙』也。

脞 書：『元首叢脞哉』，馬鄭皆以『小』釋之。許書無『脞』，因改爲『睉』。此恐臆決專輒。

紱 『翇』下曰：『讀若「紱」。』

鬆 無每部，亦無縣部，無所入也。

鳩 釋鳥作『鳩』，說文作『卜』。

霧 當作『霚』。

爿 五經文字曰：『爿，音「牆」。』

秸 即『稭』字。

鸙 『鷚』下曰『天鸙也』，爾雅釋鳥『鷚，天鸙』。

鳶 謂『鵰』爲正字，『鳶』爲俗字。

麼 通俗文曰：『細小爲「麼」』〔七〕，許蓋以『髍』包之。不得以『髍』平、『麼』上爲疑也。

瘯瘰 左傳作『瘯蠡』。

剔 作『鬄』。

胉 儀禮『牲體脅謂之「兩胉」』，注：『古文「胉」爲「迫」〔八〕。』

由 『由』聲字甚多，不可謂古無『由』字，欲盡改爲『甹』省聲也。

佾 作『佾』『肸』皆可。『佾』『肸』，許乞切。

脡 『挺』即『脡』也。

𦞦 五經文字曰：『「𦞦」見禮經。周禮、説文、字林皆作「臛」。』據此，則説文本無『𦞦』字甚明，後人益之也。

膷臐 許從古文『膷』作『香』、『臐』作『熏』也。

觷 爾雅釋器：「『角』謂之『觷』。」

膭⿳𦥯冖月 蓋古本皆無，或增『膭』而失其解，則不若併增『⿳𦥯冖月』也。

朘 赤子陰也。子和反，又子壘反。此字各本無之。老子音義引説文可據，故補綴於末。

剸剬 首部有『剬』無『剸』，刀部無『剬』。後人以聲類之『剸』，改首部之『剬』；又移『剬』入刀部。二徐本皆非古也。『刓』下曰：『剸也。』

衈 許依經作『珥』。

挎 繫辭『刳木』，一作『挎木』。鄉飲酒禮：『挎越。』

剜 當作『剈』。

穢 當作『薉』。

⿰阝焉 當作『傿』。

⿰車巳 考工記『軓前十尺』，故書或作『⿰車巳』。

窄 本作『笮』。

簥篞 釋樂：『大管謂之「簥」，其中謂之「篞」。』許所據不从『竹』。

叵 説文敘目云：『雖叵復見遠流。』

諄 詩『鼉鼓逢逢』，埤蒼、廣雅作『諄諄』。

虪 釋獸：『虪，白虎。』

憘 『藎』下云：『讀若「憘」。』

餕 有『餥』『饌』字。

餭 餦，熬稻粻餭也。

停渟 依釋文〔九〕，漢時已有『停』字，而許不收。

确 許書有『确』無『确』。

緻 精緻，漢人祇作『致』。糸部『緻』字，徐鉉所增。凡鄭注俗本乃有『緻』。

襓 少儀：『加夫襓與劍焉。』

鍜鍜 自從『段』譌爲从『叚』，而篇類皆有『鍜鍜』〔一〇〕，音『乎加』反。

韝 疑説文本有『韝，臂衣也；從「韋」，「甫」聲』之文，因與『韝』字相似而佚之〔一一〕。

梗 蓋俗字不列。

楝 蓋古祇作『束』。

檵 因『栟』之『木』旁而同之。

杻 豈其字正作『紐』，俗作『杻』與？

妥 見於詩禮。

椇 禮記有『椇』字。

嚃 即『餂』之異文。曲禮：『毋嚃羹。』

繇 『櫾』字从『木』，『繇』聲。

搶 許無从『手』之『搶』。凡『槍』『攘』，上从『木』，下从『手』。

幄 有『楃』。『楃』出巾車職。

斪劚 二篆淺人依爾雅俗本增之，今删。

扢 廣韻去、入聲皆作『扢』，从『手』，皆从『木』之誤耳。今書籍『杚』字，多譌作『扢』〔一二〕。

櫂 俗字。

挍 說文無从『手』之『挍』。唐石經『考校』字，皆从『木』。但訂以周禮鄭注，則漢時固有从『手』之『挍』矣。『比挍』字，古蓋無正文，『較榷』等皆可用。

櫱 『楬』下云：『楬櫱也。』

爽 『㸚』下曰：『从「林」「爽」。爽，或説「規模」字。』

卌 『㸚』下曰：『爽，从「大」「卌」。卌，數之積也。』

杌 有『扤』無『杌』。

債 古無『債』字。

售 『賈』下曰『一曰「坐賣售」也』，六字蓋淺人妄增。

姒 鄫，姒姓國。古祇作『以』。漢碑『姒』作『似』。詩：『褒姒威之。』蓋許所據从『邑』。許書有『譚』長，不以古字廢今字也。

譚

曙 許本作『睹』，後乃變爲『曙』。署，亦『者』聲也。

幢 始祇有『翳』字，繼乃有『纛』，繼乃有『幢』，皆後出字。

秈 蓋『秈』即『稴』字，音變而字異耳。

緵 孟康云：『緵，八十縷也。』

愬 『𢡆』下曰：『愬聲。』

免 『俛勉』字皆『免』聲，蓋本有『免』篆而佚之。或曰：古無『免』『兔』之分，俗强分别者，非也。

帟 巾車「帟」，蓋叚「亦」爲之。「亦」之言「重」也，其周禮故書與？

涛 「俦」下曰：「讀若「汝南涛水」。」

覿 禮經古文作「儥」，今文作「覿」。許從古文不從今文與？

駛⿰馬吏 左傳「吏走問諸朝」，本作「使走問諸朝」，古注：「使，速疾之意也。」又鬯部：「⿰鬯吏，烈也。讀若「迅」。」蓋此二字，即今之「駛」「⿰馬吏」乎？水部「沑，水吏也」，「吏」同「使」，謂「水疾」。

崔 偶奪耳。「摧」「催」字从「崔」。

篦 古祇作「比」，見蒼頡篇、釋名、漢書匈奴傳。

襁 古「繦緥」字，从「糸」不从「衣」。淺人不得其解而增「襁」篆。

褶 許依古文禮作「襲」，故不收「褶」字。凡經典「重襲」之義，皆當作「褶」。

祛 古無作「示」之「祛」，至集韻而後有之。唐石經「以車祛」。祛，从「衣」，不誤。

襀〔一三〕 字見周禮夏采職故書，杜子春易爲「綏」，許不從故書，故無「襀」篆。

⿰矢召 釋名：「⿰舟周，⿰矢召也。⿰矢召，短也。」許書無「⿰矢召」，當作「⿰衤鳥」。

綻 當作「袒」。

禠 此字僅見漢書朱建傳，蓋『襚』之或字。淺人所增，非許本書所有也。

褭 當作『褭』。

鬌鰆 許依古文禮，故不録今文禮之字也。

㝷 『覍』下云：『㲋曰「吁」。』

伺 古別無『伺』字，『司』即『伺』字。

規 釋訓『戚施，面柔也』，釋文云：『「戚施」字，書作「規䙷」。』

䙷 蓋即『䙷』字。

哂 論語『夫子哂之』，馬曰：『哂，笑也。』蓋『哂』即『矤』，後人因『哂』『矤』造『弞』耳。

慾 古有『欲』字，無『慾』字。後人分別之，製『慾』字，殊乖古義。

㢲 許本無『㢲』，則無『从「欠」』、『「㢲」聲』之字可知。

嗽〔一四〕 許書以『欶』包『嗽』〔一五〕。

俯 『俛』字本从『免』，『俯』則由音誤而製，用『府』爲聲字之俗而謬者，故許書不録。

顦顇 面部之『醮』，當是『顦』正字。左傳引詩曰『雖有姬姜，無棄蕉萃』、楚辭漁父『顏色憔悴』、班固荅賓戲『夕而焦瘁』，字各不同。今人多用『憔悴』字。

髣 『髴』與『仿佛』之『佛』義同。後人因『髴』製『髣』。

匔匔 鞠躬，史記魯世家作『匔匔』。

⿺鬼堯 各本無此篆。考玄應書五引説文『⿺鬼堯』字，助交切，訓『捷健』也。蓋後人以『勦』代『⿺鬼堯』，而説文『⿺鬼堯』字亡矣。疑『⿺鬼虎』篆即『⿺鬼堯』篆之譌。

嵩崧 古通用『崇』字。

嵍 許書所無〔一六〕，後人增之。字林乃有『嵍』字。嵍邱即旄邱，乃邱名，非山名也。

庀 周禮故書『庀』作『比』。許从故書，故説文無『庀』。

硠 許書無『硠』有『硍』。『硍』音『限』。

劇犍 豶，或謂之『劇』，亦謂之『犍』。許書無此二字。

豥 詩音義引説文『豥』字。爾雅釋獸『四蹢皆白豥』〔一七〕。

⿰豸契 疑許本作『契』，無豸旁，後人加之。

蜼 周禮、爾雅、山海經有『蜼』字。『蜼』『貁』爲古今字，許用今字。

駣 字見周禮。疑周禮故書本作『兆』，或借羊部『䍮』爲之，不當如玉篇擅增也。

⿰馬魚 魚，字林作『⿰馬魚』。

騜 毛詩作『有驈有皇』，爾雅作『黄白，騜』，亦是俗本。

鷰 集韻、類篇皆於『鷰』下云『乙角切』，引説文『馬行徐而疾也。一曰「馬腹下聲」』。是當丁度、司馬光編書時，説文已或譌舛，乃誤以爲一字兩義。今本説文篆用『鷰』，解用『鸒』，蓋本有『鷰』篆，解『馬腹下聲』。

帆 今有『帆』字，船上幔以使風者也。自杜注左傳已用此字，不必借『颿』。

驫 各本無此篆，段依玉篇補。

麘麢麈 『鹿』旁皆後人所箸。

狌 許不録『狌』字，『猩』字下亦不言獸名。

鰈 許書『鰨』即『鰈』也。

鼮 許有『鼨』無『鼮』。疑爾雅『鼨鼠，豹文鼮鼠』六字爲一物。

堞 土部有『壂』字。

煻 通俗文曰：『熱灰謂之「煻煨」。』許無『煻』字。今俗謂以火温出冬閒花曰『唐花』，即『煻』字也。

螢 詩傳曰『熠燿，燐也。燐，熒火也』，『熒火』猶言『鬼火』也。毛詩字本作『熒』，或乃以釋蟲之『熒火』，即炤』當之，且或改『熒』爲『螢』，改『粦』爲『燐』，大非詩意。古者『鬼火』與『即炤』皆謂之『熒火』，絶無『螢』字也。

炰 說文有『炮』無『炰』。蓋本兼有二字，而删其一。炮，毛炙肉也。『炰』或變爲『烝』，又變爲『炰』，如今言『煨』，俗語如『烏』。

侶 當作『旅』。

莅 道德經釋文云：『古無「莅」字，說文作「竦」。』『莅』行而『竦』廢矣。凡有正字而爲叚借字所敓者，類此。

志 即古文『識』，而『識』下失載。大徐補爲十九文之一。

譍 凡言語應對之字，當作『應』。大徐言部增『譍』字，非也。

駑 許祇云『奴馬』。

偷 本當作『愉』。淺人別製『偷』字，从『人』，訓爲『偷薄』、訓爲『苟且』、訓爲『偷盜』，絶非古字，許書所無。然自山有樞鄭箋云『愉，讀曰「偷」；偷，取也』，則不可謂其字不古矣。

努 古無『努』字，祇用『怒』。

憾 許書有『感』無『憾』。左傳、漢書『憾』，多作『感』。

悚〔一八〕許書有『愯』無『悚』。

灞 當作『霸』。

灕 離水，本不从『水』，後人益之。

沘 水經注曰：『沘水，字或作「淠」。』説文有『淠』無『沘』，前志有『沘』無『淠』，不得混爲一水。

淄 周禮作『菑』，漢志作『甾』。古字俗加『水』旁。

濤 即『淖』之異體〔一九〕。濤，古當音『稠』。淖，『翰』聲，即『舟』聲。枚乘七發『觀濤』，即爲『觀淖』。

漫 滔，水漫漫大貌；漫漫，當作『曼曼』。

瀺 疑説文本有『瀺』篆，云：『水之小聲也。从「水」，「毚」聲。』下出『灂』篆，云：『瀺灂也。从「水」，「爵」聲。』

派 韻會曰『派，本作「𠂢」，从反「永」』，引鍇云：『今人又增「水」作「派」。』據此，則説文本有『𠂢』無『派』。今鍇鉉本『派』字當删〔二〇〕。

湆 湆，幽深也〔二一〕。从『水』，『音』聲。五經文字曰：『湆，从「泣」下「月」，大羹也。湆，从

「泣」下「日」，幽深也。今禮經「大羹」相承多作下字，或傳寫久譌。』『湇』字不見於說文。

頪 禮家製『頪』字，許不取。小戴三云『頪宮』。

蓱 疑許書本有『苹』無『蓱』，『蓱』即『苹』之別字。說文不當有『蓱』篆。

鯤 魚子未生者曰『鯤』，許以『丱』包之。西京賦『檏鯤鮞』，薛注：『鯤，魚子也。』此與鄭内則注『鯤，魚子也』皆謂『出卵』者，爲『魚子』〔一二一〕，失爾雅本義。

鱦 『鮞』之俗字。

鰈 玉篇、廣韻合『魼』『鰈』爲一字，非也。

鰹鯇 釋魚：『鰹，大者鮦，小者鯇。』

鯊 毛詩『鯊』本作『沙』。

憓憒 書：『叨憒日欽。』大學：『心有所忿懥。』

闤 『闤』即今『闤』字。

闠 蓋以『還』『環』包之。

閌 詩『高門有伉』，當是『阬』之譌。甘泉賦：『閌閬閬其寥廓兮。』

鑰 古祇用木爲之，不用金鐵。

瞻 許書本無『瞻』字，『眈』即『瞻』也，一變爲『瞻』耳，再變則爲『儋』耳矣。

摻 淺人『摻』『操』不分而奪『摻』篆。

掐 爪按曰『掐』。

擮 許本無此字，衹用『戟』。

揥 廣韻十二霽曰：『「揥」者，整髮釵〔二三〕。』

擲 古書用『投擲』字，皆作『擿』。

擧 説文本有『擧』無『舉』〔二四〕，後人自譌舛耳。

擩 五經文字曰：『字書無「揳」字。』其所據説文已爲俗改之本，有『擩』無『揳』，而不知説文古本之有『揳』無『擩』也。

摣 許有『担』無『摣』。

阰 楚辭『朝搴阰之木蘭』〔二五〕，王逸曰：『阰，山名。』

攉 字書、韻書皆不録。盧令鄭箋：『「鬈」，讀當爲「攉」。』吴都賦『覽將帥之攉勇』，李注云：『毛詩「無拳無勇」，「攉」與「拳」同。』

鼏〔二六〕 『鼏』『鼐』相似而失其一。

衿 『袗』『衿』相似而失其一。

池 『沱』『池』相似而有『沱』無『池』。

賞 古文『貴』不見於貝部，恐有遺奪。

嗎 大招：『嗎然一笑。』

嬌 古無『嬌』字，凡云『嬌』，即『驕』也。

炔 『炔』下曰『讀若「煙火炔炔」』，蓋即『焆焆，煙皃』之或體也。

屢 古有『婁』無『屢』。

嬲 乃『嬈』之俗字。

紗 古祇作『沙』，無『紗』字。

約 儀禮注：『絢，今文作「約」。』許用禮古文，故不録今文。

綦 大徐以補『綥』之或體。

紨 古文『緇』字，或作『糸』旁『才』。

緅 『纔』即『緅』也。

蹙 古多用『戚』，無『蹙』字。

阡陌 俗字。百夫之涂，謂之爲『百』；千夫之道，謂之爲『千』。㝮，讀若『阡陌』之『陌』，蓋當作『什佰』也。

蝨 爾雅釋蟲：『蝨天螻。』

蚕 毛傳：『蟋蟀，蚕也。』

螗 蟬之大者也。當依小正作『唐』。

蛛 爾雅：『蜓蛛，螇螰。』

蟟 當作『尞』。

蠛 爾雅作『蠛蠓』，非古也。

蜉蝣 『蜉』字許書無，『蝣』字雖有亦非〔二一七〕。

伸 衹作『申』。

蛙 釋魚：『蛙，蟗。』

藏 臧，善也。善必自隱，故別無『藏』字。

騂 艸人：『凡糞種、騂剛用牛。』子春必易爲『垟』字，相承作『騂』；又譌作『騂』者，乃大謬耳。

窟 當作『堀』〔二八〕。

𨺗 疑古『𪏭』即今『𨺗』字。

鋈鎣 金部本有『鐐』無『鋈』，淺人乃依今毛詩補之。

鑞 職方氏注曰：『錫，鑞也。』

酭 士虞、少牢、特牲古文『酭，皆作「酌」』。許從古文，故酉部不録『酭』字。

廓 祇用『郭』字，其實當用『𩫏』。

鍭 儀禮記作『猴矢』。『鍭』字鍇無鉉有。

醆琖 夏曰『醆』，大徐作『琖』。

庣斛〔二九〕

輞 或曰許本有『輞』篆。今『軔』篆即『輞』之誤。

軿 大馭『右祭兩軹』，故書『軹』爲『軿』。

差 或古有此文，或累『左』爲聲，皆未可知。隓，从『𨸏』，『差』聲。

曳 各本無，段補。

醒 醒，醉而覺也，即是『醒』也。字林始有『醒』字。

邈 古祇作『藐』。

詔 古曰『誥』，秦漢曰『詔』。

儻 許沖敘：『儻昭所尤。』

韵韻 『韵』字見於薛尚功曾侯鐘銘。

校記

〔一〕兩引　段作『注兩引』。

〔二〕愛　淮南傳作『愛陵』。

〔三〕涚　周禮春官司尊彝大鄭注作『捝』。

〔四〕柔　衍字。

〔五〕張耒　段作『張參』。

〔六〕皖　當作『睆』。

〔七〕䋈　當作『細』。

〔八〕古文　儀禮注作『今文』。

〔九〕釋文　段作『釋名』。

〔一〇〕類　當作「韻」。

〔一一〕⿰韋甹　當從段作「⿰韋專」。

〔一二〕多　段作「皆」。

〔一三〕積　當作「⿰礻賣」。

〔一四〕⿰口敕　當作「嗽」。

〔一五〕以敕包⿰口敕　當作「以欶包嗽」。

〔一六〕所　段作「本」。

〔一七〕白　桂馥按：「白，疑爲『曰』。」

〔一八〕悚　當作「悚」。

〔一九〕淖　段作「𣶏」，即「潮」字。下同。

〔二〇〕鍇鉉本　段此下有「水部」二字。

〔二一〕深　說文作「㴱」。

〔二二〕「此與」云云　疑其下或當補一「同」字。

〔二三〕整　今廣韻霽韻此上有「揥枝」二字。

〔二四〕轡　當從段作「轝」。

〔二五〕攓　說文引楚辭作「𢶍」，今楚辭作「搴」。

〔二六〕鼏　當作「鼏」。下同。

〔二七〕「蜉字」云云　段云：「『蝣』字許書無，『蜉』字雖有亦非。」

〔二八〕堀　當作「堀」，隸省作「堀」。

〔二九〕脱釋文。

説文段注撰要卷五

俗字

傍徨傍徨彷徨 當作『旁皇』。

珛 當作『玊』。

玊 亦俗字，本作『玉』。蓋後人以『朽玉』字爲『玉石』字，以別於『帝王』字；復高其點爲『朽玊』、『玊』姓字，以別於『玉石』字。又或改説文『從王加「點」』爲『從「王」、「有」聲，作「珛」』，亦以別於『玉石』字也。『朽玉』字音『齅』，杜陵玉姓音『肅』。

鞘 漢人作『削』。『削』『鞘』古今字，私妙切。

旒 當作『瑬』。

琤 此字恐系『瑲』之譌。

瑠璃 古人言『壁流離』、言『壁瑠』，今人省言之曰『流離』，改其字爲『瑠璃』。『珋』與『流』

『瑠』音同。楊雄羽獵賦『椎夜光之流離』，古亦省作『流離』也。

莓 魏都『蘭渚每每』，俗改作『莓』。

草 俗以『草』爲『艸』。

阜皂 俗別以『阜』『皂』爲『草』。

苣 當作『藘』。野生者名『偏苣』〔一〕，人家常食爲『白苣』。

蘡 當作『嬰』。

蒯 蔽，苦怪切。不知何時改『蔽』作『蒯』，从『朋』、从『刀』，殊不可曉。蓋本扶風鄘鄉之字誤。鄘，讀若『陪』。玉篇引『無棄菅蔽』，不作『蒯』。

藤 古祇作『縢』。

菖 當作『昌蒲』。

芙蕖 當作『扶渠』『夫渠』。

芙蓉 當作『夫容』。

蘧 爾雅『其葉蘧』，衆家無此句，無庸臆造『蘧』字。

荆 凡從『幵』字，皆當寫作二『干』，俗多誤作『开』。

箈 周禮醢人『箈菹』，先鄭作『菭』，後鄭作『篙』。後鄭注當有「『菭』當作『篙』」四字而佚。今周禮作『箈』〔二〕，混誤不成字。

荏 當作『荏』。

蘊 當作『薀』。

薙 周禮『雉氏掌殺艸』，『雉』或作『夷』。古『雉』音同『夷』；作『薙』者，乃俗字。月令『燒薙』，蓋亦本作『燒雉』。許君本無『薙』字〔三〕，淺人所羼入也。

荑 稻人『芟夷』字，俗作『芟荑』。

炬 當作『苣』。今以『苣』爲『苣勝』『蒿苣』字。〔四〕

埋 當作『霾』〔五〕。

茆 茆，鳧葵也，力久反。俗作『茆』，音『卯』，非也。

橡 『草斗』字當从木部作『樣』〔六〕，俗作『橡』。

暮 當作『莫』。

犂 當作『䅘』。

胷胷 皆『脂』之俗。『脂』或『吻』字，凡言『胷』合當用此。

嗔 待年切。俗以爲『嗔恚』字。

左右 當作『𠂇又』。

佐佑 當作『左右』。

塘 凡『陂塘』字，古皆作『唐』。

嗷 嗸，下『口』上『敖』。今說文作『嗷』，淺人所妄改〔七〕。

𠯗 詩：『民之方殿屎。』屎，說文作『㕧』。今本說文作『𠯗』，俗人妄改。

啼 當作『嗁』。

櫻 高誘作『鸎桃』。鄭注月令作『櫻桃』，乃俗人所改。

邅 易『屯如亶如』，俗本作『邅』。

趑趄 易『其行次且』，『趑趄』乃後出俗字。

牚撐 當作『𣥊』。或作『牚』，或作『撐』，皆俗字。

峙 詩『以峙其粻』、柴誓『峙乃糗糧』，『峙』即『峙』；變『止』爲『山』，非真有从『山』之『峙』。『峙躇』之『峙』，平聲；『峙具峻峙』之『峙』，亦作『跱』，上聲。『峙』在說文爲『偫』。

歧 岐作『歧』，變『山』爲『止』，非真有从『止』之『歧』。

步 當作『步』；从『止』『㐅』相背，下不从『少』。

歲 當作『歳』；从『步』，『戌』聲。

尠 『尟』之俗。

過 古禾切，度也。引伸爲『有過』之『過』。分别平、去聲者，俗説也。

住 人部曰『侸，立也』，立部曰『立，侸也』，『住』即『侸』之俗；又『駐』『逗』二字之俗。

迤 當作『迆』。

迴 當作『回』。

蹹 當作『蹋』。

躊躇 『蹢躅』之雙聲疊韻曰『踟蹰』、曰『跢跦』、曰『峙踞』、曰『箎箸』，俗用『躊躇』。

謇 行難謂之『蹇』，言難亦謂之『蹇』。俗作『謇』，非。

拖 當作『拕』。

踞 今人『蹲踞』字，古作『居』。用『蹲踞』字爲『凥處』字，而『凥』字廢矣。又别製『踞』字爲『蹲居』字，而『居』字本義廢矣。

跂 足部有『跂』字。莊子『駢拇枝指』，字只作『枝』，『跂』蓋俗體。詩『跂彼織女』，今本乃改爲俗『企』字。

噪　當作『喿』。

筴　『策』之俗。

匾　當作『扁』。

⿰甘冄　魯靈光殿賦『玄熊⿰甘冄錟以䜣䜣』〔八〕，『⿰甘冄』蓋『㐁』之俗。

勾　『句』之俗。

譍　『應』之俗。

售　物價之『讎』，後人妄易其字作『售』，讀『承臭』切，竟以改易毛詩『賈用不讎』，此惡俗不可從也。

詔　秦造『詔』字，惟天子獨用之〔九〕。文選注三十五引獨斷曰：『詔，猶「告」也。三代無其文，秦漢有也。』倉頡篇乃有『幼子承詔』之語。

累　『絫』之俗。今人概作『累』而『絫』廢矣。

榭　經典無『榭』字，衹作『謝』。釋宮『無室曰「榭」』，轉寫俗字。

迓　『訝』之俗。

聱 玉篇『聱』字下引廣雅『不入人語也』，『聱』即『謷』之俗。

詶 詛也。俗用『詶』爲『酬應』字，而『詶詛』作『呪』，此古今之變也。

訛 當作『譌』。

炒煼 俗語『炒吏』字當作『訬』〔一〇〕，『煎炒』字當作『鬻焣』。

厈斥 『㡿』隸變爲『厈』，俗又譌『斥』。

境 曲之所止、事之所止、土地之所止，皆曰『竟』。俗別製『境』字，非。

𤗲 業，俗作『𤗲』。

翊 翼，猶『輔』也。俗書以『翊』爲『翼』。

盦 蓋『弇』之別體，後人所增也。

鍋 當作『𩰫』。

滾沸 當作『涫鬻』。

粥 當作『鬻』。

煠 助甲切。古謂『鬻瀹汋』，以灼切〔一一〕。今俗謂『煠』。

鋪　俗謂「火盛水沸溢出」爲「鋪出」，當作「䰛」。

爪　覆手曰「爪」。今人以此爲「叉甲」字，非是。「蚤」下云「叉，古「爪」字」，非許語。

熟　當作「孰」。玉篇始有「熟」字。

迨　詩：「逮天之未陰雨。」迨，俗字也。

塈恧　武后「埅」「恧」二字見戰國策，六朝俗字也。

藏　以從「艸」之「藏」爲「臧匿」字，始於漢末。臧，俗皆作「藏」，分平、去二音。「穀臧」「文書臧」「兵車臧」「芻稾臧」，今音皆「徂浪」切。

贓　古亦用「臧」。

殼觳　當作「㱿」。

毆〔一二〕　在馬部爲古文，「驅」字在殳部爲俗「毆」字。毆，烏后切。無庸牽合。

甎塼　當作「專」。

効　效，俗作「効」。今分「效力」作「効」〔一三〕，「效法」「效驗」作「效」，尤爲鄙俚。

敷　當作「尃」。

勑勅　敕，誡也。後人用「勑」爲「敕」。勑，勞也。又或作「勅」。

插 漢人祇作『臿』。

陣 『軍陣』字後人別製無理之『陣』字。『陣』行而『陣』廢矣。

潋滺 攸，行水也。衛風傳作『潋』，俗變之也。今詩作『滺』，當更俗矣。

乩 當作『卟』。抑疑『卟』爲『占』之變體，後人所竄入。

寗 當作『甯』。隸變作『甯』〔一四〕，非。

閿 當作『閿』〔一五〕。建安中改作『聞』。

矑 當作『驢』。盧，黑也。

睛 當作『精』，謂『精光』也。

瞞 平目也。俗借爲『欺瞞』字〔一六〕。

眠 當作『瞑』。

瘦省瘦損 當作『省瘦』『損瘦』〔一七〕。

眸 當作『牟』。

眹 瞽目但有眹也。俗作『眹』，誤。

羿 當作『羿』。

霎 俗語『霎時』，當作『翜』。

虆 當作『蘽』。

鵯 卑居。俗作『鵯』。

鸎鴒 當作『脊令』。雅，一名『精列』；『精列』者，『脊令』之轉語。

脱 手中遺落物當作『奪』。今乃用『脱』爲之，而用『奪』爲『爭敓』字。脱，消肉臞也。又用『脱』爲『分散』之義；『分散』之義，當作『挩』。

鸛 當作『雚』。

鵂 當作『舊』。别製『鵂』字，音『許流』切矣。

篾 書『敷重蔑席』，衛包改爲『篾』字，俗字也。

群 當作『羣』。

霍 當作『靃』。

崐崘 當作『昆侖』。

鳭 鳭鷯，當作『刀鷯』。

鳶『匪鶉匪鳶』，『鳶飛戾天』，當皆作『鳶』，即今之『鴞』字。『鳶』，俗字。

芟孟子：『野有餓莩。』『莩』者，『芟』字之誤。漢志作『芟』，又『殍』之俗字。

穩凡諸書言『安隱』者，當作『㥯』，謂㯼栝之而安也。今俗作『安穩』。

剮當作『冎』。

胛『甲』之俗。

膵內則曰『舒鴈翠』『舒鳧翠』，廣雅曰：『膵，臀也。』『膵』者，『翠』之俗。

臏『髕』之俗。

顴『權』之俗。

胞『脬』之俗。

膀胱『旁光』之俗。

袼衣袂當胳之縫，亦謂之『胳』；俗作『袼』。

擁雍腫，俗作『擁』。

鮭『膎』之俗。

脘 胃脘，謂胃宛中可容受。『脘』蓋『宛』之俗。

膱 『樴』之俗〔一八〕。

臛 『臛』之俗。

覷伺 當作『狙司』。

剪 『前』之俗。

忖 詩：『予忖度之。』忖〔一九〕，俗作『忖』。

辨辧 辨，判也。从『刀〔二〇〕』，俗作『辨』，爲『辨别』字；别作从『力』之『辧』，爲『幹辧』字〔二一〕，蒲莧切。古『辨别』『幹辧』無二義〔二二〕，亦無二形、二音也。

剜 削，烏玄切，俗云『剜』。

剉 今俗謂『錭』爲『剉』，乃『錯』之聲誤耳。説文作『厝』。

刑 剄也，與『荆罰』『典荆』『儀荆』字别。俗字乃用『刑』爲『荆』。

券 勞也。今人『券契』之字，誤作此。券，从『刀』。

刅瘡 『刀創』及『創瘍』字，俗變作『刅』、作『瘡』。多用『創』爲『刱』字〔二三〕。

㓞 『栔』之俗〔二四〕。

偶 兩人併發之『耦』，引伸爲凡『人耦』之稱。『奇耦』字當作『耦』，俗作『偶』。

氓甿 周禮『以興耡利萌』，淺人一改爲『氓』，再改爲『甿』。

觩 詩：『兕觥其觓』，俗作『觩』。

茹 醫方『竹茹』音『如』。別録从『竹』，俗作『艸』〔二五〕。

⿱竹南⿱竹爰 當作『萳爰』。

簪 當作『兂』。今俗行而正廢矣。

筐 『匡』之俗〔二六〕。

簁 可以取麤去細之器，其字作『籭』。廣韻：『⿱竹琁，⿱竹琁⿱竹維。』古以玉爲柱，故字從『玉』。今俗作『簁』〔二七〕。

奩 『籢』『匳』俗作『奩』。

廂 禮經『箱』字俗改爲『廂』，非也。

篚 依許，『匡匪』之『匪』不从『竹』，在匚部。从『竹』者，專謂『車笭』。

撾 馬檛。『檛婦翁』字本从『木』，後人又改从『手』。

簧⿱竹是 ⿱竹是，簧屬，今之『鎖』。『簧』以張之，『⿱竹是』以斂之，則启矣。俗語皆云『鎖簧』，而不知

『簀』字當作此。

弟　說文無『第』，段補之，云：『孔仲達毛詩正義所據有此篆無疑。俗省「弟」作「第」耳。』

饜　『猒』之俗。

冐　『冐』之俗。

郭　『城郭』字，當作『𩫏』。『郭』行而『𩫏』廢矣。

凱　當作『豈』『愷』。

虎　下當从『几』。

儘　曲禮『虛坐盡後，實坐盡前』，即忍切，俗作『儘』。

膿　當作『盥』〔二八〕。

塗　周書『惟其斁丹雘』，衛包改『斁』作『塗』。

飰汴　古衹有『飯』字，後乃分別作『餅』，俗又作『飰』。此正如汳水俗作『汴』也。

飤飼　以食食人物。字本作『食』，俗作『飤』，或作『飼』。

晌　俗謂日西爲『晌午』，頃刻爲『半晌』，『餳』之遺語也〔二九〕。又『一晌』『半晌』皆是『曏』字之俗。

飱 當作『飧』。

叨 俗『饕』字。今俗與『饕』分別異用。

餧 『餧』爲『餧餇』俗字，許艸部作『萎』。

缻 當作『缶』。

甕 當作『罋』。

缺 當作『缺』。

矧 尚書多用『矤』字，俗作『矧』。

停渟 『亭』之引伸爲『亭止』，俗乃製『停』『渟』字。

偪逼 皆『畐』之俗。『偪』『逼』行而『畐』廢矣。

緞 『𩏓』之或字，履後帖也。今俗以爲『錦繡段』之『段』。

韤襪 當作『韤』。

榤 爾雅『雞棲於弋爲榤』〔三〇〕，俗字當作『桀』〔三一〕。

包 『苞』之俗。

椟 即『遵』字。

柹 當作『㭫』。

奈 當作『柰』。

樸 詩、爾雅之『樸』，文選『壥閈樸地』〔三二〕，字皆當作『樸』。

槲 『斛』之俗。

杉 釋木『柀，黏』。『杉』者，『黏』之俗。

橡 『樣』之俗。

樺 樗，司馬上林賦作『華』。師古曰：『華，即今之「樺」。』樺，俗字。

蘖 櫱，俗加『艸』作『蘖』，多誤爲『蘖』字〔三三〕。

欅 柜，俗作『欅』。又音譌爲『鬼柳樹』。

柜 周禮『梐枑』注：『故書「枑」作「拒」』，從『手』。俗本从『木』作『柜』，非。

欄 『楝』之俗〔三四〕。又用爲『闌檻』俗字。

椈 『鞠』之俗。

樁 株，今俗語云『樁』。

撓 古本無从『手』『撓』字，後人臆造之以別於『橈』，非也。

旎柅 『旎』者『施』之俗，『柅』又『旎』之譌。

埏 商頌『松桷有挻』，俗作『埏』；老子『挻埴以爲器』，俗作『埏』。

櫹 九辯『櫹』即『橚』，淺人加『艸』耳。

柁舵 杕，引伸爲『舟舵』。高注淮南曰：『杕，舟尾也。』『柁』『舵』皆俗字。

犒⿰酉高 許以『稾』爲正字，不取俗字。左國皆本作『稾』。今作『犒』『⿰酉高』，漢人所改。

璞 『樸』之俗。

拆〔三五〕 土裂曰『塝』，木判曰『榜』。今人从『手』作『拆』，甚無謂〔三六〕。自專以『榜』爲『擊榜』字，而『榜』之本義廢矣。

幹 『榦』之俗〔三七〕。

拄 柱，引伸爲『支柱』『柱塞』『不計縱横』也。凡經注皆用『柱』。俗乃別造从『手』『拄』字，音『株主』切。

簷 『檐』之俗。

鎗 通俗文曰『剡木傷盜曰「槍」』，今俗作『鎗』。

鋘 『鋘』之俗。

耜 當作『枱』。

鍺 釋器：『「斫」謂之「櫡」。』

杯 當作『桮』。

楠 『柟』之俗。

柚 詩『杼柚其空』，當作『軸』。

榜梭 皆『杼』之俗，而音又異。

楦 『楥』之俗。

仗 『杖』之俗。

棒 『棓』之俗。

跗 『柎』之俗。

櫂 『擢』之俗。

棹 又『櫂』之俗。

採彩 手采作『採』，五采作『彩』，皆非古也。

打 『朾』之字俗作『打』，音『德冷』『都挺』二切。近代讀『德下』切，而無語不用此字矣。

楞 『棱』之俗。

拷 『考』之俗。

花 字起於北朝，當作『𠌶』。『花』行而『𠌶』廢矣。

萼 當作『咢』。

廘 廣雅曰：『京、庾、廩、廘，倉也。』按：吴語注『員曰「囷」，方曰「鹿」』，『鹿』即『京』也。『廘』者，『鹿』之俗。

罱 今農人『罱泥』，『罱』即『図』之俗字。図，女洽切。

溷 人廁或曰『圂』，俗作『溷』。

圊 人廁或曰『清』，俗作『圊』。

瑣 『瑣屑』字，當作『𧴪』。『瑣』行而『𧴪』廢矣。

賑 『振給』『振貸』字，皆作『振』。振，舉救也。俗作『賑』，非。

擔荷 當作『儋何』。

贐 當作『賮』。

剩 『賸』之俗。

儩 澌，盡也。『盡』之字俗作『儩』。

偵 樂記『禮樂偵天地之情』、史記『栗姬偵貴』，『偵』俗字。

賭 貯，周禮注作『賭』，俗字。

賒 當作『賖』。

債 當作『責』。

價 賣者之所得、買者之所出，皆曰『賈』。俗別其字作『價』，別其音入禡韻，古無是也。

賽 『賽』之俗。

邵 晉邑也。後魏之邵郡、後周之邵州，皆此也。經典獨此字從『邑』『召』。凡『周召』字作『邵』者，俗也。

鄲 依張晏，古字本作『單』，後人加『邑』耳。

邗 廣陵邗江字當從『干戈』之『干』〔三八〕。

瑯耶 漢碑「琅邪」字或加「玉」旁，俗字也。近人隸書從「耳」作「耶」。古「牙」「耳」相似。

黎 許所據古文尚書作「西伯戡黎」；戈部作「黎」，蓋俗改也。

鄗 俗以爲「鄉黨」字。

村 邨，本音「豚」，「屯聚」之意也。俗讀「此尊」切，又變字爲「村」。

侶 「昭」「穆」本無正字，叚此爲之。陸氏別製「侶」字，無識者。又取以竄入説文人部中。「考妣」則字當从「鬼」、从「示」。从「人」何居？

的 「旳」之俗。

朐 甘肅寧夏府靈州東南花馬池境有昫衍廢縣，俗譌作「朐衍」，非。

影 後人名「陽」曰「光」，名「光中之陰」曰「影」。别製一字，異義、異音，斯爲過矣！癭木，俗作「影木」。

皓 當作「晧」。

昊 「大暤」「少暤」，俗作「大昊」「少昊」。

皡 當作「暤」。

閑 「閒」之俗。

讜 因『黨言』而爲之『言』旁，謂之正俗字可。

翼 『昱』之字，古多叚字爲之〔三九〕。俗人以『翌』與『翼』形相似，似謂『翌』即『翼』〔四〇〕。衛包改尚書『六翌』皆爲『翼』，而『昱日』之義廢矣。

䀏䀏 沓，其音『姜畢』切者〔四一〕，蓋謂遠不可期，則讀如『蔑』；近不可期，則讀如『密』。自讀許書者不解而妄改其字，或改作『䀏』；廣韻改作『䀏』，意欲與『覓』之俗字作『覔』者，比附爲一。

覔 『覓』之俗。

渾 今俗謂『合同』曰『渾』，其實當用『昆』、用『棞』。

遊〔四二〕 游，俗作『遊』。

幡 『旛』之俗。叚巾部之『幡』爲『旛』，而『旛』廢矣。

旒〔四三〕 旈，旌旗之流也。『流』作『旒』者，俗。

㫰 叚『旅』爲『盧弓』之『盧』，俗乃製『㫰』字。

霸 『月始生魄然也』，俗用爲『王霸』字。

忙 㤶，亦作『茫』。方言『茫，遽也』，通俗文『時務曰「茫」』。許書則有『㤶』，俗作『忙』。

剋　『克』之俗。

仁　果實中皆有仁〔四四〕，本草本皆作『人』，明刻皆改作『仁』，殊謬。

梗粳　皆『秔』之俗。

秏　水經注曰『燕人謂「無」爲「毛」』，故有用『毛』爲『無』者；又有用『秏』者。初讀『莫報』切，既又讀『呼到』切。改『禾』旁爲『耒』旁，罕知其本音、本義、本形矣。

𥟖　『來』之本義訓『麥』，加『禾』旁，俗字而已〔四五〕。據廣韻，則埤蒼『來麰』字作『𥟖』。

𥡴　『䨥』之俗。兜，䨥蔽也。䨥，當作『𥫃』，俗作『𥡴』。

秄蓘　『秄』『衮』之俗。

癟　俗評『穀之不充』者曰『癟』，補結切，即『秕』之俗音、俗字。按：『不成粟』之字從『禾』，『惡米』之字從『米』，而皆『比』聲。

秤　稱，銓也。俗作『秤』。

糊　『黏』之俗。

揀　司馬云『簡米曰「精」』，『簡』即『柬』，俗作『揀』。

糣糝罧　皆魏晉閒妄作字，當作『潛』『槮』。至若『罧』字，雖見淮南鴻烈，亦俗字。

阯 交止，俗作『阯』。

䕸 『稭』之俗。

薤 『䪥』之俗。

瀉 『寫』之俗。

寀 詩『突入其阻』，鄭以字形相似易爲『罙』，冒也，而規切〔四六〕。非經本有作『罙』者。自宋及今日，毛詩刻本竟作『寀』，不『突』不『罙』，爲從古所無之字。

寮 『竂』之俗。

窻 『窗』已爲『囪』字或體，何取乎更取『悤』聲作『窻』字哉？淺人僞撰穴部『窻』字，當刪。

魘 『厭』之俗。

囈 『寱』之俗。

脹 古無此字，當作『張』。

養痒癢 今人以『養』『痒』爲『癢』字，非也。『癢』之正字，說文作『蛘』，玄應引禮記『蛘不敢搔』。

榴 楠瘤，俗作『楠榴』。

瘯 『族』之俗。

瘙 『搔』之俗。瘍之需手搔者，謂之『搔瘍』。搔，蘇到切。

疼 『疭』即『疼』字，徒冬切。旱氣疼疼然煩也。今義『疼』訓『痛』。

兜鍪 二字蓋淺人所加。『務』與『鍪』皆讀爲『曰』〔四七〕；『曰』即今之『帽』字。古謂之『冑』，漢謂之『兜鍪』，今人謂之『盔』。

寂 最，俗作『寂』，六朝如此作。

罥 『羂』之俗。

罪 捕魚竹网。秦始皇以『辠』字似『皇』，乃改爲『罪』。詩『畏此罪罟』『天降罪罟』，亦『辠罟』也。

罹 羅，或作『罹』，俗異用。

羇 羈，今字作『羈』，俗作『羇』。

冪 『幎』『幂』之俗。

塓 左傳『幂館宮室』，塗塈曰『幂』。今本作『塓』，乃俗字。

貼怗 帖，帛書署也。今人所謂『籤』也。引伸爲『帖服』『帖妥』。俗製『貼』字爲『相附』之義，製『怗』字爲『安服』之義。

幟 『識』之俗。

拭 『飾』之俗〔四八〕。

幪 法言『震風淩雨，然後知夏屋之帡幪也』〔四九〕，『幪』即『幏』之俗〔五〇〕。

珮 『佩』之俗。

斌 『份』之俗。潘岳藉田賦之『頒斌』，即上林賦之『玢豳』。

煽 詩『豔妻煽方處』，詩本作『傓』。後人以訓『熾』之故，臆造『煽』字耳。

駝馱 小雅『予之佗矣』，傳曰『佗，加也』，此『佗』本義之見於經者。『佗』之俗字爲『駝』、爲『馱』，隸變『佗』爲『他』，用爲『彼』之稱。

荷 何，擔也〔五一〕。俗作『荷』。經典作『荷』者，皆後人所竄改。

微 玉篇有『微』字，引書『虞舜側微』，『𢼸』之變體〔五二〕。

搸 像，古音讀若『養字』之『養』。故今云『式搸』，即『橡』之俗〔五三〕。

輭 『偄』亦『而允』切〔五四〕，俗作『輭』。

偷 『愉』之俗字。今人曰『偷薄』、曰『偷盜』，皆作『偷』，他侯切。『愉』字訓爲『愉悦』，羊朱切。此今義、今音、今形，非古義、古音、古形。古無从「人」之「偷」，漢末已有之。从「人」之「偷」，許不之取。

伎 與也。俗用爲「技巧」之「技」。

侚 搜神記卷十四云：「聞呻吟之聲，曰：『侚侚宜死。』」「侚」者，「痐」之俗字。

例 疑許本無此字。漢人少言「例」者。杜氏説左傳乃云「發凡言例」，經皆作「列」、作「厲」。蓋古「比例」字衹作「列」。

繫 周禮司門、校人字皆作「毄」，周易毄辭據釋文本作「毄」，漢書景帝紀亦用「毄」，後人盡改爲「繫」耳。

托 「寄託」之「託」當從「言」。俗作「托」，非也。

腦 「㛴」之俗〔五五〕。

并 幷〔五六〕，或從「人」，俗「并」字之所本也。漢隸作「并」。

袘 袉，俗作「袘」。

襬 方言曰：「絝，齊魯之閒謂之『襬』。」襬，俗字也，當作「褰」。

褰 本義謂「絝」。俗乃叚爲「騫衣」字，而本義廢矣。騫，馬腹墊也；墊者，下也。閔損字子鷩，是其義矣。

茙 唐棣之華傳曰：『襛，猶「戎戎」也。』按：韓詩作『茙茙』，即『戎戎』之俗字耳。

俳佪徘徊 當作『裴回』。

襀襇襉 子虛賦『襞積褰縐』，張揖曰：『襞積，簡齰也。』襞，經傳作『辟』；積，俗作『襀』；簡，俗作『襉』。『襇』『襉』皆今字。

蓑 衰，俗從『艸』，作『蓑』，而『衰』遂專爲『等衰』『衰絰』字。『衰絰』本作『縗』，『衰』其叚借字也。以艸爲雨衣，必層次編之，故引伸爲『等衰』。後世異其形、異其音，古義茫昧矣。

屑 屑，俗從『肖』，非。

輾 『展』者，未轉而將轉也。陸德明云：『字林作「輾」。』然則周南作『輾轉』，非古也。

舫 『方正』字，俗用『舫』。

貺況 皆俗字。字當作『況』。『貺』以意製，左國多有之〔五七〕。『況』乃『況』之變，最爲後出。

釵 叉，俗作『釵』。

鐵尖 即『殲』字之俗。

頽 穨，俗作『頽』。

示 士昏禮『視諸衿鞶』，注曰：「『視』乃正字，今文作『示』，俗誤行之。」曲禮『童子常視毋誑』、小雅『視民不恌』，『視』皆今之『示』字。古作『視』，漢人作『示』。

歗嗤 皆『蚑』之俗。

瘷 『嗽』之俗。

涎 次，俗作『涎』，郭注爾雅作『唌』。

俯俛 頫，古文『俯』字。匡繆正俗引張揖古今字詁云：『頫，今之「俯俛」也。』

懸 縣，系也。自專以『縣』爲『州縣』字，乃別製从『心』之『懸挂』，別其音『縣』去、『懸』平。古無二形、二音也。

須鬢鬚 凡上林賦之『鷛蘇』、吳都賦之『流蘇』、今俗云『蘇頭』，皆即『須』字也。俗叚『須』爲『需』，別製『鬢』『鬚』字。

䫉脊 當作『頴』。

紋 『文』之俗。

斑 『辬』之俗。今乃『斑』行而『辬』廢矣。

剔　詩『攘之剔之』，釋文：『字或作「鬄」。』詩本作『⿱髟剔』，譌之則爲『鬄』，俗之則爲『剔』，非古有『剔』字也。周頌『狄彼東南』，釋文『狄，韓詩作「鬄」』，『鬄』亦『⿱髟剔』之譌。抑『用遏蠻方』，箋云『當作「剔」』，蓋鄭不廢『剔』字。

剃　『鬀』之俗。

掽　俗謂『卒然相遇』曰『掽』，安徽多讀如『蓬』去聲，江蘇多讀如『滂』去聲，字當作『⿱髟並』。

吼　『㖃』『呴』之俗。

覗　『司』之俗。

膝　『厀』之俗。

却　『卻』之俗。

抑　『𢑏』既从反『手』矣〔五八〕，又从『手』，蓋非是。

掬　『鞠』『匊』之俗。

抱　勹，當爲『抱子』『抱孫』之正字；今俗作『抱』，乃或『捊』字也。

胷　今字『胷』行而『匈』廢矣。

魏　左傳：『巍，大名也雉門外。闕高巍巍然，謂之「象巍」。』後人省『山』作『魏』，分別其義與音，不古之甚。

太泰　岱，大山也。域中最大之山，故曰『大山』。作『太』、作『泰』，皆俗。『大宰』俗作『太宰』，『大子』俗作『太子』，周大王俗作『太王』。謂『大』即説文『夳』字，『太』即『泰』，則又用『泰』爲『太』展轉貤繆，莫能諟正。

𡸼岷　『𡸼』省作『𡺖』，隸變作『汶』、作『文』、作『峧』、作『㟜』，俗作『𡸼』、作『岷』。

㟼　『㠥』之俗。

巔　『顛』之俗。唐風作『首陽之巔』，謬甚。

厎　厎，俗从『氏』，誤。五經文字石刻譌作『𠩺』，少一畫，不可從。顧亭林與潘次耕書：『分別「厎」「底」不同義，不知古無從「氏」之「底」。』『厎』與『底』争首筆之有無，末筆則從同也。又『厎』者，『砥』之正字。後人乃謂『砥』爲正字，『厎』與『砥』異用，强爲分別，而『厎』之本義廢矣。毛傳大東『周道如砥』，孟子作『厎』。

崎嶇　『攲䧢』二字之隸變。

敧欹　箸曰『飯䭈』，宥坐之器曰『䭈器』。今俗作『敧』，又譌『欹』，去之遠矣。

礚　高唐賦、子虛賦『礚礚』，甘泉賦『雷鼓礚』，字當作『磕』，口太切。

磕 今俗用爲『磕破』『磕睡』字，讀『苦盍』切。

硜 硻，俗作『硜』，韓退之詩用之。

確 确，鉉等曰：『今俗作「確」。』

砑 衦，摩展衣也； 硟，衦，繒石也。今俗謂之『砑』。

耐能 耏，如之切。杜林以爲『法度』之字皆從『寸』，後改如是。耐，音若『能』，古音讀如『而』。今音『耐』『能』皆『奴代』反，本一字，俗殊其音。

毫 豪，本豕名，因其鬣如筆管，遂以名其『鬣』。俗乃別『豪俊』字從『豕』，『毫毛』字從『毛』〔五九〕。

蝟猬 釋獸曰『彙，毛刺』〔六〇〕，俗作『蝟』、作『猬』。

狖 『貁』之俗省，从『穴散』之『穴〔六一〕』，俗譌作『穴』聲。

貊 『貉』之俗。

預 『豫』之俗。

启 『州』『豚』同字〔六二〕，俗作『启』。

嬌憍 女部曰『𡟰，驕也』〔六三〕、心部曰『怚，驕也』，皆旁義也。俗製『嬌』『憍』字。

駥 鄭司農以月令『駕蒼龍』説周禮：『龍，俗作「駥」。』

憑 『馮』之俗。

騃 鉏里切。方言『癡，騃也』，讀『五駭』切。俗語借用之字耳。

駈 『驅』之俗。

儈 『會』之俗。徐廣曰：『駔，祖朗切，馬儈也。』

騾 蠃，今字作『騾』。

鳩 左宣十七年『庶有廌乎』，杜注：『廌，解也。』釋文大書『廌』字，俗改爲『鳩』，莫能諟正。

麃 『麌』之俗。

麤 麀，『牝』省。『牝』本从『匕』聲，讀『扶死』反；『麀』音蓋本同。後人以『鹿聲呦呦』改其音，并改其字作『麤』耳。

麕 『麌』之譌俗。

儷 聘禮『上介奉幣儷皮』、士冠禮『主人酬賓，束帛儷皮』，『儷』即『麗』之俗。鄭注：『儷皮，兩鹿皮也。』鄭意『麗』爲『兩』，許意『麗』爲『鹿』，其意實相通。

麁粗 麤，俗作『麁』，今人概用『粗』。『粗』行而『麤』廢矣。粗，徂古切。

㚖 中山經「綸山其獸多閭麈麢㚖」，「㚖」乃「㲋」之俗體。

菟 「兔」之俗。

羱 「莧」之俗。

叩 「敂」之俗。

奬 「獎」之俗。

狠 今俗用「狠」爲「很」，許書「很」「狠」義別〔六四〕。

弊 獘，俗引伸爲「利弊」字，遂改其字作「弊」，與改「獎」爲「奬」正同。

瘛 左傳「國狗之瘛」，「瘛」非古也。許所見作「狾」。

猷猶 今字分「猷謀」字「犬」在右、語助字「犬」在左，經典絕無此例。

鼴 偃鼠，俗作「鼹」〔六五〕。

鼦 「貂」之俗。

燃 「然」之俗。

爍 「爚」之俗。

慰 『慰安』之字本無『心』，後俗所加。

燼 『𦘔』之俗。

燉 漢時有敦煌郡，唐時乃作『燉煌』。『燉』乃唐人俗字，非『焞』之異體也。

輝 『煇』之俗。

燄焰 今人云『光燄』者，作『爓』爲正。

瀹 俗用字，當作『鬻』。

黧 『耇』下曰『老人面凍黎若垢』，俗作『黧』。小徐本作『黧』，乃用俗字改許也。

黛 『黱』之俗。

炕 匏葉傳曰〔六六〕：『炕火曰「炙」。』炕，俗字，古當作『抗』。

炙 『炙』讀去聲，則『之夜』切，一義、一音耳〔六七〕；或乃別其義，併異其形作『從「火」，「夕」聲』。

膰 今經傳多作『膰』，乃『𤎅』之俗耳。

赤 俗借爲『尺』。

伸 古『屈伸』多作『詘信』，不作『屈伸』〔六八〕。今則作『申』，俗又作『伸』。

袼　『胳』之俗。

腋　『亦』之俗。

橋嶠　『喬』不專謂『木』。淺人以説『木』則作『橋』，鄭風『山有橋松』；以説『山』則作『嶠』，釋山：『鋭而高嶠。』皆俗字耳。

違　大明傳『回，違也』，『違』即『韋』字〔六九〕。『韋』久不行，俗乃作『違』。

踧　『尬』之俗。

絪縕烟煴氤氲　皆『壹壺』之俗。

壹　『壹』之俗。

厔　盩厔，縣名；俗作『厔』，非。

鞫鞠　鞫，俗『簐』字；俗又改爲『鞠』〔七〇〕，大誤。

肮吭　當作『亢』。

歪　當作『竵』，火鼃切。

鬣　當作『巤』。『巛』即『髮』，不當復从『髟』。

億　『意』訓『測』，如論語『毋意』『不意不信』『意則屢中』。俗作『億』。

憶 『意』訓『記』，如今人云『記意』是也。俗作『憶』。

德 『悳』俗字，叚『德』爲之。

得 『悳』古字，或叚『得』爲之。

殼 『㱿』之俗。

駃 『快』之俗。

慷 『忼』之俗。

殢 俗用『殢』字，『殢』之俗。

塞 𡫳，窒也。俗多用『塞』。塞，隔也。非其義也，先則切。『塞』之義、『𡫳』之形俱廢矣。

亹 大雅『亹亹文王』，『亹』即『釁』之俗。

澹泊淡 憺怕，俗用『澹泊』爲之。『澹』作『淡』，尤俗。

怕 泊，蒲各切；又葩亞切。按：『葩亞』者，用雅字爲俗字之俗音也。今人所云『怕懼』者，乃『迫』之語轉。

憩 甘棠『愒』字，『愒』之俗體。民勞傳『愒，息也』，非有二字。

悒 『悒』之俗。

靦　『僓』之俗。

㫚　『冒』之俗。

僁　『㤲』之俗。

蘂橤　『花蘂』字當作『惢』，『蘂』『橤』字皆俗。

邠　『汃』作『邠』，非。

塗　古『道塗』『塗墍』字，皆作『涂』。

灞　『霸』『灞』古今正俗字。

濟　四瀆『泲』字，漢人皆用『濟』。班志、許書僅存古字耳。

汨　水經有『潩』有『汨』〔七一〕。潩，莫蟹切；汨，乃後人妄增。『汨』云：『「冥」省聲。』許既有『溟』字，云『「冥」聲』，豈得『「冥」省聲』又爲一字乎？

浄　今俗用爲『瀞』字，釋爲『無垢薉』，切以『才性』，今字非古字也。

滾　孟子『原泉混混』，古音讀如『衮』，俗字作『滾』。

砂　『丹沙』作『砂』者，俗字。

沸　俗以『沸』爲『鬻』字。

濘 奴泠反。後人謂『淖』爲『濘泥』〔七二〕，讀『乃定』切，義與音皆非古矣。

沉 『沈』之俗。

涑 『涑』之俗。

澇 潦，雨水也。俗借『澇水』字爲之。

霿 詩：『零雨其濛。』霿，俗字也。

竭 渴，盡也；渠列切。俗作『竭』。

渴 盡也。今則用『渴』爲『㵣』字矣。渴，其列切。大徐『苦葛切』，非也。

淮 準，五經文字云：『字林作「淮」。』按：古書多用『淮』，蓋魏晉時恐與『淮』字亂而別之耳。

涼 俗『涼』字。

鎰 禮經『一溢米』，注『二十兩曰「溢」』，後人因製『鎰』字。

潭 當作『灋』。

湏 『沬』『頮』本皆古文，小篆用『沬』，而『頮』專爲古文。或奪其『廾』，因作『湏』矣〔七三〕。

泄 凡言『泄漏』者，即『渫』字之引伸，變其字爲『泄』耳。

滃 俗『灐』字。

汛 灑也。俗用爲『潮汛』字。

淚 鄭注：『自目曰「涕」，自鼻曰「洟」。』古書『弟』『夷』二字多相亂，於是謂自鼻出者曰『涕』，而自目出者別製『淚』字，皆許不取也。

畎澮 周禮『く』作『畎』、『巜』作『澮』，後人所改也。

洲 『州』本『州渚』字，引申之乃爲九州，俗乃別製『洲』字，而小大分係矣。

原 後人以『原』代『高平曰邍』之『邍』，而別製『源』字爲『本原』之『原』，積非成是久矣。

芉 俗用『芉』改『千』。楚詞及陸機文賦皆用『千眠』字，南都賦作『芉瞑』。謝朓詩『遠樹曖阡阡』，廣雅乃有『芉芉』字耳。

懍 㵪㵪，引伸爲『敬畏』之稱，俗作『懍懍』。

霎 俗語云『霎時閒』，『霎』即『霅』之俗字。

廓 『郭』之俗。淮南天文訓『道生於虛霩』，今俗字作『廓』。『廓』行而『霩』廢矣。

霧 俗字。當作『霚』。

鯄 爾雅『叔鮪』，字林作『鯄』，俗字也。

鰷 當作『鯈』『鮍』『鮋』。

鯽 當作『鰿』『鯖』。或作『鯽』，非是。

鰲〔七四〕 集韻有『鰲』字，『剌』之俗。

鱓 鯇，音轉而形改爲『鱓』矣。

魛 刀魚，俗字作『魛』。

鯊莎 詩『鱨鯊』，本作『沙』；『六月莎雞振羽』，古衹作『沙』。

鱔 當作『鱓』。

鱄鯙 溥浮，俗作『鱄鯙』，『普姑』『覆浮』二反。吴東門謂『鱨鯙門』，即今蘇州葑門也。

鯹 當作『鮏』，『魚气』也；與肉部『胜』義别字〔七五〕。

鮓 當作『鮺』。

魱 當作『互』，是『罝』之省。『罝』者，『罟』也。

鳦 當作『乙』。爾雅、毛詩作『鳦』，俗字也。

遜 春秋、詩、書『逡巡』『遁避』之詞，皆作『孫』。爾雅『遜，遁也』，後人所改俗字。許辵部有『遜』篆，亦後人臆增。『愻順』從『心』〔七六〕，『遜遁』字從『辵』。今人『遜』專行而『愻』

廢矣。學記『不陵節而施之謂「遜」』，劉向書作『愻』，此未經改竄之字也。『孫順』字，唐書作『愻』，俗亦以『遜』爲之。

捥 俗『掔』字。

隮 商書微子作『隮』，引左傳亦作『隮』，『隮』者『躋』之俗。

擒捦 皆『禽』之俗。

批 『𢪛』之俗。

裒 詩：『原隰裒矣。』『裒』者，『捊』之俗。易『君子以裒多益寡』，鄭、荀、董、蜀才作『捊』。

擾 擾，今作『擾』，俗字也。

攕 鴟鴞傳曰『拮据，攕挶也』，字本作『㦸』，俗加『手』旁。

掣 『瘈』之俗〔七七〕。

撦扯 爾雅『甹夆，掣曳也』，俗字作『撦』、作『扯』，聲、形皆異矣。

慳 俗用『慳吝』字，亦爲『掔』之俗。

掆 匡謬正俗曰：『音譌故謂「扛」爲「剛」。有造「掆」字者，故爲穿鑿也。』

抃 『拚』之俗。

團 『摶』之俗。

掛 挂，畫也。陸德明曰：『掛，别也。』後人乃云『懸挂』，俗製『挂』字耳〔七八〕。

麾 『摩』之俗。

腋 『掖』之俗。

婀娜 『婐妮』之俗。

舅母 集韻：『俗謂舅母曰「妗」，巨禁切。』舅之妻不稱『母』，云『舅母』，亦里語也。

嫡 俗以此爲『嫡庶』字，而許書不爾。蓋『嫡庶』字，古衹作『適』。凡今經傳作『嫡』者，皆不古也。

些 取『微細』之意，即『𡋾』之俗體。

妓 今俗用爲『女伎』字。

粧 上林賦：『靚粧刻飾。』『粧』者『妝』之俗也。

妖 『媄』之俗。

懶 『嬾』之俗。

屨 婁，洛侯切，轉其音『力住』切。俗乃加『尸』旁爲『屨』〔七九〕。

嫩 媆，而沇切；俗音『奴困』切，又改其字作『嫩』。

囪 『嫍』之俗；懊囪，樂府作『懊憹』。

姧奸 姦，俗作『姧』，其後竟用『奸』字。

堆 『𠂤』之俗。

肈 古書有『肈』、無『肇』。肈，漢碑或從『殳』，俗乃从『文』作『肇』，而淺人以竄入許書攴部中。

干 犯也；戰，盾也。俗多用『干』代『戰』。『干』行而『戰』廢矣。

域 或，或从『土』，是爲後起之俗字。

鉞 『戉』之俗。

蹙慽 『促迫』之意，古書用『戚』。考工記『無以爲戚速』、詩鄭箋『緆之戚戚者』，俗多改爲『蹙』。度古祇有『戚』，後乃別製『慽』。

咋 左傳『桓子乍謂林楚』，俗本改『乍』爲『咋』。

無 『𣞤』之俗。『無』乃『𣞤』之隸變。『𣞤』之訓『豐』，與『無』義正相反。隸變之時，昧於『亡』爲其義，『𣞤』爲其聲。有聲無義，殊爲乖繆。

丏 匄，俗作『丐〔八〇〕』。廣韻曰『二字同』，非是。

櫃 『匱』之俗。

苖笛 『曲』之俗。

椀 『瓮』『盌』，俗作『椀』。

瓴甋 爾雅：『瓴甋謂之「甓」。』瓴甋，俗字，當作『令適』。

繰 繅，俗作『繰』，乃帛如紺色之字。

舍捨 俗以『舍』『捨』通用〔八一〕。

縱 後人以爲『從横』字者，非也。

絻 冕，俗作『絻』。

踧 論語『足縮縮』，俗作『踧踧』。

揔 『總』之俗。

繩 『纆』之俗。

緻 漢人多用『致』，不作『緻』。

醍　緹齊，俗作「醍」，見禮運。

秖　「衹」譌「衹」，俗又作「秖」。

繸　佩玉之系謂之「璲」，俗字爲「繸」。

衿　襟，交衽也。俗作「衿」。

緣　衣純也。引伸爲「因緣」「夤緣」，而俗分別其音矣。

褓　「緥」之俗。

重　增益之曰「緟」，經傳統叚「重」爲之，非字之本。如易之「重卦」、象傳言「重巽」、許書「重文」，皆當作「緟」〔八二〕。

揎　捋，俗作「揎」。

腰　「要」之俗。

縏　緐，馬髦飾也。引申爲「緐多」〔八三〕，又俗改其字作「繁」。俗形行而本形廢，引申之義行而本義廢矣。至若鄭注周禮、禮記之「縏纓」，「縏」讀「鞶帶」之「鞶」。此易字之例，其說與許說絕殊。

幫　紨，博蠓切。今俗語「履之判合」爲「幫」，讀如「邦」。

潔　絜，引申爲「潔淨」。俗作「潔」，經典作「絜」。

蠃　虫，或「毛」或「蠃」；蠃，但也。俗作「蠃」字者，非是。

蠆　當作「萬」。

螢　「熒」之俗。

蝮蚼　當作「復陶」，俗字從「虫」。

蚍蜉　當作「蠶蠹」。

蟋蟀　當作「悉蟹」。

蝶　「蜨」之俗。

斑貓〔八四〕　當作「盤蝥」。

蜉蝣　當作「浮游」。

蚊　「蟁」之俗。疑古本祇有「蟁」，而「蟁」乃後人所製。

蟰　「蠨」之俗。

蛆　俗字。「胆」者正字，「蜡」者古字。

螯䗛　蟹有二敖八足，俗作『螯』、作『䗛』。廣韻曰：『䗛，蟹大腳也。』螯，蟹屬。然則俗作『螯』，尤誤。

蝷蜉蠦　當作『蛢』。

魍魎　『蝄蜽』之俗。

猿　『蝯』之俗。

狖　左思吳都賦劉注引異物志説『狖』，與郭説『蜼』同。狖，余幼切。正因『蜼』有『余救』一切，而別製字耳。

蘡　『蘡』之俗。

蒤　蘧，内則、檀弓謂之『范』，俗作『蒤』。

蛀　蠹，今俗謂之『蛀』。

颸颾　廣韻曰：『「颸」爲「颮」之省〔八五〕。』按：『颾』又『颸』之省也。

蛇　它，虫也。今又加『虫』左旁。『蛇』與『它』異義音。它，託何切；蛇，食遮切。

他　『它』之俗。

蟾蠩蟾蜍　詹諸，俗作『蟾蠩』，又作『蟾蜍』。

士土　『土』二畫當均長。『士』字則上『十』下『一』；上横直之長相等，而下畫可隨意〔八六〕。今俗以下長爲『土』字，下短爲『士』字，絶無理。

確　易『確乎其不可拔』『夫乾確然示人易矣』，皆當作『隺』。文言字作『隺』而義從『塙』，繫辭乃義如其字。俗字作『確』，乃『确』字之變耳。

塊　『凷』之俗。

堨　古義『壁閒隙』也；今義『堰』也，讀同『壅遏』。今人所用俗字也〔八七〕。

凹凸　當作『坳突』。俗乃製『凹凸』字。

窟　『堀』之俗。

塾　垛，門堂孰也。白虎通云：『所以必有塾何？欲以飾門，因取其名。明臣下當見於君，必孰思其事。』其字古作『孰』，後乃加之『土』。作『孰』、作『塾』，俱可。

店　『坫』之俗。崔豹曰：『店，置也。所以買貨鬻物也。』

甎⿰鹿瓦　甎，古祇作『專』。韋注吴語曰：『員曰「囷」，方曰「鹿」。』

基　今謂『和水土入模笵中而成未燒爲「令適」』者，讀若『基』，當作『土墼』，古歷切。

居　『尻』之俗。

堤 用「堤」爲「隄」，非。

堡 「保」之俗。

堮 「圻咢」作「圻堮」，後人增「土」耳。

培塿 俗書「附婁」作「培塿」。

塲 益州部謂「螾場」爲「坥」。場，失羊切，俗作「塲」，古作「壤」。穀梁傳「吐者外壤，食者內壤」，徐邈、麋信皆作「塲」，音「傷」。

陲 凡「邊」皆曰「陲」〔八八〕。俗書「邊垂」字作「陲」，乃由用「垂」爲「𠂹」，不得不用「陲」爲「垂」矣。

塸 「區」之俗。

𤳅壖 「𤱿」正、「𤳅」俗，「堧」正、「壖」俗。

當 流俗妄分平、去二音，所謂無事自擾。

畜 俗用「畜」爲「六嘼」字。

舅父 母之兄弟爲「舅」。今俗人言「舅父」者，非也。母之父母曰「外王父」「外王母」；母之姊妹曰「從母」。舍是異姓無有稱「父母」者。又稱父之舅曰「大舅」，見後漢書。「大」

者，今『太』字。

徠勑 來，俗作『徠』；勑，又俗誤用爲『敕』字。

勖 勖，從『力』，『冒』聲。俗寫譌『踣』不通。

倔强 當作『勥彊』。勥，衢月切；彊，去聲。

勝 凡能舉之、能克之皆曰『勝』。本無二義、二音，而俗强分平、去。

撤 『徹』之俗。

礧壘雷擂 勵，推也。古用兵下礧〔八九〕，李陵傳作『壘石』。晁錯傳『貝藺石』〔九〇〕，如淳注曰：『城上雷石。』周禮注亦作『雷』。唐書李光弼傳『擂石車』，又作『擂』。其實用『勵』爲正字，子虛賦『礧石相擊』，亦當作『勵』也。

勦剿 勦，勞也。刀部『剿』字，亦作『剿』。禮記『毋剿説』，與此從『力』之字絶不同，俗多淆之。

脅 『脅』之俗。

刦 『刧』之俗。

刻 『刻』之俗。

刀 『刀』之俗。

剗 『鏟削』字，當用『鏟』，俗多用『剗』字。

針 『鍼』之俗。

杴 『銛』之俗。

鋤 『鉏』之俗。

鐮 『鎌』之俗。

鋒鋩 古祇用『夆芒』。芒，艸耑也。金器之尖者曰『鋒』。

錘 『垂』之俗。

鏘 詩『八鸞鎗鎗』，或作『鏘鏘』，乃俗字。

鎖 『瑣』爲玉聲之小者。引申之，彫玉爲連環不絕謂之『瑣』。漢以後罪人不用纍紲，以鐵爲連環不絕係之謂之『鋃鐺』，遂製『鎖』字。

鐺 都郎切，鋃鐺也。今俗用爲『酒鎗』字，楚庚切。

抄 『鈔』之俗。

剳箚 『鉻』之俗。

錭鈍 俗謂挫抑人爲『錭鈍』。錭，讀如『刀』；鈍，徒困切。

歪 錗，女恚切，『側』意。『錗』即今之『歪』字。

杓 『勺』之俗。

机 左傳『設机而不倚』、易『涣奔其机』，皆俗『几』字。

校 斠，平斗斛量也。月令『角斗甬』，今俗謂之『校』，讀如『教』〔九一〕。

邪斜 斜，抒也。音轉義移，乃用爲『衺』。俗人乃以人之『衺正』作『邪』，物之『邪正』作『斜』〔九二〕。其可欪有如此者！

升陞 禮經注『布八十縷爲「升」〔九三〕』，『升』當爲『登』，俗誤已行久矣。今俗所用又作『陞』。

轓 『藩』之俗。

輞 古祇作『网』。

轆 考工記：『「牙」也者，以爲固抱也。』『牙』亦謂之『渠』，俗作『轆』。

輩 當作『葷』。

碾 『輾』之俗。

蹤踪 𨒜，車迹也。變俗爲「蹤」，再變爲「踪」，固不若用許書「𨒜」字矣。

挽 「輓」之俗。

墩 爾雅「敦邱」，俗作「墩」。

㮚㡧 「限」之俗。

陿峽狹 皆「陜」之俗。

墜 「隊」之俗。今則「墜」行而「隊」廢矣。釋詁「隊，落也」，釋文從「墜」而以「隊」附見「傎」矣。

墮 「陊」「墒」「隓」之俗。用「隓」爲「崩落」之義，用「墮」爲「傾壞」之義。習非成是，積習難反也。

坑 「阬」之俗。

坊 「防」之俗。又以爲「邑里」之名。

陳 本大皞之虛正字，俗叚爲「敶列」之「敶」。「陳」行而「敶」廢矣。

睥睨埤堄 皆「俾倪」之俗。

辦 辨，俗作「辦」，蒲莧切。古無二字、二音。

伫竚〔九四〕皆『宀二』之俗〔九五〕。

偰契 『卨』『离』之俗〔九六〕。

琵琶 古當作『枇杷』。

辯 治也。『治』者，理也。俗多與『辨』不别。辨，判也。

漓 『醨』之俗。

釅 『醶』之俗。

醬 『𤖮』之俗。

醳 『繹』之俗。

鐏樽 尊，酒器也。引申爲『尊卑』字。自專用爲『尊卑』字，而别製『鐏』『樽』爲『酒尊』字矣。

著 許叙『箸於竹帛謂之「書」』，古衹作『者』。『者』者，别事詞也。故曰『者明』，而俗改爲『著明』。引申爲『直略切』之『附者』、『張略切』之『衣者』，俗亦皆作『附著』『衣著』。或云『説文無「著」，改爲「箸」』，皆未得其原也。『者於竹帛』，附著而著明之於竹帛也。

迄 訖，止也。迄，俗。漢碑多用『迄』。

註　『注』之俗。

繇　古卜筮抽繹卦爻本義而爲辭者，因以籀名之。今左傳作『繇』，俗作『繇』。許稱則作『卜籀』。

呵　『訶』之俗。

馬頭人爲長　人持十爲斗　虫者屈中也　苛人受錢　苛之字止句也　蓋皆漢字之尤俗者。

鄙　『啚』之俗。

蓺藝　『六藝』字，古當衹作『埶』。後人『穜埶』字作『蓺』，『六藝』又加『云』作『藝』，蓋皆俗字。

荼　詩『有女如荼』『予所捋荼』，『荼』字俗書減一畫。

觥　『觵』之俗。

磨　毛詩、爾雅『如琢如摩』、周禮『刮摩』，字多從『手』；俗從『石』、作『磨』，不可通。

枻拽　皆『抴』之俗。

校記

〔一〕偏　段作『徧』。

〔二〕今　段作『今本』。

〔三〕許君　段作『許君説文』。

〔四〕勝　段作『縢』。莒　段作『萵』。

〔五〕霾　段作『薶』。

〔六〕草　當作『象』。

〔七〕淺人　段作『後人』。

〔八〕祈祈　魯靈光殿賦作『齗齗』。

〔九〕用　段作『稱』。

〔一〇〕叀　段作『叀』。

〔一一〕灼　段作『勺』。

〔一二〕毆　叢書本作『毆』，似誤。

〔一三〕今分　段作『今俗分別』。

〔一四〕甯　段作『甯』。

〔一五〕闅　段作『闅』。

〔一六〕瞞　段作『謾』。

〔一七〕省瘦　段作『瘖瘦』。

〔一八〕撕　段作『櫼』，是。

〔一九〕忖　叢書本作『寸』，當是。

〔二〇〕从刀　段作『辦从刀』。

〔二一〕斡辦　段作『幹辦』，當是。

〔二二〕辦　段作『辦』。斡　當作『幹』。

〔二三〕㧞　段作『㧞』。

〔二四〕栔　當作『栔』。

〔二五〕作　當作『从』。

〔二六〕此條原在『簁』條後。

〔二七〕此條原在『筐』條前。

〔二八〕盥　當作『盥』。

〔二九〕餘之　段作『猶餘之』。

〔三〇〕爾雅　當作『毛詩』。

〔三一〕桀　段作『椉』。

〔三二〕樸　文選今作『撲』。

〔三三〕櫱　疑當作『櫱』。

〔三四〕楝之俗　段作『欄，俗作「楝」』。

〔三五〕拆　當作『拆』。下同。

〔三六〕無謂　段作『無謂也』。

〔三七〕榦　當作『榦』。

〔三八〕千戈之千　當作『干戈之干』。

〔三九〕叚字　段作『叚翌字』。

〔四〇〕似　衍字。

〔四一〕羑　當作『美』。

〔四二〕此條原在『旒』條後。

〔四三〕此條原在『遊』條前。

〔四四〕仁　段作『人』。

〔四五〕『加禾』云云　段作『加「禾」旁作「來」，俗字而已』。

〔四六〕而　段作『面』，是。

〔四七〕曰　叢書本作『冃』，當是。下同。

〔四八〕本條段作『飾、試古今字』。

〔四九〕屋之　今法言作『屋之爲』。

〔五〇〕蝝　當作『㟳』。

〔五一〕擔　說文作『儋』。
〔五二〕變　段作『俗』。
〔五三〕橡　當作『像』。
〔五四〕允　段作『沇』。
〔五五〕堖　段作『𡿺』。
〔五六〕羿　今說文作『𢍽』（或『并』）。
〔五七〕有　段作『用』。
〔五八〕手　段作『爪』，是。
〔五九〕毫　段作『豪』。
〔六〇〕剌　當作『刺』。
〔六一〕穴　當作『宂』。
〔六二〕豚　當作『豚』。
〔六三〕嫭　當作『嫭』。
〔六四〕佷　當作『很』。
〔六五〕鬷　當作『鬷』。
〔六六〕匏　詩經今作『瓠』。
〔六七〕音　段作『字』。

〔六八〕屈伸　段作『伸申』。

〔六九〕䩠　説文今作『从「交」，「韋」聲』。

〔七〇〕又　段作『多』。

〔七一〕有　當作『無』。

〔七二〕濘泥　當從段作『泥濘』。

〔七三〕須　當作『湏』。

〔七四〕㶟　當作『㶟』。

〔七五〕字　衍字。

〔七六〕愻順　依文例，當作『愻順字』。

〔七七〕瘓　段作『瘴』。

〔七八〕挂　段作『掛』。

〔七九〕爲屢　依文義，當作『爲屢字』。

〔八〇〕丐　當作『丏』。

〔八一〕拾　當作『捨』。

〔八二〕緟　應爲『緟文』。

〔八三〕繁　段作『緐』。

〔八四〕貓　段作『猫』。

〔八五〕省　廣韻作「俗」。

〔八六〕畫　段作「橫」。

〔八七〕今　段作「後」。

〔八八〕陲　段作「垂」。

〔八九〕下礹　段作「下礹石」。

〔九〇〕貝　鼂錯傳作「具」。

〔九一〕讀　段作「音」。

〔九二〕邪　段作「衺」，當是。

〔九三〕禮經注　段作「禮經注曰」。

〔九四〕伫竚　叢書本作「佇竚」，與段同。

〔九五〕宁　叢書本作「寧」，與段同。

〔九六〕禼　當作「禼」。

說文段注撰要卷六

叚借字

示 論語「治國其如示諸掌乎」、詩「示我周行」，以「示」爲「寘」。

祇 易：「祇既平。」祇，京作「禔」，虞翻作「祇」。「祇」即「禔」之叚借。

閟 詩「閟宮有侐」，「閟」即「祕」之叚借。

主 「祏，宗廟主也」，注：「主，當同宀部作「宔」。」

璪繅藻 禮經「文采」之訓，古文多用「繅」，今文多用「璪」「藻」，三字皆叚借。

斿旒 「瑬」之叚借。

瑲 鸞鈴轡飾之聲而字作「瑲」，叚借也。

鏘 玉藻：「然後玉鏘鳴。」玉聲而字作「鏘」，「瑲」之叚借。

气乞 借「雲气」字爲「气」，叚於人之气，又省作「乞」。

荅 小尗也。叚借爲「酬荅」。

綏 既夕禮：「實綏澤焉。」「綏」者，「葰」之叚借。葰，息遺切。

竹 韓、魯詩皆作「緑蓐如簀」，毛詩獨叚借作「竹」。

盭 「綟綬」作「盭綬」，同音叚借字也。

藐 孟子「説大人則藐之」及凡言「藐藐」者，皆借「藐」爲「眇」。

蒐 「茅蒐」借爲「春獵」字。

苞 斯干、生民傳「苞，本也」，此「苞」之本義。凡詩云「苞櫟」「苞棣」、書云「艸木蔪苞」，皆此字。叚借爲「包裹」。凡詩言「白茅苞之」、書「厥苞橘柚」、禮言「苞苴」、易言「苞蒙」「苞荒」「苞承」「苞羞」「苞桑」「苞瓜」、春秋傳言「苞茅不入」，皆用此字。近時經典凡訓「包裹」者，皆徑改爲「包」字。喪服作「藨蔽之菲」，曲禮作「苞屨」。

鷊 詩：「邛有旨鷊。」鷊，叚借也。爾雅作「虉」，説文作「鷏」。

鞠菊 月令「鞠有黄華」，「蘜」字之叚借也。或叚作「菊」。

苕 凡言「芀秀」者，多叚「苕」爲之。

𦱊滅 周書「𦱊席」，今作「蔑席」，叚「𦱊」爲「織蒻」。檀弓：「子蒲卒，哭者呼滅。」「𦱊」「滅」

皆『蔤』之叚借。

蔚 牡蒿也，於胃切。古多叚爲『茂鬱』字。

蝱 詩：『言采其蝱。』『莔』正字，『蝱』叚借字。

萩 左傳『伐雍門之萩』、史漢『河濟之閒，千樹萩』，以『萩』爲『楸』。左傳『萩』，一作『秋』。

菀 於阮切。詩『菀彼北林』『有菀者柳』，叚借爲『鬱』字。

蘢 爾雅『旄』謂之『蘢』，叚借爲『麾』字也。

舜 詩『顏如舜華』，叚『舜』爲『蕣』。

唪 説文兩引詩『瓜瓞菶菶』，今詩作『唪唪』，叚借。

疐 爾雅：『棗李曰疐之。』『疐』者，『蔕』之叚借。

蔕 老子『深根固蔕』、西京賦『蔕倒茄於藻井』，皆叚借爲『柢』字。

茂 艸木盛貌。借爲『懋勉』字。

陰 詩『桑柔以陰』，爲『蔭』。

茨薋 『蒺蔾』之字，説文作『薺』，今詩作『茨』，叔師所據詩作『薋』，皆叚借字。

菀宛 蕰，積也。小雅都人士、禮記禮運借『菀』『宛』字爲之。

暵 蔫，菸也。詩『暵其乾矣』，『暵』即『蔫』之叚借。

采 古多以『采』爲『菜』。

菑事廁側㦳 毛傳：『木立死曰「菑」。』漢書『事刃公之腹中』、急就篇『分別部居不雜廁』、太學石經『以人爲側』，皆『田一歲曰「菑」』，『菑』字之叚借；又叚爲『㦳害』字。

蕡 雜艸香。『有蕡其實』特叚借爲『墳大』字。

薦 『荐』與『薦』同音。是以『承藉』字多叚借爲之，如節彼南山傳『薦，重也』、說文云『且，薦也』，皆作『荐』乃合。凡注家云『薦，進也』者，乃『荐』之叚借字。

苴 『蒩』字下：『禮曰：「封諸侯以土，蒩以白茅。」』蒩，正字；苴，叚借字。

若 擇菜也。毛傳曰『若，順也』，雙聲叚借；又叚借爲『如』也、『然』也、『乃』也、『汝』也；又『兼及』之詞。

擢 詩『秝之擢之』，以『擢』爲『䃗』。

矢 菡，糞也。左傳、史記叚借『矢』字爲之，漢人多用『矢』。

貍 薶，瘞也。周禮叚借『貍』字爲之。

芥 菜也。叚借爲『艸芥』『纖芥』字。『艸芥』者，『丯』之叚借。

苟 菜也〔一〕。禮注論語云『苟，誠也』〔二〕，鄭注燕禮云『苟，且也，假也』，皆叚借。

萊 蔓華也。經典多用爲『艸萊』字。

蒙 王女也。今人『蒙』『冒』〔三〕，皆用『蒙』字爲之。易傳『蒙者，蒙也』，『霿』之叚借字。

緐 蘩，白蒿也。儀禮『采緐』，叚『緐』爲之。

葆 艸盛也。史記以爲『寶』字。

早 周禮『其植物宜早物』，『早』當作『草』，叚借『早晚』字爲之。

𦴓 九歌：『𦴓芳椒兮成堂。』𦴓，一作『播』。丁度、洪興祖皆云：『𦴓，古「播」字。』按：『播』以『番』爲聲，此屈賦叚『番』爲『播』。

澤醳 考工記以『澤』爲『釋』，史記以『醳』爲『釋』，皆同音叚借〔四〕。

龍蒙 古謂雜色不純爲『尨』，亦作『駹』。古文叚借作『龍』，亦作『蒙』。周易說卦傳、毛詩小戎、周禮牧人、巾車、玉人皆可證。『牻』訓『白黑雜毛牛』，然則凡謂『雜色不純』，亦可用『牻』字。

服 以車駕牛馬之字，當作『犕』；作『服』者，叚借。國語『檿弧箕服』、小雅『象弭魚服』，皆叚『服』爲『箙』。

犂 論語「犂牛之子」，皇注：「「犂」音「貍」；貍，雜文。」張謂借「犂」爲「貍文」也。「犂」「貍」異部而相借，如爾雅釋「騋牝」爲「驪牝」。

羲犧 本祇叚「羲」爲之，漢人乃加「牛」旁。

注咮 噣，叚借作「注」。爾雅「咮星」，史記、考工記注作「注」，「注星」即「咮星」；亦作「咮」。詩韓奕傳：「厄，烏噣也。」烏噣，釋名、小爾雅作「烏咮」。

喙 口也。叚借爲「困極」之義。廣韻引「昆夷瘃矣」，今詩作「喙矣」；郭注方言引外傳「余病瘃矣」，今外傳作「余病喙」。郭云：「江東呼「極」爲「瘃」，亦作「瘃」。」

噲 小雅「噲噲其正」，箋云：「噲噲，猶「快快」也。」謂同音叚借。淮南精神訓「噲然得臥」、宋書樂志「吴鼓吹曲，我皇多噲事」，皆與「快」同。

嗌 𦎧，籀文。漢百官公卿表曰「𦎧作朕虞」，師古曰：「𦎧，古「益」字。」按：此叚借籀文「嗌」爲「益」。

噍 三年問「啁噍之頃」，叚「噍」爲「啾」。

嗛 叚借爲「銜」字。佞幸傳「太后由此嗛韓嫣」，叚借爲「歉」字；商銘「嗛嗛之食」「嗛嗛之德」，叚借爲「謙」字；子夏周易、漢藝文志謙卦作「嗛」。志云「合於易之嗛嗛」「一嗛而四益』。

簭 周禮『卜筮』字，皆作『簭』。詩『噬肯適我』，毛曰『噬，逮也』，此謂『噬』爲『逮』之叚借。釋言作『遾』。

禨 玉藻『進禨』、少儀注曰『已沐飲曰「禨」』，皆當作『嘰』。『既』與『嘰』音義同，小食也。

吟 禮樂志『吟青黄』，以『吟』爲『含』。

塈 詩『伊余來塈』『民之攸塈』，毛曰：『塈，息也。』『塈』不訓『息』，正謂『塈』爲『呬』之叚借。古『休息』與『鼻息』同義。

悊 或『哲』字。心部：『悊，敬也。』以爲『哲』是叚借。

倡 詩『唱予和汝』，古多以『倡』爲之。

悉 『咸』字下『戌，悉也』，同音叚借。

耆 經傳多以『耆』爲『嗜』〔五〕。

苛荷 『苛』者，『訶』之叚借。漢人多用『荷』爲『訶』。周禮宫正、比長注『荷』，皆『呼何』反。淺人改爲『苛』。

唌 音『延』。郭注爾雅叚爲『次』字，夕連切。

諦 唬，士喪禮作『諦』。古多叚『諦』爲『唬』。

麌 大雅『麀鹿噳噳』、小雅『麀鹿麌麌』，『麌麌』即『噳噳』之叚借。

本奏賁 大雅叚『本奏』爲『奔走』。奔，古或叚『賁』，或叚『本』。毛曰：『予曰有本走。』

越 周頌『對越在天』，箋云：『越，於也。』此叚『越』爲『粵』。尚書有『越』無『粵』。

次 趑，倉卒也。易：『其行次且。』次，鄭作『趑』。論語：『造次必於是。』造次，鄭云：『倉卒也。』然則『次』者，『趑』之叚借字。錢氏大昕説。

還 齊風『子之還兮』，『還』爲『䡋』之叚借。

窺頃蹞 跬，半步也。伍被傳作『窺』，同部叚借；祭義作『頃』，異部叚借。荀卿子作『蹞』。古多用『頃』爲『傾』。

峙躇 叚借以『峙』爲『偫』，以『躇』爲『儲』。粊誓『峙乃糗糧』，『峙』即『峙』，變『止』爲『山』。

辟 躄，荀卿書、賈誼傳皆叚『辟』爲之。服虔曰：『辟，病躄不能行也。』張協七命『乃鍊乃鑠，萬辟千灌』，『辟』謂『摺疊』之『襞』之叚借。或借爲『僻』，或借爲『避』，或借爲『譬』，或借爲『闢』，或借爲『壁』。

氏 西河有觬氏縣，前志『氏』作『是』。覲禮『太史是右』，古文『是』爲『氏』。曲禮『是職方』，『是』或爲『氏』。今文尚書作『五是來備』，李雲上書曰『五氏來備』。漢書云『造父後有非子至玄孫氏爲莊公』，師古曰：『「氏」與「是」同。』大戴禮曰『昆吾者，衛氏也』，以下六『氏』字皆『是』之叚借。

率 達，先道也。經典叚『率』字爲之，亦『衛』之叚。

迋 詩『人實迋女』、左傳『子無我迋』，皆『誑』之叚借。

且 詩『匪我思且』，猶『匪我思存』也。釋詁：『徂，存也。』『且』爲『徂』之叚借。

術 『述』或叚『術』爲之。詩『報我不述』，本作『術』。

遹 『述』或叚『遹』爲之。書『祇遹乃文考』、詩『遹駿有聲』『遹追來孝』，釋言、毛傳皆曰：『遹，述也。』釋訓：『不遹，不蹟也。』不遹，今邶風『報我不述』也。孫炎曰：『遹，古「述」字。』今人用『述』，古人用『遹』也。

貫串 皆『遺』『摜』之叚借。左傳曰『貫瀆鬼神』、孟子『我不貫與小人乘』，釋詁：『貫，習也。』亦叚爲『宦』字，毛詩『三歲貫女』，韓詩作『宦』。毛詩『串夷載路』，傳『串，習也』，『串』即『毌』之隸變。傳謂即『慣』字，箋謂即『昆』字。

乍 孟子：『今人乍見孺子將入於井。』『乍』者，『倉卒』意，即『迮』字之叚借。古文叚『乍』

爲『作』。

遨〔六〕　玉藻『見所尊者齊遨』，叚『遨』爲『肅』。

移　迻，遷徙也。今人叚『禾相倚移』之『移』爲『遷徙』字〔七〕。

黎犂　邌，徐也。或叚『黎』爲之。史記衛霍傳『遲明』，遲，待也；一作『黎』。傅毅賦『黎收而拜』，李注：『言舞將罷，徐收斂容態而拜』；引倉頡篇『邌，徐也』。又或叚『犂』爲之，史記尉佗列傳『犂旦，城中皆降伏』，『犂旦』即『黎明』。漢書『犂旦』爲『遲旦』。晉世家：『重耳妻笑曰：「犂二十五年，吾冢上柏大矣〔八〕。」』可見『犂』之爲『遲』也。

枳郤　迟，曲行也。通作『枳』，明堂位注：『枳椇謂曲橈之。』莊子『吾行郤曲』即『迟曲』。

穴泬觖　遹，回辟也。大雅兩言『回遹』，韓詩『遹』作『穴』，或作『泬』，或作『觖』，皆叚借字。

回　小旻『謀猷回遹』、大明『厥德不明』〔九〕，傳『回，邪也』；又曰『回，違也』，『回』爲『𡆥』之叚借。

佚戜　『迭』字或叚『佚』字、『戜』字爲之。

聯　叚『聯』爲『連』。連，負車也。『連』『聯』爲古今字，『連』『輦』爲古今字。

追　詩禮叚爲治金玉之『鎚』，又叚爲『敦』『弴』。

酋 詩『似先公酋矣』，正義：『「酋」作「遒」。』『酋』者，『遒』之叚借。

遷 釋言『馹，傳也』，郭云：『本或作「遷」。』此叚『遷』爲『馹』。

勞 小雅『山川悠遠，維其勞』矣，箋云：『其道里長遠，邦域又勞勞廣闊。』『勞』者，『遼』之叚借。

逖 大雅『舍爾介狄』，『狄』同『逖』。

洞 大雅『洞酌彼行潦』，『迥』之叚借。

汲汲 『彶彶』之叚借。

微 敚眇也。叚借通用『微』而『敚』不行。邶風『微我無酒』，又叚『微』爲『非』。左傳：『白公其徒微之。』微，匿也，『敚』之叚借字。

偍 古本釋言『偍，則也』，叚『偍』爲『是』。

辯 偏，禮、禮記多叚『辯』字爲之。

矧 曲禮『笑不至矧』，鄭云：『齒本曰「矧」』，『齗』之叚借。

蹩蹌 蹩，正字；蹌，叚借字。

疐 詩：『載疐其尾。』『疐』者，『躓』之叚借。

顛　玉藻「盛气顛實」，叚「顛」爲「闐」。又「蹎，跋也」，經傳多叚借「顛」字爲之。

沛拔　跋，蹎也。經傳多叚「沛」字爲之。大雅、論語「顛跋」〔一〇〕，亦即「蹎跋」也。毛傳「沛，拔也」，「拔」同「跋」。豳風「狼跋」或作「拔」。「渥」「衍」「滂」，「沛沛」之義，不見於本篆下，後人借「沛水」字爲之。「潫」下曰「沛之也」，蓋即孟子「沛然莫之能禦」意，蓋「勃然」之叚借也。

諧和　龤，樂龢也；龢，調也。經傳多叚「諧和」爲「龤龢」。「龤」「諧」、「龢」「和」音同義別。

干　「干旄」「干旟」「干旌」叚爲「竿」字。毛傳曰「干，扞也」，謂「干」爲「扞」之叚借，實則「干」爲「敦」叚借。毛詩兔罝、采芑傳「干，扞也〔一一〕」，謂「干」爲「扞」之叚借。干，非不可去聲。

只　語已辭也，諸氏切。亦借爲「是」字，小雅「樂只君子」，箋云：「『只』之言『是』也。」王風「其樂只且」，箋云：「其且樂此而已。」以「此」釋「只」。宋人詩用「只」爲「衹」字，但也，讀如「隻」。

假　爾雅、毛傳「假，大也」，「假」即「嘏」之叚借。古多借「假」爲「暇」。「假」訓「大」，故包「閒暇」之意。假樂傳、維天之命傳叚「假」爲「嘉」，訓「至」也，爲「假」之叚借。「格其君心之非』〔一二〕，『格』字，或借『假』爲之。

所御 許，或叚爲『所』，或叚爲『御』。下武傳『許，進也』，即『御，進也』。周禮作『訝』，他經皆作『御』，『訝』之同音叚借。

許 『鄦』之叚借。

詩持 特牲『禮詩懷之』，注：『詩，猶「承」也。』謂奉納之懷中。内則『詩負之』注：『「詩」之言「承」也。』正義引含神霧云『詩，持也』，叚『詩』爲『持』，叚『持』爲『承』。

驗 馬名。今用爲『譣』字，蓋即『譣』之叚借。『譣』訓『問』，與『試驗』『應驗』義近，然不知其何自始。『驗』行而『譣』廢矣。

詖 古文以爲『頗』字。頗，偏也。

諄 宋魯凡相惡謂之『諄憎』。諄，『敦』字之叚借。敦，怒也，詆也。

侃 論語鄉黨孔注『侃侃，和樂皃』，謂『侃侃』即『衎衎』之叚借。

莫 巧言『聖人莫之』，叚『莫』爲『謨』。

詛 儀禮今文叚『詛』爲『諏』。

論 詩『於論鼓鐘』，『論』爲『侖』之叚借。

詳 經傳多叚爲『祥』字；又音『羊』，爲『詳狂』字。

是 左傳『君與大夫不善是也』，『是』爲『諟』之叚借。

譣 書立政『其勿以憸人』，說文引作『譣』；『譣』正『憸』之叚借。『譣』訓『問』，則『魚窆』切；譣人，則『息廉』切。

胥須 皆『諝』之叚借。周禮天官『胥十有二人』、秋官『象胥』、易『歸妹以須』，皆謂其有才知。胥，蟹醢也。叚借爲『相與』之意。今音『相』分平、去二音，爲二義，古不分。方言又曰『胥，輔也』，文王『胥附先後』是也。

諗 詩『將母來諗』，毛曰：『諗，念也。』『諗』爲『念』之同音叚借。

筭 『筭』爲『算』之器，『算』爲『筭』之用，二字音同義别。舊書多叚『筭』爲『算』。

敬 常武『既敬既戒』，箋云：『「敬」之言「警」也。』

假溢 詩『假以溢我』，說文引作『誐以謐我』。『誐』『謐』皆本義，『假』『溢』皆叚借。

陳 凡言『陳設』者，『敶』之叚借。『陳』行而『敶』廢矣。

媾 漢書項羽傳皆叚『媾』爲『講』。

諼 詩伯兮『諼艸』、淇奧『不可諼』，皆『藼』之叚借。

囂 詩『聽我囂囂』，『囂囂』即『謷謷』之叚借。

鉥怵 晉語『里克、丕鄭告公子重耳曰：「子盍入乎？吾請爲子鉥。」』此叚『鉥』爲『訹』。服鳥賦『怵迫之徒兮，或趨西東』，此叚『怵』爲『訹』。訹，誘也。

紿 郭注方言曰『汝南人呼「欺」亦曰「詒」，音「殆」』，史漢多叚『紿』爲之。

貽 釋言、毛傳皆曰『詒，遺也』，俗多叚『貽』爲之。

方 論語『子貢方人』，叚『方』爲『謗』；又叚爲『旁』。丄部曰：『旁，溥也。』凡今文尚書作『旁』者，古文尚書作『方』，爲『長』也〔一三〕。生民『實方實苞』，毛曰：『方，極畝也。』極畝，『大』之意也。又叚爲『甫』，召南『維鳩方之』，毛曰：『方之，方有之也。』方有之，猶『甫有之』也。

譸 詶也。釋訓『侜張，誑也』，書作『譸張』。訓『誑』不言『詶』〔一四〕，亦叚借之理。

虹 詩：『實虹小子。』『虹』者，『訌』之叚借。

頌 古作『訟』，後人叚『頌皃』字爲之。

諜 軍中反閒也。太史公書借爲『牒札』字。

鄉 叚借爲『嚮』，又叚爲『向』。

招磬 韶，或作『招』，周禮作『磬』，皆叚借。

承 左傳：『使帥師而行，請承。』『承』者，『丞』之叚借。

异 書『岳曰异哉』，『异』爲『異』之叚借。

樊 詩『折柳樊圃』，借爲『棥』字。

共 周禮、尚書『供給』『供奉』字皆借『共』字爲之，『恭敬』字皆作『恭』。衛包盡改尚書之『共』爲『恭』，非也。毛詩亦『共』『恭』分別。古不用『共』爲『恭』之叚借，左傳『三命滋益，恭其共也』如是。『君命以共』，則借『共』爲『恭』。

鮑 考工記『攻皮之工五：函、鮑、韗、韋、裘』，先鄭云：『鮑，讀如「鮑魚」之「鮑」。』書或爲『鞄』，周禮之『鮑』即倉頡篇之『鞄』。鞄，正字；鮑，叚借。

翮翼 楚世家：『楚武公曰：「居三代之傳器，登三翮六翼以高世主。」』『翮』者『鬲』之叚借字；『翼』者，『釴』之叚借字。

鬷 陳風『越以鬷邁』、商頌『鬷叚無言』，『鬷』者，『緫』之叚借字。

鬻 樂記叚『鬻』爲『育』，而譌作『鬻』；又『賣鬻』字作此，『賣』之叚借。

亯烹 『𦎫』之叚借。

弓 古叚『弓』爲『厷』，二字古音同也。傳易者，江東馯臂子弓名臂，故字厷。左、穀梁『郱黑肱』，公羊作『黑弓』；鄭公孫黑肱字伯張，則『肱』即『弓』也。

秉 經傳叚『秉』爲『柄』，左傳『國子實執齊秉前』、五行志『殺生之秉終矣』。

叔 拾也。叚借爲『叔父』字。叚借既久，而『叔』之本義鮮有知之者。

事 古叚借爲『士』字。鄭風『豈無他事』，毛曰：『事，士也。』釋詁：『采，事也。』此之謂叚借。

肅 訓『進』者，『羞』之叚借；訓『疾』者，『速』之叚借。

毄 叚借爲『系』字。今之『繫』也，易毄辭釋文作此字。直作『毄下系』，乃『口奚』反，非。此謂『繫』乃説文『繫繥』字。『毄辭』不當作『繫』也。古『係縛』字亦叚『毄』爲之。

殿 此字本義叚借爲『宮殿』字；又叚借爲『軍後曰殿』，即『臀』之叚借字。

殽 經典借爲『肴』字，禮記借爲『效』字。

役 詩『禾役穟穟』，毛曰：『役，列也。』『役』者，『穎』之叚借；『列』者，『栵』之叚借。禾部兩引詩皆作『禾役』〔一五〕，此『穎』通『穰』言之。下章之『穎』，則專謂『垂』者。

寺 經典叚『寺』爲『侍』。詩瞻卬傳曰：『寺，近也。』周禮注曰：『「寺」之言「侍」也。』

帥率 將，帥也。『帥』當作『衛』；衛，將也。儀禮、周禮古文『衛』多作『率』，今文多作『帥』。毛詩『率時農夫』，韓詩作『帥』。『帥』者，佩巾。漢人叚爲『率』字。後人謂『將帥』二字去聲，與平聲之『將』、入聲之『帥』別者，古無是説也。衛，將帥也；達，先導也。皆不用本字而用『率』；又或作『帥』。繇、北山傳『率，循也』，字皆當作『達』。左傳『藻率』、服虔曰『禮有率巾』，即許之『帥』也。

尋爓 古文禮叚『尋』爲『燅』。有司徹『乃燅尸俎』，注：『燅，温也。』論語何注：『温，尋也。』郊特牲『血腥爓祭』〔一六〕，注『爓，或爲「尋」』，『爓』亦叚借字。

道 經傳多叚『道』爲『導』，義本通。

剥 詩『八月剥棗』，叚『剥』爲『攴』。

敏 詩『履帝武敏』，釋訓：『敏，拇也。』『敏』爲『拇』之叚借。

爻詨 毄辭『爻法之謂坤』、儀禮注引詩『君子是則是詨』，皆『效』之叚借。

麗 詩『其麗不億』，毛曰：『麗，數也。』數，正字；麗，叚借。數，計也，所矩切。今人謂在物者去聲，在人者上聲，昔人不盡然。

頒 大頭也。『攽』爲正字，『頒』爲叚借。『頒』訓『大』，大則必分，非可徑訓『分』也。孟子

『頒白者不負戴於道路』，叚『頒』爲『鬢』。頭黑白半曰『頒』，亦『辮』之叚借字。周禮：『匪頒之式』，叚『頒』爲『班』。

庚 小雅毛傳曰『庚續也』、用部『庸』干曰『庚，更事也』〔一七〕、列子云『五年之後，心庚念是非，口庚言利害；七年之後，從心之所念庚無是非，從口之所言庚無利害』，皆叚『庚』爲『更』。今人『庚』字分別平、去二音，非古也。

敇 小雅毛傳曰：『敇，固也。』此謂『敇』即『飭』之叚借。

適 古多叚『適』爲『敵』。

射 經典叚『射』爲『厭』、爲『斁』。

攸 借『攸』爲『逌』。

脩 小雅、大雅毛傳：『脩，長也。』『脩』皆『攸』之叚借。本作『攸』，後改耳。經典多叚肉部之『脩』爲『修』。

緯徽 皆『韋』之叚借。韋，戾也。王注離騷曰『緯繣，乖戾也』，廣雅釋訓曰『緯𢡸，乖刺也』〔一八〕，廣韻二十一麥曰：『徽繣，乖違也。』

敦 本義訓『責問』。凡云『敦厚』，皆叚『敦』爲『惇』。

涅 粊誓『敜乃穽』，某氏注：『窒敜之。』士喪禮『隸人涅廁』，注：『涅，塞也。』『敜』其本字，『涅』其叚借。

考 『攷擊』『攷課』『攷問』皆作『考』，叚借也。

斀 詩『昏椓靡共』，叚『椓』爲『斀』。衛包因呂刑正義云『斀，椓人陰』，乃易爲『椓』字〔一九〕，而不知『斀』『椓』字義之不同。

敔 古叚借作『御』、作『圉』。

序 敘，古或叚『序』爲之；又叚『序』爲『緒』。周頌『繼序思不忘』，傳曰：『序，緒也。』

朕兆 凡曰『朕兆』者，『朕』如舟之縫，『兆』如龜之坼，皆引伸叚借。

父 士冠禮『甫』作『父』。他經『某甫』之『甫』亦通用『父』，同音叚借。

爾 『麗爾』猶『靡麗』也。後人以其與『汝』雙聲，叚爲『爾汝』字。又凡訓『如此』、訓『此』者，皆當作『尒』。自『爾』行而『尒』廢矣。

洵 毛詩『于嗟洵兮』，韓詩作『敻』。『洵』爲『敻』之叚借。

眩 漢書借爲『幻』字，『犛軒眩人』是也。

眼 考工記『望其轂，欲其眼也』，陸云：『魚懇反。』此鄭謂『眼』爲『睴』之叚借，古鈍切。

矕 目矕矕也。廣雅曰：「視也。」班固荅賓戲「矕龍虎之文」，孟康、蘇林皆曰：「矕，被也。」此雙聲之叚借。

眊 「眊」下曰「虞書『耄』字從此」，當云：「尚書『耄』字如此。」此爲叚借。

毖 詩「毖彼泉水」，「泌」之叚借。

䀲 書「昭武王惟冒」，說文引「武王惟䀲」。古文以「䀲」爲「冒」。

題 詩「題彼脊令」，訓「題」爲「視」。「瞗題」之「眡」，叚借。

希 古多叚「希」爲「晞」〔二〇〕。

眚 目病生翳也。叚爲「減省」之「省」，周禮：「馮弱犯寡則省之〔二一〕。」

眺 禮「可以遠眺望」，系叚借。眺，目不正也。「頫望」字不得作「眺」。

䁝 淮南鴻烈、漢書皆叚「營」爲「䁝」。「營」行而「䁝」廢。

瞿 詩齊風、唐風，禮記檀弓、曾子問、雜記、玉藻或言「瞿」，或言「瞿瞿」，皆「䀠」之叚借。「瞿」行而「䀠」廢矣。

𥄎 古文以爲「靦」字。古音同在十四部，故得相叚借。

麋微 士冠禮古文作「麋」，少牢饋食禮作「微」〔二二〕，皆「眉」之叚借。古又叚「微」爲「尾」。

伐吱　『伐』叚借爲『戫』，蘇秦傳作『吱』。

赫　釋詁：『赫赫、躍躍。』赫赫，舍人本作『奭奭』。常武毛傳云：『赫赫然盛也。』『奭』是正字，『赫』是叚借。

狄　『翟羽』字，經傳多叚『狄』爲之。

翟　『狄人』字，經傳多叚『翟』爲之。

革　詩『如鳥斯革』，訓『革』爲『翼』。韓詩作『䩐』。䩐，正字；革，叚借字。

鍭　翭，羽本也。士喪禮『翭矢』，詩、周禮作『鍭矢』。蓋此矢金鏃，候物而中如羽本之入肉，故叚借通用。

翾　荀子『喜則輕而翾』，叚『翾』爲『儇』。

翏　書『子則孥翏女』，匡謬正俗云：『叚「翏」爲「戮」』。

翊翌　經史多叚爲『昱』字，『明日』謂之『昱日』。經、傳、子、史『翌日』字，皆『昱日』之叚借。

接翣　周禮故書『翣』作『接』。鄭司農云：『接』讀爲『翣』。引檀弓『周人牆置翣』、春秋傳『四翣不蹕』。『接』與『翣』皆叚借字。

雅　楚烏也。訓『素』也、『正』也，皆屬叚借。

巂 户圭切。曲禮「立視五巂」，借爲「規」字。「子巂」亦曰「子規」，漢之「越巂」即此字，音「髓」。

爵 「爵」與「雀」同音，後人因書「小鳥」之字爲「爵」。

離 今用「鸝」爲「鸝黄」，借「離」爲「離别」。

雕 叚借爲「琱琢」「凋零」字。考工記故書「雕」或爲「舟」。

弋 隿，經傳多叚「弋」爲之。

舊 雖舊，舊留也。今叚爲「新舊」字。

牵 「逹」之叚借。

纍虆 易「羸其角」「羸其瓶」，或作「纍」，或作「虆」，其意一也。

殷黫 烏閑切。左傳：「左輪朱殷。」許意謂黑羊曰「黫」，叚借爲凡「黑」之稱。

穬 詩「憬彼淮夷」，説文引作「穬」，叚借字也。詩釋文則云：「憬，説文作「懬」，音「獷」。」今心部「懬」下佚此字。文選注引韓詩則作「獷」。

褋 漢人多叚「褋」爲「集」；又多叚「褋」爲「帀」。

朋 古文「鳳」以爲「朋黨」字，「朋黨」字正作「倗」。

鳩　經傳多叚『鳩』爲『逑』、爲『勼』。逑，斂聚也；勼，聚也。

隼　『隼』與『鷻』當是同物，而異字異音；叚借則『隼』亦即『鷻』字，同音同字。『鵻』與『鷻』異物，而同字同音。

鳺　鶀，夏小正、孟子作『鳺』，雙聲叚借。

䳡難　䳡，鳥也。今爲『難易』字，而本義廢矣。

鴐　山海經『鴐鳥』、『魯大夫榮鴐鵝』，皆即『鴐鵝』；鴐鵝，野鵝也；非家鵝，亦非鴻雁鴻雁屬也〔二三〕。

鉥蹻　司馬彪輿服志引記曰『知天者冠述，知地者履絇』、說苑『知天道者冠鉥，知地道者履蹻』，叚『鉥』『蹻』爲『鷸』『絇』字。

晨　詩晨風叚『晨』爲『鷐』。

摯　古字多叚『摯』爲『鷙』。

酖　左傳『鴆毒』字皆作『酖』，叚借字。

烏呼　取其助气，故以爲『烏呼』。此叚借法也。古者短言『於』，長言『烏呼』，『於』『烏』一字也。匡謬正俗曰：『今文尚書悉爲「於戲」字，古文尚書悉爲「烏呼」字，而詩皆云「於乎」。中古以來，文籍皆爲「烏呼」字。」按：經、傳、漢書「烏乎」無有作「嗚呼」者。唐石經誤爲「嗚」者，十之一耳。近今學者無不加「口」作「嗚」，殊乖大雅。

舃 䧿也，七削切。經典借爲「履舃」字，而本義廢矣。「䧿」隸變從「舃」。

焉 焉鳥。借爲語助，而本義廢矣。古多用「焉」爲發聲，訓爲「於」，亦訓爲「於是」。如周禮「焉使則介之」，晉語「焉作爰田」「焉作州兵」，左傳「晉鄭焉依」「裔焉大國」，公羊傳「焉爾」「焉門者」「焉閨者」，呂覽、淮南「焉使乘舟」，三年問「焉爲之立中制節」「焉使倍之」「焉使不及也」，招魂「巫陽焉乃下招」。

幽 小雅「桑葉有幽」、玉藻「幽衡」、周禮牧人「陰祀用幽牲」「守祧幽堊之」，皆「黝」之叚借。今本皆轉寫「幽」「黝」，誤譌〔二一四〕。

惠 經傳或叚「惠」爲「慧」。

予 「予」「與」古今字。「推予」之「予」，叚借爲「予我」之「予」，其爲「予」字一也。故釋詁「台、朕、陽、與、賚、畀、卜」，皆爲「予」也。

荼豫 舒，經傳或叚「荼」，或叚「豫」。

敖 經傳叚借爲「倨傲」字。

摽蔈漂 毛詩『摽有梅』，『𠬪』之叚借。鄭德作『蔈』，亦叚借。鄭風『風其漂女』，毛曰：『漂，猶「吹」也。』毛意『漂』亦『𠬪』之叚借。

轅 籀文『車轅』字，祇用『爰』。左傳晉作『爰田』，國語作『轅田』。地理志『制轅田』、食貨志『自爰其處』，孟康云：『「轅」「爰」同。』此又叚『轅』爲『爰』。

卒 經傳以『卒』爲『𣨛』，於説文爲叚借。

殛 書『殛鯀于羽山』，『殛』爲『極』之叚借。鯀因殛而死於東裔，非殊殺也。周禮『廢以馭其罪』，注：『舜殛鯀於羽山。』可證。

墐 殣，正字；墐，叚借。

殆 詩『殆及公子同歸』，傳曰：『殆，始也。』此謂『殆』爲『始』之叚借。

戔 周禮稿人注：『叚「戔」爲「⿰歹月」。』

殄 詩『籧篨不殄』，箋：『「殄」當作「腆」。』按：古文叚『殄』爲『腆』。

瀸 春秋經『齊人殲于遂』，公羊作『瀸』。

單 殫，極盡也。古多叚『單』字爲之。郊特牲『社事單出里』、祭義『歲既單矣』。大雅『其軍三單』，箋：『「單」者，無羨卒也。』

斁　經叚『斁』爲『殬』。雲漢鄭箋云：『斁，敗也。』孔穎達引洪範：『彝倫攸斁。』

殖　脂膏以久而敗，財用以多藏而厚亡，故多積者謂之『殖貨』。

拍　周禮醢人『豚拍』，叚『拍』爲『髆』字。

骿仳　晉文公『骿脅』，左傳、史記作『骿』，論衡作『仳』，叚借字。

踔　鄭司農注周禮典同曰『鍾形下當踔』，當是『庳』之叚借。列女傳『古者婦人身子寢不側，坐不邊，立不踔』，當是『跛』之叚借。今兩書皆譌作『蹕』。

厥　呂覽『雋觾之翠』，高注曰：『翠，厥也。』叚『厥』爲『臄』。

校　士喪禮記『綴足用燕几，校在南』、祭統『夫人薦豆執校』，皆叚『校』爲『骹』。又古無『挍』字，叚『校』字爲之。

翰　爾雅、毛傳『翰，榦也』，『翰』爲『榦』之叚借。

榦　『脅榦』乃『翰』之叚借。脅肋如鳥之羽翰分布也。

漬𦙶瘠脊殨　皆『骴』之同音叚借字。

胎　方言曰『胎，養也』，此叚『胎』爲『頤養』字。

臚　晉語：『聽臚言於市。』史漢『臚句傳』，蘇林曰：『上傳語告下爲「臚」。』此皆讀爲『敷奏以言』之『敷』。史記『臚於郊祀』、漢書『大夫臚岱』，韋昭辨釋名：『鴻，大也；臚，陳序也。謂大以禮陳序賓客。』此皆讀爲『庭實旅百』之『旅』。劉熙釋名：『鴻臚腹前肥者曰「臚」。以京師爲心體，王侯外國爲腹腴以養之也。』此讀爲『夏右腴』之『腴』，皆叚借也，本義則『皮膚』也。

準　肫，史漢作『準』。『高祖隆準』，服虔曰『準，音「拙」』，應劭曰：『隆，高也；準，頰權準也。』按：『準』者，叚借字；『肫』其正字。若戰國策『準頞』『權衡』竝言，則『準』訓『鼻』矣。

肫　中庸『肫肫其仁』，鄭讀爲『誨爾忳忳』之『忳』〔二五〕，是叚借也。士昏禮：『腊一肫。』『肫』者，『純』之叚借。

胲　漢書『樹頰胲』，『胲』叚爲『⿰月幾』也。

脾　古文以『脾』爲『髀』。

肝　正脅謂之『榦』。少牢古文『榦』爲『肝』。

旁　『膀』叚『旁』爲之。考工記：『旁鳴，蜩屬。』

脟　子虛賦『脟割輪焠』，叚『脟』爲『臠』。

夤 易艮『九三：裂其夤』，『夤』叚爲『胂』。

齊 釋言、馬注呂刑皆云：『齊，中也。』釋地『中州曰齊州』、列子『中國曰齊國』。莊列『與齊俱入，與汨偕出』，司馬云：『齊，回水如磨齊也。』皆『臍』字叚借之義。亦叚爲『齋』字，亦叚爲『齎』字。

壤 『曮』叚借作『壤』。

胥 禮經、戴記『蔫胥』字，叚『胥』爲『烝』。

胏 易『噬乾胏』，鄭云：『胏，簀也。』蓋謂『胏』爲『笫』之叚借。

監醢 肉汁滓曰『肬醢』。許時禮經作『監醢』。肬醢，正字也；監醢，叚借也。今字作『醓』。

刀 衛風叚借爲『舠』字。

略 周頌『有略其耜』，毛云：『略，利也。』剠，正字；利〔二六〕，叚借字。

覃 大田曰『以我覃耜』，叚『覃』爲『剡』。

則 等畫物也，叚借之爲語詞。

珥祈幾 周禮士師職『凡刉珥』，小子職作『珥祈』；『祈』或爲『刉』。肆師職作『祈珥』；

「祈」或作「幾」。按：鄭讀「珥」皆爲「衈」，云作「刉珥」爲正字。禮記「雕幾」，借爲「圻堮」之「圻」。

副 判也，普力切。「副貳」之字本爲「福」，書史叚借，遂以「副」字代之。學者不知有「福」字，以「副貳」字爲正體。流俗語音如「付」，韻書在宥韻，俗語又轉入遇韻也。沿襲既久，其義、其音遂皆忘其本始。「福」字雖見於龜策傳、東京賦，然恐此字因「副」而製耳。周人言「貳」，漢人言「副」，古今語也。豈容廢「副」用「福」！

烈 古叚「烈」爲「列」，詩「火烈具舉」〔二七〕，毛曰：「烈，列也。」羽獵賦「舉烽烈火」，「烈」亦與「列」同。「裂」或叚「烈」爲之，方言曰「烈，餘也。晉魏之閒曰「烈」」〔二八〕，齊語「戎車待游車之裂」。

薜擘 考工記叚「薜」爲「劈」，注云：「薜，破裂也。」又或叚「擘」爲之，張衡賦：「分肌擘理。」

割 尚書多叚「割」爲「害」。

劑 亨人注：「齊多少之量。」今人「藥劑」字，乃周禮之「齊」。

刖 周禮「刖者使守囿」〔二九〕，叚「刖」爲「跀」。

釗 釋詁「釗，見也」，叚「釗」爲「昭」。孟子引書「昭我周王」，郭引逸書「釗我周王」。

折 古多叚『折』爲『制』。呂刑『制以刑』，墨子引作『折則刑』。魯論『片言可以制獄』，古作『折獄』。羽獵賦『不制中以泉臺』，『制』或爲『折』。又呂刑『折民惟刑』，四入目引作『制民』。

契鍥挈楔 大雅『爰契我龜』、左傳『契其軸』，今左傳、荀子作『鍥』，漢書注引緜詩作『挈』。大戴禮『楔而舍之』，皆『栔』之叚借。

藉 耤，今經典多作『藉』。古多用『藉』爲『借』，如言『藉令』，即『假令』也。

捄 詩『有捄其角』，『捄』者，『觓』之叚借。

舩 舉角也。叚借爲『扛』字。

衡 古多叚『衡』爲『横』，玉人注曰：『衡，古曰「横」〔三〇〕。』叚借字也。

鑴 周禮叚『鑴』爲『觿』。

霚發 『滭泼』之叚借。

霚沸 『畢沸』之叚借。

晉 大射儀『幎用錫若絺，綴諸箭』，注云：『古文「箭」作「晉」。』吴越春秋『晉竹十廋』，『晉竹』即『箭竹』，叚借字。

節　叚借爲『符卩』字。詩『節彼南山』，『節』即『岊』之叚借字。

抽紬繇　毛傳曰『讀，抽也』，方言曰『抽，讀也』。太史公自序『紬史記石室金匱之書』，徐廣音『抽』。春秋傳『卜筮繇辭』，皆『籀』之叚借。

範　轂辭『範圍』字，當作『軓』；或作『笵』，『範』其叚借字。

簣　牀棧也。詩『綠竹如簣』，毛曰：『簣，積也。』此言叚借也。

軌九　公食大夫禮注曰：『古文「簋」皆作「軌」。』易『損二簋』，蜀才作『軌』。周禮小史故書『簋』或爲『九』，大鄭云：『九，讀爲「軌」。』書亦或爲『軌』。簋，古文也；軌、九，皆古文叚借字。

匭　古文『簋』，後世用爲『匭匣』字。尚書『苞匭菁茅』，鄭曰：『匭，纏結也。』鄭意謂『匭』爲『糾』之叚借。

翣　士喪禮下注曰『翣，扇也』，此言經文叚『翣』爲『箑』。

廬盧　古相叚借。考工記『攻木之工，輪輿弓廬匠車梓』，『廬』爲『籚』之叚借字。釋文曰：『廬，本或作「籚」。』

箱　大車牝服也。叚借爲『匧笥』之稱。又叚借爲『東西室』之稱。

茀 篚，車笭也。『篚』是正字，『茀』是叚借字。毛詩借作『蔽厀』字。

策 馬箠也。經傳多叚『策』爲『册』。

垂 周禮叚『垂』爲『箠』，『垂氏掌共燋契』。

博 經傳多叚『博』爲『簙』。

愛 詩大雅『愛莫助之』，毛曰：『愛，隱也。』叚借字也。邶風『愛而不見』，郭注方言作『薆而不見』。

選撰 邶風『不可選也』、車攻序『因田獵而選車徒』，叚『選』爲『算』；大司馬『羣吏撰車徒』，叚『撰』爲『算』。

遒 『逌』之叚借。『逌人』即『遒人』。

迋 古之『遒人』，以木鐸記詩言。詩『往迋王舅』，叚借爲語詞。

巽 具也。孔子說易曰『巽，入也』，『巽』乃『愻』之叚借。

⿸尸奠奠 大玄『天地⿸尸奠位』，叚『⿸尸奠』爲『奠』；又叚『奠』爲『定』。

貣 『忒』之叚借。尚書『二衍忒』，宋世家作『貣』；易『四時不忒』〔三一〕，京房作『貣』。管子全書皆以『貣』爲『忒』。

旨 美也。今人以爲『意恉』字。

害 詩『害澣害不』，叚『害』爲『曷』。今人分別『害』去、『曷』入，古無是也。

曷 釋詁『曷，止也』，叚『曷』爲『遏』；釋言『曷，盍也』，叚『曷』爲『盍』。凡言『何不』者，急言之但云『曷』；曷，何也，急言之亦曰『何』。

曶⿱回目〔三二〕 楊雄傳『於時人皆曶之』，叚『曶』爲『忽』。『象笏』字，古作『曶』。忽，古多叚『⿱回目』爲之。

沓 叚借爲『達』。毛生民傳曰『達，達生也。先生姜嫄之子先生者也』〔三三〕，『達生』即『沓生』。謂始生而如再生、三生之易也。車攻傳曰『舄，達履也』，『達履』即『沓履』。『鍣』取『重沓』意，多借『沓』爲之。漢外戚傳『切皆銅沓黃金涂』、高注吕覽『郈氏金距云，以利鐵作叚距，沓其距上』。

遭造 古文尚書：『兩造具備。』史記『兩造』，一作『兩遭』。『兩遭』『兩造』即『兩曹』。古文多叚借。

丂巧 同音叚借。

寧 寍，安也。今字多叚『寧』爲『寍』。『寧』行而『寍』廢矣。寧，願詞也。

恂 大學『瑟兮僩兮，恂栗也』，叚『恂』爲『㥠』。

謼呼 釋言曰『號，謼也』，魏風傳曰『號，呼也』。以說文律之，『謼』『呼』皆叚借字。『號嘑』者，如今云『高叫』也。

虖 班史多叚『虖』爲『乎』。

于 左傳『于民生之不易』，杜云『于，曰也』，此謂叚『于』爲『曰』。後漢書『諸于繡𧝓』。『于』者，『衺』之叚借字。

曰 詩書多叚『曰』爲『粵』。

彭旁 詩『出車彭彭』『四牡彭彭』『駟騵彭彭』『以車彭彭』。凡言『彭』〔三四〕，皆謂馬，鄭風『駟介旁旁』之異文。『彭』『旁』皆叚借，其正字則馬部之『騯』也。

假賀 大雅、周頌毛傳皆曰『假，嘉也』，叚『假』爲『嘉』。覲禮古文『余一人嘉之』，今文『嘉』作『賀』。或叚『賀』爲『儋何』之『何』。

淵咽 小雅、商頌作『淵淵』，魯頌作『咽咽』，皆『鼘』之叚借。

鎗 詩：『擊鼓其鎗。』金部曰『鎗，鼓鐘聲也』，『鼓鐘』謂『擊鐘』也。字从『金』，故曰『鐘聲』。於鼓言『鎗』，爲『鼞』之叚借。

豈愷　奏豈，經傳多作『愷』；愷樂，毛詩亦作『豈』。二字互相叚借。詩又作『凱』，俗字也。凱，亦訓『樂』字，即『愷』字。

虞吾牙　騶虞，山海經、墨子作『騶吾』，漢東方朔傳作『騶牙』，皆同音叚借。古多以『牙』爲『芽』。

娛度　『虞』字叚借多，而本義隱矣。凡云『樂』也、『安』也者，『娛』之叚借；凡云『規度』也者，以爲『度』之叚借也。

班豳　虨，虎文彪也。漢書敘傳曰『楚人謂虎班』，當作『楚人謂虎文班』〔三五〕。『班』即『辬』之叚借。上林賦『被班文』，史記作『豳文』。『班』『豳』皆叚借。錢氏大昕曰：『易象傳「其文炳也」與下文「蔚君」爲韻。』『蔚』讀如『盀』，轉移最近。『炳』當爲『虨』，則音義皆近。

竊　釋獸：『虎竊毛。』大雅『鞹鞃淺幭』，傳曰：『淺，虎皮淺毛也。』釋鳥『竊藍』『竊黃』『竊丹』，皆訓『淺』，於六書爲叚借。不得云『「竊」即「淺」』。

杅杇　椲，木也。可屈爲『杅』者。『杅』『杇』即『盂』之叚借。

蕩　郊特牲曰：『滌蕩其聲。』『蕩』者，『盪』之叚借。

津　𦘔，气液也。經傳多叚『津』爲『𦘔』。『津』行而『𦘔』廢矣。

挫衄 『縮朒』之叚借，『縮朒退卻』之意。

靚糚靚莊 上林賦『靚糚刻飾』，亦作『莊』。『靚』者，『静』之叚借。『靚糚』即『彰妝』之叚借字。

靜 宷也。引伸叚借爲『安靜』。方言『安，靜也』，以許意律之〔三六〕，叚『靜』爲『竫』耳。

創 『刅』之叚借。

既 許引論語作『不使勝食既』，以『既』爲『气』。

稔 『飪』亦叚『稔』爲之。釋言：『饙、餾，稔也。』

茨 資，周禮故書作『茨』，叚借字。

喜 據毛詩箋，則古文以『喜』爲『饎』。

饌 論語『先生饌』，鄭作『餕』。食餘曰『餕』。古文叚『饌』爲『餕』。

粲 鄭風『還予授子之粲兮』，釋言、毛傳皆曰『粲，餐也』。謂『粲』爲『餐』之叚借字。

歸 『饋』多叚『歸』爲之。論語『詠而饋』『饋孔子豚』『齊人饋女樂』，古文皆作『饋』，魯皆作『歸』，今本集解陽貨、微子篇作『歸』，依集解引孔安國〔三七〕，則當作『饋』也。古叚『歸』爲『夔』。樂緯云『昔歸典協律』，即『夔典樂』；地理志『歸子國』，即『夔子國』。

餽 今字以『餽』爲『饋』，此乃叚借，其義本不相通。

饗 『亯燕』之『亯』，獻也。左傳作『亯』，爲正字；周禮、禮記作『饗』，爲同音叚借。凡獻於上曰『亯』，凡食其獻曰『饗』。

燕 左傳作『宴』，爲正字；『宴安』『宴亯』，禮經、周禮作『燕』，爲同音叚借。

饫 毛詩『飲酒之饫』，叚『饫』爲『醧』。爾雅云『飫，私也』，『飫』當作『醧』。作爾雅時，常棣詩已作『飫』矣。

觀 館，古叚『觀』爲之。

曾 『增』之叚借。

納 『内』之叚借。

匋 史篇以『匋』爲『缶』，古文叚借。

磬罄 古書多互相叚借。詩『俔天之妹』，傳曰『俔，磬也』，『磬』乃『俔』之叚借。『磬』『罄』古通用。

闕 毛詩『在城闕兮』，當作『缺』〔三八〕。『闕』其叚借字，非『象闕』之『闕』。

蕈 經典『葛覃』字，亦叚『蕈』爲之。

穡 古『嗇』『穡』互相叚借，『稼穡』多作『稼嗇』。左傳『小國爲蘩，大國省穡而用之』，即『省嗇』也。

离 『离』讀如『偰』，故漢書以『离』爲『稷偰』字。偰，經傳多作『契』。

舜 『俊』之同音叚借字。山海經作『帝俊』。

韋 相背也。後凡『革』皆稱『韋』，叚借之恉也。叚借專行而本義廢矣。

緼 赤黃之閒色，所謂『韎』也，『縓』之叚借字。

託 呂覽：『奉以託。』『託』者，『橐』之叚借。

夆 古亦借爲『鏠峯』字。

桀 左傳『桀石以投人』，叚『桀』爲『揭』。

梅 『酸果』之字作『梅』，叚借字。

某 『某人』之字作『某』，亦叚借字。叚借行而本義廢固不可勝數矣。

柰 柰，果也。叚借爲『柰何』字。

杍 古文『李』。尚書『梓材』，壁中古文叚借『杍』爲『梓匠』字。

旄 『楙』之叚借〔三九〕。

榛　『亲』之叚借。『榛』行而『亲』廢矣。齊民要術引詩義疏云：『榛栗有二種。』

杜　『甘棠』叚借爲『杜塞』之『杜』。

樣　今人用『樣』爲『式樣』字，『像』之叚借。唐人『式樣』字從『手』、作『㨾』，『像』之俗〔四〇〕。

柅　柅木也。今字以爲『檷』字。

楊　古叚『楊』爲『揚』。詩『楊之水』，毛曰：『楊，激揚也。』古書州名皆作『楊』。

桺　古多叚『桺』爲『酉』。鄭印癸字子桺，『桺』即『丣』，名癸字酉也。仲尼弟子列傳『顔幸字子桺』，『桺』亦即『丣』；『幸』者，『辛』之譌也。

欒　欒木。借爲『圜曲』之稱，如鐘角曰『欒』，屋曲枅曰『欒』。

梂　椒聊箋云『一梂之實』，叚『梂』爲『莍』。

酓　史記『檿』作『酓』，同音叚借。

蕉　列子書以『蕉』爲『樵』。

柏　古多叚爲『伯仲』之『伯』、『促迫』之『迫』。

卮　栀，史記叚『卮』爲之。

荅遝　榙𣝱，漢書、文選皆作『荅遝』，叚借字。

樹 『樹』叚借爲『尌豎』字。

蒂氏 柢，或借『蒂』字爲之，或借『氏』字爲之。節南山傳曰『氏，本也』，是也。

枚 豳風傳曰『枚，微也』、魯頌傳『枚枚，礱密也』，皆謂『枚』爲『微』之叚借。

顛 大雅『顛沛之揭』。『顛』者，槙之叚借。盤庚『若顛木之由蘖』，義亦同『槙』。

槙 考工記『稹理』，亦或叚『槙』。

格 有借『格』爲『庋閣』〔四一〕，亦有借『格』爲『扞格』字者。楚茨傳『格，來也』、抑傳『格，至也』，叚『格』爲『假』。

槷 考工記輪人以爲『槷樧』字；又匠人以爲『臬』字；又輪人注以爲『危隉』字。

朴 漢書『以敦朴爲天下先』，叚『朴』爲『樸』。

樸 詩『棫樸』、周禮『樸屬』，借用此字。

榜 『欜』之叚借字。

棘 詩『如矢斯棘』，『棘』爲叚借字；韓詩作『朸』，爲正字。

柴 毛詩車攻叚『柴』爲『積』字。

檐 古書多叚『檐』爲『儋何』之『儋』。

置 漢石經論語『置其杖而耘』、商頌『置我鞉鼓』、考工記『置而摇之』，皆以『置』爲『植』。

鍵 經典多借『鍵』爲『楗』。

蹇 周禮司門作『管蹇』，先鄭云：『蹇，讀爲「鍵」。』

槷樧 皆叚借字。『樧』即『楔』之叚借。

杝 小雅『析薪杝矣』，謂『隨木理之，地衺而析之』也。叚『杝』爲『迆』。

槭 漢天文志『閒可槭劍』，蘇林曰：『槭，音「函」，容也。』叚『槭』爲『含』。

斗 『升斗』字作『斗』，『枓勺』字作『枓』。小雅『維北有斗』、小雅『酌以大斗』〔四二〕、考工記注、士冠禮注曰『勺，尊斗也』，皆叚『斗』爲『枓』，而俗本譌爲『尊升』，遂不可通。趙世家『使廚人操銅枓』，張儀説此事作『金斗』；喪大記『沃水用枓』，周禮鬯人作『斗』。又叚爲『斗陗』之『斗』。

得 吕覽『具挾曲』，高曰『挾，關西謂之「得」』〔四三〕，『得』即『持』之叚借字。

勝複 淮南氾論訓曰：『後世爲之機杼勝複。』『勝』者，『縢』之叚借字；『複』者，『復』之叚借字〔四四〕。

厥困 橜，或借『厥』；梱，或借『困』。荀卿曰『和之璧，井里之厥也。玉人琢之，爲天子寶』，晏子作『井里之困』。

柯 斧柄也。叚借爲『枝柯』。

檃 叚借作『隱』。

栝 叚借作『括』。

曹 『槽』之叚借，大雅『乃造其曹』。

藝槷陧 臬，古叚『藝』爲之。左傳『陳之藝極』，考工記匠人作『槷』。賈侍中說『陧，法度也』，皆『臬』之叚借。

杵 『櫓』叚『杵』爲之，『流血漂杵』即『流血漂櫓』。

鹵 『樐』亦叚『鹵』爲之。『天子出行鹵薄』『鹵莽』字，即『魯』字。

桴 桴，本訓『棟』，借爲『鼓柄』之『桴』。

槅 左思蜀都賦以『槅』爲『覈』。

櫜 『櫜』之叚借。

捄 毛詩之『捄』，『梮』之叚借。

梁 橋梁，其本義；棟梁，其叚借也。

輯濯　楫，「擢」之叚借。鄧通傳「以濯爲黄頭郎」〔四五〕、司馬相如傳「濯鷁牛首」。

胏　漢書「胏附」、後漢楊由傳「風吹削胏」，皆「柹」之叚借。

橫　桄，古多叚「橫」爲之。

肄　商頌傳曰：「蘖，餘也」；周南傳曰：「肄，餘也。」「肄」者，「蘖」之叚借字。

椒　禮運叚「椒」爲「藪」字。

檻　櫳也。罪人及虎豹所居，叚借爲「闌檻」字。

林　釋詁、毛傳皆曰「林，君也」，叚借之義。

鹿　「麓」之叚借。左傳：「山林之木，衡鹿守之。」易「即鹿无虞」，虞翻曰：「山足稱『鹿』；鹿，林也。」

棼　複屋棟也。左傳「治絲而棼之」，叚借爲「紛亂」字。

游　本「旗游」字，叚借爲「出游」字。

渒旆伐　小雅「萑葦渒渒」「胡不旆旆」，皆「市」之叚借。魯頌作「伐伐」。

市　玉篇「朮」作「市」。毛傳：「蔽市，小皃。」段謂毛詩「蔽市」字，恐是用「蔽郄」之「市」也。

索　繩也。經史多叚「索」爲「索」字，如「探嘖索隱」是；又「澌水索也」，「索」訓「盡」。杜林說：『索，亦「朱市」字。』『市』者，篆文『韍』也。

南男 古二字相叚借。

詵詵駪駪侁侁莘莘 皆『甡甡』之叚借。毛以『衆多』釋『駪駪』，謂即『㚕㚕』之叚借。

積枳 釋地：『枳首蛇。』枳，或作『積』。借『積枳』爲『歧』字。

桼 漢人多叚『桼』爲『七』。史記『六律五聲八音來始』，『來始』正『桼始』之誤。尚書大傳、漢律曆志皆作『七始』。

簡 凡言『簡練』『簡擇』『簡少』，皆叚『簡』爲『柬』。論語『簡在帝心』，『簡』即『𥳑』字之叚借。

膏 周禮『膏物』注云：『膏，當爲「櫜」。蓮芡之屬有櫜韜〔四六〕。』

專 周禮叚『專』爲『團』，大司徒注曰：『專，圜也。』

員隕 商頌『景員維何』『幅隕既長』，『員』『隕』皆『圓』之叚借。

壼 宮中道。大雅『室家之壼』，毛曰『壼，廣也』，箋云『「壼」之言「梱」也，室家相梱致』〔四七〕，皆引伸叚借之義。

固 事之已然者。『固』即『故』之叚借。漢官『掌故』，唐官多作『掌固』。『痼』多叚『固』爲之。月令『則國多固疾』，注曰『生不充其性，有久疾』。癈『疾』爲『痼疾』〔四八〕，『痼』謂

『久疾』，故許異其義。

芸 老子『夫物芸芸，各歸其根』，叚『芸』爲『賱』。

瑣 易旅：『初六：旅瑣瑣。』『瑣』者，『肖』之叚借〔四九〕。

悔 古叚『悔』爲『賄』。聘禮注曰：『古文「賄」皆作「悔」。』

進 賮，或叚『進』爲之。漢高紀曰：『蕭何爲主吏，主進。』

賜 方言：『賜，盡也。』又『鋌，賜也』，此叚『賜』爲『澌』。

贅 孟子：『屬其耆老』，大傳作『贅其耆老』〔五〇〕。公羊傳云『君若贅旒』，史漢云『贅壻』，此爲『聯屬』之稱；莊子『附贅縣疣』、老子『餘食贅行』，此爲『餘賸』之稱，皆『綴』之叚借。

蒿 郊，周禮故書作『蒿』，叚借字。歊，祭義叚『蒿』爲之。鄭曰：『蒿謂氣烝出貌也。』

邸 經典叚借『邸』爲『柢』，典瑞：『四圭有邸。』釋器『「邸」謂之「柢」』，當作『「柢」謂之「邸」』。釋言曰『柢，本也』，鄭司農引作『邸，本也』，可證。

郵尤 經過曰『郵』，過失亦曰『郵』，爲『尤』『訧』之叚借。古不分平、去。許沖敘『儻昭所尤尤』，又『訧』之叚借。

郁彧 郁，古叚借爲『戫』字。論語『郁郁乎文哉』，其始借『彧』爲『戫』，其後又借『郁』爲『彧』。

祭 『⿰祭阝』之叚借。

絺 『郗』之叚借。

息 左傳『鄭息有違言』，杜曰：『鄎國，汝南新息縣。』左傳用古文叚借字，杜解用說文本字。『鄎』下曰：『今汝南新息是也。』新息，大徐作『新鄎』，誤。漢字作『息』，與左氏合。

郢 孟子：『卒於畢郢。』『郢』者，『程』字之叚借。

檜 『鄶』之叚借。

郎 以『郎』爲『男子』之稱及官名者，皆『良』之叚借。

耆阢飢 今商書西伯戡黎、今文尚書作『耆』；或作『阢』，或作『飢』，皆叚借字。許所據古文尚書作『𨞲』。邔，蓋即『阢』字〔五一〕。

晤 詩『寤辟有摽』，許引作『晤』。詩上文曰『耿耿不寐』、曰『我心匪石』、曰『如匪澣衣』，則當作『寤』，訓『覺』；『晤』其叚借之字也。

好 釋訓：『旭旭、蹻蹻，憍也。』今詩『驕人旭旭』作『好好』，同音叚借也。

煇 周禮「暈」作「煇」，古文叚借字。

稷 易曰「日中則昃」，孟氏易作「稷」。穀梁春秋經「戊午日下稷」，古文叚借字。亦叚爲「即」，小雅：「既齊既稷。」

闇 「眡祲掌十煇之法，五曰「闇」」，鄭司農云：「闇，日月食也。」「暗」者，正字；「闇」者，叚借字。

昨 周禮司尊彝叚「昨」爲「酬酢」字。

弁般 詩「弁彼鸒斯」，釋詁、詩序皆云：「般，樂也。」「弁」「般」皆「昪」之叚借。古三字同音「盤」，故相叚借。「昪」其正字，而尠用之者。

陽 小雅「匪陽不晞」，「陽」即「暘」之叚借。

昔 穀梁經「辛卯昔恒星不見」、左傳「爲一昔之期」、列子「昔昔夢爲君」，皆叚「昔」爲「夕」；又引伸之，則叚爲「昨」；又引伸之，則以「今昔」爲「今古」矣。「今古」之義盛行，而本義遂廢。凡「久」謂之「昔」，周禮：「昔酒。」周語「厚味實腊毒」，韋云：「腊，亟也。」

洎暨 皆「臮」之叚借。鄭詩譜稱無逸「爰洎小人」。公羊傳「「及」者何？與也。會及暨，皆「與」也」，「暨」猶「暨暨」也。

輖 周南「惄如輖飢」，叚「輖」爲「朝」。

允 「𩊚」之叚借。

旃 叚借爲語助。詩：「尚慎旃哉。」旃，之也。氈，古多叚「旃」字。

施貤 上林賦與詩「施中谷」「施條枝」同，皆「延」之叚借。

髟鼬 「㶟𧖴」之叚借。

疊 詩「莫不震疊」，毛傳：「疊，懼也。」「慴」之叚借字也。

霸 俗用「王霸」字，實「伯」之叚借字。

期 叚借爲「期年」「期月」字，其本字作「稘」。「期」行而「稘」廢矣。

有 古多叚「有」爲「又」字。

邠彧 大戴公冠篇「遵並大道邠彧」，「邠彧」即「彬彧」，謂「彬彬彧彧」也。

寅 尚書「寅」字，皆叚「寅」爲「夤」。

夤 「夤緣」即「延緣」，「八夤」即「八埏」。

精 漢書「天暒」亦作「精」；「精」者，「晶」之叚借。

貫　叚借爲『摜』字，習也。孟子：『我不貫與小人乘。』亦借爲『宦』字，毛詩『三歲貫女』，韓詩作『宦』〔五二〕。毛詩『串夷』傳：『串，習也。』『串』即『毌』之隸變。傳謂即『慣』字，箋謂即『昆』字。『持弓關矢』之『關』，或叚『貫』爲之。

函　大雅毛傳：『臄者，函也。』通俗文曰『口上曰「臄」，口下曰「函」』，用『函』爲『顄』。禮『席閒函丈』、周禮『函人爲甲』、詩『實函斯活』，叚『圅』爲『含』字。

由　左傳『猶將復由』、詩『由儀』〔五三〕，『由』皆『甹』之叚借〔五四〕。

卣　『卣』之變爲『卣』。鄭注周禮『廟用修』曰：『修，讀曰「卣」；卣，中尊。』『木實垂』者，其本義，叚借爲『中尊』字。

半　漢書『一半冰』，叚『半』爲『片』字。

版　大雅『上帝板板』，傳云：『板板，反也。』謂『版』即『反』之叚借。

牖　叚借爲『誘』。召南『吉士誘之』、大雅『天之牖民』，傳皆訓曰：『道也。』『道』即『導』。

牏　史漢之『牏』，即『窬』之叚借字。

鼎　古叚『鼎』爲『丁』。賈誼傳『春秋鼎盛』、匡衡傳『匡鼎來』，『鼎』之言『當』也、『正』也。

鼏　『鼏』之叚借。

密 鼏，禮古文作『密』，叚借字也。

重 毛詩『黍稷重穋』，『種』之叚借。

綢 小雅『綢直如髮』，叚『綢』爲『稠』。又『㐱』者，稠髮也；稠髮當作『鬒』，『綢』亦『鬒』之叚借。

穆 『穆穆』『昭穆』『於穆』，叚『穆』爲『㣎』。

私 禾也。今則叚『私』爲『厶』〔五五〕。

孚 古叚『孚』爲『稃』。

穮 周頌叚『穮』爲『穮』。

芓 班所據詩叚『芓』爲『秄』。

𢧢𢦏 古叚『𢧢』爲『秩』。詩『秩秩大猷』，説文作『𢧢𢧢大猷』。儀禮注：『秩，或爲𢦏。』

麇 古叚『麇』爲『稛』，左傳『羅無勇麇之』『及潞麇之』。

稾 叚借爲『矢榦』之『稾』、屈平『屬艸稾』之『稾』。

穰 黍，梨已治者。周頌『穰穰，衆也』〔五六〕，此叚借也。

蘇 韓信傳曰『樵蘇後爨』，漢書音義曰『樵，取薪也；蘇取艸也』，此叚『蘇』爲『穌』。樂記

『蟄蟲昭蘇』，注云：『更息曰「蘇」。』據玉篇云『穌，息也；死而更生也』，然則希馮所據樂記作『穌』。

石 古多叚『石』爲『祏』，月令『鈞衡石』；又或借爲『碩大』字。

祏 有叚『祏』爲『石』者，楚辭：『悲任祏之何益。』

溓 考工記『雖有深泥，亦弗之溓也』，叚『溓』爲『黏』。

釋 詩『釋之叟叟』，『釋』爲『釋』之叚借。

紅 賈捐之傳『太倉之粟，紅腐而不可食』，『紅』即『粠』之叚借。

廿 古文叚借以爲『疾』。

鑿 經傳多叚『鑿』爲『鑿』。

接 周禮稟人『大祭祀則共其接盛』，『接』即『臿』之叚借。

揄 詩：『或舂或揄。』『揄』者，『舀』之叚借字。

端 左傳『履端於始』，叚『端』爲『耑』。用爲『發耑』『耑緒』字者，叚借也。

壺 七月傳曰『壺，瓠也』，謂叚『壺』爲『瓠』。

弘閎 法言曰『其中弘深，其外肅括』，叚『弘』爲『宏』；月令『其器圜以閎』，『閎』亦『宏』之叚借。

實寔 音義皆殊。由趙魏之閒『實』『寔』同聲，故相叚借。若杜預注春秋『寔來曰「寔」，實也』，則非是也。

又 王制叚『又』爲『宥』。

宵 學記『宵雅』，叚『宵』爲『小』；漢志『人宵天地之貌』，叚『宵』爲『肖』。

完 寬，古文叚『完』字爲之。或叚爲『髡』，漢刑法志：『完者使守積。』王制注同。

疚 詩『嬛嬛在疚』，毛詩作『疚』。『疚』爲『疚』之叚借。

鞫 谷風、南山、小弁毛傳『鞫，窮也』，『鞫』皆『竆』之叚借。采芑傳『鞫，告也』，『鞫』即『告』之叚借。至近日而盡改爲『鞫』矣。『鞫』者，『蹋鞠』之字，其義相去遠。『鞫』行而『竆』廢矣。

軌 宄，經史多叚『軌』爲之。

竈 周禮故書以『竈』爲『造』。

僚 寮，亦叚『僚』爲之。左傳『泉邱人女奔孟僖子，其僚從之』，杜注：『鄰女爲僚友。』

瀆 『竇』借『瀆』爲之，周禮注：『「四竇」即「四瀆」。』左傳襄三十年『墓門之瀆』，徐音『豆』。

古音去、入不分。

科薖 窠，或借「科」爲之，孟子「盈科而後進」；又或借「薖」爲之，衛風「碩人之薖」。

室 魯論語以「室」爲「窒」。

竄殺 堯典「竄三苗」，孟子作「殺三苗」，即左傳「粲蔡叔」之「粲」。「粲」爲正字，「竄」「殺」爲同音叚借。

夢 「㝱」字叚「夢」爲之。「夢」行而「㝱」廢矣。

咢 借爲「驚遻」字。遻，周禮作「噩夢」，杜子春云：「當爲「驚愕」之「愕」。」

寤 古書多叚「寤」爲「悟」。

瘵 小雅菀柳箋「瘵，接也」，謂詩叚「瘵」爲「際」。

咎 釋訓曰「咎，病也」〔五七〕，「咎」蓋「疚」之古文叚借；慦，古又多叚「咎」爲之，「咎」行而「慦」廢矣。

玼 古叚「玼」爲「疵」。

廢癈 「癈」爲正字，「廢」爲叚借字。亦有叚「癈疾」字爲「興廢」字者。

洒洗 凡素問、靈樞、本艸言「洒洒」「洗洗」者，其訓皆「寒」、皆「痒」之叚借。

瘍 魯頌叚『瘍』爲『揚』。

扁 『痛』之叚借。

憚 或叚『憚』爲『癉』。

易 漢書所云『易病』者，當是『瘍』之叚借。王子侯表『樂平侯病狂易』〔五八〕、禮記『易慢之心入之矣』、國語『貴貨而易土』，『易』皆『傷』之叚借。傷，一曰『交傷』，經傳止作『易』。

罷 經傳多叚『罷』爲『疲』。

祇 何人斯叚借『祇』爲『疷』，故毛傳曰：『祇，病也。』

衰 凡『盛衰』『等衰』，喪服曰『衰』，皆『𤺋』之叚借。

冒 詩『下土是冒』，叚『冒』爲『冃』。

絹綃 『縮』下曰『絹也』，『絹』即『繯』字，俗書叚借也。周禮冥氏注曰『弧張罿罦之屬，所以扃絹禽獸』、翨氏注曰『置其所食之物於綃中，鳥來下則掎其腳』，亦皆叚『綃』爲『繯』。

楄 覈，蜀都賦作『楄』，叚借也。

紛 『帉』之叚借。

裯 詩『抱衾與裯』，箋：『牀帳也。』謂『裯』爲『幬』之叚借。

張 古亦借『張』爲『帳』。

幑 幑，幑識也。大傳曰：『殊幑號。』古朝覲軍禮皆有幑識。而『幑』，各書作『徽』，容是叚借；識，各本作『幟』，則是俗字。

織 詩『織文鳥章』，『織』爲『幟』之叚借。

剽衺 皆叚借字，『幖』其本字也。『僄』或叚『剽』爲之。

式 管子輕重篇曰：『桓公使八使者式璧而聘之。』『式』者，『飾』之叚借。軾，經傳多作『式』，古文叚借也。

篾 大雅『淺幭』，曲禮『素篾』。『幭』，正字；『篾』，叚借字。

芋 斯干以『芋』爲『幠』。

拚 少儀曰『埽席前曰「拚」』，土部曰『坌，埽除也』，『拚』即『坌』之叚借。

滕 『幐』或借『滕』爲之。

帑 小雅常棣傳曰『帑，子也』，此叚『帑』爲『奴』。

幦 『幭』爲正字，『幦』爲叚借字。

黻芾沛茀　或借『黻』爲『韍』，明堂位注『韍，或作「黻」』；或借『芾』爲之，詩候人、斯干、采菽是也；或借『沛』爲之，易『豐其沛』，一作『芾』。『芾』與『沛』蓋本用，古文作『巿』，而後人改之。或借『茀』爲之，如詩、釋文所載及李善所引詩皆是也。○士無『巿』有『帢』。按：經典有『韐』無『帢』，『韐』行『帢』廢矣。

皦　詩『有如皦日』，叚『皦』爲『皢』。

楚　詩『衣裳楚楚』，『𪓐』其正字，『楚』其叚借字。

仞　或借爲『牣滿』字。

軔　孟子『掘井九軔』，借『軔』爲『仞』。

晙　尚書以『晙』爲『俊』。

胲賌　漢書藝文志『五行家有五音奇胲用兵二十三卷，五音奇胲刑德二十一卷』，史記扁鵲倉公列傳本亦作『奇胲』。侅，正字；胲，叚借字。淮南兵略訓『刑德奇賌之數』，『賌』亦叚借。

侅　莊子『侅溺於馮氣』，據徐音乃是叚『侅』爲『礙』。

豳邠　『彬份』字，或借『豳』字爲之，上林賦『玢豳文鱗』；或借『邠』字爲之，上林賦『斐如郤如」。

僚 詩「皎人僚兮」，傳曰：「僚，好皃。」自借爲「同寮」字，而本義廢矣。

鬣 左傳昭七年、十七年，國語楚語皆云「長鬣」。「鬣」者，「儠」之叚借（五九）。

儺 行有節也。其「毆疫」字本作「難」。自叚「儺」爲「毆疾」字，而「儺」之本義廢矣。

俟 大也。經傳叚爲「竢」字，而「俟」之本義廢矣。廢「竢」而用「俟」，則「竢」「俟」爲古今字矣。

侗 許引詩「神罔時侗」，今毛作「恫」。許稱之以見詩，叚「侗」爲「恫」也。

競 詩「無競維人」「秉心無競」「執競武王」，「競」爲「倞」之叚借字。

敖 古多叚「敖」爲「傲」。女部又出「嫯」字，侮傷也。

傪 方言「傪愔也；愔，惡也」，叚「傪」爲「慘」。

賴聊 「聊憀」之叚借。俚，賴也。詩「聊與之謀」、方言「俚，聊也」、戰國策「民無所聊」，字之叚借耳。漢書曰「其畫無俚之至」，「無俚」即今所謂「無賴」，皆語之轉。凡「聊賴」可作「憀賴」。

俚 古叚「理」爲「俚」。孟子「稽大不理於口」，趙注：「理，賴也。」

胖 伴，大皃。大學注『胖，猶「大」也』，『胖』即『伴』之叚借。

葑 韓詩『葑彼甫田』，叚『葑』爲『倬』。

淑 俶，善也。一曰『始』也。『淑』爲『俶』之叚借。

鴻 考工記『搏身而鴻』，注云：『鴻，傭也。』『鴻』即『傭』之叚借字。若廣雅云『傭，役也』，謂役力受直曰『傭』，此今義也。

僾 詩『亦孔之僾』，釋言及傳云：『僾，唈也。』謂『僾』爲『炁』之叚借字，『唈』即『僾』字。

何 借爲『呵』。

具 詩『火烈具舉』，叚『具』爲『俱』。

傅 古叚爲『敷』字，『禹敷土』亦作『禹傅土』。

恤洫 周頌『何以恤我』〔六〇〕、莊子『以言其老洫也』，『恤』與『洫』皆『侐』之叚借。

俠 經傳多叚『俠』爲『夾』。

義 文王傳曰『義，善也』，與釋詁及我將傳『儀，善也』同。『義』爲『儀』之叚借字。

並旁 古多叚『並』爲『傍』，史記始皇紀『並河以東』；亦叚『旁』爲『傍』，見溝洫志、食貨志。

似 詩斯干『裳裳者華』，卷阿、江漢傳皆曰：『似，嗣也。』此謂『似』爲『嗣』之叚借字。斯干

優　『似續妣祖』，箋云：『似，讀爲「巳午」之「巳」。』此謂『似』爲『巳』之叚借字。

偆　商頌『布政憂憂』、小雅『既瀀既渥』，今本皆叚『優』爲之。

俒　白虎通『「春」之爲言「偆」』、春秋繁露曰『「偆偆」者，喜樂之貌也』，蓋皆『蠢』之叚借字。

憸　許引逸周書曰『以俒伯父』，『俒』當爲『溷』字之叚借。經史亦作『慁』。

卑　古叚『憸』爲『儉』。易『儉德辟難』，或作『憸』。

俔　古或叚『卑』爲『俾』。

億　孟子『反其旄倪』，借爲『嫛婗』之『婗』。爾雅『左倪不類，右倪不若』、左傳『城上僻倪』，借『倪』爲『睨』。莊子『不知端倪』，借『端』爲『耑』，借『倪』爲『題』。

伸　本義訓『安』，今則本義廢矣。或叚爲『萬意』字，或叚爲『意』字。論語『不億不信，億則屢中』，漢書貨殖傳作『意』。『毋意』『毋必』諸家稱作『億必』，是可證矣。

㝩　疑此字不古，古但作『詘信』；或用『申』爲之。韋昭音義云：『信，古「伸」字。』謂古文叚借字。

僭　古叚『㝩』爲『偄』。考工記『馬不契㝩』，鄭云：『㝩，讀爲「畏偄」之「偄」。』

小雅巧言傳曰『僭，數也』，謂『僭』即『譖』之叚借。

譖 詩亦叚「譖」爲「僭」，如桑柔、瞻卬箋是也。

侜 「侜張」乃尚書「譸張」之叚借字。

窕 左傳「楚師輕窕」，「窕」正「佻」之叚借。

伎 詩「鞫人忮忒」，傳曰：「忮，害也。」許作「伎」，蓋毛詩叚「伎」爲「忮」。

移 三禮皆叚「移」爲「侈」。

驕 馬高六尺爲「驕」，借爲「倨傲」之稱。

爲 經傳多叚「爲」爲「僞」。詩「人之爲言」，即「僞言」。月令：「作爲淫巧。」古文尚書「南僞」，史記作「南爲」。左傳「爲」讀「僞」者不一。徐鍇曰：「『僞』者，人爲之，非天真也。故『人爲』爲『僞』。」

蛾 漢書「始爲少使，蛾而大幸」，叚「蛾」爲「俄」。

陶 詩「君子陶陶」，即「傜傜」之叚借。

䚷 御，正字；䚷，叚借字。

務 小雅常棣叚「務」爲「侮」。

疾 古叚「疾」爲「嫉」。

賁焚　射儀叚「賁」爲「僨」。左傳「象有齒以焚其身」，叚「焚」爲「僨」。

催　詩「室人交徧摧我」，據許則「催」是也。蓋當時字作「催」，而毛釋爲「摧」之叚借，許則釋其本義也。

偭　禮記、孟子之「偭」，即「偶」之叚借字。叚借之義行而本義廢矣。

俘　春秋左氏經「齊人來歸衛俘」，傳作「衛寶」。經用叚借字，傳用正字。

傴　莊子「以下傴拊人之民」，借爲「煦嫗」字。

僂　公羊傳「夫人不僂」，何云：「僂，疾也。」此爲「婁」之叚借字。「婁」即「屢」，與「驟」通。「驟」訓「數」，亦訓「疾」。

僇聊　大學借「僇」爲「戮」字。一曰「且」也，即今所用「聊」字。「僇」其正字，「聊」其叚借字。

寓禺　「偶」字亦作「寓」，亦作「禺」，同音叚借耳。史記「木禺」「龍禺」者，「寓」之叚借。

僊　長生僊去。詩「婁舞僊僊」，叚借之義。

卬　釋詁、毛傳皆曰「卬，我也」，語言之叚借也。

淖　史記多叚「淖」爲「卓」。

縱 『操從』『從横』字，亦叚『縱』爲之。

比 周禮或叚『比』爲『庇』〔六一〕。

冀 北方州也。叚借爲『望』也、『幸』也。蓋以『冀』同『覬』也；『覬』者，『欿幸』也。

尼 古文叚『尼』爲『昵』。古文尚書『典祀無豐于尼』，衛包改尚書作『昵』。『尼』訓『近』，故古以爲『親暱』字。『仲尼』之『尼』取於尼山；尼山乃取於圩頂，水潦所止〔六二〕，『屔』之叚借字。孟子：『止或尼之。』尼，止也。與『致遠恐泥』同，『泥濘』之叚借字。

聖 古亦叚『聖』爲『聚』。

壬 『㞷』字下云『壬，朝廷也』，説此『壬』爲『廷』之叚借字。廷，音『挺』。

監鑒 互相叚。

卷綣 『衮』與『卷』古同音，故曲禮記叚『卷』爲『衮』，荀卿作『綣』。論語『卷而懷之』，叚『卷』爲『捲』。

衮 王純碑以『衮』爲『兖州』字。

展 襢，詩、周禮作『展』，叚借字也。

揄 揄翟〔六三〕，内司服作『揄翟』。『褕』者，正字；『揄』者，叚借字。

袀 鄭釋士昏、杜釋左傳皆釋『袀』爲『同』，此謂『袀』爲『均』之叚借字耳。

襮 或借爲『表暴』字，云『表襮』。

襲 禮曰『帛爲褶』，士喪禮古文作『襲』，叚借字也。古云『衣一襲』，皆『一褺』之叚借。褺，讀如『重疊』之『疊』。

絅顈 玉藻、中庸作『絅』，禮經作『顈』，皆『褧』之叚借。

袉 『袉』下曰：『論語曰「朝服袉紳」』，叚借『袉』爲『拕』。

裼 詩『載衣之裼』，『裼』即『禘』之叚借字。

復 『複』與『復』義近，故書多用『復』爲『複』。吕覽『水澤復』，注曰：『復，或作「複」，凍重累也。』詩『陶復陶穴』，鄭注月令曰：『古者複穴。』

督 匠人『堂涂十有二分』，注：『其分裻旁之脩〔六四〕，以一分爲峻也。』今本作『督』，五經文字引作『裻』，古多叚『督』爲『裻』。

攘 爾雅釋言，詩牆有茨、出車傳皆曰：『襄，除也。』周書謚法：『辟地有德曰「襄」。』凡云『攘地』『攘夷狄』，皆『襄』之叚借字。晉灼注漢書曰『搶攘，亂皃也』，『攘』即『𢞁』之叚借。

襄　釋言曰『襄，駕也』，此『驤』之叚借字。凡云『襄，上也』『襄，舉也』，皆同。又馬注臯陶謨曰『襄，因也』、謚法『因事有功曰「襄」』，此又『攘』之叚借字。有因而盜曰『攘』，故凡『因』皆曰『攘』也。

褻　叚借爲『媟』字。

衷　叚借爲『中』字。

雜　借爲『聚集』字。詩言『雜佩』，謂『集玉與爲佩』也〔六五〕。漢書凡言『雜治之』，猶今云『會審』也。

拕　易『終朝三褫之』，鄭玄、荀爽、翟元皆作『三拕之』。荀翟訓『拕』爲『奪』。淮南書曰『秦牛缺遇盜拕其衣』，高注：『拕，奪也。』『拕』者，『褫』之叚借字。

尸　在牀曰『屍』，字从『尸』、从『死』，别爲一字，而經籍多借『尸』爲之。

菲　喪服傳：『「菅屨」者，菅菲也。』『菲』者『扉』之叚借字。

增　層，古亦叚『增』爲之。

赤　尺，古書亦叚『赤』爲之。

掘撅　鈍筆曰『掘筆』，短頭船曰『撅』〔六六〕，皆『屈』之叚借。

溺 古書多叚『溺』爲『尿』。

蹻 虞卿傳及漢書王褒傳作『蹻』，『屩』之叚借字。

抏 方言說『舟』曰：『「僞」謂之「抏」。』『舠』者，正字；『抏』者，叚借字。

榜 『榜人』即『舫人』。舫，正字；榜，叚借字。

防 詩『百夫之防』，毛曰：『防，比也。』『方』之叚借也。

兑 老子『塞其兑』，借爲『閱』字。『閱』同『穴』。

況 詩『兄』字用『況』者，於古爲叚借。

簪 易『用盍簪』，鄭云『速也』，實『寁』之叚借字。又士喪禮『復者一人，以爵弁服簪衣于裳』，注云『簪，連也』，然則此實『鐕』之叚借字。

驩 孟子借『驩』爲『歡』。

歜 昌歜，昌蒲菹也。玉篇：『歜，昌蒲菹也。』蓋古本左傳有作『昌歜』〔六七〕，二字可相叚借。

欿 孟子『如其自視欿然』，叚『欿』爲『坎』。

噎憂 即『欭嚘』之叚借字。鄭風傳曰『不能息，憂不能息也』，『憂』亦即『嚘』字。

欿 『歈』之叚借字。

聿適曰 『吹』其正字，『聿』『遹』『曰』皆其叚借字。

羨 叚借爲『衍』字。詩『及爾游羨』，傳曰：『羨，溢也。』周禮『以其餘爲羨』，鄭司農云：『羨，饒也。』亦叚借爲『延』字，典瑞『璧羨』注云『長也』、玉人注云『徑也』，皆由『延』訓『長』，叚此爲『延』也。

旣 史記、漢書多叚『旣』爲『禍』。

椋涼亮諒 四字𡭗說文義别〔六八〕，而古經傳多相叚。如詩『涼彼武王』，叚『涼』爲『亮』；孟子『君子不亮』，叚『亮』爲『諒』。

頌 漢書『有罪當盜械者，皆頌繫』，此叚『頌』爲『寬容』字也。

定 『頂』之叚借字。周南『麟之定』，毛傳：『定，題也。』

頟 王莽傳作『頟』，正字也；方言作『頟』，於說文爲叚借字。顑，顑頟。離騷『長顑頟亦何傷』，叚『頟』爲『顲』。

領 龜策傳用『領』爲『蓮』，異部叚借。

顉 文選解嘲『顉頤』，乃叚『顉』爲『顅』。

頎 古叚「頎」爲「懇」，檀弓：「頎乎其至。」

頲 叚借爲「挺直」之「挺」，釋詁曰：「頲，直也。」

順 訓，順也。此六書之叚借。

顓 叀，小謹也。今字作「專」，亦叚「顓」作「專」。

頓 凡言「供頓」「頓宿」，皆取「屯聚」意；而叚「頓」爲之。又多叚「頓」爲「鈍」。

俛 毛詩「黽勉」，李善引皆作「僶俛」。「俛」與「勉」同音，故古叚爲「勉」字。頫，音同「俛」。

顥 白首皃。漢郊祀歌「西顥沆碭」、西都賦「鮮顥气之清爽」〔六九〕、楚詞「天白顥顥」，皆引伸叚借。

晧 「四顥」作「四晧」者，通叚字也。

陂 古借「陂」爲「頗」，洪範古本作「無偏無陂」。迄乎天寶，乃據其時所用本作「頗」，而詔改爲「陂」。一若古無「陂」者，不學而作聰之過也。「陂」義古皆在歌戈部，則又不知古音之過耳。

手 儀禮古文叚借「手」爲「首」。

巛 即「山川」字。古音同「春」，均可叚爲「鬈」字〔七〇〕。

剬 古多借爲『專擅』字。

㲉 廣韻借『臥』之『㲉』爲『㲉』。

𩆜 王制：『諸侯曰「頖宮」。』頖，蓋『𩆜』字之異體，故叚爲『泮水』之『泮』。

盤 大學『彥』或作『盤』，古文叚借字。

氂 經解曰『差若豪氂，謬以千里』，乃是叚借字，字當作『犛』。

髦 古叚『髦』爲『毛』字。既夕禮注曰『今文「髦」爲「毛」』，是今文禮叚『毛』爲『髦』也。

獵 辭賦家言『旌旗獵獵』，『鬣鬣』之叚借也。

后 經傳多叚『后』爲『後』。大射注孝經説曰『「后」者〔七一〕，「後」也』，此謂『后』即『後』之叚借。

令 詩箋曰：『令，善也。』按：詩多言『令』，毛無傳。古文尚書言『靈』，見般庚、多士、多方。般庚正義引釋詁：『靈，善也。』蓋今本爾雅作『令』，非古也。凡『令』訓『善』者，『靈』之叚借也。

寫 『卸』之叚借字。曲禮『器之溉者不寫，其餘皆寫』，義正同『卸』。郭注方言『今通用「發寫」』，『發寫』即『發卸』也。

鞠 『匊躳』爲正字，『鞠』則『匊』之叚借字。『鞠躳』行而『匊』廢矣。

周 易曰：『周流六虚。』蓋自古叚『周』爲『匊』。

郃 釋詁曰：『敆、郃，合也。』『郃』乃地名，於義無取，當爲『佮』字之叚借也。

胞 借爲『脬』字。

妭 山海經曰『大荒之中，有山名不句，有黄帝女妭』，『妭』即『魃』也。女部曰：『妭，婦人美皃。』然則山海經爲叚借字。

醜 凡云『醜，類也』者，皆謂『醜』即『疇』之叚借字。『疇』者，今俗之『儔類』字也。

汶文 漢蜀郡有汶江道，漢元鼎六年置。『汶山郡』亦作『文山郡』，『汶』『文』皆即『䢺』之叚借。漢人峪山、峪江字『汶山』『汶江』〔七二〕，以古音同讀如『文』之故。

卒 詩『漸漸之石，維其卒矣』，箋云：『卒者，崔嵬也。』是鄭謂『卒』爲『崒』之叚借矣。

密 主謂山，叚爲『精密』字而本義廢矣。

駿 詩『駿極于天』，爲『陖』『峻』之叚借。

洒 『洒』讀爲『陗』者〔七三〕，『洒』即『陖』之叚借，二字古音同。𨸏部曰：『陖者，陗高也；陗者，峻也。』凡斗立不可上曰『陗』。詩『新臺有洒』，傳曰：『洒，高峻也。』『峻』同『陖』。

傳意謂經之『洒』即『陖』之叚借也。郭景純昧於其義，乃釋『望厓洒而高之〔七四〕，高曰「陖」』，『陖』非『高』之謂也；釋『洒』曰『水深』，水之深淺，何與於厓，不得冠以『望厓』矣。經典用爲『灑』之叚借，然謂『洒』即『汛』之叚借，於古音尤合。蓋『洒』从『西〔七五〕』；西，古音如『詵』也。小顏注東方朔傳『洒埽』，云『洒，音「信」』，此謂即『汛』字也；云『又「山豉」反』，此謂即『灑』字也。

岸 詩『誕先登于岸』，箋云：『岸，訟也』；小雅小宛傳曰：『岸，訟也。』此皆借『岸』爲『犴獄』字。

⿸广𣞤 洪範、晉語『蕃廡』，皆叚『廡』爲『𣞤』。

杼 古叚『杼』爲『序』。尚書大傳『天子賁庸，諸侯疏杼』，鄭注云：『「牆」謂之「庸」；「杼」亦「牆」也。』李善文選注引雒書：『天準聽，天球河圓在東杼。』

廁 古多叚『廁』爲『側』，史記張釋之傳『北臨廁』、漢書汲黯傳『上距廁視之』是也。

跋 毛傳『艸行曰「跋」』，『跋』即『犮』之叚借字；又『軷』之叚借。

拔 漢禮樂志：『拔蘭堂。』拔，舍止也；即『废』之叚借字。

耆 周頌『耆定爾功』，叚『耆』爲『底』。

厲列迣 俗以義異異其形。凡『砥厲』字作『礪』，凡『勸勉』字作『勵』，惟『嚴厲』字作『厲』，而古引伸叚借之法隱矣。凡經傳中有訓爲『惡』、訓爲『病』、訓爲『鬼』者，謂『厲』即『癘』之叚借；訓爲『遮列者，謂『厲』即『迾』之叚借，周禮之『厲禁玉藻之山澤列而不賦』是也。有訓爲『涉水』者，謂『厲』即『濿』之叚借，如詩『深則厲』是也。有訓爲『帶之垂』者，如都人士『垂帶而厲』，傳謂『厲』即『烈』之叚借。烈，餘也；迣，迾也。禮樂志『體容與迣萬里』，孟康：『迣，音「逝」。』此叚借也。

蹷厥 西都賦：『狂兕觸蹷。』『蹷』者，『蟨』之叚借。孟子『若崩厥角稽首』，趙云：『厥角者，叩頭以額角犀撅地也。』晉灼注漢書曰：『厥，猶「豎」也；叩頭則額角豎。』按：『厥角』者，謂額角如有所發。『厥角』二字，皆叚借之言。以上皆『厥』之本義。若釋言曰『厥，其也』，此叚借也。叚借盛行而本義廢矣。

犀 如淳曰『今俗刀兵利爲犀』，『犀』與『𠪚』雙聲，叚借『石利』之義引伸之。凡『利』皆曰『𠪚』。

逋 庯，史叚『逋』字爲之。魏書、北史，温子昇傳皆云『逋陗難爲』，字當作『庯』。

厝 許書『厝』與『措』『錯』義皆別而古多通用，如『抱火厝之積薪之下』，叚『厝』爲『措』。

庬 或叚『庬』爲『尨雜』字。荀卿引商頌『庬』作『蒙』。

仄 古與『側昃』字相叚借。

厭 『厭』之本義『笮』也、『合』也，與『壓』義尚近，於『猒倦也』義則遠〔七六〕。而各書皆取『厭』爲『猒足』『猒憎』字〔七七〕。『猒足』『猒憎』失其正字，而『厭』之本義罕知之矣。載芟：『有厭其傑，厭厭其苗。』『厭』者，『懕』之或體。

奇 周禮『奇衺之民』，『奇』正『攲』之叚借字〔七八〕。

卄 叚借爲『金玉樸』之『磺』。

碑 凡碑引物者，宗廟則麗牲焉。其材，宗廟以石，窆用木。非石而亦曰『碑』，叚借之稱也。秦人但曰『刻石』，不曰『碑』，後世凡『刻石』皆曰『碑』矣。

礐 釋山『多大石礐』，叚『礐』爲『嶨』。

硻 論語『鄙哉，硜硜乎』，又曰『硜硜然，小人哉』，其字皆當作『硻硻』，叚借古文『磬』字耳。『硜』者，古文『磬』字也。

磿 周禮遂師『抱磿』，後鄭云：『「磿」者，適歷執綍者名也。』是叚『磿』爲『歷』。史記樂毅傳『故鼎反乎磿室』，戰國策作『歷室』。

漸 詩小雅『漸漸之石』，此『嶃』之叚借字。

嚴 古借『嚴』爲『儼』。節南山傳曰『嚴嚴，積石皃』，此『礹』之叚借。詩音義作『巖』，謂『嚴』爲或本。按：詩當作『嚴』爲長。

巖 諸書多叚『巖』爲『礹』，如高堂、上林是也。

碞 召誥『用顧畏于民碞』，某氏曰：『碞，僭也。』蓋謂『碞』即『僭』之叚借字。

䃺糜 䊳，各書叚『䃺』爲之，孟子叚『糜』爲之。䵉，古多叚『糜』爲之。孟子『糜爛其民』、文選荅客難『至則糜耳』，皆用叚借字。

破 古有叚『破』爲『坡』者，如衛風傳云：『泮，坡也。』亦作『陂』，亦作『破』。

肆 或以『肆』爲『遂』、爲『鬄』、爲『肄』，蓋皆叚借。

镾 周禮小祝叚爲『敉』，史記、禮書叚爲『靡』。

勿 經傳叚『勿』爲『毋』字，亦有借爲『没』字者。禮記『勿勿乎，其欲其饗之也』，『勿勿』即『没没』，猶『勉勉』也。凡『宂遽』稱『勿勿』，此引伸叚借。

冄 離騷『老冄冄其將至』，此借『冄冄』爲『宂宂』。詩『荏染柔木』，『染』即『冄』之叚借。

肩 詩『並驅從兩肩兮』，又『獻豜于公』，『豜』『肩』一物。豜，本字；肩，叚借。

貇 考工記『髻貇薜暴不入市』，注云：『貇，頓傷也。』此引伸叚借字。

蚤爪 説文引逸周書曰『貇有爪而不敢以撅』，今周書『爪』作『蚤』。蚤，齧人跳蟲也；爪，覆手也。皆叚借字，許則『叉』爲本字。士喪禮『蚤揃』、士虞禮『搔揃』，『搔』或爲『蚤』。曲禮『不蚤鬋』，『蚤』皆即『爪』字也。

彙 周易：『拔茅茹以其彙。』『彙』者，『㚔』之叚借。鄭云『勤也』，以爲『謂』之叚借也；王弼云『類也』，以爲『會』之叚借也。

䵻 堯典『䵻類于上帝』，『䵻』乃『肆』之叚借字。

彖 豕走也。周易用『彖』字必系叚借〔七九〕，而無其説〔八〇〕。

貉 今字叚『貉』爲『貈』。

象 古書多叚『象』爲『像』。許書『二曰「象形」』，當作『像形』。全書凡言『象形』者〔八一〕，其字皆當作『像』，而今文皆从省作『象』〔八二〕。周易毄辭曰『「象」也者，「像」也』，此謂古周易『象』字即『像』字之叚借。象，南越大獸也。

豫 借爲『舒』字。洪範『豫恒懊若』，即『舒恒懊若』。亦借爲『與』字，儀禮古文『與』作『豫』。

陟 騭，牡馬也。古叚「陟」爲之，小正：「四月執陟攻車〔八三〕。」

騭 釋詁：「騭，陞也。」郭注引方言「魯衛之閒曰『騭』」、洪範「惟天陰騭下民」，「騭」皆「陟」之叚借。

騏 古多叚「騏」爲「綦」。

黎棃 「驪」亦叚「黎」「棃」爲之，與「驪」「黧」同音，故借以爲「黑」義。

駹 周禮「駹車」，借爲「尨襍」字。

鐵戴 驖，漢人或叚「鐵」爲之，前書地理志叚「戴」爲之。

翰 尚書大傳「之西海之濱，取白狐青翰」、文選長楊賦「翰林主人」、曲禮「雞曰翰音」、常武詩「如飛如翰」，皆當作「鶾」，引伸叚借之字也。「翰」行而「鶾」廢矣。

篤 馬行頓遲也。竺，厚也。惟釋詁尚存其舊。古叚「篤」爲「竺」字，「篤」行而「竺」廢矣。釋詁「篤」「竺」並列，「篤」字之代「竺」久矣。

馮 引伸其義爲「盛」也、「大」也、「滿」也、「懣」也，如左傳之「馮怒」、離騷之「馮心」，以及天問之「馮翼惟象」、淮南書之「馮馮翼翼」、地理志之「左馮翊」，皆謂「充盛」也，皆「畐」字之合音叚借。或叚爲「凭」字，凡經傳云「馮依」，其字皆當作「凭」。或叚爲「淜」字，如易、詩、論語之『馮河』，皆當作『淜』。

伾俟 吉日毛傳曰『趨則伾伾，行則俟俟』，用叚借字；韓作『駓駓騃騃』，是正字。

騶 『馳騾』字，曲禮叚『騶』爲之。

騰 一曰『犗馬』也。『犗馬』謂之『騬』，是『驣』爲『騬』之叚借字。亦叚『騰』爲『乘』，如月令『累牛騰馬』，讀『乘匹』之『乘』。詩：『百川沸騰。』『騰』者，『滕』之叚借。

趣 周禮、詩、周書之『趣馬』，月令、左傳謂之『騶』；一用叚借，一用本字也。漢書『材官騶發』，蘇林讀爲『驟』，如淳讀爲『菆』。大雅『左右趣之』，叚『趣』爲『趨』。

荐 左傳『戎狄荐居』，『荐』即『薦』之叚借。

麟 大牡鹿也。『麒麐』字當爲『麐』。經典用『仁獸』字多作『麟』，蓋同音叚借。段氏又曰：『許書蓋本無「麐」字，淺人所增。今删「麐」篆併解説〔八四〕，則於古經傳及爾雅皆無不合。』

麃 詩『駟介麃麃』，蓋『鑣鑣』之叚借字。

塵陳 『窴』『填』『塵』『陳』四字同音。『填』爲正字，『塵』『陳』爲叚借字。

宛 古亦叚『宛』爲『冤』。

免　凡『逃逸』者，皆謂之『免』。叚借爲『袒免』，爲『免薨』。

猗　有用爲『歎詞』者，齊風『猗嗟』、商頌『猗』是也。衛風『猗猗』、檜風『猗儺』、節南山『猗』，皆以音叚借。有叚爲『兮』字者，魏風『清且漣猗』是；有叚爲『加』字者，小雅『猗于畝邱』是；有叚爲『倚』字者，小雅『有實其猗』是。

默　犬暫逐人也。叚借爲人『靜默』之稱〔八五〕。

卒　猝，古多叚『卒』爲之。

甲　衛風傳『甲，狎也』，此言『甲』爲『狎』之叚借。

狃　本因犬性之忕，引伸叚借爲凡『忕習』之稱。鄭風傳：『狃，習也。』

倏　倐〔八六〕，或叚『倏』字爲之。

戾　從『犬』出『户』下。叚借用廣而本義廢矣。

獨　犬相得而鬥也。又獨狢獸。引伸叚借之爲『專壹』也、『單』也。叚借義行而本義廢矣。

守　有叚『守』爲『狩』者，如『明夷于南狩』『天王狩于河陽』，皆或作『守』是也。

臭　从『犬』『自』。引伸爲凡『气息芳臭』之稱。

獘　本因『犬仆』製字，叚借爲凡『仆』之稱。

狂 猘犬也。叚借之爲『人病』之稱，當从古文作『恎』，小篆變爲从『犬』，非也。

類 書『類于上帝』，以『類』爲『禷』。類，本謂『犬相似』，引伸叚借爲凡『相似』之稱。左傳『刑之頗類』，叚『類』爲『纇』。釋魚『左倪不類』，周禮作『靁』。蓋皆『頪』之叚借字也。

狙 按：『親去切』非也，本『七餘切』。自叚借爲『覷』字，而後讀去聲。

能 熊屬。叚借爲『賢能』『能傑』。叚借行而本義幾廢矣。

然 通叚爲語詞，訓爲『如此』，『爾』之轉語也。

炪 書『予亦炪謀』，叚『炪』爲『拙』。

蒸 經典多叚『蒸』爲『烝』。

熯 詩『我孔熯矣』，毛傳『熯，敬也』。『熯』本不訓『敬』而云『爾』者〔八七〕，謂『熯』即『戁』之叚借。

鴈 韓子『齊伐魯索讒鼎，以其鴈往』，『鴈』即『贗』之叚借字。

爚 或借爲『燿』字，或借爲『爍』字。

焱 熛，班固荅賓戲借『焱』字爲之。

諶 煁，或叚『諶』爲之。春秋傳『裨諶字竈』，知『諶』即『煁』字也。漢志人表又作『卑湛』〔八八〕。

譆熙　熹，炙也。左傳『譆譆出出』，此同音叚借；又與『熙』相叚借。

灼　詩『灼灼其華』，謂『灼』即『焯』之叚借。

藎　方言『藎，餘也』，『𦘔』之叚借。

菑　烖，經傳多借『菑』爲之。

煇　史記『煇耳』，叚『煇』爲『熏』。

炎掞　爓，古多叚『炎』爲之，左傳『其气炎以取之』、司馬相如傳『末光絶炎』、楊雄傳『景炎炘炘』皆是。又郊祀歌『長離前掞光耀明』，晉灼曰：『掞，即「光炎」字。』亦叚借也。

玄　封禪文叚『玄』爲『炫』。

奥　燠，古多叚『奥』爲之，小雅：『日月方奥。』隩，亦叚『奥』爲之，詩：『瞻彼其奥。』

幬　中庸『無不覆幬』，注云：『幬，或作「燾」。』『幬』是叚借字。

盧旅　黸，經傳或叚『盧』爲之，或借『旅』爲之，皆同音叚借字。

點　論語曾皙名點〔八九〕，與『黬』同音叚借字。壽齡按：史記仲尼弟子列傳『會葴』『奚容葴』『公西葴』〔九〇〕，『葴』皆音『點』，無作从『咸』之字。『點』或作『玷』。

繭 戰國策『墨子百舍重繭』、淮南書『申包胥累繭重胝』，皆借『繭』爲『薫』。襺，玉藻作『繭』，字之叚借。

湛 荀卿曰『人心譬如槃水，正錯而勿動，則湛濁在下，而清明在上』，『湛』即『黕』之叚借字。

黷 依鄭義，『黷』爲叚借字，『嬻』爲正字。

黮 泮水毛傳『黮，桑實也』，謂『黮』即『葚』之叚借字。

黺 果實黺黯黑也。荀卿子『黺然而雷擊之』，注：『黺然，猝至之皃。』此叚借字也。

燔 爇也。詩作『燔』，爲『鐇』之叚借字。

竀 經，左傳作『竀』，叚借字也。

奭 詩中『奭』訓『盛』者，皆『赫』之叚借。爾雅釋訓『奭奭』，本作『赫赫』。『螌』亦叚『奭』爲之，史記『有如兩宮螌將軍』，漢書作『奭將軍』。

俠 古多叚『俠』爲『夾』，公羊傳注曰：『滕薛夾轂。』

桓 咺 經傳無『查』字，有『桓』字，『桓』即『查』之叚借。自經傳借爲『查』字，乃致『桓』行『查』廢矣。淇奧『喧』亦『查』之叚借。

介 乔，經傳多叚『介』爲之。

佛廢 周頌『佛時仔肩』，傳曰『佛，大也』，『佛』即『㚕』之叚借。小雅『廢爲殘賊』，毛傳一本〔九一〕：『廢，大也。』釋詁『廢，大也』，『廢』即『㚕』之叚借。

契 經傳或叚『契』爲『栔』，如『爰契我龜』傳曰『契，開也』；又叚爲『挈』字，如『死生契闊』傳曰『契闊，勤苦也』；又『契契寤歎』傳曰『契契，憂苦也』。

夷 詩『君子如夷』『有夷之行』『降福孔夷』，『夷』即『易』之叚借。皇矣傳曰『夷，常也』者，謂『夷』即『彝』之叚借。凡注家云『夷，傷也』者，謂『夷』即『痍』之叚借。周禮注『「夷」之言「尸」也』者，謂『夷』即『尸』之叚借。

亦 詩『亦有高廩』『亦服爾耕』，鄭箋云『亦，大也』，是謂『亦』即『奕』之叚借〔九二〕。又或叚爲『射』，或叚爲『易』。

奊 賈誼傳『奊詬無節』，叚『奊』爲『謑』。

娛虞 詩『不吳』，孔沖遠詩正義作『不娛』。史記孝武本紀又作『不虞』，皆叚借字。『娛』亦叚『虞』爲之。

交 楚茨傳『東西曰「交」』，『这』字叚借之也〔九三〕。

圄 圀圄，他書作『圀圄』，同音叚借也。

圉 一曰『圉，垂也』，一曰『圉人，掌馬者』，疑皆『圄』字叚借之義〔九四〕，各書叚『圉』爲之耳。

盩厔 説者曰：『山曲曰「盩」，水曲曰「厔」。』按：即『周旋』『折旋』字之叚借也。

告 文王世子『告於甸人』，叚『告』爲『鞫』。

那 毛詩桑扈、那二傳皆曰：『那，多也。』國語『富都那豎』，韋注：『那，美也。』『那』不知其本字，以許書折衷之，則『䎃』爲本字，『那』爲叚借字。俗用『軃』字訓『垂下皃』，亦疑『䎃』字之變也。

卉 上林賦『蔚莅卉歙』，又『卉然興道而遷義』、西京賦『沸卉軿訇』，『卉』皆『㚏』之叚借。

皋 或叚爲『櫜』，如伏注左傳『皋比』，即樂記之『建櫜』；或叚爲『高』，如明堂位『皋門』注『「皋」之言「高」也。』

臭丂屮〔九五〕 叚借皆取諸同音〔九六〕。亦有不必同音者，如用『臭』爲『澤』、用『丂』爲『亏』，用『屮』爲『艸』之類。

揣 孟子『不揣其本』，『揣』蓋『剸』之叚借字。孟子正當从『木』，作『椯』；椯，度也。韻書謂稱量曰『敁敠』，即『剸』語之轉也。

竦 商頌傳曰『竦，懼也』，此謂叚『竦』爲『愯』。愯，懼也。

須 樊遲名須。易象傳：『需，須也。』『須』者，『䇓』之叚借。

㱿〔九七〕 大司寇注『願，㱿愼也』，『㱿』爲『愨』之叚借。

膍〔九八〕 急就篇作『膍』，『毗』字叚借之用。

憲 中庸引詩『憲憲令德』，以『憲憲』爲『顯顯』；大雅『無然憲憲』，傳曰：『「憲憲」猶「欣欣」也。』皆叚借也。

重 『遲重』之字當作『偅』，今皆叚『重』字爲之，今字也。

敦 『惇厚』字今多作『敦厚』，叚借，非本字。『敦』者，『怒』也、『詆』也；一曰『誰何』也。

惠 慧，古多叚『惠』爲之。

愾 慨，他書亦叚『愾』爲之。哀公問『則愾乎天下矣』，注云『愾，至也』，叚『愾』爲『訖』。

了 今字叚『了』爲『憭』。憭，慧也；了，尥也。『尥』者，行脛相交也。

台 怡，古多叚『台』字，禹貢：『祗台德先。』詩『台背』，『台』爲『鮐』之叚借。

懬〔九九〕 元帝紀『衆僚久懬』，叚『懬』爲『曠』。

孫 論語『孫以出之』『惡不孫以爲勇者』，皆『愻』之叚借。

洵 毛詩叚『洵』爲『訽』，如『洵美且都』『洵訏且樂』；叚『洵』爲『均』，如『洵直且侯』；叚『洵』爲『敻』，如『于嗟洵兮』；叚『洵』爲『泫』，如國語『無洵涕』。

詢 釋詁『詢，信也』、方言『宋衛曰「詢」』，叚『詢』爲『恂』。

恂悛 論語：『恂恂如也。』漢書『李將恂恂如鄙人』〔一〇〇〕，史記作『悛悛如鄙人』，此皆『逡巡』之叚借字，而非正字也。

懷 古文多叚『懷』爲『褱』。

臆臆億 方言『臆，滿也』、廣雅『臆，滿也』、漢蔣君碑『餘悲馮億』，皆『𢡃』之叚借。詩楚茨傳『萬萬曰「億」』，豐年傳『數萬至萬曰「億」』。鄭箋云『十萬曰「億」』，注王制云：『億，今十萬。』韋昭注鄭語、楚語曰：『賈唐説皆以「萬萬」爲「億」，今數也；後鄭「十萬」爲「億」，古數也。』其詳在説文解字。讀經傳皆作『億』無作『𢡃』者，叚借字也。

釁 大雅『亹亹文王』，『亹』即『釁』之俗，『釁釁』即『忞忞』之叚借。

與 論語『與與如也』，『懙懙』之叚借。

慆滔 互叚借。

輖 詩『惄如輖飢』，毛傳『輖，朝也』，謂『輖』即『朝』字之叚借。

弁 左傳「邾莊公弁急而好絜」，「弁」蓋「辯」之叚借字。杜云：「弁，躁急也。」玉藻「弁行剡剡起屨」，釋文、正義皆曰：「弁，急也。」

亟戒悈棘革 「慳」有叚「亟」爲之者，如詩經「始勿亟」；有叚「戒」爲之者，如鹽鐵論引六月「我是用戒」，謝靈運撰征賦作「用棘」；有叚「悈」爲之者，如釋言「悈，急也」；有叚「棘」爲之者，如素冠傳，六月、出車、文王有聲箋皆云：「棘，急也」；有叚「革」爲之者，如禮器「非革其猶」、檀弓「夫子之病革矣」，「革」亦「亟」之叚借。傳、箋、注以叚借法釋經。

愒 左傳「玩歲而愒日」〔一〇一〕，許引作「玩歲而潵日」。公羊傳：「不及時而葬曰「慢」。」愒，急也。「愒」乃「潵」之叚借。

剽 弓人曰「於挺臂中有柎焉，故剽」，「剽」即「慓」之叚借。

厚薄 「帛泊」之叚借。

蔑 「蔑」之叚借。剥「初六：蔑貞凶」，「蔑」即「懱」之叚借。

解 懈，古多叚「解」爲之。

弗 瓠子歌曰：「魚弗鬱兮柏冬日。」「弗」者，「怫」之借字。

里 詩『悠悠我里』傳『里，病也』，叚『里』爲『悝』。

攜 㔶，古多叚『攜』爲之。

或 古多叚『或』爲『惑』。

𩁹 左傳『是𩁹言也』，『𩁹』爲『憞』之叚借。

潰 召旻：『潰潰回遹。』『潰潰』者，『憒憒』之叚借也。後人皆用『憒憒』。小雅、大雅毛傳皆曰『潰，遂也』，叚『潰』爲『遂』。

邁 白華：『視我邁邁。』『邁』者，『怖』之叚借。

鞅 『怏』或叚『鞅』爲之。

滿 『懣』，古亦叚『滿』爲之。

旦 詩『信誓旦旦』，傳『信誓悬悬然』，謂『旦』即『悬』之叚借字。

隱 柏舟『如有隱憂』，『隱』即『㥯』之叚借。

騷 常武『徐方繹騷』，『騷』即『慅』之叚借字。『騷』行而『慅』廢矣。

咎 𢚩，古多叚『咎』爲之。『咎』行而『𢚩』廢矣。

傷 詩『維以不永傷』，『傷』即『慯』之叚借。

熄　或叚爲『挈』字。

攸　『悠』同『攸』，『攸』同『脩』。古多叚『攸』爲『脩』。

吁盱　詩云『何吁矣』，『吁』即『忏』之叚借；云『何其盱』、云『何盱矣』，『盱』亦『忏』之叚借。釋詁『盱，憂也』，『盱』本或作『忏』。

戚　詩『政事愈戚』，又『自詒伊戚』，『戚』即『慽』之叚借。蹴，古多叚『戚』爲之。

匡　飯器筥也。引伸叚借爲『匡正』。樂記『衆不匡懼』，此叚『匡』爲『恇』。

憚　詩『哀我憚人』，叚『憚』爲『癉』。

蹈　詩『上帝甚蹈』，『蹈』即『悼』之叚借。

惎　左傳『晉人惎之脫扃』，注云『惎，教也』，此叚『惎』爲『諅』。

漾　韓詩『江之漾矣』，『漾』爲『羕』之叚借。

養　瀁，古文『漾』。今尚書作『漾』者，漢人以篆文改古文也；漢書作『養』者，今文尚書用叚借字也。

沔　詩『沔彼流水』，『沔』爲『瀰』之叚借。

澇　水名。今用爲『旱澇』字。

汾 詩『汾王之甥』，毛曰『墳，大也』，此謂『汾』即『墳』之叚借也。

畎澮 禹貢以『畎澮』爲『巜巛』。澮水出河東彘霍山，西南入汾。

沾 檀弓『我喪也斯沾』，叚爲『覘』字；史記陳丞相世家、滑稽列傳叚爲『霑』字。

蕩 河内蕩陰。蕩，古音『吐郎』反，叚借爲『浩蕩』字，其音亦同〔一〇二〕。

湘 詩『于以湘之』，叚借爲『鬺』字。

泄 大雅傳『泄泄，猶「沓沓」也』，此謂叚『泄』爲『詍』。

菏 五經文字云『「菏」見夏書，古本亦作「荷」』，古尚書、史記、漢書、水經注皆作『荷』。或是叚借，或是誤字〔一〇三〕，不可定。而應劭曰『尚書菏水，一名湖』，『菏』與『湖』聲之轉〔一〇四〕。

沂 漢人多以爲『圻堮』之『圻』。

溉 水名。多借爲『濯溉』字。

濟 水名。今字以爲『濟渡』字。

濡 水名。今以爲『霑濡』。

沽 水名。今以爲『沽買』字。漢石經論語曰『求善賈而賈』，今論語作『沽』，叚借字。伐木鄭箋曰『酟，買也』，字從『酉』。

泥 水名。今以爲『泥塗』字。

幕 漢書叚『幕』爲『漠』。

羡 衍，引伸爲凡『有餘』之義，叚『羡』字爲之。

渾 山海經曰『其源渾渾泡泡』，『衮咆』二音『渾渾』者，叚借『渾』爲『混』也。

混 訓爲『水濁』，訓爲『雜亂』，此用『混』爲『溷』也。説文『混』『溷』義別。

毖 詩『毖彼泉水』，『毖』即『泌』之叚借字。

淢 詩『築城伊淢』，叚借『淢』爲『洫』。

泚 詩『新臺有泚』，叚『泚』爲『玼』。

沖 凡用『沖虛』字，皆『盅』之叚借。老子：『道盅而用之。』

泬 水從孔穴疾出也。韓詩之『回泬』、楚辭之『泬寥』，皆叚借也。

洸 水涌光也。詩『有洸有潰』『武夫洸洸』，引伸叚借之義。

淪 釋言：『淪，率也。』書『今殷其淪喪』、詩『淪胥以鋪』，『淪』爲『率』之叚借。古『率』讀如『津』〔一〇五〕，於『淪』雙聲。

觱檻 『觱沸濫泉』〔一〇六〕，今詩作『檻』，説文作『畢沸濫泉』。『觱』『檻』皆叚借字。

汎 論語『汎愛衆』，叚『汎』爲『氾』。

徵 易：『君子以徵忿。』『徵』者，『懲』之叚借字。

滑 古多借爲『汩亂』之『汩』。

轄 七發『邪气襲逆，中若中轄』，此叚『轄』爲『濇』。

迭 『軼』與『泆』義同。左傳『迭我殽地』，『迭』即『泆』『軼』之叚借。

幭 不深曰『淺』，不廣亦曰『淺』，故考工記曰：『以博爲幭。』幭，『淺』之叚借字。

干 詩『秩秩斯干』，叚『干』爲『澗』。

桴 論語『乘桴于海』，叚『桴』爲『泭』。

度 凡過其處皆曰『渡』，叚借多作『度』。

均 禹貢『沿于江海』，馬本作『均』。『均』者，『沿』之叚借。

鉛 三年問『反巡過其故鄉』，荀卿『巡』作『鉛』，叚『鉛』爲『巡』。

砅 詩『深則厲』，許引作『砅』，叚借也。禹貢『厲砥』，玄應引作『砅砥』。僞説命『用汝作厲』，宋庠國語補音引詩作『砅』。汗簡云：『砅，古文「厲」。』古叚『砅』爲『厲』，非一處矣。

翁 俗言『老翁』者，叚『翁』爲『公』也。周禮『醴齊』注『盎，猶「翁」也。成而滃滃然葱白色』〔一〇七〕，然叚『翁』爲『滃』。

湒 雨下也。叚借爲『角皃』，詩：『其角湒湒。』

濩 詩『是刈是濩』，叚『濩』爲『鑊』；湯樂名大濩，叚『濩』爲『護』。

槖 周禮掌舍注云『柜受居溜水涑槖者也』，『槖』即『洦』之叚借。

滈 久雨也。借爲京兆『鎬水』字。

溦 小雨也。爾雅『谷者，溦』，叚借字。

汋 釋名『汋，澤也；有潤澤也』『自臍以下爲水腹〔一〇八〕，水汋所聚也』『胞主以虛受汋也』〔一〇九〕，蓋皆借爲『液』字。

沈 沈，陵上滈水也。古多叚借爲『湛没』之『湛』。詩『載沈載浮』、月令『則天多沈陰』，『沈』即『霃』之叚借。『沈』行而『霃』廢矣。又或借爲『瀋』字，檀弓：『爲榆沈。』

漬 古多叚爲『骴』字。

渥 『漚』或叚『渥』爲之。左傳『鄁人漚菅者』，周禮注引作『繒人渥菅』。

足 詩『既霑既足』，『足』即『浞』之叚借。

洽 詩『民之洽矣』，傳曰『洽，合也』，叚『洽』爲『合』。

泐 考工記『石有時而泐』。石之理如水之理，借用『泐』字。

索 訓『盡』及繫辭『索隱』之『索』，皆『索』之叚借字也。

汙 洿，濁水不流也。『汙』即『洿』之叚借字。

清 古書多叚『清』爲『瀞』。

汏 左傳『汏侈』『汏輈』字，皆即『泰』字之叚借。

播 播水在河南滎陽〔一一〇〕。鄭注周禮引禹貢『滎播既都』，『潘』其正字，『播』其叚借字也。

滓 古亦叚『滓』爲『緇』。

淰 濁也。禮『故魚鮪不淰』，注：『「淰」之言「閃」也。』『濁』其本義，『閃』其引伸叚借之義。

瀹 漬也。謂納於污濁也。孟子『瀹濟漯』，言浚治其污濁也。『瀹』與『鬻』同音而義近，故皆叚『瀹』爲『鬻』。

淡 『泔淡』訓『滿』，『淡』爲『贍』之叚借。

汁 古經傳多叚『汁』爲『叶』。

洗 今人叚『洗』爲『洒』。

絛㸌 周禮『絛狼氏』、樂記『絛蕩其聲』，皆叚『絛』爲『滌』。周禮『凡酒㸌酌』，叚『㸌』爲『滌』。

漱 曲禮『諸母不漱裳』，叚『漱』爲『涑』。

洞 詩『洞酌彼行潦』，『洞』即『迥』之叚借。

繰 或叚『繰』爲澡，雜記：『緦冠繰纓。』

湻純 常倫切，乃『不澆』之訓，『純』『醕』二字之叚借也。叚借行而本義廢矣。一色成體謂之『醕』，『純』其叚借字。

浣 儀禮古文叚『浣』爲『盥』，公羊傳亦有此字。

洮 有叚『洮』爲『濯』者，鄭注顧命之『洮』爲『澣衣成事』是也。

濯楫 周禮故書以『濯』爲『祧』，爾雅以『濯』爲『珧』，史漢以『楫濯』爲『楫櫂』，皆古文叚借。

重 『湩』或借『重』字爲之，漢書匈奴傳：『重酪之便美。』

湩 管子『湩然擊鼓士忿怒』，借『湩』爲『鼜』。周禮注『湩容』，即毛詩傳之『童容』。

泗 毛傳「自目曰『涕』，自鼻曰『泗』」，「泗」即「洟」之叚借。

簡練 戰國策：「簡練以爲揣磨。」簡練，「瀾湅」之叚借也。

咸 古書多叚「咸」爲「減」。

泮畔 詩「迨冰未泮」，叚「泮」爲「判」；「隰則有泮」，叚「泮」爲「畔」。傳曰「泮，坡也」，謂「泮」即「坡」之雙聲叚借。論語「佛肸以中牟畔」、詩「無然畔援」，叚「畔」爲「叛」。

漏 今字皆叚「漏」爲「屚」。「漏」行而「屚」廢矣。

顰頻矉 易「頻復」，諸家作「顰」，非；鄭作「卑」，是。古字同音叚借。自各書省「顰」爲「頻」，又或作「嚬」；又莊子及通俗文「蹙頞爲矉」，叚「矉」爲「顰」，而古音不可復知。

荒 詩「太王荒之」，叚「荒」爲「巟」。荒，無也。「荒」行而「巟」廢矣。

彧 詩：「黍稷彧彧。」「彧」者，「戫」之變，叚「戫」爲「㦽」。

汩 上林賦「汩乎混流」，又「汩濦漂疾」。方言「汩，疾行也」，注云：「汩汩，急皃。」用「汩」爲「䟽」。

雝雍 詩「于彼西雝」「於樂辟雝」「鎬京辟雝」，水經注釋漁陽郡雍奴曰「四方有水爲『雍』，不流爲『奴』」，皆「邕」字之叚借。漢書注曰：「南方謂『抱小兒』爲『雍樹』。」「雍」者，

『擁』之叚借字。

灾災菑 『巛害』字作『灾』。『災』『菑』皆叚借字。『災』行而『巛』廢矣。

邕 王莽傳『邕涇水不流』，叚『邕』爲『壅』。

侃 論語『侃侃如也』，孔子曰〔一一一〕：『侃侃，和樂皃也。』蓋謂『侃』即『衎』之叚借字。

谷 詩『進退維谷』，叚『谷』爲『鞫』。毛傳曰『谷，窮也』，即邶風傳之『鞫，窮也』。

野冶 易『野容』，陸德明作『冶容』，『野』『冶』皆『蠱』之叚借。張衡賦言『妖蠱』，今言『妖冶』。

觱發 詩『一之日觱發』，『滭冹』之叚借也。

霣 公羊傳『星霣如雨』，叚爲『隕』字。

靈 『霝』亦叚『靈』爲之。鄭風『零露漙兮』，正義本作『靈』，箋云：『靈，落也。』

濟 洪範曰『雨曰濟』，叚『濟』爲『霽』。

路 『露』亦叚『路』爲之，如孟子神農章『羸露』作『路』。

云 古多叚『云』爲『曰』，如『詩云』即『詩曰』。

員 古文云詩『景員維河』，叚『員』爲『云』；『昏姻孔云』，本又作『員』；『聊樂我員』本亦作

「云」。尚書「云來」，衛包以前作「員來」。「云」「員」古通用，皆叚借「風雲」字耳。自小篆别爲「雲」，而二形迥别矣。

鰥矜 鰥，鰥魚也。叚借爲「鰥寡」字。「鰥寡」字古衹作「矜」，「矜」即「憐」之叚借。

鮮鱣 「鱓」或叚「鮮」爲之，「蟬」篆下云：「非蛇鮮之穴無所庇」；或叚「鱣」爲之，楊震傳：「鳥銜三鱣。」

鱓 古書如呂覽等，皆叚「鱓」爲「鼉」。

鮮 鮮魚也，乃魚名。經傳乃叚爲「新鱻」字，又叚爲「尟少」字，而本義廢矣。爾雅：「小山别，大山鮮。」「鮮」者，「甗」之叚借。

鯁 「骨骾」字多叚「鯁」爲之。

鰭 公食大夫禮「牛鮨」，鄭曰「今文『鮨』作『鰭』」，「鰭」是叚借字。

瑕 鰕，古亦借「瑕」爲之，皆有赤色也。

鰕 古亦用爲「雲赮」字。

龍 毛詩蓼蕭傳曰「龍，寵也」，「龍」即「寵」之叚借；勺、長發傳曰「龍，和也」，「龍」爲「邕和」之叚借字。

龕 龍皃。叚借爲「戕亂」字。今人用「戡」「堪」字。

蜚 古或叚「蜚」爲「飛」。

孔 空者，竅也。俗作「空穴」多作「孔」，爲叚借。

溙 「臻」亦叚「溙」爲之。

肇 凡經傳言「肇始」，皆「肁」之叚借。「肇」行而「肁」廢矣。

依 扆，詩禮多叚「依」爲之。

扃 鼏，禮古文叚「扃」爲之。

閑 閒，或以「閑」代之；又借爲「嫺習」字。

籥 即「鑰」之叚借字。

闉 楊雄賦「西馳闉闔」，此叚「闉」爲「閶」。

閶闉 大司馬注「鼓聲不過閶」，此叚「閶」爲「闉」。相如賦作「闉鞈」，又皆「鏜」之叚借。

闌 漢書以「闌」爲「闢」字之叚借。

閱 古叚「閱」爲「穴」。詩「蜉蝣掘閱」，「閱」即「穴」；宋玉賦「空穴來風」，莊子作「穴閱來風」。

耽湛 詩『士之耽兮』，叚爲『妉』字。亦叚『耽』『湛』以爲『酖』，又『媅』其真字也。泯傳：『耽，樂也。』鹿鳴傳：『湛，樂之久也。』

聲聖 古相叚借。

聆 文王世子『夢帝與我九聆』，叚『聆』爲『齡』〔一一二〕。

聳 古多叚『聳』爲『㒖』。

彌 史記：『禮書「彌龍」。』史之『彌』，即許之『镾』。『镾』者本字，『彌』者同音叚借字。

熙 詩昊天有成命傳『熙，廣也』，『熙』乃『巸』之叚借。巸，與之切。

指 叚借爲『恉』。

共 拱，古文叚借作『共』。鄉飲酒禮注曰：『共，拱手也。』

將 『扶將』當作『扶𤖼』，字之叚借也。凡云『將順其美』，當作『𤖼順』。

挈 叚借爲『契』『栔』字，如『爰挈我龜』傳云『挈，開也』；又如『絬』字下云：『樂浪挈令。』

禽 『捦』之叚借。

搏 考工記之『搏埴』、虞書之『搏拊』〔一一三〕，則『拍』之叚借。

据 據，或作『据』。楊雄傳『三摹九据』，晉灼曰：『据，今「據」字也。』何氏公羊傳注『據』皆作『据』，是叚借『拮据』字。

溢　喪服傳『朝一溢米，夕一溢米』，王肅、劉逵皆云『滿手曰「溢」』，謂『溢』爲『搹』之叚借。然『搹』『溢』字見一章數行内，不應異用，則知鄭説爲長。

掊　詩『曾是掊克』，毛意謂『掊』爲『倍』之叚借字。

捷扱　『插』之叚借。

翦鬊揃　士喪禮、士虞禮『蚤揃』，『揃』讀爲『翦』，或爲『鬊』。曲禮亦作『蚤鬊』。禮經『揃』字爲『剃』，若『鬊』之叚借，而不用『揃』之本義。顔師古注以禮經之『揃』釋莊史之『揃搣』，是誤以叚借爲本義也。

背　莊子『背搣可以休老』，『背』即『呰』之叚借字。

承　左傳『蔡大夫恐昭侯之又遷也，承』，此叚『承』爲『懲』。

嬉　周禮遺人『以恤民之嬉阨』，注云『故書「嬉阨」作「撻阨」』，此古文叚借字。

黨　趙注孟子引尚書『禹拜黨言昌言』，字之叚借。『攩』爲『鄉黨』『黨與』本字；俗用『黨』者，叚借字也。漢書『黨可徼幸』，叚『黨』爲『儻』。

拉　公羊傳：『搚幹而殺之。』或作『拉』者，叚借字也。

抎戰國策『折清風而抎矣』，叚『抎』爲『隕』。

耘史記『不戰而耘』，叚『耘』爲『抎』。

遒詩『百祿是遒』，『遒』爲『揂』之叚借字。

擥或叚爲『牽』字。史記『鄭襄公肉袒擥羊』，即左傳之『牽羊』也。

輿左傳『使五人輿豭從己』，『輿』爲『舁』之叚借也。

舡『扛』之叚借字。

矯『舉』皆曰『撟』，古多叚『矯』爲之。一曰：『撟，擅也。』凡『矯詔』當用『撟』字。

揆詩『天子葵之』，叚『葵』爲『揆』。

失縱也。古多叚爲『逸去』之『逸』，亦叚爲『淫泆』之『泆』。

抒左傳『難必抒矣』，叚『抒』爲『紓』。

縮毛傳：『縮屋而繼之。』摍，古叚『縮』爲之。

茸漢書：『而僕又茸以蠶室。』『茸』者，『搑』之叚借字，而隴切。

捪易『捪囊』，借爲『昏』字。

薜辟　周禮旅人注曰『薜，破裂也』、喪大記『一幅不辟』、内則『麕爲辟雞』，叚『薜』『辟』爲『擘』。

華　禮『爲國君削瓜者華之』，『華』音如『花』。撝，古音如『呵』，知『華』即『撝』之叚借。

防　考工記『以其圍之防捎其藪』，『扐』叚『防』爲之。

伎　古多叚『伎』爲『技能』字。

摶　借爲『專壹』字，左傳『若琴瑟之摶壹』、秦瑯邪臺刻石曰『摶心壹志』。專壹，許作『嫥壹』。

抈　晉語『故不可抈也』，『抈』爲『扤』之叚借。

繆　檀弓『繆絰』，『繆』即『摎』之叚借。

拯　易『拯馬壯』，『拯』乃『拼』之叚借。

拳　詩『無拳無勇』、齊語『有拳勇股肱之力』，皆叚『拳』爲『捲』。捲，氣勢也。

操　漢書『命操絶而不長』，叚『操』爲『剿』。

提　國策『夏無且以藥囊提荊軻』、史記『薄太后以冒絮提文帝』，『提』皆『扺』之叚借字。詩『好人提提』，釋訓：『提提，安也。』『提』者，『媞』之叚借。

隔 古文『戛擊』，今文尚書『擊』爲『隔』，同音叚借。

亢 左傳『以亢其讎』，『亢』爲『抗』之叚借。

綗 周禮『綗惡馬』，『綗』爲『亢』之叚借。

矠 魯語『矠魚鼈』，借『矠』爲『籍』〔一一四〕。

冰 左傳『公徒釋甲執冰而踞』，『冰』爲『掤』之叚借。

戱 淮陰侯傳、項羽本紀皆曰『戱下』〔一一五〕，『麾』之叚借字。

接 内則『接以太牢』、易『晝日三接』，鄭注皆讀爲『捷』，古文叚借字。

娸 杜林說『娸，醜也』，以『娸』爲『頬頭』字。

取 經典多叚『取』爲『娶』。

震 『娠』亦叚『震』爲之，左傳『邑姜方娠大叔』，詩『載震載肅』。

姑 夫母也。叚爲語詞，卷耳傳曰：『姑，且也。』

奚 嫨，女隸也。周禮作『奚』，叚借字。

姬 妐，婦官也。漢時借『姬』爲之，音『怡』。

弋 姒姓，本作『以』，春秋亦用『弋』爲之。

畜 多有爲『畜』之叚借者〔一一六〕。蘇林曰『北方人謂「眉好」爲「詡畜」』、禮記『孝者，畜也』、孟子『畜君何尤』、周書『民善之則畜也』、説苑『以道導之，則吾畜也』，此等『畜』字皆取『嫡媚』之義。今則無有用『嫡』者矣。

佼 古多借『佼』爲『姣』。月令『養壯佼』、陳風澤陂箋『佼，大』，皆『姣』字也；陳風『佼人』，字又作『姣』。

裝 宋玉賦曰：『不待飾裝。』『裝』者，『妝』之叚借字。

省 媘，減也。渻，少減也。作『省』者，叚借字。『省』行而『渻』『媘』廢矣。明堂位叚『省』爲『獮』，取其雙聲耳。

粲 『殄』之叚借。

婁 詩『式居婁驕』，箋云：『婁，斂也。』此謂爲『摟』之叚借。

濫 商頌『不僭不濫』、左傳『刑濫則懼及善人』，字皆可作『嚂』。今字多以『濫』爲之。『濫』行而『嚂』廢矣。

脱 召南『舒而脱脱兮』，『脱』即『娧』之叚借。

閒 嫺，古多叚『閒』爲之，邶風毛傳：『棣棣，富而閒也。』

釁 詩易用『亹亹』字，毛鄭釋詩皆云『勉勉』，康成注易亦言『没没』。『釁』之古音讀如『門』，『勉』『没』皆疊韻字。然則『亹』爲『釁』之譌體，『釁』爲『勉』之叚借。

屬 祭義『洞洞乎，屬屬乎』，『屬』蓋『孎』之省。

嫛 子虚賦『嫛姍勃窣』，借用此爲『蹣跚』字。

宥右 古經多叚『宥』爲『侑』，周禮大司樂是也。毛詩則叚『右』爲之。

録 娽，隨從也。史記平原君列傳曰『公等録録』，借字。

淫 『淫雨』即『霪雨』之叚借。『婬』之字，今多以『淫』代之。『淫』行而『婬』廢矣。

屏并 屏，蔽也；姘，除也。詩『作之屏之』、論語『屏四惡』，皆用『屏』。『屏』行而『姘』廢矣。莊子『至貴國爵并焉』，『姘』又叚『并』爲之。

戞 康誥『不率大戞』，此謂『戞』同『揩』〔一一七〕；臯陶謨『戞擊鳴球』，明堂位作『揩擊』，楊雄賦作『拮隔』，此謂『戞』同『扴』，皆六書中之叚借。

戓戡龕 『堪』爲正字；或叚『戓』，或叚『戡』，又或叚『龕』，皆以同音爲之。

戮 亦叚『戮』爲『勠』。

翦戩 『剃』之字多叚『翦』爲之，『翦』即『剃』。『戩』者，『翦』之叚借〔一一八〕。

髦 周書：『又把白髦。』『髦』者，『旄』之叚借。

我 或説『我，頃頓也』，蓋以『我』爲『俄』。

槷 『鉤逆』者，謂之『槷』；『槷』爲『亅』之叚借。

瑟 淇奥傳曰『瑟，矜莊皃』、旱麓箋曰『瑟，絜鮮皃』，皆因聲叚借也。

亡 『亡』亦叚爲『有無』之『無』。

橆 古有叚『橆』爲『霖』者，要不得云『本無』二字。

邱 『區』或叚『邱』爲之。『區蓋』亦作『邱蓋』，『區宇』亦作『邱宇』。

區 叚爲『句曲』字。樂記『區萌達』，即月令之『句者畢出，萌者盡達』也。

翳 春秋、國語曰『兵不解医』，今國語作『翳』，叚借字。按：古『翳隱』『翳薈』，皆當於『医』義引伸，不當借『華蓋』字。『翳』行而『医』廢矣。

方 『規』者，作『圜』、作『圓』；方，本無正字，故自古叚『方』爲之。依字，『匚』有榘形，固可叚作『方』也。

匪 詩『有斐君子』，叚『匪』爲『斐』；周禮『匪朌』，叚『匪』爲『分』；詩『我心匪鑒』『我心匪石』『我心匪席』，借『匪』爲『非』。左傳引詩如『匪行邁謀』，借『匪』爲『彼』；荀子引『匪交匪舒』，即詩『彼交匪紓』也。

柙　『匣』亦借『柙』爲之。

甄　叚借爲『震掉』字。

藝　『臬』多叚『藝』爲之。

瑳　爲『磨』之叚借字。

敦　詩：『敦弓既堅。』敦弓，畫弓也。當『五采敦』者，『弴』之叚借字。

彊　叚爲『㢡迫』之『㢡』，『彊弱』之『彊』。

扜　大荒南經『有人方扜弓射黄蛇』，叚『扜』爲『弙』。

弘　經傳多叚此篆爲『宏』字〔一一九〕。

軫　乃『紾』之叚借字。

繫　『系』之義，引伸爲『世系』。周禮瞽矇『世帝繫』、小史『奠繫世』，其字借『繫』爲之，當作『系』。大篆『繫之以姓而弗别』〔一二〇〕，亦『系』之叚借。

猷猶　小雅『匪大猷是經』、大雅『遠猶辰告』、書大誥『猷爾多邦』，皆『繇』之叚借。

純 禮之『純』釋爲『緣』者，實即『緣』之音近叚借也。

宵繡 特牲禮：『主婦纚笄宵衣。』郊特牲『繡黼丹朱中衣』，注曰：『「繡」讀爲「綃」。』『宵』『繡』皆『綃』之叚借字。

織 古叚爲『識』字，如詩之『織文』『徽識』也。

緷 爾雅『百羽謂之「緷」』，『緷』乃『櫜』字之叚借。

纂 『纘』或叚『纂』爲之。近人用爲『撰集』之稱。

抒 『紓』亦叚『抒』爲之。紓，平聲；抒，上聲。

汙 『紆』亦叚『汙』爲之，左傳：『盡而不汙。』

落 今之『絡』字。古叚『落』不作『絡』〔一二一〕。

編 辮，三蒼叚『編』爲之。

朱 本木名。凡經傳言『朱』，皆當作『絑』；絑，純赤也。『朱』其叚借字也。虞書『丹朱』，許所據壁中古文作『丹絑』。『朱』行而『絑』廢矣。

詘絀 絀，絳也〔一二二〕。此『絀』之本義而廢不行矣。古多叚『詘』『絀』爲『黜』。

温 玉藻『温韍』，『温』即『縕』之叚借字。

青 謂『黑』爲『青』者，禮器注『秦二世時語』，民言從之，至漢末猶存。

繰 禮器用爲『澡治』字，他書用爲『繅絲』字。

纔 今用爲『才』字，乃『淺』義引伸。

繻 左傳『裂繻』，『繻』乃『輸』之叚借；二傳作『綸』。

雞斯 問喪『雞斯』，即『笄纚』之叚借。

綏 『綏』或叚『綏』爲之。

緄 漢碑用爲『衮』字。

綸 後人用以代『經論』字，遂使其義不傳。

禁 荀卿非十二子曰『其纓禁緩』，叚『禁』爲『紟』。

保葆 緥，古多叚借『保』『葆』字。

齊緝 『齊』即『齋』，『緝』即『緁』，叚借字也。

緊 韍衣也。叚借爲語詞。周禮巾車『王后安車，彫面緊總』，注曰：『緊，讀爲「鳧鷖」之「鷖」。』

桊卷 桊，叚『桊』爲之。史記滑稽列傳『桊韝鞠䠞』，『桊韝』謂以繩約袖。系部曰：『桊，攘臂繩也。』又叚『卷』爲之，列女傳：『攘卷操楲。』

紛　馬尾韜也。羽獵賦注：『紛，旗流也。』尚書『敵乃干』，傳曰：『施汝盾紛。』離騷用『繽紛』字，皆引伸叚借也。

紵　古亦叚爲『褚衣』之『褚』。

錫　燕禮『冪用綌若錫』，『緆』其本字，『錫』其叚借字也。經典又叚爲『賜』字；凡言『錫予』者，即『賜』之叚借。

衰　縗，經典多叚借『衰』爲之。

繆　叚爲『繆誤』字，亦叚爲『謚法』之『穆』。

綢　『稠』之叚借。

紕　氐人𦆀也。禮記用爲『紕繆』字。

𦆀　『𦆀』亦叚『罽』爲之。

螣　『螣蛇無足而飛』(一一二三)，毛詩叚借爲『蟘』字。

雖　似蜥易而大。自借以爲語詞，鮮有知其本義者矣。

注　虺，以注鳴者。『注』者，『咮』之叚借。

幾瑟 蟣蝨，戰國策作『幾瑟』，叚借字。

蠲 韓詩『吉圭爲饎』，毛詩作『吉蠲』；『蠲』乃『圭』之叚借字。

蝨 蝨，叚『蝨』爲之。

蚩 蚩蟲也。叚借爲『伭之蚩蚩』，又叚『蚩』爲『欰』。

蟠 附袁切，鼠婦也。借爲『蟠曲』字。樂記『禮樂之極乎天而蟠乎地』、方言『未陞天龍謂之「蟠龍」』，讀如『盤』，舟部『般旋』字之叚借也。

蜺 或叚爲『虹霓』字。

渠略 『蝨蟟』之叚借。

蜡 蠅胆也。禮記借爲『八蜡』字。『八蜡』本當作『昔』。昔，老也；息，老物也。故字林作『䄍』。

蜎 釋魚〔一二四〕：『蜎，蠉。』蠉，本訓『蟲行』，叚作『肙』字耳。

蝦 或借爲『霞』字，與『魚鰕』字從『魚』別。

鼩 周書『渠搜以鼩犬』，『鼩』同『蚼』，借『䶂鼩』字爲之耳。

閩 月令注叚爲『蝨』字〔一二五〕。

蠠 叚借爲『蠠没』字。釋詁『蠠没，勉也』，亦作『𧑒没』。

蠡 叚借之用極多，或借爲『蠃蚌』字，或借爲『瓢蠡』字。鄭注匏人云：『瓢，謂「瓢蠡」也。』漢書『以蠡測海』，張晏曰：『蠡，瓠瓢也。』字皆借『蠡』。九歎『爬蠡蠹於筐簏』、急就篇『蠡升參升半卮觛』、方言『蠡，或謂之「瓢」，或謂之「簞」，或謂之「樴」』，則字皆从『瓜』。楚辭『覽芷圃之蠡蠡』，又借爲『禾黍離離』字。孟子曰『以追蠡』，趙注曰：『追，鐘鈕也。鈕擘齧處深矣。蠡蠡，欲絶之皃。』不知叚借之恉，乃云『鐘鈕如蟲齧而欲絶』。『蠡』非蟲齧木中，乃本無其字、依聲叚借之字。方言『蠡，分也』，即『鑗』之叚借。

春 『蠢』亦叚『春』爲之。考工記『張皮侯而棲鵠，則春以功』，注云：『「春」讀爲「蠢」，作也；亦「出」也。』

豸 本謂有足之蟲。因凡無足者〔一二六〕，其行但見長脊豸豸然，故得叚借『豸』名。古多叚『豸』爲『解廌』之『廌』，以二字古同音也。

蟲 詩『温隆蟲蟲』，『蟲蟲』蓋『融融』之叚借。韓詩作『烔』。

蟊 蟲，蟲食苗根者。與『蠿蟊』字从『蚰』『矛』聲不同。今人則盡叚『蟊』爲之。

牟 漢人言『侵牟』，皆『蛑』之叚借。蛑，古文『蟲』。

佗 『它』或叚『佗』爲之。

頩玤〔一二七〕 『𧆞』之省，『𪚥』之叚借字。公羊傳『龜青純』，何注：『千歲之龜青頩。』漢志『元龜岠玤，長尺二寸』，『玤』亦叚借之字也。

鼂 杜林用『鼂』爲『朝旦』字。左傳『衛大夫史朝』，風俗通作『史鼂之後爲鼂姓』。

段 管子五行篇『羽卵者不段』，叚『段』爲『鍛』。

地 或叚爲『第，但也』之『第』。

旬鈞 古多叚『旬』爲『均』，亦叚『鈞』爲『均』。

坺 詩『武王載坺』，傳曰：『坺，旗也。』謂『坺』即『旆』之同音叚借。

基 禮經古文借爲『期年』字。

㭊 『垈』之叚借。

者 箸，直略切，『者』字之叚借也。

塵 今『新陳』字作『陳』，非古也。釋詁『塵，久也』，『塵』爲叚借字。

湯 魯論『君子坦湯湯』、詩『子之湯兮』，謂『湯』爲『蕩』之叚借字。

壇 司馬相如賦叚『壇』爲『坦』。

坐 『艸木妄生』字，『之』在土上，『之』之本義也；『爵諸侯之土』字，从『之』『土』，『之』之引伸叚借也〔一二八〕。

浣晥 垸，或叚『浣』爲之，角人注：『骨入桼浣者，受之以量也。』或叚『晥』爲之，檀弓『華而晥』，孫炎云：『晥，桼也。』

刑形 型，引伸之爲『典型』，叚借『刑』字爲之。内饔『職鍘』作『刑』，亦叚借字。或叚『形』爲之，左傳引詩『形民之力，而無醉飽之心』；叚爲『型模』字，謂『程量其力之所能爲而不過』也。易『其形渥』，叚爲『刑罰』字。

䵝 周禮司裘注『以虎狼豹麋之皮飾侯側〔一二九〕。又方制之以爲「䵝」，謂之「鵠」，箸於侯中』，『䵝』即『墫』之叚借字。

勺 詩小雅以『勺』爲『的』。

塈 卬塗也。摽有梅『塈，取也』〔一三〇〕、假樂『塈，見也』〔一三一〕，皆叚借字。

坎 詩傳『坎坎，擊鼓聲』，謂『坎坎』爲『竷竷』之叚借字。

塞 邶風、庸風『塞，瘞也』〔一三二〕、『塞，充實也』，皆謂『塞』爲『寋』之叚借。

椒 周頌『有椒其馨』，叚『椒』爲『埱』，謂『香氣突出觸鼻』，非謂『椒聊』也。

沂 『垠』之叚借。

鄂鍔 『咢』之叚借。

塹 李斯列傳『陗塹之勢異』，『塹』乃『漸』之叚借。

墳 坋，大防也。詩『遵彼汝墳』，叚『墳』爲『坋』；周禮『墳衍』，叚『墳』爲『濆』；詩『牂羊墳首』，叚『墳』爲『頒』。

培 國語：『趙簡子使尹鐸墮晉陽壘培。』『培』者，『坏』之叚借。

坏 今俗謂『土坏』，古語也。月令『坏垣牆』『坏城郭』，叚『坏』爲『培』。

堋 書『堋淫于家』，叚『堋』爲『朋』。

肈 兆，古叚『肈』爲之。尚書大傳『兆十月二州』，古文堯典作『肈』。詩『以歸肈祀』，『肈』讀爲『兆』；『肈域彼四海』，『肈』當作『兆』。

汜 『張良嘗閒從容步游下邳圯上』，史漢叚『汜』爲之。應劭曰『汜水之上』，無窮瀆無水之上也〔一三三〕。則應説从『水』、作『汜』爲合。

釐 春秋三傳『僖公』，史記作『釐公』，叚借字耳。經解『差若毫氂』，或作『釐』，叚『釐』爲『氂』。詩『釐爾女士』『釐爾圭瓚』，叚『釐』爲『賚』；『允釐百工』叚『釐』爲『理』。

田 陳敬仲之後爲田氏，『田』即『陳』字，叚『田』爲『陳』。田，古音如『陳』。

隙郤 古相叚借。曲禮『郤地』，即『隙地』也。

畜 古叚爲『好』字。說苑：『尹逸對成王曰：「民善之則畜也，不善則讎也。」』『晏子對景公曰：「畜君何尤？」「畜君」者，「好君」也。』『畜』即『好』之同音叚借。『拊我畜我』之『畜』，乃『慉』之叚借。

公 詩『以奏膚公』，叚『公』爲『功』。

漢 即『鐐』之叚借字。

攸革 詩『鞗革沖沖』，詩本作『攸革』，皆古文叚借字。古金石文字作『攸勒』，或作『鞗勒』。

錄 『慮』之叚借也，故『錄囚』即『慮囚』。云『庸錄』者，猶『無慮』也，言其繁猥。

監 『鑑』亦叚『監』爲之。毛詩『宜鑒於殷』，大學作『儀監』。尚書『監』字多有同『鑒』者。

鎬 温器也。武王都鎬，本無正字，偶叚借『鎬』字爲之耳。

釦 吴語『三軍皆譁釦以振旅』，韋曰：『譁釦，喧呼。』此『釦』乃叚借字。

錯厝 皆『措』之叚借字。『錯』或借爲『摩厝』字，或借爲『逪遣』字。

齟牙鉏吾 周禮玉人注『齟牙』、左傳人有名鉏吾者，皆『鉏鋙』二字之同音叚借。

臿 舂去麥皮也。叚借爲『鍫臿』。

銛 方言曰『銛，取也』，此引伸叚借之義。

錢 銚也。古者田器，即淺切。周禮泉府注鄭司農云：『故書「泉」或作「錢」。』周語：『景王二十一年，將鑄大錢。』秦漢叚借『錢』爲『泉』，周禮、國語早有『錢』字。周人或用叚借字，秦乃以『錢』爲正字。是其來已久。『錢』行而『泉』廢矣。

權衡 皆叚借字。『權』爲『垂』之叚借；垂，古音『陀』。『衡』則叚借之『横』字。

斤 十六兩也。本無其字，以『斫木』之『斤』爲之。

垸 鍰，十一銖二十五分銖之十三。考工記作『垸』，其叚借字。

率選 鋝，六兩大半兩。史記作『率』，漢書作『選』，其叚借字。

鎛 鑮，周禮、國語作『鎛』，乃是叚『鎛鱗』字。

庸 鏞，商頌作『庸』，古文叚借。

鍾 鐘，經傳多作『鍾』，叚借酒器字。

將鶬 詩采芑『八鸞鎗鎗』，韓奕作『將將』，列祖作『鶬鶬』，皆叚借字。

鋑 長戈也〔一三四〕。史記『非鋑於句戟長鎩』，叚爲『銛利』字也。劉伯莊云『四廉切』，而毛晃讀同『炅』。

琅璫 漢西域傳『陰末赴琅璫』，注：『「琅璫」者，「鋃鐺」之叚借字。』

鋪 大雅『鋪敦淮濆』，叚『鋪』爲『敷』。江漢『淮夷來鋪』，傳：『鋪，病也。』叚『鋪』爲『痡』。

剿 曲禮『毋剿説』，『剿』即『鈔』字之叚借。

齊 易『喪其資斧』，子夏傳及衆家並作『齊』。應劭云：『齊，利也。』按：銻，利也。然則『銻』爲正字，『齊』爲叚借字。

所 伐木聲也。叚借爲『處所』，又用爲『分別』之詞，於本義無涉，是真叚借矣。

斯 析也。叚借訓爲『此』。

筦 『斡』或叚借『筦』。楚詞：『筦維焉繫。』

斠 月令：『角斗甬。』『角』者，『斠』之叚借字。

仇 賓筵之『仇』，乃『㪺』之叚借。

斛 斛旁有庣也。爾雅『斛』謂之『𪓊』，乃『銚』之叚借也。

升 經傳『登』多作『升』，古文叚借也。禮經注『布八十縷爲升』，『升』字當爲『登』。周易言『升』不言『登』，左傳言『登』不言『升』。

輹　『輹』字叚借。

軹　考工記『三爲軹』，『軹』即毛詩之『軝』。『軹』者，同音叚借。

厄鬲　軶，毛詩韓奕作『厄』，士喪禮今文作『厄』，車人爲大車作『鬲』〔一三五〕，皆叚借字。

軜　大戴禮『六官以爲轡，司會均入以爲軜』，此引伸叚借之義。

輔俌　輔，引伸之爲凡『相助』之稱。今則借義行而本義廢。鮮有知輔爲車之一物者矣。俌，輔也。以引伸之義釋本義也。今則本字廢而借字行矣。酺，頰車也。面酺自有本字，周易作『輔』，亦字之叚借也。今亦本字廢而借字行矣。毛詩傳『倩，好口輔也』，正謂靨輔。許言其外也，易言其裏也。

載　叚借爲『始』，『才』之叚借也。夏曰『載』，亦謂四時終始也。又叚借爲『事』，詩『上天之載』傳：『載，事也。』又叚爲語詞，詩『載馳載驅』傳：『載，辭也。』『春日載陽』箋：『「載」之言「則」也。』

轙　韓詩『庶姜轙轙』，毛詩『孽』爲叚借字。

輖　周易叚『輖』爲『輈』字〔一三六〕，或以『輖，重也』本義釋之。

軼　車相出也。楚辭『軼迅風於清源』；書『軼』爲『泆』。鄭注司刑『若舉刃欲斫伐而軼中人者』，皆本義之引伸叚借也。

宏　弓聲也。『車聲輷宏』〔一三七〕，借弓聲之字耳。

輓　史記借爲『晚』字。

睘　詩『睘睘』乃『睘煢』之雙聲叚借也〔一三八〕。

魁追　小𠂤曰『魁』。周語『夫高山而蕩以爲魁陵糞土』、士冠禮注『追，猶「堆」也』，『魁』『追』皆『𠂤』之叚借字。

陵　引伸之爲『乘』也、『上』也、『躐』也、『侵陵』也、『陵夷』也，皆『夌』字之叚借也。夌，徲也。『夌徲』即『陵夷』。

侌昜陰陽　『侌昜』字，漢以後通用『陰』爲『霒』，霒，古文作『侌』；用『陽』爲『昜』。侌昜之气不可象，『霒』與『陰』、『昜』與『陽』，皆叚『雲日山𠂤』以見其意而已。

阿　言『私曲』，言『昵近』，皆引伸叚借也。

波　『陂』有叚『波』爲之者，漢諸侯王表曰『波漢之陽』、西域傳曰『傍南山北波河』。

反　説卦傳『其於稼也爲反生』，叚借『反』爲『阪』。

且俎　大射儀『且左還毋周』，注曰『古文「且」爲「阻」』；堯典古文『黎民俎飢』，鄭注『「俎」

讀曰「阻」」，皆古文叚借字也。

降 古多叚『降』爲『夅』。『夅』，服也。此今人讀『下江』切之正字。詩『我心則降』、春秋經『郕降于齊師』，又『齊人降鄣』，皆『夅』之叚借。

陊 褫 阤，後人多用『陊』爲之，古書或用『褫』爲之。

墮 隋 今字叚『墮』爲『陊』。召南毛傳『盛極則隋落者梅也』，又叚『隋』爲『陊』。

原 地理志：『代郡有五原關。』『阮』者，正字；『原』者，叚借字。

陔 階次也。禮經『賓出奏陔夏』，注：『以爲行節，序以戒釋陔。』皆取引申叚借之義。

厽 玉篇云：『厽，尚書以爲「參」字。』按：此謂西伯戡黎『乃罪多參在上』，或作『厽』也。

綴 古多叚『綴』爲『贅』。

萬 蟲也。叚借爲『十千』之數名，而『十千』無正字，遂久假不歸，學者昧其本義矣。

軋 文賦：『思軋軋其若抽。』『軋軋』者，『乙乙』之叚借。

𠇍 禮記借爲『合薆』字。

子 本『易气動、萬物滋』之稱。萬物莫靈於人，因叚借以爲人之稱。

孟 小雅『孟，勉也』，借『孟』爲『猛』。

孱 多叚『孱』爲『孨』。

宊 周易之『宊』，即倉頡之『𠫓』，此爻辭之用叚借。

詘信 古『屈伸』字作『詘申』，『申』亦叚『信』。

酉 古『酒』可用『酉』爲之。

灑 司馬相如傳借『灑』爲『釃』。

歷 ⿰酉鬲，周禮量人作『歷』，古文叚借。

盎 醠，周禮作『盎』，古文叚借也。

配 酒色也。後人借爲『妃』字，而本義廢矣。

縮 『縮酒』當作『莤』；作『縮』者，古文叚借字。

義 今人用『義』，古書用『誼』。『誼』者，本字；『義』者，叚借字。

匕 『比』之叚借。

瑕 毛傳訓『瑕』爲『遠』，『瑕』即『遐』之叚借。

終 冬，後人叚『終』字爲之。

粲 緇衣傳『粲，餐也』，『粲』爲『餐』之叚借。

荼 借『荼』爲『舒』。

幭厄 皆屬叚借。『幭』即『幦』之叚借，『厄』即『軶』之叚借。考『車覆笭』，既夕禮、玉藻、少儀、公羊傳、説文皆謂之『幦』。毛傳：『厄，烏噣也。』

敃 書『無「有作敃」』，叚『敃』爲『好』。

堲 書『朕堲讒説』，叚『堲』爲『疾』。

狟 書『尚狟狟』，叚『狟』爲『桓』。

圛 書『曰圛』，叚『圛』爲『升雲半有半無』。

校記

〔一〕菜 説文作『艸』。

〔二〕禮 段作『孔』。

〔三〕蒙 段作『冡』。

〔四〕音 段作『聲』。

〔五〕以 段作『叚』。

〔六〕遫　段作「遬」。下同。

〔七〕徙　段作「迻」。

〔八〕冡　史記晉世家作「冢」。

〔九〕明　詩經大雅大明作「回」。

〔一〇〕跋　論語里仁作「沛」。

〔一一〕扜　叢書本作「扞」，當是。

〔一二〕格其　孟子離婁上作「格」。

〔一三〕長　段作「大」。

〔一四〕言　段作「訓」。

〔一五〕役　説文禾部今作「穎」。

〔一六〕持　當作「特」。

〔一七〕干　當作「下」。

〔一八〕剌　當作「刺」。

〔一九〕椓　當作「椓」。

〔二〇〕晞　説文作「睎」。

〔二一〕省　周禮作「眚」。

〔二二〕饋食禮　段作「饋食禮古文」。

〔二三〕鴻雁鴻雁　當作「鴻雁」。

〔二四〕誤譌　段作「互譌」。

〔二五〕讀爲　鄭玄注作「讀如」。

〔二六〕利　當作「略」。

〔二七〕昊　詩經作「具」。

〔二八〕魏　方言作「衛」。

〔二九〕圃　周禮秋官掌戮作「圁」。

〔三〇〕曰　周禮秋官玉人鄭玄注作「文」。

〔三一〕時　當作「時」。

〔三二〕㽞　當作「㽞」。

〔三三〕先生姜嫄　今詩經大雅生民毛傳作「姜嫄」。

〔三四〕彭　段作「彭彭」。

〔三五〕「當作」云云　當依段改爲正文。

〔三六〕意　段作「書」。

〔三七〕孔安國　段作「孔安國語」。

〔三八〕歕　段作「歕」。

〔三九〕楙　段作「楸」。

〔四〇〕像　段作「橡」。
〔四一〕庋閣　段作「庋閣字者」。
〔四二〕小雅　當作「大雅」。
〔四三〕關西　呂覽高誘注作「關東」。
〔四四〕復　當作「複」。
〔四五〕以濯　史記佞幸列傳作「以濯船」。
〔四六〕屬　周禮地官大司徒鄭衆注作「實」。
〔四七〕致　鄭玄箋作「致」。
〔四八〕痼　段作「錮」。
〔四九〕昝　當作「借」。
〔五〇〕大傳　段作「大雅傳」。
〔五一〕邟蓋即阬　段作「阬蓋即邟」。
〔五二〕韓詩　當作「魯詩」。
〔五三〕詩　段作「詩序」。
〔五四〕粤　當作「甹」。
〔五五〕厶　段作「公厶」。
〔五六〕周頌　段作「周頌傳曰」。

〔五七〕釋訓　當作「釋詁」。

〔五八〕緐平侯　漢書王子侯表作「緐平侯訢」。

〔五九〕儠　當作「儠」。

〔六〇〕周頌　當作「左傳」。

〔六一〕庀　段引周禮作「庀」。

〔六二〕水澇　爾雅釋丘今作「水潦」。

〔六三〕揄　説文作「褕」。

〔六四〕其分　周禮冬官考工記「匠人」注作「分其」。

〔六五〕集玉　段作「集玉石」。

〔六六〕搋　段作「搋頭」。

〔六七〕昌歜　段作「昌歜者」。

〔六八〕荏　叢書本作「在」，是。

〔六九〕爽　西都賦作「英」。

〔七〇〕均　段作「故」。

〔七一〕大射注　段作「注引」。

〔七二〕江字　段作「江字作」。

〔七三〕讀　當從段作「釋」。

〔七四〕之　郭璞注作『岸』。
〔七五〕从西　段作『西聲』，是。
〔七六〕倦　說文作『飽』。
〔七七〕取　段作『假』。
〔七八〕戲　當作『戲』。
〔七九〕周易　段作『古文』。
〔八〇〕而無其說　段作『而今失其說』。
〔八一〕凡言象形　段作『凡言象某形』。
〔八二〕今文　段作『今本』。
〔八三〕車　夏小正作『駒』。
〔八四〕今　段作『而』。
〔八五〕默　段作『穆』。
〔八六〕倏　說文作『倏』。
〔八七〕而云　段作『而傳云』。
〔八八〕志　段作『書』。
〔八九〕晳　當作『晳』。
〔九〇〕蔵　段皆作『蔵』。下同。

〔九一〕一本　段作『一本作』。

〔九二〕奕　段作『奕奕』。

〔九三〕叚借之　當作『之叚借』。

〔九四〕叚借　段作『引申』。

〔九五〕臭　當作『臭』。

〔九六〕皆　段作『多』。

〔九七〕此條原在『臎』條後。

〔九八〕此條原在『㲋』條前。

〔九九〕廘　説文作『廘』。下同。

〔一〇〇〕李將　當作『李將軍』。

〔一〇一〕玩　左傳昭公元年今作『翫』。段云：『「忨」與「玩」「翫」義皆略同。』下同。

〔一〇二〕其　段作『古』。

〔一〇三〕誤字　段作『字誤』。

〔一〇四〕聲　段作『語』。

〔一〇五〕津　當作『律』。

〔一〇六〕䲹　當作『䲹』。下同。

〔一〇七〕滃滃　周禮注作『翁翁』。

〔一〇八〕爲　釋名作『曰』。
〔一〇九〕受　釋名作『承』。
〔一一〇〕滎陽　疑當作『滎陽』。
〔一一一〕孔子　當作『孔穎達』。
〔一一二〕齡　段作『鈴』。
〔一一三〕搏拊　尚書虞書作『拊搏』。
〔一一四〕籍　段作『籓』，是。
〔一一五〕頃　當作『項』。
〔一一六〕畜　當作『嫱』。
〔一一七〕揩　段作『楷』。
〔一一八〕翦　段作『剃』。
〔一一九〕宏　段作『宏大』。
〔一二〇〕篆　段作『傳』。
〔一二一〕不　疑衍。
〔一二二〕絳　說文作『絳』。
〔一二三〕膗　段作『荀卿曰膗』。
〔一二四〕釋魚　當作『釋蟲』。

〔一二五〕蟊　段作『蟊』。

〔一二六〕凡無足　段作『凡蟲無足』。

〔一二七〕頫　當作『頫』。

〔一二八〕叚借　段作『叚借義』。

〔一二九〕『以虎』云云　今周禮天官司裘注『豹』作『熊』、『矦』作『其』。

〔一三〇〕摽有梅　據文例，其下當有『傳』字。

〔一三一〕假樂塈見也　據文例，『樂』下當有『傳』字。見毛傳今作『息』。

〔一三二〕庸風　段其下有『傳曰』二字。

〔一三三〕無　段作『謂』。

〔一三四〕戈　説文作『矛』。

〔一三五〕車人爲大車　周禮冬官車人作『車人爲車』。

〔一三六〕周易　當作『周南』。

〔一三七〕車聲輷宏　説文原作『車輷弘聲』。

〔一三八〕睘煢　當從段作『煢煢』。

說文段注撰要卷七

引經異字

維周之祺 出注。今詩作『楨』。

丕丕其 出注。伏生如此。今書作『丕丕基』。

禔既平 今易作『祇既平』。唐石經作『祇』，京作『禔』。鄭云『當爲「坻」』，則謂『祇』爲字之誤。

無祇悔 出注。五經文字、廣韻作『祇』。鄭云：『病也。』此讀『祇』爲『疧』，與何人斯同。王肅作『禔』，時支反；九家本作『𢻱』，音『支』。今易作『祇』，之是反。通志堂刻作『无祇悔』，誤。

易祇既平　**左傳祇見疏也**　**詩祇攪我心**　**詩**　**論語亦祇以異** 俱出注。唐石經皆从『衣』。近日經典訓『適』者，皆不从『衣』，與唐不合。

祝祭于鬃 今作『于祊』。

哀公問主於宰我 出注。主，今作『社』，蓋謂『社主』也。

贊 『瓚』字下段注：『許不言「祼圭之瓚」者，蓋其字古衹作「贊」。黃金爲勺，不用玉〔一〕。詩謂之「玉贊」「圭贊」者，以贊助祼圭也。』

玉之瑱兮 詩今本『兮』作『也』，可證許所據『也』字皆作『兮』。

新臺有玼 今本作『泚』，韓詩作『漼』〔二〕。

璱彼玉瓚 詩大雅作『瑟』。

石謂之摩 出注。今爾雅作『磨』。

攸革有瑲 今詩作『鞗革有鶬』。

充耳璓瑩 今詩作『琇』。

墫墫舞我 今詩作『蹲』。

安得藼艸 今詩作『焉得諼草』。藼，或作『萲』、作『萱』。

芄蘭之枝 今詩作『支』。

緑䓯如簀 出注。韓、魯詩如此，毛詩獨叚借作『竹』。玉篇曰：『「䓯」同「薄」。』

果蠃之實 出注。今詩作『臝』。

牆有薺 今詩作『茨』。

卭有旨鷏 今詩作『鷊』。

有蒲與茄 出注。今詩作『荷』。樊光注爾雅引作『茄』。

顏如蕣華 見『蕣』字下。今詩作『舜』，爲叚借。

彼薾惟何 今詩作『爾維』。

瓜瓞菶菶 今詩作『唪唪』。

蔋蔋山川 今詩作『滌滌』，玉篇、廣韻皆作『蔋』，今疑當作『蓧』。詩『踧踧周道』，『踧』字亦疑誤。

楚楚有薋 出注。今詩作『茨』。

十月殞擇 今詩作『隕』。

葛藟縈之 今詩作『縈』，陸德明作『帣』。

具曲植籧匡 出注。今月令作『籧筐』。

厥艸惟䌛 今書作『繇』。

蘄茝 即今禹貢之『澌包』。釋文曰：『澌，本又作「蘄」。』按：『叢生』之義，字作『茝』者是。

百穀艸木麗於地 今易作『土』。

以杖荷莜 今論語作『蓧』。謂子路見丈人，手用杖，莜加於肩，行來至田，則置杖於地，用莜芸田。『植杖』者，『置杖』也。

有荷臾 今論語作『蕢』。

食鬱及雚 此韓詩。今詩『雚』作『薁』。

于以采藻 今毛詩作『藻』。

言采其茆 今詩『言』作『薄』。

何彼襛矣 **何彼茙矣** 出注。今詩作『穠』，俗。毛傳作『襛』，韓詩作『茙』。

葏葏者莪 出注。今詩作『菁』。

既茠荼蓼 今詩作『以薅』。

力不能勝一𡭴雛 出注。今孟子作『匹』。

僮牛之告 出『告』字下。今易『告』作『牿』。

僮牛之牿 出注。今易作『童牿』，許及九家作『告』，鄭作『梏』，劉陸作『角』。

犕牛乘馬　今繫辭作『服』。

不濡其噣　出注。玉篇引作『噣』，今詩作『咮』。

昆夷㻍矣　出注。廣韻引作『㾬』，今詩作『喙』。

余病㱽矣　出注。郭注方言引作『㱽』，今外傳作『余病喙』。

克岐克嶷　今詩作『嶷』。

噫此皇父　**噫厥哲婦**　出注。皆爲有所痛傷之聲。今詩作『抑此皇父，懿厥哲婦』。

民之攸呬　出注。蓋三家詩作『呬』，毛詩作『塈』。

犬夷呬矣　大雅『昆夷駾矣〔三〕，維其喙矣』，合二句爲一句。『昆』作『犬』，『喙』作『呬』，蓋亦用三家詩。

願言則疐〔四〕　毛作『疐』，今詩作『嚏』。改『疐』爲『嚏』，自鄭君始。

唱予和汝　出注。今詩作『倡』。

無然呭呭　**無然詍詍**　今詩作『泄泄』。

咠咠幡幡　今詩作『緝緝』。巷伯三章『緝緝翩翩』、四章『捷捷幡幡』，許引當云『咠咠翩翩』，誤合二章爲一。

振旅嗔嗔 今詩作『闐闐』。

式號式謼 出注。崔靈恩毛詩作『謼』；今詩作『呼』，荒故切〔五〕。

舜讓于德不台 **舜讓于德不台懌** 皆出注。謂不爲百姓所悦也。今書作『弗嗣』。

民之方唸吚 今詩作『殿屎』。

或寢或吪 出注。今詩作『訛』。

貉其德音 出注。左傳、韓詩『貉』皆作『莫』，今詩作『貊』。

來朝趣馬 出注。古音『趣』，七口反；音轉乃有『清須』『七句』二反。今詩作『走』。

維足赽赽 出注。玉篇作『赽赽』，今詩作『伎伎』。

屯如亶如 出注。今易俗本作『邅』，葉林宗鈔宋版釋文、吕祖謙音訓皆作『亶』。

趨進翼如也 今論語作『翼』。

不敢不趚 今詩作『蹐』。

輔趮 今襄二十四年傳作『躒』。

麟之止 出注。今詩作『趾』。

賁其止 出注。今易作『趾』。

壯于前止 出注。今易作『趾』。

其不可者距之 出注。漢石經今作『距』。許『歫』與『距』義別。

癹夷蘊崇之 今左傳『癹』作『芟』。

五是來備 出注。此今文尚書。今書『是』作『者』。

故君子之道尟矣 出注。今易作『鮮』，鄭本作『尟』。

尟不及矣 出注。今易作『鮮』。

辵階而走 今公羊作『躇』。

祇適乃文攷 出注。今書作『考』。

遘　遇也 出注。今襍卦傳作『姤』，可以證全書皆當作『遘』矣。

以往遴 今易作『吝』。

旁逑孱功　旁救僝功　方鳩僝功 出注。今書作『方鳩僝功』。作『方鳩』者，古文尚書也；作『旁逑』者，歐陽、夏侯尚書也。

怨匹曰逑 今左傳作『怨耦曰「仇」』。

我與受其退 今書作『敗』。

褋而不𨒅 今毄辭作『越』。

遏矣西土之人 出注。古人凡引書皆作『遏』，衛包始改爲『逖』也。

徥則也 今爾雅作『是』。

假于上下 今書作『格』。

延于條枝 出注。吕氏春秋、韓詩外傳、新序皆作『延』，今詩作『施』。『延』音讀如『移』也。

如切如瑳　如琢如摩　骨謂之切　象謂之瑳　玉謂之琢　石謂之摩 注〔六〕。『切』亦作『齺』，『瑳』亦作『磋』，『摩』亦作『磨』。『差』者正字，『瑳』『磋』皆加偏旁字。今詩、爾雅作『磋』『磨』。

管磬蹡蹡 今詩作『磬管將將』。

載躓其尾 今詩作『疐』。

將衽長者奉席請何止 出注。今禮作『趾』。

其器𤴓以達 出注。今月令作『疏』。

次于嵒北 今春秋作『聶』。

八音克䛐 今書作『諧』。

辭之咠矣 出注。今毛詩作『輯』。

螽斯羽辥辥兮 出注。今毛詩作『詵詵』。

聞六律五聲八音七始訓以出内五言 出注。今書『七始訓』作『在治忽』，史記作『來始滑』。書『内』作『納』。

故謜謜而來 孟子趙曰：『如流水之與源通。』據此，『謜』本作『源』，『源』古作『原』。蓋許引孟『原原而來』，證从『原』會意之指。淺人加之『言』旁。

誨之忳忳〔七〕 大雅『諄諄』，鄭注中庸引作『忳忳』。

君子以經論 出注。今易作『綸』。

經論天下之大經 出注。今中庸作『綸』。

天難諶斯 今詩作『忱』。

告之詁言 出注。釋文『於抑告之話言』下云：『尸快切〔八〕，説文作「詁」。』

徒御不警〔九〕 今詩作『驚』，俗。

維刑之謐哉 出注。今文尚書如此。今書作『惟』、作『恤』，史記作『惟刑之静』。

誐以謐我 出注。左傳作『何以恤我』。『何』者，『誐』之聲，誤。今詩作『假』、作『溢』，『溢』蓋『恤』之譌體。

惟諓諓善竫言 出注。公羊傳作『諓諓』，今書作『截截』，『竫』作『諞』。

在后之詷 今書作『後』、作『侗』。

乃逸乃諺 出注。今書作『諺』，衛包所改，大誤。

營營青蠅 今詩作『營營』。

析薪扡矣 出注。今詩作『杝』。

誒誒出出 今左傳作『譆譆』。

友諞佞 今論語作『便』。

或訆于宋太廟 今左傳作『叫』。

民之譌言 今小雅作『訛』。

人之僞言 唐風『人之爲言』，定本作『僞言』。

報以庶訧 今書作『尤』。

謳曰 今論語作『誄』，誤。

民無怨讟 左傳昭元年『民無謗讟』〔一〇〕，八年曰『怨讟動於民』，疑相涉而誤。

巨業維樅 今詩作『虡』。

嶽日昪哉 今書作『岳』。

徽柔懿共 出注。今書作『恭』。

石載土謂之崔嵬土載石爲砠 出注。釋山或本如此。今爾雅『載』作『戴』。

衛遷于帝邱 今春秋經作『遷』。

摡之釜鬵 出注。今詩作『漑』，非也。

于以鬺之 出注。韓詩如此。毛詩叚『湘』爲之。

亦有和鬻 今詩作『羹』。

其鬻維何 出注。今詩作『蔌』〔一一〕。

我埶黍稷 今詩作『蓺』。

岦兮達兮 今詩作『挑』。

豈無他事 出注。今詩作『士』。

隸天之未陰雨 今詩作『迨』。

取厲取碫 出注。今詩作『鍛』。

鳥獸褎毛 今尚書作『氄』，毛部作『𣯬』。

常敀常任 今尚書作『伯』，壁中古文叚『敀』爲『伯』。

爻法之謂坤 出注。今嗀辭作『效』。

君子是則是詨 今詩作『傚』。

惟禹陎之 出注。此韓詩也。毛詩作『維禹甸之』。

敚攘矯虔 今書作『奪』。

淇水滺滺 出注。今詩作『滺』。

弗擊弗考 出注。今詩作『鼓』。

無我敼兮 敼，市流切。鄭乃讀爲『醜』，今詩作『魗』。

止于楙 今詩作『樊』。

于嗟夐兮 出注。韓詩如此。今毛詩作「洵」。

簡簡黃鳥 出注。韓詩如此。疑毛作「睍睍」。

秏荒 出注。周禮注引書如此。今書作「耄」。

眊荒 出注。漢刑法志如此。漢書多以「眊」爲「耄」。

泌彼泉水 今詩作「毖」。

施罟濊濊 今詩作「罛」。

國步斯矉 三家詩如此。毛詩作「頻」。「頻」字絕非叚借。

勿衈 今易作「恤」。

曖婉之求 今詩作「燕」。

睇于左股 出注。子夏作「睇」，今易作「夷」。

一目白瞯 出注。今爾雅作「瞯」。

眇萬物而爲言 出注。今轂辭作「妙萬物而爲言者也」。

三齅而作 出注。玉篇引論語〔一二〕。今論語作「嗅」。

如鳥斯翶 出注。韓詩如此。今詩作『革』。

有翬斯飛 今詩『有』作『如』。

予則努𥁕女〔一三〕 出注。今書作『戮』。

周人牆置翜 出注。今禮記作『翣』。

四翜不蹕〔一四〕 今春秋傳作『翣』。

雚鳴于垤 今詩作『鸛』。

布重莧席 今書作『敷重篾席』。

蔑之命矣夫 出注。今論語作『亡』。

爲養 出注。説卦傳『爲羊』，鄭本作『陽』，云：『讀爲「養」。』

牝羭牡羖 出注。今爾雅作『牡羭牝羖』者，誤也。

穬彼淮夷 韓詩作『獷』，毛詩作『憬』。

留離之子 出注。今詩作『流』。

梟鷖在梁 今詩作『涇』，當作『涇』。

匪鷻匪鳶 今詩作『鶉鳶』。

睢鳩王睢 出注。今爾雅作『鴡』。

鸛專畐蹂 今爾雅作『鸛鷒，鶝鶔』。

鴪彼鷐風〔一五〕 今詩作『鴥』、作『晨』。

鴝鵒不踰泲 今考工記作『濟』。

嬰母能言 出注。今禮記作『鸚鵡』。

二矛重鷮 出注。今詩作『喬』。

焉使不及也 出注。今禮記作『弗』。

桑葉有幽 出注。今詩作『其』。

何故使吾水茲 今左傳作『滋』。

莩有梅 出注。韓詩也。毛詩作『摽』。

蔈 出注。鄭注作『薁』。

野有餓芆 出注。食貨志如此。今孟子作『莩』。

札瘥夭殙 出注。今傳作『昏』。

尚或殣之 今詩作『墐』。

飯殠茹菜 出注。儀禮釋文引孟子如此。今孟子作『糗』、作『艸』。

彝倫攸殬 今洪範作『斁』者，漢人以今字改之。許所云者，壁中古文也。

肴覈維旅 出注。蔡邕所據魯詩作『肴覈』，今詩作『殽核』。

掩骼薶骴〔一六〕 今禮記作『埋胔』。

䯤弁如星 今詩作『會』。

周原腜腜 出注。韓詩如此〔一七〕。毛詩作『膴』。

國雖靡腜〔一八〕 出注。韓詩如此。毛詩作『膴』。

誨爾忳忳 出注。鄭讀如此。今詩作『諄諄』。

裂其夤 出注。今易作『列』。

膻裼暴虎 今詩作『襢』、作『袒』。

豚曰腞肥 出注。今禮記作『腯』。

加肴脾臄　出注。今詩作『嘉殽』。

取其血膫　今詩作『膋』。

噬乾[illegible]　今易作『胏』。

予寸度之　出注。今詩作『忖』。

副辜祭　鄭注周禮作『疈』。

工則劇之　出注。郭引如此。今左傳作『度』。

致飾然後通則盡矣　出注。今㲄辭作『亨』。

天用剿絶其命　今書作『勦』。『勦』訓『勞』也，蓋誤字。

釗我周王　出注。郭引逸書如此。今書作『昭』。

折則刑　出注。墨子引吕刑如此。今書作『制以刑』。

白圭之⿰占刂　今詩作『玷』。

殷人七十而耡　今孟子作『助』。

以興耡利萌　今遂人職『萌』作『甿』，俗改也。

鄭伯克段於傿 出注。今春秋作「鄢」。

其牛觢 今易作「掣」。

其牛觭 荀易如此。

有觓其角 今詩作「捄」。

兕觵其觓 出注。今詩作「觩」，俗字也。

觲觲角弓 今詩作「騂騂」。

我姑酌彼兕觵　稱彼兕觵　兕觵其觩 出注。今詩皆作「觥」。

惟箘簵楛 今書作「楛」。

瑶琨筱簜〔一九〕 今書作「篠」。

如竹箭之有筍 出注。今禮記作「筠」。

浮筍旁達 出注。今禮記作「孚尹」。

苞匭菁茅 出注。今書作「包」。

渙奔其机 出注。惠氏棟九經古義曰：『「机」當作「杋」。』杋，古文『簋』，宗廟器也。

供盆簝以待事　供，當依周禮作『共』。

翟蔽以朝　出注。鄭引如此。今詩作『茀』。

簟第朱鞹　出注。今詩作『茀』。

仲秋獻矢箙　今周禮作『中』。

害瀚害不　出注。今詩作『否』。

中曶　出注。古今人表如此。今論語作『仲忽』。

暜不畏明　今詩作『憯』。

瑟兮僩兮者恂栗也　出注。今大學作『慄』。

有是哉子之于也　出注。今論語作『迂』。

粤三日丁亥　今召誥『越三日丁巳』，『巳』當作『亥』。

鼗鼓鼘鼘　今商頌作『鞉鼓淵淵』。

鼛鼓不勝　今詩作『弗』。

擊鼓其鼞　今詩作『鏜』。

木豆謂之梪 今爾雅作『謂之「豆」』。

平豑東作 今尚書作『平秩』，史記作『便程』，周禮鄭注引書作『辨秩』。

碩人頎頎 出注。今詩作『其頎』。

頎若長兮 出注。今詩作『而』。

履虎尾虩虩 今易作『愬愬』。

絜粢豐盛 出注。今左傳作『粢』。

實坐盡前 出注。今曲禮作『食』。

奉匜沃盥 今左傳作『沃』。

惟其斁丹雘 斁，孔穎達正義本作『斁』；今書衛包改作『塗』，俗字也。

梁曰薌萁 出注。今禮作『萁』。

不使勝食既 今論語作『氣』。

可以餴饎 出注。今詩作『餴』。

峙乃餱粻 今書作『峙乃糗糧』。

歙酒之餘 今詩作『飲』、作『飫』。

飲酒之醧 主。韓詩如此。

餀謂之喙 今爾雅作『餘』。

于邠斯觀 出注。白虎通引如此。今詩作『豳』、作『館』。

築王姬觀于外 出注。今春秋作『館』。

謂之饕餮 今左傳作『饕』。

鳥獸槍槍 今書作『蹌蹌』。

磬天之妹 出注。韓詩如此。毛詩作『俔』；俔，磬也。

掞木爲矢 出注。今易作『剡』。

如矢斯朸 出注。今詩作『棘』。

夫乾寉然 今易作『確』。

實覃實吁 今大雅作『訏』。許作『吁』，疑傳誤寫〔二〇〕。

好是家嗇　家嗇維寶 俱出注。今詩作『稼穡』。

詒我來犇 今詩作『貽』，俗字也；作『牟』，古文叚借字。

不犆不來 毛詩無此語。釋訓曰：『不犆，不來也。』爾雅多釋詩書。蓋江有汜之詩『不我以』，古作『不我犆』。『犆』者，『來之』也；『不我犆』者，『不來我』也。許蓋兼稱詩、爾雅，當曰：『不我犆，不犆不來也。』轉寫譌奪，許蓋兼稱三家詩。

雄狐夂夂 出注。玉篇引如此。今詩作『綏』。

布政憂憂 今詩作『優優』。

竷竷鼓我 今詩作『坎坎』。

誰雖醜其飛也嵏 今爾雅作『鶅鶋』、作『䳭』。

䔢䔢也〔一一〕 今釋言作『皇，華』。

薄韋䕯父 出注。今書作『圻父薄違句。農父若保』。

我夃酌彼金罍 今毛詩作『姑』。許所據者，毛詩古本，後人以今字易之也。

無有作玫 出注。今書作『好』。壁中古文本作『無有作玫』。『玫』者，『好』之叚借字。

黎民俎飢 出注。今書作『阻』，壁中古文本作『黎民俎飢』。『俎』者，『阻』之叚借字。

求善價而夃諸 出注。玉篇『夃，今作「沽」』。引論語如此，未審其所本之論語。

雞棲於杙爲桀 出注。今釋宫作「弋」、作「櫟」。

厥苞橘柚 今書作「包」，俗。

摽有楳 出注。韓詩如此。毛詩作「梅」。

椋即棶 出注。今爾雅作「來」。

搹維師氏 出注。今詩作「楀」。篇韻皆無「搹」字。

隰有樹檖 今詩作「檖」。

養其樲棗 出注。今孟子作「棘」。

楊之水 出注。今詩作「揚」。

度西曰柳穀 出注。此今文尚書也。「宅西曰『昧谷』」者，後鄭所讀之古文尚書也。

逑 「逑」下曰：「一曰『鬱首』。」許所據詩作「逑」也。

隨山栞木 壁中古文作「栞」，今文尚書作「栞」，未知何時改爲「刊」也。

桃之枖枖 今詩作「夭」。

桃之祆祆 蓋三家詩。

棡然授兵登陴 今左傳自石經而下〔一二〕，「棡」皆从「手」。

槮差荇菜 今詩作「參」。

松桷有梴 今詩作「挻」。

松桷有挻 出注。今詩作「木」旁「延」，非也。

唯箘輅枯 今尚書作「惟箘簬楛」。按：「惟」作「唯」，轉寫誤也；「輅」尚依竹部引書作「簬」〔一三〕。書之「枯」，非「枯槀」之義。

重門擊榜 今易作「柝」。

重門擊欜 「欜」之本義也。

捄之仍仍 出注。今詩作「陾陾」。

榰桓凶 今易作「振」，許稱蓋孟易也。

置其杖而耘 出注。今論語作「植」、作「芸」。

素錦韜杠 出注。今爾雅作「綢」。

櫌而不輟 今論語作「耰」。

雖有茲基 出注。今孟子作「鎡基」。

杼軸其空　出注。今詩作『柚』，乃俗誤。

竹柲緄縢　出注。既夕記注如此。今詩作『閉』。

竹䩛緄縢　出注。考工記弓人注如此。

角斗桶　出注。今月令作『甬』；『甬』即『桶』。

流血漂杵　出注。今書作『血流』。

若顛木之有甹櫱　若顛木之有甹枿　今書作『由蘖』。

楄部薦榦　今左傳作『楄柎藉榦』。

楅髤橫而拳之〔二四〕　今儀禮作『奉』。

以槱燎祠司中司命　今周禮『祠』作『祀』。

不可休思　出注。今詩作『息』。

庶艸繁𣞤　今尚書作『蕃廡』。

宛彼北林　出注。鄭司農注考工記曰『「惌」讀如「宛彼北林」之「宛」』，今毛詩作『鬱』。

其旆伐伐　出注。今詩作『茷茷』。

與爾隆衝 出注。韓詩如此。毛詩作「臨」。

咢不韡韡 今詩作「鄂不韡韡」；作「咢」，非也。

霝露團兮 出注。今詩作「零」、作「溥」。

曰圛 今書作「驛」。齊風鄭箋云「古文尚書「弟」爲「圛」」，謂夏侯曰「驛」，歐陽作「弟」，古文尚書則作「圛」。言此者，證詩之「弟」字亦當爲「圛」，而訓明也。知今文尚書作「弟」者，宋世家作「涕」可證也。

曰雨曰濟曰圛曰蟊曰剋 出注。周禮大卜注引如此。今書作「曰雨」「曰霽」「曰蒙」「曰驛」「曰克」。

室家之壼 今詩作「壼」。

若弗員來 出注。今書作「云」。

率土之賓 出注。司馬相如引詩如此。今詩作「濱」。

求善賈而賈諸 出注。漢石經論語如此。今論語作「沽」。

惟求 出注。今書作「來」。馬本作「求」，云：「有請賕也。」按：上文「惟賀」者〔二五〕，今之不枉法贓也；「惟求」者，今之枉法贓也。

周道郁夷 出注。韓詩如此。今詩作『倭遲』。

在郃之陽 今詩作『洽』。『合』者，水名。毛詩本作『在合之陽』，故許引以説會意。秦漢閒乃製『郃』字耳。今詩作『洽』者，後人意加『水』旁。許引詩作『郃』者，後人所加〔二六〕。

西伯戡耆 出注。今文尚書如此。

西伯戡黎 今商書作『黎』。

西伯𢦟黎〔二七〕 出注。

卒於異郢 出注。今孟子作『畢』。

明辨晢也 出注。今易作『辯』。

明作晢 出注。今書作『哲』。

晢明行事 今士冠禮作『質』。

晤辟有摽 今詩作『寤』。

發彼有勺 出注。今詩作『的』。

驕人旭旭 出注。今詩作『好好』。

曣晛聿消 出注。韓詩如此。毛詩作『見晛曰消』。

日旰君勞 今左傳作『勤』。

日旭之離 今易作『昃』。

鄦役之三月 杜作『鄉』，云『「鄉」猶「屬」也』，殊誤。

禹拜讜言 出注。今書作『昌』。

温隆蟲蟲 出注。毛云：『温温而暑，隆隆而雷，蟲蟲而熱也。』今詩作『藴』。

燥萬物者莫暵乎火 今易作『熯』。

私降暱燕 今左傳作『暱宴』。

惄如輖飢 出注。今詩作『調』。

率都建旗 今周禮『率』作『師』。『師』者，『帥』之誤。

帥時農夫 出注。韓詩如此。毛詩作『率』。

帛旆央央〔二八〕 今詩作『白』。按：帛蓋用絳。

帛茷央央 出注。『茷』即『旆』。

鞉升大吉 出注。今易作『允』。

其旝如林〔二九〕 毛詩作『會』。旝〔三〇〕，古會切。

哉生霸 今書作『魄』。

黎民祖飢 出注。漢書如此。今書作『阻』。

三歲宦女 出注。韓詩如此。魯詩作『貫』。

稙惟尗麥〔三一〕 今詩作『稙稺菽麥』。

黍稷種稑〔三二〕 今詩作『重穋』。

苟爲不孰 出注。今孟子作『熟』。

禾穎穟穟 今詩作『禾役』。

誕降嘉穀惟秬惟秠 今詩作『種』、作『維』。

是穮是衮 今左傳作『蔉』。

或芸或芓黍稷儗儗 出注。食貨志引如此。今詩作『耘耔』、作『薿薿』。

穦之秩秩 今詩作『積之栗栗』。

戴戴大猷〔三三〕今詩作『秩秩』，當作『秩秩』。

敷内以言 出注。今書作『敷納』。

不義不䵒〔三四〕今左傳作『暱』〔三五〕。按：許所據左傳作『䵒』爲長。

日如其饔既之數 出注。今聘禮作『餼』。

衣錦檾衣 今詩作『褧』。

高其閈閎 出注。今左傳作『閎』，誤。

其器圜以揜 出注。吕氏春秋如此。今月令作『閎』。

湜湜其止 出注。今詩作『沚』。

陳宲赤刀 今書作『寶』。

民民瓜瓞 出注。韓詩如此。毛詩作『緜緜』。

室有東西箱曰廟無東西箱有室曰寢。出注。今爾雅作『廂』。

居不客 出注。謂主不可似客也。今論語誤作『不容』。

煢煢在宄 今詩作『嬛嬛在疚』，今左傳作『煢煢』。

探嘖索隱 出注。今繫辭作「賾」。

陶覆陶穴 今詩作「復」。

公伯寮 今論語作「寮」。

瓶之窒矣 今詩作「缾罄」。

譬彼瘣木 今詩作「壞」。

其猶穿踰之盜也與 出注。今論語作「窬」。

惄焉如疛 出注。韓詩如此。毛詩作「擣」。

百卉具痱 出注。韓詩如此。毛詩作「腓」〔三六〕。

厲假不瑕 **癘瘕不瑕** 出注。鄭箋作「癘瘕」，毛詩作「烈假」。

既微且瘇 今詩作「尰」。

鬱隆烔烔 出注。韓詩如此。毛詩作「蘊隆蟲蟲」，劉成國作「疼疼」。

痑痑駱馬 今詩作「嘽嘽」。

王三宿三祭三詫 今書作「咤」，陟嫁切。詫，當故切。

參天兩地 今嗀辭作『兩』。

滲有多魚 出注。韓詩如此。毛詩作『潛』。

雉離于罦 今毛詩作『罦』。

幎人 今周禮作『幂』。

識文鳥章 出注。今詩作『織』。

朱幩儦儦 今詩作『鑣鑣』。

駹車犬幦 今周禮作『駹車然複』。

衣裳黼黼 今毛詩作『楚楚』。

狂僮之狂也且 出注。今詩作『童』。

戴弁俅俅 毛詩作『載』，鄭箋云：『「載」猶「戴」也。』『載』『載』古書多互譌者。

大傀異災 今周禮作『烖』。

文質份份 今論語作『彬彬』，古文也。

威儀佖佖 今詩作『怭怭』。

周道威夷 出注。韓詩如此。毛詩作『倭遲』。

伾伾俟俟〔三七〕 今毛詩作『儦儦』。

駓駓騃騃 **駓駓騃騃** 出注。韓詩如此。

神罔時侗 今詩作『恫』。

句兵欲無僤 今考工記作『彈』，注曰『故書「彈」或爲「但」』，鄭司農云『但，讀爲「彈丸」之「彈」』。

仡仡勇夫 今書作『仡』。

菿彼甫田 出注。韓詩如此。毛詩作『倬』。

豔妻傓方處 毛詩作『煽』。

閻妻扇方處 出注。魯詩如此。

僾而不見 今詩作『愛』，非古也。

數將僟終 今月令作『幾』。

奔星爲彴約 出注。今爾雅作『彴』。佩觿集證曰：『字从「人」，不从「彳」。』

征夫倢倢 出注。玉篇引詩如此。今詩作『捷』。

天既付命正厥德 出注。今文尚書如此。今書作『孚』。

侁侁征夫 出注。今詩作『詵』。

辨章百姓 出注。古文尚書作『平』，今文尚書作『辨』。

既瀀既渥 出注。今詩作『優』。

尊壺者偭其鼻 今少儀作『面』。

使走問諸朝 出注。今左傳作『吏』。

寺人之伶 出注。韓詩如此。毛詩作『令』。

幐口説也 出注。今易作『騰』。

詘信相感而利生焉 出注。今毄辭作『屈』。

尺蠖之詘 出注。今毄辭作『屈』。

引而信之〔三八〕 今毄辭作『伸』。

宮之奇之爲人也偄 出注。今左傳、穀梁皆作『懦』。

馬不契㮣 出注。今考工記作『需』。

佪佪彼有屋　今詩作『仳仳』。

視民不佻　今詩作『恌』。

宛然左僻　此引詩證『僻』之本義。今詩『宛然左辟』〔三九〕，淺人不解，易字而音『避』。

鞫人伎忒　今詩作『鞠人伎忒』，傳曰『伎，害也』，許曰『伎，與也』。毛說其叚借，許說其本義也。今詩則學者所竄易也。

仄弁之俄　今詩作『側』。

婁舞傞傞　婁舞僛僛　婁舞僊僊　出注。今詩作『屢』。

室人交徧催我　今詩作『摧』。

㠯爲俘聝　今左傳作『馘』。

喪容儡儡　出注。今禮記作『纍纍』，非也。

可以侂六尺之孤　出注。玉篇引如此。今論語作『託』。

僔沓背憎　今詩作『噂』。

西方曰僰　出注。今王制作『棘』。記本作『僰』，鄭易爲『棘』也。

歧彼織女　今詩作『跂』。

高山卬止 今詩作『仰』。

臮咎繇 今書作『暨皋陶』。

青青子裣 出注。漢石經作『裣』，今詩作『衿』。

載衣之禘 今詩作『裼』。

載衣之褅 出注。韓詩作『禘』。禘，集韻云：『或「褅」字。』

禰禰襩襩 今爾雅無此文。釋訓『洄洄，惛也』，釋文云『洄，本或作「幗」』，『幗』即『禰』字。潛夫論云：『洄洄潰潰。』蓋爾雅故有『潰潰』字。

佪佪惛也 出注。玉篇作『佪』，今爾雅作『洄』。

是褻絆也 今詩『褻』作『紲』。

靜女其袾 **靜女其妗**〔四〇〕 今詩『袾』『妗』作『姝』。許所見毛詩異與？抑取三家詩與？

有孚裕無咎 今經有作『罔』，虞翻、王弼同。則未知許所據孟易獨異與？抑字譌與？

鳥獸琕毴 今書作『氄毛』。

毳衣如璊 今詩作『璊』爲長。

無豐于尼 出注。釋文：「尼，女乙切。」衛包改經「尼」爲「昵」，陳諤又改釋文「尼」爲「昵」。

諒彼武王〔四一〕 韓詩作「亮」，毛詩作「涼」。

君子不亮〔四二〕 今孟子作「諒」。

兄也永歎　**職兄斯引**　**職兄斯宏**〔四三〕 **僕夫兄瘁**　**亂兄斯削** 以上皆出注。毛詩本皆作「兄」，俗人乃改作从「水」之「況」，又譌作「况」。

毋兄曰 出注。今書作「無皇曰」。

無況曰 出注。王肅本「皇」作「況」。

朋盍撍 出注。京作「撍」，今易作「簪」。

兟兟其鹿 出注。據五經文字，張參所據大雅作「兟」〔四四〕。

我馬虺頹 出注。今毛詩作「隤」，誤字也。

男女覯精 出注。鄭所據易作「覯」。今皆作「構」，蓋失之矣。

左右䏶之 出注。玉篇引詩如此。今詩作「芼」。

君子以徵忿窒欲〔四五〕 今易作「懲」。

曾西𪾔然〔四六〕 今孟子作「蹵」。

其歗也謌 今詩作『其嘯也歌』。

歗歌傷懷 出注。今詩作『嘯』。

歡然而駭 出注。今公羊作『色然』。

欱而忘 今左傳作『如』。古『如』『而』通用。

麠麚短脰 今本作『麢』，非。麠麚，一獸名，非上文之『麋，牡麔』『鹿，牡麚』也。

吹求厥寧〔四七〕 今大雅『吹』作『遹』。

聿喪厥國 **見晛聿消** **見晛聿流** 出注。韓詩如此。毛詩『聿』作『曰』。

及爾游羨 出注。今爾雅作『衍』〔四八〕。

頎若長兮 出注。今詩作『而』。

率籲衆戚 今本作『慼』〔四九〕，俗字也，衛包所改。

柔色以蘊之 出注。今内則作『温』。

㐱髮如雲 今詩作『鬒』，蓋以或字改古字。傳曰：『鬒，黑髮也。』疑『黑』字亦非毛公之舊。

君子豹變其文斐也 今易作『蔚』。許所據蓋孟易。

紞彼兩髳　今詩「紞」作「髧」。釋文云：「本又作「优」。」按：紞，冕冠塞耳者。今詩禮「髳」皆作「髦」，或由音近叚借。

后㠯施令告四方　今易作「命誥」，鄭作「詰」。

邶成五服　今尚書作「弼」。

有邲君子　出注。衛風「有斐君子」，釋文云「韓詩作「邲」」，蓋即此字。

色艴如也　今論語作「勃」。

曾西艴然不悅　出注。今孟子作「蹵」。

我之不辟　馬鄭音「避」，謂「避居東都」。說文作「辟」，必亦反。不，今尚書作「弗」。

有能俾嬖　今書「嬖」作「乂」。「乂」訓「治」而「嬖」廢矣。詩作「艾」。

我是用戒　**我是用棘**〔五〇〕　小雅六月古作「我是用戒」，亦作「我是用棘」。俗本改作「急」，與「飭」「服」「國」不韻。

赤魃氏　周禮秋官之屬「赤友氏」，鄭曰：「「赤友」猶「捇拔」也〔五一〕。」許作「赤魃」，蓋所據本不同。

受福不儺　今詩作「不那」，疑字之誤。

遭我于猛之閒兮 今詩『于』作『乎』，漢書作『虖』。

陟彼碹矣 出注。今詩作『砠』。

四之日舉止 出注。今詩作『趾』。

饁彼南晦 出注。今詩作『畝』。

聿爲改歲 出注。今詩作『曰』。

召伯所废 此蓋用三家詩，故與毛作『茇』、訓『草舍』異。

一薰一庿 出注。内則鄭注引春秋傳如此。今春秋傳『庿』作『蕕』。

它山之石〔五二〕 **佗山之石可以爲厝** 今詩作『他』、作『錯』。

闕碧之甲 左傳昭十五年、定四年皆作『鞏』。

碩石于宋五 今春秋作『隕』。

維石嚴嚴 出注。今詩作『巖巖』。

一發五豝 今詩『一』作『壹』。

並驅從兩豜兮 今詩作『肩』。

獻肩于公 出注。周禮注引如此。今詩作『豣』。

生敖及𪀠 今左傳『敖』作『澆』，論語及夰部作『奡』。

𦃊類于上帝 今書作『肆』。

狐貈之厚以居 今論語作『貉』。

有驈有騜 今詩作『皇』。

四驖孔阜 今詩作『驖』。

爲馰顙 今易作『的』。

我馬維驕 今詩作『駒』。此皇皇者華二章也。

騯馬百駟 今宣二年左傳作『文馬』。

駫駫牡馬 各本作『四牡駫駫』。按：即魯頌之『駉駉牡馬』也。『駉駉牡馬』，古本作『牧馬』，當是『牧』字。詩釋文『駉，古熒切。説文作「駫」，同』，玉篇亦曰『駫，古熒切。「駉」同』。則知説文作『駫駫牧馬』，實則毛詩作『駫駫』。許稱『駫駫』，而後人譌亂作『駉駉』。

四牡騯騯 大雅北山『四牡彭彭』〔五三〕、大雅烝民『四牡彭彭』、大明『四騵彭彭』，疑皆非許所稱。鄭風清人『駟介旁旁』，蓋許稱此，而『駟介』轉寫『四牡』耳〔五四〕。

四騵彭彭　出注。今詩作『駟』。

四牡驔驔　今詩無此句。小雅車攻、大雅韓奕『四牡奕奕』〔五五〕，古音『奕』之平聲，讀『弋魚』反，蓋即其異文也。

小山馺　今爾雅作『岌』。

昆夷駾矣　今詩『昆』作『混』。按：『昆』恐是譌字，孟子亦作『混』。

五品不愻　**五品不訓**　**五品不馴**〔五六〕　古文尚書『五品不愻』，史記殷本紀及兩漢書及周禮地官注『愻』皆作『訓』；五帝本紀作『五品不馴』，今書作『遜』。

在同之野　今詩作『坰』。

狌狌能言　出注。今禮作『猩猩』。

盧獜獜　今詩作『令令』。

尚狟狟　今書作『桓桓』。

民儀有十夫　出注。伏生尚書如此。古文尚書作『民獻』，班固北征頌亦用『民儀』字。

萬邦黎儀〔五七〕　咎繇謨古文作『黎獻』，漢孔宙碑、費鳳碑、斥新長田君碑皆用『黎儀』

字〔五八〕。

虎竊毛謂之虦苗〔五九〕今爾雅作「貓」。

狻麑如虦苗 今爾雅作「貓」。

秩秩大繇 出注。漢書如此作。今詩作「猷」。

王室如娓 今詩作「燬」。

予亦炪謀 今尚書作「拙」，孔安國以今字讀之也〔六〇〕。

烝之烰烰 今詩作「浮浮」。

憂心如羙 今詩作「惔」。

久諸牆 出注。今廬人作「灸」。

焯見三有俊心 今書作「灼見」。古義「焯」「灼」不同。

煣木爲耒 出注。漢書食貨志如此。今易作「揉」。

成周宣謝火 出注。今春秋作「榭」。

熠熠宵行 今毛詩作「熠燿」。

無若火使庯庯〔六一〕漢書梅福傳引書如此。今書作「焱焱」。

再三黷　今易作『瀆』。崔憬曰：『瀆，古「黷」字。』

⿰黑巽謂之垽　今爾雅作『澱』。

莘莘征夫　今毛詩作『駪』。

侁侁征夫　出注。招魂引作『侁侁』，亦作『莘莘』，音相近。

天子有事繙焉　今左傳作『膰』。

魴魚䞓尾　今詩作『赬』。

赫如渥沰　出注。韓詩作『沰』，今詩作『赭』。

予曰有奔走　出注。陸德明本如是。今詩作『奔奏』。

天地壹壺　今周易作『絪縕』，他書作『烟熅』『氤氳』。許據易孟氏作『壹』，壺乃其本字〔六二〕，他皆俗字也。

對曰信懿　出注。今詩作『噎』。

𣎸升　荀爽曰：『謂一體相隨，允然俱升。』『允然』者，升之皃，不訓『信』。蓋古本作『𣎸升』也。

詔來鼓皋舞　今樂師作『鼛』。

奡湯舟　今論語作『盪』，非依宋本及集韻、類篇作『湯』。『湯』即『盪陣』字；『盪陣』音『湯』。

春爲昊天〔六三〕　今爾雅作『蒼』。李巡、孫炎、郭璞本爾雅及劉熙釋名皆作『春蒼夏昊』，許君五經異義、鄭君駁異義所據爾雅及歐陽尚書皆作『春昊夏蒼』。説文解字爲定説也。

伯羿　或系書序，或系逸書十六篇文，皆未可知。今書作『囧』。

不遑啟凥　出注。今毛詩作『居』。

夏則居曾巢　出注。今禮作『橧』，本又作『竲』。

昚徽五典　出注。釋文序録如此。衛包改作『慎』。

忼龍有悔　今易作『亢』，爲正字；許所據孟氏易作『忼』，叚借字也。

懬彼淮夷　毛詩自作『懬』。今作『憬』者，或以三家詩改之也。

赫兮愃兮　毛詩作『咺』，許作『愃』而義亦異。

剛而𡫰　今書作『塞』。

老夫悹悹　老夫管管〔六四〕　廣韻引詩傳『悹悹無所依』，今大雅板傳作『管管』；又篇韻皆云『悹悹，憂無告也』。今詩板、釋訓皆作『灌灌』。按：『憂無告』之訓，正字作『懽』，不當作『㥡』。

㠯陳備三愙 今左傳作『恪』。

駟氏慢 今左傳作『聳』，後人所易也。漢書作『㥦』。

以慍我心 出注。韓詩如此。今小雅作『慰』。蓋毛詩亦作『慍』，後人譌爲『慰』耳。

憂心且怞 怞，直又切。今毛詩作『妯』。

懕懕夜飲 今詩作『厭』。許所據从『心』。

悻悻然小人哉〔六五〕 趙注孟子引論語如此。今論語作『硜硜』。

有疾不悆 今本作『弗豫』。許所據者，壁中古文。

執玉憜 今左傳作『受玉惰』。

今女懖懖 未嘗作『聒』。衛包因鄭云『懖，讀如「聒耳」之「聒」』，竟改經文作『聒聒』。

忨歲而潡日 今左傳昭元年曰『翫歲而愒日』，國語『忨日而潡歲』〔六六〕。

㠯謹惽怓 民勞釋文曰：『惽，説文作「怋」。』今本作『説文作「㬶」，誤也』。今詩作『惽怓』，『惽』當作『怋』。

王室日惷惷焉 今左傳作『王室實蠢蠢焉』。

視我怖怖 毛詩作『邁邁』。『邁』者，『怖』之叚借。

信誓悬悬 今詩作『旦旦』。

恫鰥乃身 出注。今康誥作『瘝』。

哭不悠 此許所學孔氏古文也。今孝經作『偯』者，俗字。

存存篙篙在也 出注。今釋訓作『萌萌』。蓋『蔺』者，『篙』之譌；『蒽』者，『蔺』之譌。又誤而去『心』作『萌』，又誤而以『萌』爲『蔺』。

如炎如焚〔六七〕 今詩作『如惔如焚』，亦『如炎』之誤。

惄如輖飢 出注。韓詩如此。毛詩作『惄』。

政事愈戚 出注。今詩作『蹙』。

布政憂憂 出注。今詩作『優』，誤。

泣涕慸如 易作『泣血漣如』。

西至於汃國 今『汃』作『邠』，俗字。

岷山道江 出注。今禹貢作『導』。

直波爲俓 出注。今爾雅作『徑』，釋名作『直波曰「涇」』。

江之漾矣 出注。韓詩如是。『漾』爲『羕』之叚借。毛詩作『永』。

自土漆沮 出注。今詩作『沮漆』。

脩涂梁溠 春秋傳作『除道梁溠』。

潧與洧方汍汍兮 今毛詩作『溱』、作『涣涣』。漢志又作『灌灌』，亦當讀『汍汍』。引此爲『潧』字之證，知今經傳皆非古本。廣韻曰：『詩作「溱洧」，誤。』

方洹洹兮〔六八〕 韓詩作『洹洹』。『汍汍』與『洹洹』同。

褰裳涉溱 出注。今毛詩作『褰』。

于嗟敻兮 出注。韓詩如此。毛詩作『洵』。

江有洍 三家詩如此。毛詩作『汜』。

汝爲涓 郭本作『濆』，蓋非。

風雨潚潚〔六九〕 今詩作『瀟』。

風雨湝湝 今鄭風祇有『風雨凄凄』，或是兼采三家。

滮池北流 今詩作『滮』，隸不省。

漻其清矣〔七〇〕 韓詩蓋如此。毛詩作『瀏』。

攸革沖沖 出注。今詩作『鞗』。

回泬其德〔七一〕 韓詩如此。毛詩作『遹』。

百川沸滕 出注。玉篇引如此。毛詩作『騰』。

鬻沸濫泉〔七二〕 小雅、大雅作『檻』。

滭沸濫泉 小徐如此。

二之日溧冽 出注。今詩作『栗烈』。

君子以登岔 出注。蜀才如此。

湜湜其止 毛詩舊文也。今作『沚』。

淈此羣醜〔七三〕 釋詁『淈治也』，某氏注引詩如此。淈，其勿切。今毛詩作『屈』。

河水泮泮〔七四〕 邶風『河水瀰瀰』，玉篇曰：『「泮」亦「瀰」字。』盧氏文弨曰：『漢地理志：

「邶詩云：河水泮泮」。字从半姓爲聲，謂新臺也。俗譌爲「洋洋」。師古謂邶無此句。』

泆爲熒〔七五〕 衛包改『泆』爲『溢』。滎，别字。

軼爲熒〔七六〕 漢地理志作『軼』。

貧淺納日 出注。馬鄭古文尚書如此。馬云：『淺，滅也。』馬意讀爲『戩滅』之『滅』〔七七〕，謂『伺日入』也。

敦彼淮濆 『敦彼』當是『鋪敦』之誤。

水醮曰氿 今爾雅作『厬』。

築城伊洫〔七八〕 韓詩如此。毛詩作『淢』，『淢』即『洫』之古文。

灘其乾矣　灘其脩矣　灘其溼矣〔七九〕 今毛詩作『暵』，蓋非也。

深則砅 『厲』『砅』二字同音，故詩容有作『砅』者。許稱以明叚借。

有渰淒淒 今詩作『萋萋』，非也。

有䨓淒淒〔八〇〕 漢書作『䨓』。

終風且瀑〔八一〕 蓋三家詩。毛詩作『暴』。

其角湒湒〔八二〕 今毛詩作『濈』。

澆淅而行 今『澆』作『接』，當是字之誤。澆，其兩反。

滎播既都〔八三〕 鄭注周禮引禹貢如此。今書作『波』、作『豬』。

永歎之〔八四〕 樂記注如此。禮作『咏歎之』。

可以汲 出注。今易作『用』。

淳模 出注。今内則作『母』，讀爲『模淳』，之純切。

潸然出涕 韻會引如此。毛詩作『焉』。

濬く巜歫巛 今書作『畎澮距川』，後人所改也。

睿畎澮歫川〔八五〕 前爲古文尚書，此今文也。

包巟 今易作『荒』。

在河之州 今詩作『洲』，俗。

水中可居者曰州 出注。今爾雅作『洲』，俗。

江之羕矣 毛詩作『永』，韓詩作『羕』，古音同也。

陰始冰也 **至堅仌也** **冰脂也** **膚如冰脂**〔八六〕 古本皆當如此。自以『冰』代『仌』，乃別製『凝』字。經典凡『凝』字，皆『冰』之變也。

納于滕陰 今毛詩作『凌』。

野容誨淫 出注。陸德明作『冶容』。

一之日滭冹 今詩作『觱發』。

霝雨其濛 今詩作『零』，譌字也。雨曰『霝䨶』，艸木曰『零落』。

曰雺〔八七〕洪範『曰蒙』，古文尚書作『曰雺』。

地气發天不應曰霿　今爾雅作『霧』，俗字。

天气下地不應曰霧　今本作『雺』，或作『霧』，皆非也。

氛濛冥冥〔八八〕開元占經引如此。今月令作『霧』；『霧』乃『霿』之誤也。

曰霿恒風若　**曰瞀恒風若**〔八九〕漢五行志作『霿』。尚書大傳作『瞀』，此『霿』字引伸叚借之義也。今書作『蒙』。

鮆沙　出注。今詩作『鯊』。

六月沙雞振羽　出注。今詩作『莎』。

取其鱷鯢　今左傳作『鯨』。此『鯢』非『刺魚』也〔九〇〕。

烝然鯙鯙　篇韻皆不載其字。大徐云『都教切』者，非唐韻有此字、此音，乃傅合毛詩音義爲此音耳。今詩有『烝然罩罩』。

鱣鮪鮁鮁　毛詩作『發』，韓詩作『鱍』。非毛非韓不可信。

闥謂之樀　今爾雅作『檐』。吴語『王背檐而立』『大夫向檐』，字皆當作『闥』。

所以止扉謂之閣　出注。今爾雅作『閎』，蓋誤字。

厲闇心〔九一〕馬作『熏』，荀以『熏』爲『動』，而易爲『動』。古『闇』與『動』音同。

蜉蝣堀閱 出注。今毛詩作『掘』。

或聖或不 出注。今詩作『否』。

咸其母〔九二〕荀如此。今易作『拇』。

攕攕女手 俗改爲『摻摻』。

師乃搯 尚書大傳『師乃慆』，鄭云：『慆，喜也。』

左旋右搯〔九三〕今詩作『抽』。

攝齋 出注。今論語作『齊』。

原隰捊矣 今詩作『裒』。

摜瀆鬼神 今本左傳作『貫』。

扴于石〔九四〕馬本如此。本易作『介』。按：『扴于石』謂『磨硤于石』也。

百禄是揫 今詩作『遒』。

弗曳弗摟 出注。今詩作『婁』。

抎子辱矣 今左傳作『隕』。

助我舉㧘 今詩作『柴』。

赤舃掔掔 當依豳風作『几几』。

行火所㶳〔九五〕 吕氏所見左傳與今本作『炘』不同。

不承其隨〔九六〕 今易作『拯』。

目於眢井而承之〔九七〕 今左傳作『拯』。

擥篚筣〔九八〕 今公食大夫作『擁』。

㨖而殺之 出注。今左傳作『批』，俗字也。

衹攪我心 今詩作『衹』，誤。

遽以記之〔九九〕 壁中古文作『遽』，今書作『撻』。

鏗爾舍琴而作 **挳爾舍琴而作** 出注。玉篇『挳，口莖切』〔一〇〇〕，『挳』蓋『摼』之異體。陸元朗所據論語作『琴』，小徐手部亦作『舍琴』，今論語作『瑟』。

終朝三拕之 出注。鄭本如此。今易作『褫』。

齊人來獻戎捷 左、公、穀皆作『齊侯』。按：作『人』近是，不必親來。

載震載肅 出注。今詩作『夙』。

至於媯婦 今書作『𡢃婦』。

嬿婉之求 出注。韓詩如此。毛詩作『燕』。

子之嫙兮 出注。韓詩如此。毛詩作『還』。

有齌季女〔一〇一〕 玉篇引詩如此。或取諸三家詩。今毛詩作『齊，敬也』。齌，子奚切。

摯仲女任 出注。今詩作『氏』。

大命不藝 今書作『摯』。

㠯晏父母 今毛詩〔一〇二〕，蓋周南『歸寧父母』之異文也。尋上文『言告言歸』，『歸』謂『嫁』也。方嫁不當遽圖歸寧，則此『歸』字作『以』字爲善。

市也媻娑 今詩作『婆』。

婁舞㜸㜸 今詩作『屢』、作『傞傞』。

邦之媛兮 今詩作『也』。

碩大且嬐 此蓋三家詩。今詩作『儼』，一作『曮』〔一〇三〕。

婁豐年 出注。今詩作『屢』。

嬒兮蔚兮 艸部既稱『薈兮蔚兮』，此或爲三家詩。

小人窮斯嬿矣 今論語作『濫』。

九域有截〔一〇四〕韓詩如此。今詩作『九有』。

王心弗戒〔一〇五〕漢五行志如此。今左傳作『堪』。

西伯既戒黎 今書作『戡』。

西伯堪黎〔一〇六〕郭注爾雅引如此。

祓禄爾康矣 出注。今詩作『茀』。

實始戩商 今詩作『翦』。

厥土赤戠〔一〇七〕古文如此。今書作『埴』。

又把白髦 司馬法如此。今書作『右秉白旄』。

陟則在甗 出注。今詩作『巘』，俗字。

井甃 出注。『上六：井收』，荀作『井甃』。

芎善躲 今論語作『羿』、作『射』。『羿』者，『芎』之譌也。

横由其畝 出注。韓詩如此。傳『東西曰「横」，南北曰「由」』，毛詩『由』作『從』。

繢事後素 出注。鄭司農注周禮引如此。今論語作『繪』。

檀車緓緓 出注。韓詩如此。毛詩作『幝幝』。緓，偏緩也；物蔽則緩。

纖纖女手〔一〇八〕 韓詩如此。毛詩作『摻摻』。

惟緢有稽 今書『緢』作『貌』。僞孔傳曰：『惟察其貌。』許所據壁中文，蓋謂『爲豪氂是審』也〔一〇九〕。

足縮縮 出注。今論語作『踧踧』。

希繡 出注。今書作『絺』。

緀兮斐兮 今詩作『萋』。

縞衣綥巾 毛詩作『綦』。

毳衣如緂 當作『毳衣如菼』。今詩作『菼』。

素衣其紑 今詩作『絲衣』，『素』恐譌字。

紶衣長短右袂 論語『紶衣』作『褻裘』，自訓『私服』；而作『紶』者，同音叚借也。淺人不知許有引經説叚借之例，則訓論語『紶衣』爲『堅衣』而不可通，徑引論語使『紶』爲『褻』

之或體。

需有衣絮 今易作『濡』、作『袽』。

六䜌如絲 今詩作『轡』，蓋誤字。『如絲』則是以絲運車。

蝮虫 出注。今爾雅作『虺』。

胡爲虺蜥 今詩『蜥』作『蜴』。『蜴』即『蜥』字，其音同，先擊切。

去其螟蟘 今詩作『螣』，叚借字。

蜎蜎者蜀 蜀，今左旁又加『虫』，非也。

吉圭爲饎〔一一〇〕 韓詩如此。毛詩作『蠲』。

腐艸爲蠲 許所據者，古文、古説。今月令作『熒』。淮南、吕覽皆曰：『腐艸化爲蚈。』

蠪丁 爾雅『蠪朾螘』，當『蠪朾』爲逗。蠪丁，『螘』之一名耳。

蠣蠃蒲盧 今爾雅作『果』。

螟蠕有子蠣蠃負之 今詩作『蛉』、作『蜾』。

蠚醜螸〔一一一〕 蠚，千據反，即『蜡』字之異者。廣韻音誤而字不誤。爾雅作『翥』，誤。

螽醜螸 爾雅作『蠭』。施乾所據與許合。

蠅醜蝙 爾雅祇作「扇」。

蛘不敢搔〔一一二〕 玄應引禮記如此。今禮記作「癢」，俗。

蠱容誨淫 出注。今易作「冶」。聲類：「蠱，弋者切。」

得此䵷䵴 今詩作「戚施」。

鼉鼓韸韸 出注。今詩作「逢逢」。

非棘其欲 出注。今詩作「匪」。

匪革其猶 出注。今詩作「匪棘其欲」。

四墺既宅 出注。今書作「隩」，衛包改也。

宅堣夷 今書作「嵎」，恐衛包所改也。

武王載坺 今詩作「旆」。

崇墉圪圪 今詩作「仡仡」。

蜉蝣堀穴 出注。今詩作「掘閱」。

蜉游堀閱 今詩作「蝣」、作「掘」。「掘」字蓋誤。

雨雪載涂 出注。今詩作「塗」。

君子坦湯湯 出注。魯論如此。今論語作「蕩蕩」。

小州曰渚 出注。今爾雅作「洲」、作「陼」。

東門之壇 出注。今詩作「墠」，誤。

鯀垔洪水 今書作「陻」。

不㙐不疈 今詩作「坼」「副」。

𡔘𡔘其陰 今詩作「曀」。

宜犴宜獄 出注。韓詩如此。毛詩作「岸」。

堋淫于家 今書作「朋」。

虛墓之閒 出注。今檀弓作「墟」。

垗五帝於四郊 今周禮作「兆」。

兆十有二州 出注。今書作「肇」。

天方薦𤳝 此或三家詩。毛詩作「瘥」。

維禹陾之　出注。毛詩作『甸』。

爲下國畷郵〔一一三〕　郊特牲注引如此。今詩作『綴旒』。

用勱相我邦家　今書作『國』。

勖建大命　予其勖簡相爾〔一一四〕　今文尚書『懋』皆作『勖』。

色孛如也〔一一五〕　許所據乃本字〔一一六〕、本義，謂『孛孛』，盛气也。今論語叚借『勃』字，殊失其恉。

渼以觼軜〔一一七〕　今詩作『鋈』。

鉼金謂之版　出注。周禮職金注如此。今爾雅作『鈑』。

以言銛之　以不言銛之　出注。今本誤作『餂』。

鐘鼓鍠鍠　今詩作『喤喤』。執競以鼓統於鐘，總言『鍠鍠』。

待其松容　出注。今禮作『舂容』。

䡫而乘它車　今左傳作『鑋』，不可通。『它』作『他』。

一人冕執鈗〔一一八〕　今顧命作『銳』。段氏竊謂顧命本作『鋭』，説文亦本有『鋭』無『鈗』。

厹矛渼鐓　『厹』作『台』，誤。今詩作『鋈錞』。

執其鑾刀 出注。今詩作『鸞』。

鑾聲鉞鉞 今泮水作『鸞』、作『鐬』。

鉤膺鏤鍚 今詩作『錫』。

喪其齊斧〔一一九〕子夏傳及衆家如此。今詩作『資』。

凭玉几〔一二〇〕今書作『憑』，衛包所改俗字也。當作『馮』。

仲尼凥〔一二一〕今作『居』。

伐木所所 今詩作『許許』。『丁丁』者，斧斤聲；『所所』者，鋸聲也。

⿰𠂤召⿰𠂤召倚無它技 壁中古文如此。今書作『斷』、作『他』。

輶車鑾鑣 今詩作『鸞』。

楚子椉轈車 今左傳作『登巢』。

孤椉夏軕 周禮故書『軕』作『緣』，或爲『篆』。

軷涉山川 出注。今左傳作『跋』。

庶姜钀钀 出注。韓詩如此。毛詩作『孽孽』。

邦之阢隉〔一二二〕今尚書作『杌阢〔一二三〕』，當是轉寫之誤。

附婁無松柏 今左傳作『部』。

外爲鞫〔一二四〕今爾雅作『隈』。

小山别大山嶰 出注。今爾雅作『鮮』。

如渚者陼邱〔一二五〕今爾雅作『如陼者』。

言天下之至嘖而不可惡也 出注。今易作『嘖』。荀爽『惡』作『亞』。

施于中馗 出注。韓詩如此。毛詩作『逵』。

狐貍貛貉醜其足蹞其迹厹〔一二六〕狐貍貛，今爾雅作『貍狐貒』，『蹞』作『蹯』，『厹』作『内』。

鬭鬭如人被髮 爾雅作『彿彿』。

莫己知也斯已而已矣 出注。唐石經不譌，宋儒乃不能了，作『斯已而已矣』。

教育子 今尚書作『胄』。蓋今文作『育』，古文作『胄』。

教稚子 出注。史記如此。

賓爾籩豆飲酒之饇〔一二七〕韓詩如此。毛詩作『儐』、作『飫』。

公尸來燕醺醺〔一二八〕上四章皆云「來燕」，則作「燕」宜也。「醺醺」恐淺人所改。今詩作「來止熏熏」。

王祭不供無旨茜酒 今詩作「共」、作「縮」。

予豈好辨哉 出注。今孟子作「辯」。

高山卬止 詩作「仰」。

民雖靡腜 出注。今詩作「膴」。

予尾消消 出注。今詩作「翛」，誤。

或舂或舀〔一二九〕今詩作「揄」。

言采其茆 「茆」音「柳」，今詩作「茆」。

其鎛斯𢱢〔一三〇〕考工記鄭注引如此。今詩作「趙」。

予所蓄祖〔一三一〕毛詩作「祖」，今本多作「租」。

亂如此憮 唐石經作「憮」誤，當作「憮」〔一三二〕。

首陽之顛〔一三三〕今詩作「巔」，俗。

召伯所愒〔一三四〕張參、徐鉉皆云：「愒，別作『憩』。」

誶予不顧〔一三五〕王逸楚詞注引如此。今詩作『訊』。

聽言則對〔一三六〕雨無正作『聽言則荅』，新序、漢書皆作『對』。

嘽嘽推推〔一三七〕漢書韋玄成傳引如此。今詩作『焞』。

校　記

〔一〕不用玉　段作『不用玉也』。

〔二〕璀　韓詩今作『漼』。

〔三〕昆　詩經大雅綿今作『混』。下同。

〔四〕下脱『出注』二字。

〔五〕故　段作『烏』。

〔六〕注　當作『出注』。

〔七〕誨之忳忳　下脱『出注』二字。之　詩經大雅抑今作『爾』。

〔八〕尸　釋文作『户』。

〔九〕下脱『出注』二字。

〔一〇〕元年　段作『元年曰』。

〔一一〕菽　詩經作『菽』。

〔一二〕玉篇引論語　依文例，其下當有『如此』二字。

〔一三〕努　尚書甘誓今作『孥』。

〔一四〕下脱『出注』二字。

〔一五〕下脱『出注』二字。

〔一六〕下脱『出注』二字。

〔一七〕比　當作『此』。

〔一八〕國　當作『民』。

〔一九〕下脱『出注』二字。

〔二〇〕疑傳誤寫　段作『疑轉寫誤』。

〔二一〕䶂　今説文引爾雅作『䶂』。

〔二二〕石經　段作『唐石經』。

〔二三〕尚　當依段作『當』。

〔二四〕下脱『出注』二字。

〔二五〕賀　叢書本作『貨』，同段，當是。

〔二六〕加　段作『改』。

〔二七〕缺釋文，疑脱。

〔二八〕下脱『出注』二字。

〔二九〕旝　詩經大雅大明作『旝』。

〔三〇〕膾　當作『膾』。
〔三一〕惟　詩經魯頌閟宮作『稚』。
〔三二〕下脱『出注』二字。
〔三三〕下脱『出注』二字。
〔三四〕下脱『出注』二字。
〔三五〕㛹　段引左傳作『䁦』。
〔三六〕韓詩如此毛詩作腓　段云：『（韓詩）今本作「腓」，據李（善）則毛詩本作「痱」。』
〔三七〕下脱『出注』二字。
〔三八〕下脱『出注』二字。
〔三九〕然　今説文引詩經魏風葛屨作『如』。
〔四〇〕下脱『出注』二字。
〔四一〕下脱『出注』二字。
〔四二〕下脱『出注』二字。
〔四三〕宏　詩經大雅召旻作『弘』。
〔四四〕張參　段作『張參則』。
〔四五〕下脱『出注』二字。
〔四六〕下脱『出注』二字。

〔四七〕下脱『出注』二字。

〔四八〕爾雅　叢書本作『大雅』。

〔四九〕戚　段作『慼』。

〔五〇〕下皆脱『出注』二字。

〔五一〕猶　今周禮秋官鄭注作『猶言』。

〔五二〕下脱『出注』二字。

〔五三〕大雅　當作『小雅』。

〔五四〕轉寫　段作『轉寫譌』。

〔五五〕韓奕　段作『韓奕皆云』。

〔五六〕下皆脱『出注』二字。

〔五七〕下脱『出注』二字。

〔五八〕新　當作『彰』。

〔五九〕下脱『出注』二字。

〔六〇〕孔安國　段作『蓋孔安國』。

〔六一〕下脱『出注』二字。

〔六二〕壼　衍字。

〔六三〕下脱『出注』二字。

〔六四〕下脱『出注』二字。

〔六五〕下脱『出注』二字。

〔六六〕國語　段作『國語作』。

〔六七〕下脱『出注』二字。

〔六八〕下脱『出注』二字。

〔六九〕下脱『出注』二字。

〔七〇〕下脱『出注』二字。

〔七一〕下脱『出注』二字。

〔七二〕下脱『出注』二字。

〔七三〕下脱『出注』二字。

〔七四〕下脱『出注』二字。

〔七五〕下脱『出注』二字。

〔七六〕下脱『出注』二字。

〔七七〕滅　當依段作『戳』。

〔七八〕下脱『出注』二字。

〔七九〕下皆脱『出注』二字。

〔八〇〕下脱『出注』二字。

〔八一〕瀑　當作『瀑』。
〔八二〕下脱『出注』二字。
〔八三〕下脱『出注』二字。
〔八四〕下脱『出注』二字。
〔八五〕下脱『出注』二字。
〔八六〕下皆脱『出注』二字。
〔八七〕下脱『出注』二字。
〔八八〕下脱『出注』二字。
〔八九〕下皆脱『出注』二字。
〔九〇〕剌　當作『剌』。
〔九一〕下脱『出注』二字。
〔九二〕下脱『出注』二字。
〔九三〕下脱『出注』二字。
〔九四〕下脱『出注』二字。
〔九五〕下脱『出注』二字。
〔九六〕下脱『出注』二字。
〔九七〕下脱『出注』二字。

〔九八〕下脱『出注』二字。
〔九九〕下脱『出注』二字。
〔一〇〇〕莖　玉篇作『耕』。
〔一〇一〕下脱『出注』二字。
〔一〇二〕毛詩　段作『毛詩無此』。
〔一〇三〕曬　當作『曬』字。
〔一〇四〕下脱『出注』二字。
〔一〇五〕下脱『出注』二字。
〔一〇六〕下脱『出注』二字。
〔一〇七〕下脱『出注』二字。
〔一〇八〕下脱『出注』二字。
〔一〇九〕爲　段作『惟』。
〔一一〇〕下脱『出注』二字。
〔一一一〕下脱『出注』二字。
〔一一二〕下脱『出注』二字。
〔一一三〕下脱『出注』二字。
〔一一四〕下皆脱『出注』二字。

〔一一五〕下脱『出注』二字。

〔一一六〕據　段作『引』。

〔一一七〕下脱『出注』二字。

〔一一八〕下脱『出注』二字。

〔一一九〕此條原在『凭玉几』條、『仲尼尻』條後。下脱『出注』二字。

〔一二〇〕此條原在『喪其齊斧』條前。

〔一二一〕此條原在『喪其齊斧』條前。

〔一二二〕下脱『出注』二字。

〔一二三〕阬　當作『陧』。

〔一二四〕下脱『出注』二字。

〔一二五〕下脱『出注』二字。

〔一二六〕下脱『出注』二字。

〔一二七〕下脱『出注』二字。

〔一二八〕下脱『出注』二字。

〔一二九〕下脱『出注』二字。

〔一三〇〕下脱『出注』二字。

〔一三一〕下脱『出注』二字。

〔一三二〕憮　當作『幠』。

〔一三三〕下脱『出注』二字。

〔一三四〕下脱『出注』二字。

〔一三五〕下脱『出注』二字。

〔一三六〕下脱『出注』二字。

〔一三七〕下脱『出注』二字。

說文段注撰要卷八

引經異句

既伯既禱伯馬祭也〔一〕　今本『馬祭』上奪『伯』字。

徒御不警徒輦者也　今本『警』作『驚』，『輦』字上奪『徒』字。

蕍藿渝　今釋艸：『葭，華〔二〕。蒹，薍。其萌虇。』下文『蕍、芛、葟、華，榮』，郭别爲一條。

然而無乎爾則亦有乎爾〔三〕　爾，此也。今孟子作『然而無有乎爾，則亦無有乎爾』。

今惟牿牛馬　今書作『今惟淫舍牿牛馬』。此許偶遺二字，非必許所據尚書少二字也。

咈經于邱　出注。今易作『拂經于邱』。頤『拂』字蓋誤。

予維音之曉曉　今詩無『之』字。

威儀秩秩　此稱假樂『威儀抑抑，德音秩秩』，誤合二句爲一。

時五者來備　出注。此出古文尚書。今人讀洪範曰：『時句。』

天作孽可違也自作孽不可以逭 出注。今太甲作『天作孽，猶可違；自作孽，不可逭』，孟子作『天作孽，猶可違；自作孽，不可活』。禮緇衣『逭』作『逭』。

及衛以擊之 各本『以』字下有『戈』字，李燾本無。按：上云『子南執戈逐之』，則云『以擊之』，不再出戈是也。今傳作『擊之以戈』，亦是淺人所改。

予顛躋 今書作『告予顛隮』。

跋謂之擷 今爾雅作『扱衽謂之襭』。許所據『扱』作『跋』，無『衽』字。

魯昭公諯然而哭 今公羊傳作『昭公於是噭然而哭』。

勿以譣人 今書立政作『其勿以憸人』。

辛伯諗周桓公 今左傳『辛』上有『昔』字。

不能諴于小民 今召誥作『其丕能諴于小民』〔四〕。詩書『丕』多通『不』。

王譒告之 今書作『王播告之修』。

惡居下而訕上者 出注。今論語多『流』字。

無或譸張爲幻 今書多『民』字、『胥』字。

誃予之足 今論語作『啓予足』；或曰『當作「哆予之足」』。哆，猶『開』也。

上不諐于凶德〔五〕 今書作『爾尚不忌于凶德』。

有噦其聲〔六〕 雲漢『有嘒其星』，此蓋三家詩。

呰者莫不知禮之所生也〔七〕 出注。今禮記作『呰之者，是不知禮之所由生也』。

𧦝子路于季孫 論語作『愬』，上有『公伯寮』三字。

亦未敢誚公 今書有『王』字。

晉人或以廣隊楚人畀之 今傳『畀』作『惎』，多『不能進』三字。

惟正之共 出注。今書『共』作『供』，多『以庶邦以萬民』。

龔行天之罰〔八〕 今書作『恭』，上多『惟』字。龔，衛包改作『恭』，非也。

優賢揚歷〔九〕 今般庚作『今予其敷心腹腎腸 句。歷告爾百姓于朕志 句』。

用敷遺後人 今書作『敷』，『人』字下有『休』字。

孜孜無怠 注大誓篇文〔一〇〕。見詩文王正義引；又見史記周本紀，字作『孳孳』。今尚書無此語。

乃惟孺子攽 今尚書作『頒乃惟孺子 逗，頒朕不暇 句』。

毀我于艱 今書作『汝多修，扞我于艱』。

縠乃甲冑〔一一〕今書多『善』字。

刖劓劅黥『刖』當作『刵』。今書作『爰始淫爲劓、刵、椓、黥』。

劓刵劅剠〔一二〕賈、馬、鄭古文尚書。

臏宫劓割頭庶剠〔一三〕大、小夏侯、歐陽尚書。

武王惟睸今書作『昭武王惟冒』。

帝曰𠷎咨今書作『疇咨』字，下有『若時登庸』『若予采』之類以成句。

鴻雁來賓雀入大水爲蛤出注。高注吕覽曰：『賓爵，老爵也。棲宿於人堂宇，有似賓客，故謂之「賓爵」。』依此，則『來』字句絶。

鷄欺老雇鴳爾雅作『鶌』、作『鳸』。許説『九雇』云『老雇，鴳』，『鷄』下云『欺老』，兩从未定。

鶴鳴九皋今詩多『于』字。

勛且殂今書作『放勳乃殂落』。孟子、董子所稱今文尚書，許所稱古文尚書。

拔骭一毛而利天下出注。吕覽注引孟子如此。今孟子無『骭』字。

寘諸河之干出注。今詩『諸』作『之』。

寘諸河之漘 集韻、類篇如此。今詩『諸』作『之』。

寘之河之脣〔一四〕出注。鄭注乾鑿度引詩如此。今詩作『漘』，多『兮』字。

病在肓之上 今左傳作『疾不可爲也，在肓之上』。

棘人臠臠 今毛詩作『欒欒』，多一『兮』字。

割申勸寧王之德〔一五〕今書作『在昔上帝割 逗，申勸寧王之德 句』。

劀殺之齊 今周禮瘍醫作『掌腫瘍、潰瘍、金瘍、折瘍之祝藥劀殺之齊』。

片言可以制獄 出注。今論語『制』作『折』，有『者』字。

天且劓 今易作『其人天且劓』。

厥角稽首〔一六〕今孟子作『若崩厥角稽首』。

大者謂之笙其中謂之籟小者謂之箹 今爾雅『大者』作『大簫』，『籟』作『仲』；『仲』字蓋誤。

澤之自篽 今左傳作『澤之萑蒲，舟鮫守之』。『鮫』當是『魰』誤，『魰』或『篽』字。許所據當是『舟篽』，『自』當作『舟』。

庀有餘 許引春秋傳有譌字，不可通，疑是『賈余餘勇』之『賈』。

洞酌行潦 出注。今詩多『彼』字。

飯糗 出注。儀禮音義引孟子如此。今孟子作『舜之飯糗茹艸也』。

毋若不寧侯不朝于王所故伉而射汝也 今周禮作『惟若寧侯，毋或若汝不寧侯，不屬于王所，故抗而射汝。强飲强食，貽汝曾孫諸侯百福』。

不可得而聞也已矣 出注。今論語無『已矣』二字。

歲在玄枵枵虛也 見襄二十八年左氏傳，許隱栝其辭耳。

楚圍蔡里而栽 今左傳『楚』下有『子』字，『里』字上有『報柏舉也』四字。

櫌不輟 出注。漢石經論語如此。今論語作『耰而不輟』。

歲十月徒杠成 出注。古本如是。今孟子有『一』字。

十一月輿梁成 出注。今孟子『一』作『二』。

檮柮 左傳無，惟文十六年有『檮杌』。許所據與今異。

春秋傳曰楬而書之 未見，疑是引周禮『楬而璽之』。

年卌見惡焉 出注。今論語作『四十而』。

槷䊃 今困上六作『于臲卼』。

賚爾秬鬯 今文侯之命作『用賚爾秬鬯一卣』。

登壟斷而网市利 今孟子作『必求龍斷而登之，以左右望而罔市利』。

有郃家室 今生民詩有『即』字，高誘注呂覽辨土引此無『即』；宋本説文無『即』，與九經字樣所引合。一本有『者』，非也。

鄖陽人女奔之 今左傳作『鄖陽封人之女奔之』。

鄧南鄙鄾人攻之 今左傳作『鄧南鄙鄾人攻而奪之幣』。

齊人來歸酄 左傳作『齊人來歸鄆、讙、龜陰之田』。

徐鄦楚 左傳：『徐儀楚聘于楚。』按：許所據左作『鄦』，以邑爲氏，古本、古義也〔一七〕。

齊高厚定郥田 左傳作『高厚、崔杼定其田』。

光者遠而自他有燿者也 出注。今左傳作『耀』，無『者』字。

天惟須夏之子孫 出注。今書作『天惟五年須暇之子孫』。

東方昌矣 齊風『東方明矣，朝既昌矣』，許并二句爲一句，當由轉寫筆誤。

或投一秉稈 今左傳作『或取一秉稈焉，國人投之』。此以二句合爲一句耳。

黍稷馨香 今左傳引周書曰：『黍稷非馨，明德惟馨。』

齊人來氣諸侯　今左傳桓公六年作『齊人饋之餼』，十年作『齊人餼諸侯』。

或簸或舀　此稱詩『或舂或揄』也。『簸』字係一時筆誤。鄭注周禮舂人引詩『或舂或抌』。鄭君注禮多用韓詩，然則韓詩作『抌』。

宮中之穴食　周禮稾人：『掌共外内朝穴食者之食。』許稱之涉稍人『宮中之稍食』而誤〔一八〕，記憶之過。

藥不瞑眩　今書有『若』字。

藥不瞑眩厥疾無瘳　出注。鄭注醫師引孟子如此。趙注孟子云：『書逸篇也。』若今僞撰〔一九〕。說文則采楚語爲之，許鄭所未見者。今孟子有『若』字，『無』作『弗』。

窀穸從先君於地下　今左傳作『惟是春秋窀穸之事，所以從先君於禰廟者』。

揚徽者公徒　今左傳作『徽』，有『也』字。

長儠者相之　今左傳作『使長鬣者相』。

乘中佃　左傳作『澤良夫乘衷甸兩牡』〔二〇〕。

侈兮哆兮　出注。今詩『侈』『哆』倒。

弗弔天　出注。王氏引之說：『三字連讀，猶小雅之「不弔昊天」。』今君奭作『弗弔』逗，天降喪于殷』。

弗弔旻天 出注。王氏引之説：『四字連讀，猶小雅之「不弔昊天」。』今多士作『弗弔 逗，旻天大降喪于殷』。

盛夏重襺 襄二十一年左傳曰：『薳子馮方暑，掘地下冰而牀焉，重襺衣裘。』許檃栝其語。

朝服袉紳 今鄉黨作『加朝服』。『拖紳』作『拕』、作『拖』，即手部『拕』字。許所據作『袉』。

公會齊侯于袳 今左穀經作『公會宋公、衛侯、陳侯于袲』，公羊經作『公會齊侯、宋公、衛侯、陳侯于侈』，左無『齊侯』。許言『齊侯』者，容今左傳有奪。

舫人 月令『六月命漁師伐蛟』，鄭注：『今月令命漁師爲「榜人」〔二一〕。』按：『榜人』即『舫人』。

覭髳弗離 今釋詁作『覭髳，茀離也』。作『茀』，非古也。

覢然公子陽生 今公羊傳作『則闖然公子陽生也』。

君子節㱃食〔二二〕 今易作『君子以慎言語，節飲食』。

予娶嵞山 咎繇謨作『予創若時，娶于塗山』。合二句爲一句。

馬有二百十四匹爲廏廏有僕夫　『四』當爲『六』字之誤也。夏官校人曰：『乘馬一師四圉。三乘爲皁，皁一趣馬。三皁爲毄，毄一馭夫。六毄爲廏，廏一僕夫。六廏成校，校有左右。』

俠溝而𢊁我　今吳語作『將夾溝而𢊁我』。

梁州貢砮丹　禹貢：『荆州貢厲砥砮丹，梁州貢砮磬。』此乃許君筆誤。

畏于民嵒　今召誥作『用顧畏于民嵒』。

我馬維騎　今詩作『駒』。此皇皇者華二章也。

乘馬驙如　屯『六二：屯如亶如，乘馬班如』，許所據易蓋上句作『駗如驙如』，『乘馬』二字當爲誤文。

韓厥執馽前　今左傳作『執縶馬前』，古本正作『執馽前』，改易誤衍耳。許意『絆』是物，『馽』是人用物，據傳文則謂『絆』爲『馽』。

公嗾夫獒　今左傳作『公嗾夫獒焉』。

狾犬入華臣氏之門　襄十七年左傳曰『國人逐瘈狗，瘈狗入于華臣氏』，無『之門』二字。漢五行志作『狾』。

蓺僖負羈 今左傳多『氏』字。

卜戰龜焦不兆 今左傳無『不兆』二字。

㮚牙外不𤎶 今軫人『凡揉牙，外不廉』。

光遠而自他有燿者也〔一二〕『光』字一逗，非『光遠』逗。

爲黔喙 今易有『之屬』二字。喙，晁以道、吕東萊所據釋文作『彖』。蓋『喙』之轉寫異體，或古叚『彙』爲『喙』之故與？

若丹朱奡 今書作『無若丹朱傲』。

旻天不憖 魯哀誄孔子曰：『旻天不弔，不憖遺一老。』許檃栝其辭，亦『東方昌矣』之類。

天命匪忱 大雅蕩曰『天生烝民，其命匪諶』，『諶』『忱』互用。

能不我慉 許所據如此。與『能不我知』『能不我甲』句法同。『能』讀爲『而』。今詩作『不我能慉』。

枉受德忞 今書作『其在受德暋』。

時惟懋哉 今書作『惟時』。

孝子之心不若是㤥 今孟子作『夫公明高以孝子之心，爲不若是恝』。

爲其慊於陽 出注。鄭本周易如是。今易「陽」上有「无」字。

凡民罔不憝 今作「凡民自得罪，寇攘姦宄，殺越人于貨。暋不畏死，罔弗憝」〔二四〕，孟子引作「凡民罔不譈」。

來就惎惎 今尚書無此文，蓋即秦誓「未就子忌也」。「惎」「忌」音同義相近。其餘乖異，不敢肊説，蓋必有誤奪。

洪水浩浩 堯典不相屬爲句，許檃栝舉之耳。

寘河之漘 今詩「寘」下有「之」字。

盡力于溝洫 論語作「而盡力乎溝洫」。

若涉大水其無津〔二五〕 俗本妄增「涯」字。

乘桴于海〔二六〕 今論語多「浮」字。

以涚漚其絲 今考工記「涚」下有「水」字。

汝安能浼我 今孟子作「爾焉能浼我哉」。

川雝爲澤凶 今左傳作「川雝爲澤，夭且不整，所以凶也」。

思心曰容容作聖〔二七〕 此今文洪範也。古文作「思曰「睿」，「睿」作「聖」」。

疾雷爲霆 出注。今釋天『霆』下有『霓』〔二八〕。

雨霰爲霄 今釋天『霄』下有『雪』字。

𩅰雨 月令無此文，惟『季春行秋令，淫雨蚤降』注云：『今月令曰：「衆雨。」』漢人『衆』讀平聲，即許所據之『𩅰雨』也。

有夏氏之民叨𦤎 今書無『氏』字。『𦤎』作『憤』，曰：『有夏之民叨憤日欽。』按：『𦤎』作『憤』者，天寶閒衛包改也； 釋文『「𦤎」作「憤」』，宋開寶閒改也。

闕門而與之言 左傳作『闕而以夫人言』。

輻欲其掔尒〔二九〕 今輪人作『望其輻，欲其掔爾而纖也』。

捘衛侯之手 今左傳作『涉佗捘衛侯之手』。

行遲驒驒 未見所出，蓋即詩之『嘽嘽駱馬』。

疾痛苛養敬抑搔之〔三〇〕 今內則作『癢』，『敬』上有『而』字。

拯馬壯吉 今易『拯』上有『用』字。

用丞馬壯吉 陸德明作『丞』，云：『「拯救」之「拯」。』

敬執抲〔三一〕 周書當『盡執爲 逗〔三二〕，抲以歸於周』，謂『指撝以歸於周』也。

再扐而後卦 易作「故再扐而後掛」，虞作「卦」，皆可通。

凡事掌其比觵撻罰之事 出注。故書或言「觵撻之罰事」。

太子痤婉 今左傳作「棄生佐，惡而婉；太子痤美而很」。此所稱舛誤，一時記憶不精耳。

舜爲天子二女婐 今孟子作「及其爲天子也，被袗衣，鼓琴，二女果」。

雉褺 謂「褺」即「贄」字，引堯典「一死贄」以明之。

夫武定功戢兵故止戈爲武 此檃栝宣十二年左傳楚莊王語，以解「武」義。

戔戔 今書作「惟截截」。

截截善諞言〔三三〕 今書多「惟」字。

諓諓靖言 出注。王逸注楚辭引。

諓諓善竫言 出注。伏生今文，見公羊傳。

惟諓諓善竫言俾君子易怠〔三四〕 今書作「惟截截善諞言，俾君子易辭」。

戔戔巧言 出注。戈部引周書。

實玄黃于匪 今孟子作「篚厥玄黃」；又「其君子實玄黃于篚，以迎其君子」。

繻有衣 今易作『繻有衣』。『袽繻』當作『需衣』，下奪『絮』字。

縜寸 今周禮梓人『寸』下有『焉』字。

我有載于西 大誥曰：『有大艱于西土。西土人亦不静，越兹蠢。』『載』爲壁中古文真本。許檃栝其辭如此。

是謂近女室疾 句 **如蠱** 出注。今人讀『是謂近女室逗〔三五〕，疾如蠱句』〔三六〕，誤。

不菑畬田 田，蓋『凶』字之誤。

安用勦民 左傳：『叔孫昭子曰：「詩云：經始勿亟，庶民子來。焉用速成，其以勦民也。」』許檃栝其辭。

立當前軓 周禮大行人『上公立當車軹』，誤。

舟輿轚互者 秋官野廬氏：『凡道路之舟車轚互者，敘而行之。』

山絶坎陘 出注。今爾雅奪『坎』字。

將會鄭伯于鄬 襄公七年『十有二月，公會晉侯、宋公、陳侯、衛侯、曹伯、莒子、邾子于鄬』，三經同。左氏傳曰『及將會于鄬，子駟相，又不禮焉』，句本無『鄭伯』字。引古書不無異同者，例此。

東至于陶邱 禹貢作『東出于陶邱北』。

如豺如離〔三七〕 史記如此。今坶誓作『如虎如貔，如熊如羆』。

予有亂十人 今論語『亂』下有『臣』字。

度而午 儀禮作『度尺』。

自土漆沮 漢書、水經注如此。今詩作『沮漆』。

同爾弟兄 後漢書伏湛傳如此。『兄』字入韻。今詩作『兄弟』。

歌以誶止 廣韻六至引如此。今詩作『歌以訊之』。

眇萬物而爲言 出注。易作『妙萬物而爲言者也』。

校記

〔一〕下脱『出注』二字。

〔二〕華　爾雅釋草作『蘆』。

〔三〕下脱『出注』二字。

〔四〕召誥　段作『洛誥』。

〔五〕此條原在『呰者』條後。

〔六〕巇　今説文引詩經作『巇』。
〔七〕此條原在『上不』條前。
〔八〕下脱『出注』二字。
〔九〕下脱『出注』二字。
〔一〇〕注　衍字。
〔一一〕穀　今説文引周書作『敹』。
〔一二〕下脱『出注』二字。
〔一三〕下脱『出注』二字。
〔一四〕下脱『出注』二字。
〔一五〕下脱『出注』二字。
〔一六〕下脱『出注』二字。
〔一七〕義　段作『説』。
〔一八〕稍人　當作『校人』。
〔一九〕僞撰　段作『僞撰説命』，當是。
〔二〇〕澤　當作『渾』。
〔二一〕命　今月令鄭注無。
〔二二〕下脱『出注』二字。

〔二三〕下脱『出注』二字。

〔二四〕慭　當作『憖』。

〔二五〕下脱『出注』二字。

〔二六〕下脱『出注』二字。

〔二七〕下脱『出注』二字。

〔二八〕有霓　依文例，此下當補『字』。

〔二九〕擎　今說文引周禮作『挚』。下同。

〔三〇〕下脱『出注』二字。

〔三一〕敬　今說文引周書作『盡』。

〔三二〕逗　當爲正文。

〔三三〕下脱『出注』二字。

〔三四〕下脱『出注』二字。

〔三五〕逗　當爲注文。

〔三六〕句　當爲注文。

〔三七〕下脱『出注』二字。

説文段注撰要卷九

異解

瓊 亦玉也。唐人陸德明、張守節皆引作『赤玉』，其誤已久。

瑶琨 皆石之美者。謂爲玉者，非是。

葷 臭菜也；謂有气之菜。古作『薰』，或作『焄』。今人謂凡肉爲『葷』，讀如『昏』，義與音皆非也。

蓋闕 不知者不言，論語謂之『蓋闕』，漢書謂之『邱蓋』。今人以『蓋』爲發端語詞，『闕如』連綴，誤。

曾 詩『朁不畏明』『胡朁莫懲』。朁，曾也；『曾』之言『乃』也。詩『曾是不意』『曾是在位』『曾是在服』『曾是莫聽』，論語『曾是以爲孝乎』『曾謂泰山不如林放乎』，孟子『爾何曾比於管仲』〔一〕，皆訓爲『乃』。皇侃論語疏曰：『曾，猶「嘗」也。』『嘗是以爲孝乎』，絶非語氣。後世用爲『曾經』之義，讀『才登』切，此今義、今音，非古義、古音也。

喟 論語兩云『喟然歎曰』，謂『太息而吟歎』也。何晏云『喟然，歎聲也』，殊非是。

嚏 詩『願言則嚏』，毛傳：『嚏，跲也。』釋文『跲』作『劫』，崔靈恩集注改『劫』爲『㰦』，蓋附會許之『嚏』解；而不知許解『嚏，悟解气也』，自解『嚏』，非解毛之『嚏』也。

嘆歎 今人通用，多誤解。依説文，則『歎』近於喜，『嘆』近於哀。故『嘆』訓『吞歎』，吞其歎而不能發。

鶯 詩『有鶯其羽』，毛云：『鶯然有文章也。』『鶯』絶非『鸎』，淺人乃謂古無『鸎』字，盡改爲『鶯』，而『鶯』失其本義。

走趨 疾行曰『趨』，疾趨曰『走』。今俗謂『走，徐趨』者，非。

歸 婦人謂『嫁』曰『歸』，非婦人叚歸名，乃凡還家者，叚婦嫁之名。

仇讎 本皆兼善惡言之，後乃專謂『怨』爲『讎』矣。

誼 周時作『誼』，漢時作『義』，皆今之『仁義』字。俗分別爲『恩誼』字，乃野説也。

喭 論語『由也喭』，謂『吸喭』之『喭』；解爲『俗論』者，非。

詒 相欺詒也。金縢『公乃爲詩以詒王』，鄭曰：『詒，説也。説，當讀「輸芮」切。』正義改爲

恭 『怡悦』字，誤矣。詒，與之切，今音『徒亥』切。史漢多叚『紿』爲之。詩『靖共爾位』，箋云『共，具也』，則非『恭』字也。『虔共爾位』箋云：『古之「恭」字，或作「共」。』云『或』，則僅見之事也。史記『恭敬』字，亦無作『共』者。今人解『靖共』爲『靖恭』，誤。

鞶 許言『大帶也』。大帶所以申束衣〔二〕，革帶以佩玉及事佩之等〔三〕。鞶，革帶也；故字从『革』。

靷 左傳『繇靷鞅靽』，杜曰『在胸曰「靷」』，此正『在匈曰「靳」』之誤。秦風傳『靳環，或作「靷環」』，其誤正同。○詩『陰靷鋈續』，孔沖遠云『靷繫於陰版之上，令驂馬引之』，此非是。驂在服外而後于服，與靷不正相當；且軓非能任力，不當係於軓也。許云：『所以引軸。』

鞭 經典之鞭皆施于人，不謂施于馬。曲禮『乘路馬，載鞭策』、左傳『左執鞭弭，馬不出者，助之鞭之』，皆叚借施人之用爲施馬之稱。非若今人竟謂以杖馬之物杖人也。

驅 毆，捶擊物；驅，馬馳也。今人皆誤以『驅』爲『毆』。

孚 子出於卵也。卵因伏而孚，學者因即呼『伏』爲『孚』，誤。凡伏卵曰『抱』，房奥切，亦

曰：『藍，央富反。』

適　文子曰『「一」也者，無敵之道也』〔四〕，淮南詮言曰『「一」者，萬物之本也，無敵之道也』，『適』即『敵』字，非『他往』之謂。按：後人取文子注論語曰：『敬者，主一無適之謂。「適」讀如字。』夫主一則有適矣，乃云無適乎？敬者持事振敬，非謂『主一』也。

備　『防備』字當作『備』，『全具』字當作『葡』，義同而略有區別。今則專用『備』而『葡』廢矣。

瞻　臨視也。今人謂『仰視』曰『瞻』。

黄鳥　有似雀而色純黄者曰『黄雀』，詩所謂『黄鳥』也。焦氏循曰『鄭箋稱黄鳥宜食粟』，又云『緜蠻，小鳥皃』，顯非『倉庚』。陸璣乃誤以『倉庚』釋『黄鳥』。倉庚、商庚、黧黄、楚雀，一物四名。

達　詩『先生如達』，毛曰：『達，生也。姜嫄之子，先生者也。』達，他達切，即『滑達』字。凡生子，始生較難。后稷爲姜嫄始子，生乃如達出之易，故曰『先生如達』。鄭箋『如字』，訓爲『羊子』，云：『如羊子之生媟矣。』尊祖之詩，是不應若是。且嘼類之生無不易者，何獨取乎羊？

鵬 古文『鳳』。『鵬』者，最初古文。『鵬』者，踵爲之者也。莊子書『化而爲鳥，其名爲「鵬」』，崔云：『古「鳳」字。』今人不知『鵬』即『鳳』矣。

正鴰 『正』之言『正』，『鴰』之言『較』。較者，直也。非取名於鴰鴰也。鴰鴰非小而難中之鳥也。

雖鶚 『雖鶚』爲『寧鳩』，『鶹舊』爲『舊留』。不得舉一『雖』字謂爲同物；又不得因『鶚』與『梟』音近謂爲一物；又不得因『鶹鶚』與『鶹鵂』音近謂爲一物也。『雖舊』不可單言『雖』，『鶹鶚』不可單言『鶚』。凡物以兩字爲名者，不可因一字與他物同，謂爲一物。郭氏因一『雖』字，謂寧鳩必雖屬。後人深信之者，謂此鳥呼既取我子之鳥而告之耳，不知鳥名多自呼，開端一句正是鳥聲。

留離 釋鳥『鳥少美長醜爲「鶹鷅」』，『鶹』與『留』、『鷅』與『離』皆同也。詩以少好長醜比衛臣，始有小善，終無成功。陸疏乃謂『流離，梟也。其子長大還食其肉』，絕非爾雅、毛、鄭、許諸君意。

鳭鷯 鷦鷯，許所謂『鷦鷚』。玉篇云『鷦鷯，亦作「鳭鷯」』，其説誤。

鴰 經史言『鴰鴻』，皆謂『黄鴰』。或單言『鴰』，或單言『鴻』，非謂『鴻』一物，『鴰』一物。

鴻 鄭箋祇云『鴻，大鳥』，不言何鳥。詩『鴻飛遵渚』『鴻飛遵陸』，正謂舉一千里之大鳥，不當循小州之渚、高平之陸也。『鴻』字有謂『大雁』者，如曲禮『前有車騎，則載飛鴻』、易『鴻漸于磐』是也；有謂『黄鵠』者，豳風詩是也。單評『鵠』，累評『黄鵠』『鴻鵠』。『鴻』之言『琟』，言其大也，故又單評『鴻』。毛傳曰：『大曰「鴻」，小曰「鴈」。』鴈之大者曰『鴻』，字當作『琟』，謂『鴈』之肥大者。琟，聲類以爲『鴻鵠』之或字，蓋叚借也。

翠鷸 李巡、樊光、郭璞皆云『一鳥』。許於羽部曰『翠，青羽雀也』『鷸，知天將雨鳥也』，知其讀不同，各爲一鳥。

鷺 釋鳥『睢鳩，王睢』，與『鸞，白鷺』，劃然二鳥。許乃一之曰『白鷺，王睢也』，當正之曰『「鷺」者，白鷺楊也；「睢」者，鵙鳩、王鵙也』，乃合。

鶡 郭注山海經云『鶡似雉而大，青色，有毛角，鬭死乃止』，誤認『鳻』爲『鶡』。

都 釋詁：『爰、粤、于、那、都、繇，於也。』都，若孟子『謨蓋都君』、相如傳『終都攸卒』。都，於也。

跀𨂂 剕，惟見於呂刑。他經傳無言『𨂂』、言『剕』者。蓋『𨂂』者，『髕』之一名。故周禮説周制，作『刖』；呂刑説夏制，則今文尚書作『臏』，古文尚書作『剕』，實一事也。周改

『髕』爲『跀』，即改『跸』爲『跀』。許釋『跸』爲『跀』，非。鄭云『臯陶改「髕」爲「跸」』，亦非也。『髕』作『跸』，如禹貢『蠙』作『玭』、商書『紂』作『受』，音轉字異，非有他也。

會弁 毛傳：『弁，皮弁，所以會髮。』按：此傳蓋淺人改竄也。『皮弁』者，諸侯所以視朔及與諸侯相朝聘，非爲會髮之用也。云『所以會髮』，殊不辭矣。蓋毛詩本作『髗弁』，傳本云『髗，所以會髮；弁，皮弁』，謂先束髮，而後戴弁。自鄭箋毛詩，乃易『髗』爲『會』，釋爲『弁之縫中』。後人據箋改傳，致有此不通耳！

股 士虞禮『膚祭三，取諸左膉上』注：『膉，脰肉也。古文曰「左股上」。』此字从『肉』、从『殳』省聲，非从『殳矛』之『殳』聲。鄭意謂『股』者，『髀』也。禮經多言『髀不升』，則取諸左股爲膚祭，非也。

折枝 按摩手節，解罷枝也。言折屮木之枝，誤。

路 大雅『串夷載路』，箋云：『路，瘠也。天意去殷之惡，就周之德，文王則侵伐混夷以瘠之。』此讀『路』爲『露』也。『瘠』者，露骨。

膋膟 詩『取其血膋』，説禮家以『膟』當詩之『血』。郊特牲『血祭』與『燔膟膋』各事，『膟膋』自是一物。郊特牲注爲長。

朐忍 既誤爲『朐腮』，且謂其地在漢中；不知漢朐忍在今夔州府雲陽縣名『萬年垻』者是，去漢中遠甚。

剴 『規諷』之義。唐魏徵傳：『二百餘奏無不剴切當帝心。』今人乃謂直言爲『剴切』，昧於字義甚矣。

翦商 釋言、魯頌傳皆云：『翦，齊也。』詩『實始翦商』，謂周之气象與商齊等。義本甚明，非『翦斷』之謂也。

觜 以角飾杖策頭。小徐謂『飾拄地處』，誤〔五〕。

箘簬 累評曰『箘簬』，單評曰『箘』。書正義及戴凱之説『箘簬』爲『二竹』，繆矣。

簹 竹田也。今人訓『簹』爲『竹』，而失其本義矣。

篘 始以『剖竹未去節』爲之，摇櫓小檝也。後乃以木爲之，改其字作『篘』、作『槳』。後人又不以名『檝』而名『櫂』矣。

簠 黍稷方器也。鄭確謂『簠』爲『圓器』。

簋 黍稷圓器也〔六〕。簋盛稻粱，統言則不別。此云『圜器』，與鄭云『方器』互異。

臺笠 臺所以御雨，笠所以御暑。今都人士注『暑』『雨』互譌。

箾 書『簫韶九成』、左傳『舞象箾南籥』，孔疏云『箾，即「簫」字』，與上文『象箾，音「朔」』異。按：同爲樂名，不當異義、異音。

瑟身 箏，五弦筑身樂也。宋書樂志改『筑身』爲『瑟身』，誤。

廼 詩、書、史、漢發語多用此字，作『廼』，而流俗多改爲『乃』。

噫 説也。樂者，無所箸之詞；説者，有所箸之詞。『嗜』下曰：『噫欲之也。』『噫』與『嗜』義同，與『喜樂』異義〔七〕。淺人不能分別，認爲一字。『喜』行而『噫』廢矣。虛記切。

豈 凡言『豈』者，皆『庶幾』之詞，言『幾至于此』也，故『一曰「欲登」』也。曾子問『周公曰：「豈不可」』，注：『言「是豈於禮不可？」』按：此謂『於禮近於不可』也。漢書丙吉傳『豈宜褒顯』，猶言『蓋庶幾宜褒顯』也。周漢文字用『豈』同此者甚多。後人文字言『豈』者，其意若今俚語之『難道』；與曾子問、丙吉傳二『豈』字似若相反。

虎貨 五部與十七部通。左氏陽虎，論語作『陽貨』，非一名一字。邢昺、孫奭乃有虎名貨字之説。

皿 孟子『牲殺器皿』，趙注：『皿，所以覆器者。』此謂『皿』爲『幎』之叚借，似非孟意。

朅 去也。古人文章多云『朅來』，猶『往來』也。今人多誤用。

饌　或『籑』字。籑，具食也。禮經之『籑』，訓『食餘』；而許『饌』『籑』同字，訓爲『具食』，則『食餘』之義無箸。禮『饌』『籑』當是各字。『饌』當獨出，訓『具食』也；『籑』『餕』當同出，訓『食餘』也。

𩜹　晝食也。俗譌爲『日西食』爲『𩜹』。

饐　字林云『饐，飯傷熱溼也』，混『饐』於『饖』。饖，飯傷熱也；饐，飯傷溼也。葛洪云『饐，飯餲臭也』，本論語孔注，而非許説。

餲　孔曰『饐餲，臭味變也』，皇侃云『「饐」謂「飲食經久而腐臭」也，「餲」謂「經久而味惡」也』。是則孔注本作『饐，臭；餲，味變也』。今本誤倒耳。

昆吾作匋　高云『昆吾，顓頊之後，吴回、黎之孫，陸終之子，己姓也，爲夏伯。制作陶冶，埏埴爲器』，此説是。古史考云『夏時昆吾氏作瓦』、張華博物志云『桀作瓦』、尸子云『夏桀臣昆吾作陶』，諸説失之。

亳　周桓王時自有亳王號湯，非殷也。京兆之亳，乃戎王號湯者之邑〔八〕。徐廣以爲殷湯之邑，其不然乎？許不言三亳，而獨言杜陵亳亭，爲其字從『高』，則以此亭當之。然十里一亭，秦制；亳亭之名，秦漢乃有之，『亳』之字固不起於亭。以解字爲書，不得不有涉於皮傳者。

來麰 以二字爲名，古無謂『來，小麥；麰，大麥』者。至廣韻乃云『麳，小麥；麰，大麥〔九〕』，非許説也。韓詩内傳『貽我嘉麰』，薛君曰：『麰，大麥也。』然韓詩固未嘗云『來，小麥』〔一〇〕。

糇餱 今韻書、字書以『糇』『餱』同『𥻨』，訓『待』，非也。

夔 神魖也。廣韻曰：『山魈，出汀州，獨足鬼也。』神魖，謂『山繅之尤靈異』者，若大荒東經云『有獸狀如牛』云云。此獸也，非鬼也。薛注二京合而一之，恐非是。

韘 毛公釋爲『決』，而箋云：『「韘」之言「沓」，所以彄沓手指。』此以禮經之『極』釋『韘』也。大射云『朱極三』注：『食指、將指、無名指各一，小指短不用。』鄭意『極』用『韋』爲之，故字從『韋』；『決』則用象骨爲之，故不从毛而易其義。許説从毛也。以字从『韋』論之，鄭爲長矣。

革中辨 『鞶』下曰：『革中辨謂之「鞶」。』今按：當云：『革辨謂之「鞶」。』『中』乃衍文。辨，駁文也。許所據爾雅不同郭本，而淺人以郭本易之。

梨山樆 梨之生於山者曰『樆』也。裴駰引漢書音義云：『離，山梨也。』師古注急就篇云

『梨，一名山樆』，非是。

梅 枏，亦名『梅』。後世取『梅』爲『酸果』之名，而『梅』之本義廢矣。召南、曹風、四月之『梅』，今之『酸果』也；秦風、陳風之『梅』，今之『楠樹』也。『楠樹』見於爾雅，『酸果』之『梅』不見於爾雅。郭釋爾雅乃云『似杏，實酢』，篇韻襲之，轉謂『酸果』有『枏』名，此誤之甚者也。

楡白枌 謂楡之白者曰『枌』。毛傳『枌，白楡也』，讀『楡 逗，白枌 句』，誤。

小木 召南『林有樸樕』，毛曰『樸樕，小木也』，釋木『樕樸，心』。俗書立心多同『小』；又艸書『心』似『小』。毛傳、說文當本作『心木』，譌爲『小木』耳。

劉劉杙 當讀『劉劉』爲句。今人誤讀『劉 逗，劉杙 句』。

養其樲棘 孟子本作『樲棗』。『樲』之言『副貳』也，爲『棗』之『副貳』。今本改作『樲棘』，非是。

樸 枹木也。許以爲棗名，則褊矣。

楊 蒲柳也；檉，河柳也。皮正赤〔一一〕。廣韻釋『楊』爲『赤莖柳』，非也。

常棣、唐棣 實一物。郭注：『唐棣〔一二〕，似白楊，江東呼「夫栘」。白楊，大樹也。』古今注云『栘楊，亦曰「栘柳」，亦曰「蒲栘」，圓葉弱蒂，微風善摇』，此正今之白楊樹。安得有韡韡偏反之華邪？因一『栘』字捏合之。

柘 漢志『琅邪郡靈門高桒山』，『桒』乃『原』之誤。師古謂即『柘』字，誤。

狄 詩：『有杕之杜。』『杕』字，顔黄門云『詩河北本皆爲「夷狄」之「狄」，讀亦如字』，此大誤也。

栵 釋木『木相磨，槸』、大雅『其灌其栵』，『槸』即『栵』也。以文法論，『栵』必非木名。

無所取材 鄭曰：『言無所取桴材也。』

盧橘 後人以給客橙、枇杷等當之，繆甚。

櫺 釋名及郭璞謂『棟』爲『櫺』，非也。

棟梁 『棟』與『梁』不同物。『棟』言『東西』者，『梁』言『南北』者。釋宫『宋廇謂之「梁」』，不得謂『梁』爲『棟』也。今俗語皆呼『棟』爲『梁』，而言『梁』曰『馱梁』。

扞 戰國策『刃其杅』，謂涂廁之『杅』。今本皆作『扞』，侯旰切，繆甚。

爿 六書故曰『唐本説文有爿部』，蓋本晁氏説之參記許氏文字一書，非臆説。二徐乃欲盡全書之『爿聲』爲『牀省聲』，非也。

枱　鉉本以訓『臿』訓『徒土輂』之『梠』；注『枱』云『今作「耜」』，則大誤矣。

胡槤　明堂位『夏后氏之四璉，殷之六瑚』，而苞注論語曰：『夏曰「瑚」，商曰「璉」。』漢人所據戴記不同，明堂位音義本作『四連』，周禮、管子以『連』爲『輂』。韓勑禮器碑『胡輂，器用，即「胡連」也』，司馬法『夏后氏謂「輂」爲「余車」〔一三〕，殷曰「胡奴車」，周曰「輜輂」』，疑『胡輂』皆取車爲名。

鄂不　凡器之足皆曰『柎』。小雅『鄂不韡韡』箋云：『承華者曰「鄂」，「不」當作「柎」；柎，鄂足。』古聲『不』『柎』同，『柎』又在『鄂』之下；柎，甫無切。詩上句爲『華』，『不』謂『蒂咢』，謂『下系於蒂，而上承華瓣』者。

光被　堯典『光被四表』，某氏傳曰『光，充也』，用爾雅『桄，充也』爲訓。鄭注釋以『光耀』，蓋非。

囊橐　高誘注戰國策曰：『無底曰「囊」，有底曰「橐」。』玄應書引蒼頡篇云『橐，囊之無底者』，則與高注互異。

四海困窮　謂『君德充塞宇宙』，與『橫被四表』之義略同。苞注曰：『言爲政信執其中，則能窮極四海，天祿所以長終也。』

秦分三十六郡 古皆言秦分三十六郡，裴氏不從漢志之目，而唐人作晉書乃造『秦四十郡』之説，前此無言之者。

都 左傳曰『凡邑有宗廟、先君之主曰「都」，無曰「邑」』，許改云『有先君之舊宗廟』。則必如晉之曲沃故絳而後可稱『都』〔一四〕，恐非左氏意。左氏與周官合。

䣜酇 南陽酇，音『讚』。沛䣜及改作『酇』字，皆音『嵯』。蕭何始封之酇，茂陵書、文穎、臣瓚、顏師古、杜佑皆云『在南陽』。江統、戴規、姚察、李吉甫、今錢氏大昕皆云『在沛』，説是也。始封於䣜，高后乃封之南陽之酇與筑陽。文帝至莽之酇侯皆在南陽。地理志於南陽云『酇，侯國』，而『沛郡酇』下不云『侯』〔一五〕，爲在沛者不久也。

郹 晉邑也。杜云『郹，虞邑』，非也。許同服虔説。

鄂 江夏有鄂縣，故南陽之縣有西鄂〔一六〕。史記『熊渠當周夷王時，興兵伐庸、楊、粵至於鄂，又封中子紅爲鄂王。』孔氏以爲南陽之鄂，誤矣。時楚兵未能逾漢而北也。

庸 鄘地在漢水之南〔一七〕，南至江尚遠。僞傳云『在江南』，非也。今字『庸』行而『鄘』廢。

鄨 今貴州遵義府府城西有鄨縣故城，是也。方輿紀要曰『雲南陸涼州州北有廢鄨縣』，非是。

告成　卭成，濟陰縣。水經注版本『卭』譌作『卬』。戴先生校注文乃依漢志誤本改『卬城』爲『郜成』，改『郜成』爲『告成』，非是。今本漢志作『莽曰告成』，亦誤也。

祁　左傳『圍祁新城』，廣韻云『祁，秦邑名』，是也。許云『祁，鄭邑也』，今左傳鄭地無名祁者。

郰邑大夫　孔子之父，魯人以郰人紇呼之，非郰爲所治邑也。論語云『郰人之子』者，孔子弟子爲師諱紇字也。『郰大夫』之文始見於王肅私定家語，而孔氏論語注乃肅輩譌託者。

琅邪　今兖州府諸城縣東南百四十里有故琅邪城，古齊琅邪邑也。山海經云『琅邪臺在渤海郡閒』，非也。

郎邪　九經字樣曰『郎邪，郡名。郎，良也；邪，道也。以地居鄒魯、人有善道，故爲郡名。今經典「玉」旁作「琅」者〔一八〕，譌』，未知其説所出。古『琅』絶無作『郎』者；且琅邪，齊地，非鄒魯也〔一九〕。

郳　左傳襄六年『齊侯滅萊，遷萊于郳。高厚、崔杼定其田』，正義云『郳即小邾；小邾附屬於齊，故滅萊國而遷其君于小邾。』許意郳是齊地，非小邾國。

昊蒼 釋天『春爲「昊天」，夏爲「蒼天」。』許鄭本如是，孫炎、郭璞本乃作『春蒼夏昊』。

期 施，旗旖施也。孔子弟子巫馬施字子旗，似不作『期』。

疊 詩『莫不震疊』，韓詩薛君傳曰『震，動也；疊，應也』，言動之於内而應之於外也。毛詩傳曰：『疊，懼也。』毛義行而韓義廢矣。

魄 鄉飲酒義、馬注康誥、白虎通皆謂『月初生明爲「霸」』，而律曆志曰『死霸，朔也；生霸，望也』、孟康曰『月二日以往明生魄死，故言「死魄」。魄，月質也』。三統説是，則前説非矣。

明明德 凡明之至，則曰『明明』；『明明』猶『昭昭』也。『大學之道，在明明德』，鄭云：『明明德，謂顯明其至德也。』由微而著，由著而極，光被四表，是謂明明德於天下。自孔穎達不得其讀，而經義隱矣。

棘 釋木『槐棘醜喬』、周禮『外朝九棘三槐』，『棘』皆謂『棗』。

牖 毛詩曰：『向，北出牖也。』士虞禮『祝啟牖鄉』〔二〇〕、明登位『達鄉』〔二一〕，是『南牖』亦名『向』。

墉 士喪禮『寢東首於墉下』，喪大記作『北墉下』。今本『墉』皆譌『牖』，非也。

秀　釋艸：『不榮而實謂之「秀」。』論語『苗而不秀』『秀而不實』『秀則已實矣』；又云『實』者，此『實』即生民之『堅好』也。

穄　糜也。『穄』與『稷』雙聲，故俗誤認爲『稷』。其誤自唐之蘇恭始。

秠　詩生民『惟秬惟秠』，釋艸曰：『秬，黑黍；秠，一稃二米。』毛傳正同。蓋黑黍一稃二米曰『秬』，言『秬』而一稃二米已見。經文以『惟秬』足句〔二二〕，見黑黍之稃有異；不比下文『惟穈惟芑』，畫然二物。故釋訓者，以『黑黍』系『秬』，以『一稃二米』系『秠』，分屬之。『秠』即其皮，『稃』亦皮也。

䆃　封禪文曰：『䆃一莖六穗於庖。』一莖六穗，謂嘉禾之米；擇米作飯，必於庖也。吕忱乃云『禾一莖六穗謂之「䆃」』，蓋不讀封禪文而誤斷許書之句度矣。

秭　數億至萬曰『秭』。蓋毛作『數億至億曰「秭」。』『數億至萬』亦不爲不多矣，不必從毛之『數億至億』也。

秅　二秭爲『秅』，小徐本作『秭』也。是則『秅』即『秭』，爲今數；二秭爲『秅』，爲古數也。

籔　聘禮曰：『十六斗曰「庾」，四秉曰「筥」，十筥曰「稯」。』今本不知何人妄改。

遠脩且　唐風椒聊一章曰『椒聊且，遠脩且』，傳曰『脩，長也』；二章曰『椒聊且，遠條且』，傳曰：『絛，言馨之遠聞也。』今本前後章皆作『條』，則毛不應别爲傳矣。經言『脩』者，枝條之長；『條』者，『芬香條鬯』之謂。傳『馨』字，今譌『聲』。

糝 周頌『潛有多魚』，傳曰：『潛，糝也。』爾雅『「糝」謂之「涔」』，『涔』即詩之『潛』也。小爾雅及郭景純改『糝』爲『木』旁，不知積柴而投米焉，非有二事：以其用米，故曰『糝』；以其用柴，故或製字作『罧』。『槮』『椮』皆魏晉閒妄作也。

窕 窕肆也〔二二三〕。方言：『美狀爲「窕」，言外之寬綽也。』郭注爾雅云『輕窕者多放肆』，真憒憒之説也！

窔 上林賦曰：『巖窔洞房。』窔，亦作『突』〔二二四〕。郭璞曰：『於巖穴底爲室，潛通臺上也。』按：郭以『通』釋『洞』；小顔改『突』爲『突』，於郭注『巖穴底爲室』之下輒增『如竈突然』〔二二五〕，其亦妄言〔二二六〕。

奚翅 孟子『奚翅食重』『奚翅色重』，趙注：『翅，辭也。若言「何其重」也。』今刻本作『何其不重也』，乃大誤！

巾 以巾拭物曰『巾』，如以帨拭手曰『帨』。吴都賦：『吴王乃巾玉路。』陶淵明文『或巾柴車』，見文選江淹雜體詩注。今本作『或命巾車』，不可通矣。

裙 繞領也。今男子、婦人披肩其遺意。自釋名『裙系下，帔系上』，後人乃不知『披』『裙』之別〔二七〕，擅改説文矣。

幔 幎也。凡以物蒙其上曰『幔』。釋名、玉篇、廣韻以『帷幔』釋之，今義非古義也。

幃纓褘縭 幃，囊也。釋器曰『婦人之褘謂之「縭」』，郭云：『即今之「香纓」。』詩『親結其縭』，毛云：『縭，婦人之褘也。』禮之『纓』，必以采繩。詩爾雅之『褘』『縭』，乃『帨巾』，其不相涉明甚，景純注非。許以『囊』釋『褘』，亦斷非釋器及毛詩之『褘』也。

繪繡 皋陶謨『日、月、星、辰、山、龍、華蟲作會，宗彝、藻、火、粉米、黼黻絺繡』，鄭注：『畫者爲「繪」，刺者爲「繡」。』龍、山、華蟲、火、宗彝、衣用『繪』，藻、粉米、黼黻裳用『繡』，許書『繪』下云『會五采繡也』，衣部曰『繡龍於裳』。『藻』作『璪』，『粉』作『黺』，『米』作『粱』。鄭『粉』『米』爲一事，許『黺』『絥』爲二事；鄭説『粉米』爲『繡』，許説『黺』爲『畫粉』，『絥』爲『繡文如聚米』〔二八〕。蓋鄭説未出以前，許所據之説多不可考矣。古者『繢』訓『畫』，『繪』訓『繡』，『繪』『繡』無二事；今人以鍼縷所紩者謂之『繡』，與『畫』爲二事。考工記『繡』亦系之畫繢，同爲設色之工也。畫繪與文字又爲一事。故許以觀古人之象説遵修舊文也。

仁 孟子曰『「仁」也者，「人」也』，謂『能行仁恩』者，人也；又曰『仁，人心也』，謂『仁』乃是『人之所以爲心』也。與中庸語意皆不同。

仞 王肅諸人並云『八尺』，淮南子覽冥訓則云『七尺』〔二九〕。程氏瑶田通藝録説『仞』甚精，定爲『七尺』。

仕 訓『仕』爲『入官』，此今義也；古義『官』訓『仕』〔三〇〕，『仕』訓『學』。論語『仕而優則學，學而優則仕』『子使漆雕開仕』，注云：『仕，仕於朝也。』以『仕』『學』分出處，起於此時矣。

亢 論語陳亢字子禽，古今人表陳亢、陳子禽爲二人。

伊尹 詩『阿衡』，毛傳曰『阿衡，伊尹也』，箋云『阿，倚；衡，平也』。『伊』與『阿』、『尹』與『衡』皆雙聲。不言『伊尹』爲姓名。諸家或云『伊氏尹字』，或云『名摯』，皆所傳聞異辭耳。禮記所稱古文尚書兩言『尹躬』，則『尹』實其名。

僩 詩傳：『僩，寬大也。』許言『僩，武皃』，與毛異者，以爾雅及大學皆曰『瑟兮僩兮者，恂栗也』。恂或作『峻』，讀如『嚴峻』之『峻』；與『寬大』不相應，故易之。僩，左傳、方言、廣雅皆作『撊』，訓『猛』也。荀卿子曰『陋者，俄且僩也』，以『陋陿』與『寬大』反對，與毛合。

偲 詩『其人美且偲』，傳曰『偲，才也』；箋云『才，多才也』，許云『彊力也』。

儐擯賓 『擯相』字當从『手』，『賓禮』字當从『人』。許『儐』『擯』合而一，云『導也』，與二禮及鄭說不合。劉昌宗說聘禮『儐』與『擯』同，雖本許，而令學者惑矣。毛詩絲衣『繹賓尸也』、有司徹『賓尸』，古本皆作『賓』，無作『儐尸』者。此學者所當知也。

佴 史記『佴之蠶室』，猶云『副貳之以蠶室』也。小顏乃欲讀爲『揖』，云『推致蠶室』，殊非文義。

僅 唐人文字，『僅』多訓『庶幾』之『幾』。李涪所謂以『僅』爲『近遠』者，於多見少，於『僅』之本義未隔也。今人文字皆訓『僅』爲『但』。

代世 叚『代』字爲『世』字，起於唐人避諱。『世』與『代』義不同也。唐諱言『世』，故有代宗；明既有世宗，又有代宗，斯失之矣。

巳 斯干『似續妣祖』，箋云：『似，讀爲「巳午」之「巳」。「巳續妣祖」者，謂「巳成其宗廟也」〔三一〕。』

閒 釋言：『閒，俔也。』郭景純以左傳『謂之「諜」』釋之，恐非。

佚媵 佚，今之『媵』字，送也。似姪娣送女〔三二〕，乃其一耑耳。今義則一耑行而全者廢矣。

僻 『自屏之』者言，則閹人之『爲之辟』、孟子之『行辟人』、郊特牲之『有由辟焉』是也；『自退』者言，則曲禮之『還辟辟拜』，投壺之『主人盤旋曰「辟」』『賓盤旋曰「辟」』，包咸論語注『躩，盤辟皃』，是也。廣韻曰『誤也，邪僻也』，此引伸之義。今義行而古義廢矣。

僵 偃也，謂『仰倒』。今人語言乃謂『不動不死』爲『僵』。

俑 廣訓引埤蒼説『木人送葬〔三三〕，設關而能跳踊』，故名之『俑』，乃不知音理者强爲之説耳。

弔淑 魯莊公使人弔宋大水，云『若之何不弔』，即䄪記之『如何不淑』也。哀公誄孔子『旻天不弔』，先鄭注周禮大祝引作『旻天不淑』，此『弔』『淑』通用之徵。唐應劭、王肅皆訓『弔』爲『善』〔三四〕。『弔』之爲『善』，今失其傳矣。

慎 今訓『謹』，古則訓『誠』。詩『慎爾優游』『予慎無罪』『慎爾言也』『考慎其相』，傳箋皆云『誠也』，即謂『真』之叚借字可也。

襃展襢 襃，丹縠衣也。先、後鄭注周禮及劉氏釋名皆云『展衣白』。按：詩、周禮作『展』，玉藻、䄪記作『襢』，許作『襃』。漢禮家文字不同如此。

纊緼 鄭注玉藻『緼』謂『新緜及舊絮』，故『纊』專謂『新棉』〔三五〕。許『緼』謂『紼』，故『纊』爲『絮』，不分新舊。糸部曰『緼，紼也』『紼，亂枲也』，『亂枲』即『亂麻』。孔安國論語『緼袍』注亦曰『枲著』。孔許與鄭異，似孔許爲長。

袪 定本唐風傳曰『袪，袂末也』，此非是。傳下文言『本末』，『本』謂『羔裘』，『末』謂『豹袖』，非謂『袂本』『袪末』也。

裾 衣袌也。按：『前施袌囊』即謂『右外衽』。郭景純曰『衣後襟』，非也。釋名『裾在後』之説，非是。

襄 今人用『襄』爲『輔佐』之義，古義未嘗有此。

面凍棃 小雅毛傳曰：『耇，壽也』，孫炎曰：『耇，面凍黎色如浮垢，老人壽徵也。』按：南山有臺、大誓二正義作『面凍棃』，無『如』字。釋名及方言注乃云『如凍棃』，非也。

周尺 咫，中婦人手長八寸謂之『咫』，周尺也。按：左傳『天威不違顔咫尺』，『咫』『尺』並言，不云『二尺』也。國語、列子皆言『其長尺有咫』，亦不言『其長二尺』也。是可證周未嘗八寸爲尺矣。蓋八寸爲尺，周末始有之。

忨歠 晉語『忨日而歠歲』，心部引春秋『忨歲而歠日』。韋昭曰：『歠，遲也。』遲，讀爲『遲久』之『遲』，『急待』之意也。今作『忨愒』，誤以爲『愒玩』之意。

稽顙 凡言『稽顙』，皆謂『頓首』，非『稽首』也。公羊傳曰『再拜顙』者，即拜而後稽顙也。何曰：『「顙」者，猶今「叩頭」。』按：『叩頭』者，經之『頓首』也。

頞 鼻莖也。孟子言『蹙頞』，謂『憂愁而蹴縮』也。作『額』字解，誤。人憂愁不蹙其額。

頰車 凡言『頰車』者，今俗謂『牙牀骨』，牙所載也，與單言『頰』不同。

稽首頓首 『稽首』者，吉禮也；『頓首』者，凶禮也；『空首』者，吉凶所同之禮也。經於吉、賓、嘉曰『稽首』，未有言『頓首』者也；於喪曰『稽顙』，亦未有言『頓首』者也。有非喪而言『頓首』者，非常事也，類乎凶事也。

南山四顥 詩傳曰『終南，周之名山中南也』，左傳作『中南』，史漢謂之『南山』。楊雄解嘲曰：『四皓采榮於南山。』說文作『南山』，不誤。張良傳注『商山四皓』，宋時浙本作『南山』。

率籲衆戚 某氏曰：『籲，和也。率和衆憂之人出正直之言。』按：『和』之訓，未知何出。下文自『我王來』至『底綏四方』，皆民不欲徙之意〔三六〕，注疏殊繆。

丏 禮經『乏參侯道』，鄭曰：『「容」謂之「乏」，所以爲獲者御矢也。』按：『乏』與『丏』篆文相似，義取『蔽矢』。其禮經本作『丏』與？

長㒽　『㒽』者，長壯㒽㒽也。今左氏傳『長㒽』作『長鬣』，杜以『多須』釋之，殊誤。『須下垂』不稱『鬣』，凡『上指』者稱『鬣』。

嶽南霍　衡山也，在今湖南衡州府衡山縣西北。漢元帝元封四年巡南郡〔三七〕，至江陵而東登禮灊之天柱山，號曰南嶽，此郭景純所謂『武帝以衡山遠曠，移其神於天柱』者。蓋自是天柱始有霍山之名，而衡山不曰霍山矣。天柱山，今安徽六安州霍山縣南之霍山。

巡狩嵩山　何氏注公羊稱堯典，而補其文曰：『還至嵩，如初禮。』應劭風俗通則曰『中嶽，嵩高也。王者所居，故不巡焉』，其説乖異。

鳥夷　禹貢『鳥夷皮服』，某氏傳『讀爲「島」』，與馬鄭注『如字』不同。衛包徑改經爲『島』字，非也。

汶　考工記『貉踰汶則死』，自謂魯北之水。殷敬順乃疑爲岷江，殊誤。許説文：『汶水，出琅邪朱虛東泰山，東入濰。桑欽説：汶水出泰山萊蕪，西南入泲。』前志『朱虛』下但云『汶水』，『萊蕪』下則云『禹貢汶水』。然則入朱虛、入濰者，非禹貢汶水也。

岵屺 説文：『岵，山有艸木也；屺，山無艸木也。』毛詩魏風傳曰『山無艸木曰「岵」，山有艸木曰「屺」』，與爾雅互異。竊謂毛詩所據爲長。

崔嵬岨 釋山曰『石戴土謂之「崔嵬」，土戴石爲「砠」』，毛傳云『崔嵬，土山之戴石者；石山戴土曰「砠」』，二文互異。釋山謂『用石戴於土上』，毛謂『土而戴之以石』；釋山謂『用土戴於石上』，毛謂『石而戴之以土』。以『絲衣載弁』例之，則毛之立文爲善矣。

岫 釋山：『山有穴爲岫。』有穴之山謂之『岫』，非山穴謂之『岫』也。

崇嵩 崇高本非中嶽之專稱，故淺人以『崇』爲氾辭，嵩爲中嶽，强生分别。許造説文不取『嵩』『崧』字，蓋其時固瞭然也。

嵩高 釋山『嵩高爲中嶽』，『嵩』即『崇』字。封禪書曰『秦有大室，祠大室嵩高也』，此謂秦之大室，即漢之嵩高也。釋山之『嵩高』，蓋漢人語，非本經。故許『嶽』字下言『大室』，不言『崇高』。

塗山 杜注左傳云『塗山在壽春東北』，非古説也。會稽山在今浙江省紹興府治東南十二里；一曰『在九江當涂』。漢當塗即今安徽省鳳陽府懷遠縣；縣東南有塗山，非今在江南太平府治之當塗也。

庠序 孟子『夏曰「校」，殷曰「序」，周曰「庠」』，史記儒林傳同。漢書儒林傳則云『夏曰「校」，殷曰「庠」，周曰「序」』，許同漢書。疑今孟子、史記有誤。

霤廇 釋名曰：『室中央曰「中霤」〔三八〕。』當今之棟下直室之中，古者霤下之處也。許則『霤』爲『屋水流』〔三九〕，『廇』爲『中室』〔四〇〕，畫分二字。蓋既有宮室以後，則『霤』在屋垂，而『室中謂之廇』以存古〔四一〕。

廡 釋名『大屋曰「廡」，幽冀人謂之「房」』，説與許異。許謂『堂之四匊』爲『屋』也。

厬氿 厬，側出泉也〔四二〕。『氿』篆下引爾雅『水醮曰「氿」』，許所據與今本正互相易。『水厓枯土』爲『氿』字，『側出泉』當作『厬』字矣。

揖厭 禮經『推手曰「揖」，引手曰「厭」』，『厭』即尚書大傳、家語之『葉拱』。家語注云：『兩手薄其心。』古文禮『揖』『厭』分別，今文禮『厭』皆爲『揖』。鄭不之從，而禮經有『厭』譌爲『撎』者。周禮大祝疏竟作『引手曰「撎」』，斷不可從。『撎』爲『跪而舉頭下手』，與『厭』爲『立而引手箸胸』不相涉也。

砮 賈逵注國語曰〔四三〕：『砮，矢鏃之石也。』按：『砮』本石名。韋昭注『石砮』曰『砮，鏃也。以石爲之』，乃少誤。

貔 釋嘼曰：『貔，白狐』，方言曰『貔，陳、楚、江、淮之閒謂之「貍」，北燕、朝鮮之閒謂之「貊」，關西謂之「狸」。』郭云：『貔，未聞語所出。』段謂：『方言所説「貍」也，非「貔」也。爾雅所説「白狐」，蓋亦貍類，非「貔」也。而皆得「貔」名者，俗呼之相混也。』

駒驕 詩『駒』四見。漢廣、株林、皇華於義皆當作『驕』，乃與毛傳、説文合，不當作『駒』。依韻讀之，則又當作『駒』，乃入韻，不當作『驕』。深思其故，蓋角弓用字之本義，南有喬木、株林、皇皇者華則皆讀者求其韻不得，改『驕』爲『駒』也。『駒』未可駕車，故三詩斷非用『駒』本義。又『驕，一曰「野馬」』，凡驕恣之義，當是由此引伸。旁義行而本義廢矣。

一目白魚 釋嘼〔四四〕：『一目白瞯，二目白魚。』魯頌毛傳言『一目白曰魚』，以别於二目也。段令二目白，則傳不言『二』。許本毛，則必上句言『目白』，下句言『一目白』。

駰 馬陰白襍毛黑。陰，淺黑也。本叔然説。而或云『目下白』，或云『白陰』，皆非也。

四駟 『四牡』『四騏』，言『馬四』，但謂之『四』；『駟介』『俴駟』，言『施乎四馬』者，乃謂之『駟』。

騧 釋嘼〔四五〕：『白馬黑脣，駩；黑喙，騧。』如爾雅之文，則是白馬黑喙也。秦風傳曰『黄馬黑喙曰「騧」』，許本之。豈爾雅今奪『黃馬』二字與〔四六〕？

驔騽 釋嘼『驪馬黃脊〔四七〕，騽』，爾雅音義云：『騽，說文作「驔」。』驔，馬豪骭也。『驔』『騽』必一字，後人乃以兩義分配兩形耳。

伯樂 孫陽字伯樂，秦穆公時人。小徐說伯樂即王良，即郵無恤，大繆。

騎 兩髀跨馬謂之『騎』，因之人在馬上謂之『騎』。今分平、去二音。曲禮『前有車騎』，正義：『古人不騎馬，故經典無言「騎」者。今言「騎」，當是周末時禮。』按：左傳『左師展將以昭公乘馬而歸』〔四八〕，此必謂『騎』也。『趙旃以其良馬二濟其兄與叔父』，非『單騎』乎？古人非無『騎』矣！渾言則『傳』『遽』無二，析言則『傳』『遽』分車、馬。亦可證『單騎』從古而有，非經典所無。

驂 許意古爲『駕三馬』之名。後乃『駕四』『駕六』，其旁馬皆得『驂』名。按：夏后氏『駕兩』謂之『麗』，殷益以一騑謂之『驂』，周人又益以一騑謂之『駟』。本從一驂而來，亦謂之『驂』。易孟京、春秋公羊說『天子駕六』，詩毛說『天子至大夫同四，士駕二』。易『時乘六龍』，謂陰陽六爻上下耳。豈故爲禮制？王度記云『天子駕六』者，自是漢法，與古異。『大夫駕三』者，於經無以言之。依鄭駁則古無『駕三』之制，毛以大夫亦『駕四』，且殷之制亦『駕四』。商頌『約軝錯衡，八鸞鏘鏘』，是殷『駕四』不『駕三』也。蓋兩服馬夾輈在中，左右各一；騑馬左右皆可，以三數之，故謂之『驂』。『驂』本非謂『駕三』。

驟 今字爲『暴疾』之詞，古則爲『屢然』之詞。左傳、國語言『驟』者，皆與『屢』同〔四九〕。詩、書、論語言『屢』，亦言『亟』，其意一也。

麛麑 釋嘼『鹿子，麛』，字亦作『麑』。論語『麑裘』，即『麛裘』。國語注曰：『鹿子曰「麑」，麋子曰「麌」』。

麙 『山羊而大』者，疑當作『山羊而大角』者。釋嘼『熊虎醜，其子，狗；絶有力麙』，與此絶異。

猩 猩猩，犬吠聲。禮記、爾雅各篇皆有『猩猩，獸名』。

猥 犬吠聲，此本義也；廣雅曰『鄙也』〔五〇〕，此今義也。

碩鼠 詩『碩鼠』，非『鼫鼠』。崔豹古今注乃云『螻蛄，一名「鼫鼠」，有五能而不成技術』，此語殊誤。『螻蛄』不妨名『鼫鼠』，要不得云『有五技』也。

鼨鼠豹文鼮鼠 他人讀爾雅皆『豹文鼮鼠』爲句，終軍、竇攸、辛怡諫從之；許讀爾雅『鼨鼠豹文』爲句，盧若虛從之：是非訖難定。

鼫鼩 郭注爾雅『鼫鼠』云『關西呼爲「鼩鼠」』，與廣雅皆合，『鼩』『鼫』爲一物；以說文正之，『鼫』與『鼩』迥非一物也。蓋俗語有移易其名者耳。

烓煁 煁，烓也；烓，行竈也。『行竈』非爲『飲食』之『竈』，若今『火鑪』，僅可照物〔五一〕。

毛炮 鄭意詩禮言『毛炮』者，『毛』謂『燎毛』，『炮』謂『裹燒』。毛公則謂『連毛燒之曰「炮」』，爲許所本。『毛』與『炮』爲二事，鄭說爲長。

㷡燧 張揖曰：『晝舉㷡，夜燔燧。』廣韻『夜曰「㷡」，晝曰「燧」』，蓋有誤。按：孟康、張揖說『㷡』『燧』爲二，許則爲一。

黎民 大雅雲漢、禮記大學『黎民』，皆訓『衆民』。釋詁曰『黎，衆也』，詩桑柔傳曰『黎，齊也』。宋人或以『黑色』訓『黎民』，殊誤。

頡頏 毛傳『飛而下曰「頡」，飛而上曰「頏」』，『上』『下』二字轉寫互譌久矣。古本當作『頁之亢之』。楊雄甘泉賦『魚頡而鳥䀏』，李善曰：『頡䀏，猶「頡頏」也。』師古曰：『頡頏，上下也。』魚潛淵、鳥戾天，亦可證『頡下頏上』矣。

忻欣 『忻』謂『心之開發』，與『欣』謂『喜笑也』異義〔五二〕。廣韻合爲一字，今義非古義也。

浙江錢唐江 江至會稽山陰爲浙江，謂㴜江也。漸江水出丹陽黟南蠻中，謂今錢唐江也。蓋浙江者，㴔江之委；漸江者，錢唐江源流之總稱。後世水道絶不相通。而錢唐江猶冒浙江之名，失其本號耳。

菏澤菏水 豫州菏澤，徐州菏水，畫然二事。依水經及注，菏水雖源於菏澤，而與菏澤迴別。釋文於徐州引説文水出『山陽湖陵南』，非菏澤也。今本説文淺人增『澤』，大誤矣。

于山 前志『蓋』下云『臨樂于山，洙水所出，西北至蓋入池水』，謂勃海郡臨樂縣之于山也。云『至蓋』，非謂洙出蓋也。經、注皆删『于』字，謂臨樂爲蓋縣山名，其亦誤矣。經、注皆云『泗水出卞縣』，不云『出蓋縣』；又皆云『洙水至卞入泗』，不云『至蓋入泗』。

漁陽 今直隸順天府密雲縣縣西南三十里，漁陽故城是。程氏瑶田曰『俗謂沽水及酈注之獨固門漁水嬴山，皆在今之薊州者』，繆甚。方輿紀要謂漢漁陽在今薊州，亦大繆。

漆沮 禹貢『又東過漆沮，入于河』，尚書某氏傳曰『漆沮，一水名』，以别于涇西之漆沮，爲二水。

瀘 側加切，古音在五部；子余切，與出漢中房陵之沮各字。漢書、水經不别。

潙鄔 潙水出西河中陽北沙，南入河，非入汾。酈道元就『潙』字與『鄔』字牽合，謂潙水即鄗澤，謬矣。

漬　公羊傳：「『瀸』者何？瀸，漬也。」積，本又作「漬」。按：傳文及説文皆當作「積」字爲長。

汜　漢書「張良嘗閒從容步游下邳汜上」，服虔讀爲「圯，音『頤』」。楚人謂「橋」爲「圯」」，此漢人易字之例。應劭曰「汜水之上」，此不易字，謂「窮瀆無水之上」也。下文「直墮其履汜下，良下取履」，其爲無水之瀆了然。史記本亦作「汜」。小司馬云：「姚察見史記有作『土』旁者。」云「有」，則知史記不皆作「土」旁也。

隩隈厓　郭以「隈」字上屬，「厓」字下屬，非是。

汎泛　詩「泛彼柏舟」〔五三〕「亦汎其流」，上「汎」謂「汎汎」，浮皃也；下「汎」當作「泛」，浮也。「汎」「泛」古同音，而字有區别如此。左傳僖十三年「汎舟之役」，亦當作「泛」。

厲　釋水曰「以衣涉水爲『厲』」，又曰「繇帶以上爲『厲』」，此並存二説也。定本改云「以衣涉水爲『厲』」，謂「由帶以上」也。合爲一説，謬矣。

行潦　召南「于彼行潦」，傳曰：「行潦，流潦也。」按：傳以「流」釋「行」。服注左傳乃云「道路之水」，趙注孟子乃云「道旁流潦」。以「道」釋「行」，似非。

淩陰 傳曰：『淩陰，冰室也。』以『冰』釋『淩』，以『室』釋『陰』，非謂『淩』爲『仌室』。鄭注周禮淩人徑云『淩，冰室也』，似失之。

霆電 穀梁傳曰：『電，霆也。』古義『電』『霆』不别，許意則統言之謂之『靁』。自其振物言之謂之『震』，自其餘聲言之謂之『霆』，自其光燿言之謂之『電』。『靁電』者，一而二者也。

霖 雨三日以上爲『霖』，三日止不得謂『霖』。宋人注尚書『三日雨爲「霖」』，失古義矣。

霸 水音也。江氏聲曰：『五聲羽屬水。』許字作『霸』，與各書不同。按：此謂『流水之音』耳〔五四〕。

鯉鱣 三十六鱗之魚謂之『鯉』，亦謂之『鱣』。古人多云鱣鮪出鞏穴，渡龍門爲龍；今俗云鯉魚跳龍門。蓋牽合爲一，非一日矣。

鰜 魚大而青。廣韻云『比目魚』，因鳥有『鶼』，皮傅耳。

鰲鮆 晉水鰲魚，其狀如鮆。『鮆』者，白鮆魚也。玉篇合二物爲一，疏矣。

魴 詩以『魴勞赤尾』興如『焜』，非謂『魴』必頳尾也。許以『赤尾魚』釋『魴』，殆失之。

鮤鱴刀 郭云『今之「鰲魚」，亦呼爲「魛魚」』，蓋非。鄭注周禮：『薶物爲鱴刀，含漿之屬。』

『鱴刀』『含漿』必皆蛤蚌之類，故謂之『蘳物』；不得因一『刀』字附會也。周禮正義曰：『孫注爾雅「刀魚」與「鱴」別。』然則孫『鮤鱴』爲逗，『刀』爲句。

㞕 閉也。士喪禮注曰『徹帷㞕之事畢，則下之』，襍記注曰『既出，則施其㞕，鬼神尚幽闇也』。據此二注，『㞕』爲『褰舉』之義。疑『閉』當作『開』。一說：『㞕』在開閉之閒。

樀 『閻』謂之『樀』；樀，廟門也。郭以『屋梠』釋『樀』，非是。

老聃 史記老子列傳曰：『姓李氏，名耳字聃。』今本作『名耳字伯陽，謚曰聃』，後人妄改者也。

九聆 文王世子『夢帝與我九聆』，叚『聆』爲『鈴』，夢天以九个鈴與己也。

拇 手以『中指』爲『將指』、爲『拇』；足以『大指』爲『將指』、爲『拇』。

拱 『桑穀一莫大拱』、孟子『拱把之桐梓』，皆非『沓手』之『拱』。徐鍇曰：『兩手大指頭相拄。』

捘手及捥 此謂『衛侯欲先歃，涉佗執其手卻之，由指掌逆推及於掔』也。杜云『血及捥』，非。

捊 孚，五指孚也；『捊』則訓『取易』，而義不同。詩『薄言捊之』『捊采其劉』，董卣詩詁曰

『以指歷取也』，朱子詩集傳曰『捋取其子也』。此於今之俗語求其義，而不知今之俗語，許書自有本字。

闕 謂『掘』亦作『闕』者，似是而非也。左傳『闕地及泉』，闕地下冰而牀焉。國語『闕爲深溝』，韋云：『闕，穿也。』皆謂『空之』與『掘』義別。

女叔 『夫』之『女弟』爲『女叔』。今本爾雅『女叔』誤爲『女妹』，不可不正。

姪 爾雅：『女子謂「晜弟之子」爲「姪」。』今世俗男子謂『兄弟之子』爲『姪』，是名之不正也。

皇 譙周以燧人爲皇，宋均以祝融爲皇。鄭康成依春秋緯注禮記：『女媧、三皇承伏羲者。』

保嫴 『保辜』字，當作『嫴』。『辜』者，『嫴』之省。『嫴』與『保』同義疊字。

孃娘 孃，女良切，母稱也。娘，亦『女良』切，少女之號也。唐人此二字分用畫然，故『耶孃』字斷無有作『娘』者。今人乃罕知之矣。

戈 戈刃如劍橫出而稍倨。橫出，故謂之『援』；援之下近柲爲『胡』。先鄭云『援爲直刃〔五五〕，胡其子』，非也。

槍戟 槍，歫也；戟，長槍也。『槍』非古兵器，『戟』亦非器名。今之用金曰『槍』者，則古之『矛』也。

琴瑟 世本："『琴，神農所造；瑟，宓犧所造。』馬融笛賦説誤。

亡 本義爲『逃』。今人但謂『亡』爲『死』，非也。孝子不忍死其親，但疑親之出亡耳。

匬 玉篇云『余主切；器受十六斗』，蓋謂即論語『與之庾』之『庾』。苞注『十六斗爲「庾」也』，然禮經作『十六斗爲「籔」』。今文『籔』作『逾』。

昆吾 古史考曰："『夏時昆吾氏作瓦。』按：有虞氏上陶，瓦之不起於夏時可知也。蓋始封之昆吾作匋，非夏桀之昆吾。廣韻引周書『神農作瓦器』，當得其實。

彃 弛弓也。玉篇以爲今之『彌』字，廣韻以爲玉名，皆非是。

彀 孟子："『羿不爲拙射變其彀率。』趙意極思用巧之時，不可變也。按：趙注本謂『用巧』。如朱注云『弓滿也』，則專謂『用力』，而非必中矣。

句 大雅『敦弓既句』，『句』讀『倨句』之『句』。此弓倨多句少，言句以見其倨也。不得云『「句」即「彀」』。屨絇，周禮作『句』，鄭云："『「句」當爲「絇」，聲之誤也。』段按：許意當周禮作『句』爲正，取『拘止』之意。

羿 彈十日者，堯時羿，非有窮后羿。

繯於山有牢 今本國語譌作『環山於有牢』。韋注曰："『環，繞也。「山」「於」誤倒，「環」爲俗字。』蓋非韋氏之誤，淺人轉寫所致也。

絿 詩：『不競不絿。』絿，急也。後儒好異，乃以『緩』釋『絿』，字義於字音不洽矣。『絿』之言『糾』也。

綾 東魯謂布帛之細者曰『綾』。今則專謂以絲爲之者。

絹縛 聲類混爲一字，由不考其義之殊也。縛，白鮮卮也；稍者，麥莖也。繒色如麥莖青色曰『絹』。

紞 所以縣瑱；瑱，所以塞耳。謂『黄緜塞耳』説謬。『紞』非『塞耳』者也。引伸之義爲『衾紞』，鄭云：『被識也。』今人語謂之『當頭』，即『當耳』之意。又『紞』如打五鼓，亦謂『當五鼓有聲』也〔五六〕。

綬縌 古所謂『綬』者，『璲』也，秦漢之『縌』也。秦漢所謂『綬』者，所以代古之『韍佩』也，非古之『綬』也。秦漢改『韍佩』爲『綬』，遂改『綬』爲『縌』。此名之遷移當正者也。

執轡如組 非謂『如組之柔』；謂『如織之經緯成文〔五七〕，御衆縷而不亂。自始至終秩然能御衆』者如之。

貝冑朱綅 毛意謂『以朱綫綴貝於冑耳』；正義謂『綴甲』，非也。

緍 吴人解衣相被謂之『緍』。詩『荏染柔木，言緍之絲』，傳曰：『緍，被也。』是其爲古義、古訓。

繫褫 與『賁蔄絓頭』不同物，編。太平御覽者合而一之，誤矣。

蝮 郭意爾雅之『蝮』，今無此物。今之『蝮蛇』，非爾雅之『蝮蛇』也。許意『虫』爲『無足蛇』，『虺』爲『四足蛇』，各不相涉。『蝮』字恐古爾雅衹作『復』，故知許不當有。

蒲盧 大戴禮、山海經、小正曰：『「雉」入于淮爲「蜃」。』『蜃』者，『蒲盧』也。

賓雀 月令：『「爵」入大水爲「蛤」。』高誘注時則訓連上『賓』字讀，云：『賓雀〔五八〕，老雀也，棲人堂宇之閒如賓客者。』

蜮蟈 周禮『蜮氏』，鄭司農云：『蜮，讀爲「蟈」。』今本經作『蟈氏』，注曰『蟈，當爲「蜮」』，此譌謬倒置不可通之本。後鄭依司農易字，故注曰：『蟈，今御所食蛙也。』許不從先鄭，謂『蟈』即『蜮』字之異者，蜮氏『去蟈』即『去短狐』也。

蛧蜽 杜注左氏因上文『螭』訓『山神』，故訓『罔兩』爲『水神』；猶韋因國語『水怪爲龍，罔象』，故謂『蛧蜽』爲『山精』〔五九〕。許兼言山川爲長矣。

蝯 柳子厚言『猴』性躁而『蝯』性緩，二者迥異。

䖸蛾 『䖸』與虫部之『蛾羅』主謂『螘』者，截然不同。而郭氏釋爾雅『蛾羅』爲『蠶蛾』，非許意也。

鼁黽 黽，鼁黽也。周禮蟈氏：『掌去鼁黽。』依大鄭説，則『鼁黽』二字爲一物；依後鄭説，則『鼁』即『蟈』，爲一物；『黽』乃『耿黽』，爲一物。凡兩字爲名一字與他物同者，不可與他物牽混。許之『鼁黽』，即鄭之『耿黽』。爾雅：『鼁䵶，蟾蠩。在水者「黽」。』

八卦 伏羲三奇謂之『乾』，三偶謂之『坤』，未有『乾』字、『坤』字。傳至於倉頡，乃後有其字。『坤』『巽』特造之，『乾』『震』『坎』『離』『艮』『兑』以音義相同之字爲之。名之曰『乾坤』者，伏羲也；字之者，倉頡也。畫卦者，造字之先聲也。是以不得云『☷』即『坤』字。

暘谷 僞孔云『日出于谷而天下明，故稱「暘谷」』，似以此『暘谷』與『日初出東方湯谷』合而一之。其謬不亦甚乎！

殿 古曰『堂』，漢以後曰『殿』。古上、下皆稱『堂』，漢上、下皆稱『殿』。至唐以後，人臣無有稱『殿』者矣。

坫 『坫』之別，凡有四：記曰『反坫出尊』、論語『邦君爲兩君之好有反坫』，此『反爵』之『坫』也；記曰『崇坫康圭』，此『奠玉』之『坫』〔六〇〕；記曰『士於坫一』，此『庋食』之

『坫』〔六一〕；士冠禮『爵弁、皮弁、緇布冠各一匴，執以待於西坫南』、大射『將射，工遷於下，東坫之東南』、士喪禮『牀笫夷衾，饌於西坫南』、既夕禮『設棜於東堂下南順齊於坫』，此『堂隅』之『坫』也。

如塗塗附　上『塗』謂泥，下『塗附』連讀。鄭箋則謂『以塗塗木桴；「涂附」謂之「垷」。』

在　存也。『在』之義古訓爲『存問』，今義但訓爲『存亡』之『存』。

筆墨　聿，所以書也。楚謂之『聿』，吴謂之『不律』，燕謂之『弗』，秦謂之『筆』。墨，書墨也。筆墨自古有之，不始於蒙恬。箸於竹帛謂之『書』。竹木以桼，帛必以墨；用帛亦必不起於秦漢。周人用璽書，印章必施於帛，而不可施於竹木。然則古不專用竹木，信矣。

坻沚　毛詩周南、秦傳曰：『坻，小渚也；小渚曰「沚」。』毛傳不應『坻』『沚』同〔六二〕。若云『坻，小沚也；小渚曰「沚」』，則於爾雅合。

厭壓　二字義絶不同，而學者多不能辨。壓，壞也。廣韻『壓』下曰『鎮也，降也，笮也』，乃皆『厭』之訓也。

堯舜　『堯』之言『至高』也。舜，山海經作『俊』；『俊』之言『至大』也。皆生時臣民所稱之號，非謚也。

釐 家福也。應劭注『釐』爲『祭餘肉』，失之；師古直謂『釐』爲『禧』之叚借字，亦非。

畬 二歲治田也。釋地：『一歲曰「菑」，二歲曰「新田」，三歲曰「畬」。』許意：『菑，反耕田也。』『反耕』者，初耕反屮，一歲爲然，二歲則用力漸舒矣。『畬』之言『舒』也，三歲則爲新田。

甥 釋親妻黨章曰：『姑之子爲「甥」，舅之子爲「甥」，妻之㫾弟爲「甥」，姊妹之夫爲「甥」。』注謂『平等相甥』，非也。姑之子，吾父母得甥之；舅之子，吾母姪之，吾父得甥之；妻之㫾弟，吾父母得甥之；姊妹之夫，吾父母壻之而甥之。是四者，皆舅吾父者也。爾雅類列於此，亦以見舅之子、妻之㫾弟稱吾父皆曰『舅』，不似後世俗呼〔六三〕。其立文如此者，從其便也。自來不得其解，則謂平等相甥。吾姊妹之夫，吾父既甥之矣，吾又呼之爲『甥』，此豈正名之義乎？姑之子爲外兄弟，舅之子爲内兄弟，妻之㫾弟爲婚兄弟，姊妹之夫爲姻兄弟。既正其名矣，又安得淆之乎？釋名『妻之㫾弟曰「外甥」』一條，最爲無理。

鐙 錠也。『豆』之遺制，爲今俗用『鐙盞』。徐氏兄弟遂以『膏鐙』解説文，誤矣。

鋝 北方以二十兩爲『三鋝』。戴東原説曰：『無「三」字者，誤也。』考尚書僞孔傳及馬融、王肅皆云『鍰重六兩』。鄭康成云『鍰重六兩大半兩。「鋝」即「鍰」』，賈逵云『俗儒以鋝重六兩』。

鼻　『印鼻』『劍鼻』『瓜鼻』，『鼻』猶『初』也。始生子爲『鼻子』。

鏌鋣　大戟也。淺人但知莫邪爲劍，應劭、司馬貞、顔師古皆主劍説，非許意。史記趙良、司馬相如皆云『干將之雄戟』，然則干將、莫邪古説皆謂『戟』矣。

翦　爾雅『翦羽』『不翦羽』，依許説一有羽，一無羽也。孫炎訓『翦』爲『斷』，非。

鈇　説倉頡者謂『椹質』爲『鈇』，以古詩『斬芻之質』謂之『槀砧』。隱語『夫』字言之，説倉頡者是也。然則許『鈇』下曰『斫莝刀也』，當云『莝刀質也』。

羊　左傳『華元殺羊食士，其御羊斟不與』，此『羊斟』謂『羊汁』也。傳當本作『其羊羊斟不與』〔六四〕，上『羊』其名也，故字叔牂。君子謂『羊斟，非人也。其羊斟之謂乎』，二『斟』字衍文。吕覽察微篇羊斟爲人名，亦是淺人增『斟』。

合龠　『合龠』爲『合』見律曆志，而尚書正義引作『十龠』。言『十龠』者，非合二龠爲『合』，猶之『十二銖兩』之爲『兩』也。

車　夏后氏奚仲所造。杜云『奚仲爲夏禹掌車服大夫』，非奚仲始造車也。

轀輬車 師古曰：『轀輬本安車，可以臥息。後因載喪飾以柳翣，故遂爲喪車耳。「轀」者，密閉；「輬」者，旁開窗牖。各别一乘，隨事爲名。後人既專以載喪，又去其一總爲藩飾，而合二名呼之〔六五〕。』按：顔説是也。

轈車 兵車高如巢以望敵也。左傳正義引『兵高車加巢以望敵』，今左傳作『巢車』。杜曰『巢車，車上爲「櫓」』，此正言『櫓』似『巢』，不得言『加巢』。

轓軬 兩物、兩字。應劭曰：『車耳反出，所以爲之藩屏，翳塵泥也。』以『軬』爲『轓』，師古非之，是也。景帝詔中所謂『朱兩轓』『朱左轓』，自謂『車蔽』，不得以『車耳』釋之也。

轐轒 段氏謂劉成國合『轒』於『伏兔』，非也。依許則『伏兔』名『轐』，車軸之縛名『轒』，迥然二物。

輔車 他家説『輔車相依』，以『頰』與『牙車』釋之，乃因下文之『脣齒』而傅會耳。固不若許説之善也。

軌 輿下之輢，軌也；輢下之軸，軌也。虚空之處未至於地，皆軌也。邶詩『濟盈不濡軌』不能通，乃以『軓』字易『軌』字。而毛傳『由輢以下』復改作『由輢以上』，郢書燕説，沈錮千年矣。

軻 孟郊卿曰『孟子名軻，字則未聞也』，而廣韻曰：『孟子居貧轗軻，故名軻，字子居。』

斬殺 周禮掌戮注：『斬以鈇鉞，若今「腰斬」也；殺以刀刃，若今「棄市」也。』今言『斬』者，乃『棄市』。

廉隅 詩『維德之隅』，傳：『隅，廉也。』今人『邊』爲『廉』，『角』爲『隅』。古不分其字。

會朝 大雅『會朝清明』，毛傳：『會，甲也。』會，讀如『檜』，物之蓋也。『會朝』猶言『第一朝』，此於雙聲取義。貨殖傳『蓋一州』，漢書作『甲一州』。

昧谷桺穀 古文尚書作『昧谷』，今文尚書作『桺穀』，今文、古文斷難合一。仲翔謂其改『丣』爲『桺』，誤會。

醅 醉飽也。後人用『潑醅』字謂『酒未泲』也，與古義絕殊。

亥 左傳『亥有二首六身』，今篆法『亓』祇有五畫〔六六〕，蓋周時首二畫，下作六畫，與今不同〔六七〕。

沮誦倉頡 衛恒四體書勢曰云『昔在黃帝創制造物〔六八〕，有沮誦、蒼頡者，始作書契以代結繩』，二人皆黃帝史。諸書多言『倉頡』，少言『沮誦』，文略也。

名文字 古曰『名』，今曰『字』。『名』者，自其有音言之；『文』者，自其有形言之；『字』者，自其滋生言之。秦刻石『同書文字』，言『字』之始；大行人『屬瞽史諭書名』、外史『達書名於四方』，此韻書之始；中庸『書同文』，此字書之始。析言之，獨體曰『文』，合體曰『字』；統言之，則『文』『字』可互稱。

古文 三皇五帝之書，改易殊體，傳於世者，概謂之『倉頡古文』，不皆倉頡所作也。

入學 許曰『周禮，八歲入小學』，皆是泛言教法，非專指王太子。內則『六年，教之數與方名』，已識字，已知算矣。至十歲乃就外傅，講求六書之理、九數之法，故曰『十年，學書計』。與他家云『八歲入小學』異者，所傳不同也。

處事 劉歆、班固首『象形』，次『象事』；『指事』即『象事』。鄭衆作『處事』，非也。

大史籀 大史，官〔六九〕；籀，人名也。其姓不詳，省言之曰『史籀』。大傳十五篇〔七〇〕，亦曰『史籀篇』，亦曰『史篇』。應劭、張懷瓘、顔師古及封演聞見記、郭忠恕汗簡引説文皆作『大史籀』〔七一〕。或疑『大史』而史姓，恐未足據。張懷瓘書斷乃分『大篆』及『籀文』爲二體，尤爲非是。

籀 尉律：諷籀書九千字，乃得爲史。『諷』謂『背誦』，『籀』訓『讀書』，與宣王大史籀非可牽合。或因之謂籀文有九千字，誤矣。

史書史篇 漢書或云「善史書」，或云「能史書」，謂便習隸書，適於時用，猶今工楷書耳〔七二〕。應仲遠注漢云「史書，周王大史籀所作大篆十五篇」〔七三〕，殊爲謬解。史篇，孟康云：「史籀所作十五篇也。」按：楊雄傳曰：「史篇莫善於倉頡。」是則凡小學之書，皆得稱「史篇」。

古書篆書 秦書八體：一曰「大篆」，二曰「小篆」。不言「古文」，知「古文」已包於「大篆」中也。王莽改定古文有六書：一曰「古文」，二曰「奇字」，即「古文而異」者；三曰「篆書」，即「小篆」。不言「大篆」，知「古文」「奇字」二者内已包「大篆」也。

隸艸 宋王愔曰：「元帝時，史游作急就章，解散隸體麤書之，『章艸』之始也。」按：「艸書」之稱，起於「艸稿」。趙壹云「起秦之末」，殆不始史游。其各字不連緜者曰「章艸」，晉以下相連緜者曰「今艸」。猶「隸」之有「漢隸」「今隸」也。漢人所書曰「漢隸」，晉唐以下楷書曰「今隸」。「艸書」又爲「隸書」之省。文字之變已極！

科斗文 乃晉人里語；而孔安國敘尚書乃有「科斗文字」之稱。其爲作僞，固顯然可見矣。

黄帝滅炎帝 韋昭云：「黄帝滅炎帝之子孫而有天下，非滅神農也。」

共工 淮南原道訓云：「共工與高辛氏争爲帝，宗族殘滅，繼嗣絶祀。」按：共工當高陽、高辛嫱代之時，故淮南書或云『與顓頊争爲帝』，或云『與高辛氏争爲帝』。所云『顓頊』者，亦謂『顓頊高陽之後裔』耳。高注謂『在伏羲、神農間』，非也。共工之後皆稱『共工』也〔七四〕。

四岳 左傳言『大岳』，亦言『四岳』；外傳言『四岳』，亦言『四伯』。皆謂一人，非謂四人。

孝經家小學家 六藝略中以孝經、爾雅、小爾雅、古今字爲孝經家，以史籀、八體、倉頡、凡將、急就、元尚、訓纂、別字、倉頡傳、倉頡訓纂、倉頡故爲小學家。其實爾雅三卷、小爾雅一篇、古今字一卷，此與小學家之倉頡傳、楊雄倉頡訓纂、杜林倉頡訓纂、倉頡故同爲訓詁之書，皆古六書之所謂轉注、叚借者。不當畫而二之，當合此爲小學類。而以孝經、五經雜議、弟子職説合於論語家爲一家。六藝九種，易爲八種。庶幾經與傳分別井然〔七五〕。

六經五經 禮記經解篇列詩、書、樂、易、禮、春秋爲六，漢立五經博士，唯樂無聞。合樂於禮，則爲『五經』也。『六經』者，古古相傳之説也；『五經』者，漢人所習也。

校記

〔一〕比於　孟子作『比予於』。

〔二〕申　段作「申」，是。
〔三〕佩玉　段作「佩玉佩」。
〔四〕敵　段作「適」。
〔五〕誤　段作「誤甚」。
〔六〕圓　說文作「圜」。
〔七〕異義　段作「義異」。
〔八〕之邑　叢書本作「所起」，與段同，當是。
〔九〕廣韻　段作「廣雅」。
〔一〇〕韓詩　段作「韓傳」。
〔一一〕皮正赤　陸璣原作「皮正赤如絳」，段引此下亦有「如絳」二字。
〔一二〕唐棣　段作「唐棣云」。
〔一三〕爲　司馬法作「曰」，段同。
〔一四〕絳　當作「絳」。
〔一五〕侯　段作「侯國」。
〔一六〕有　段作「曰」。
〔一七〕鄘　段作「庸」。
〔一八〕琅　段作「良」。

〔一九〕也　當作『地』。
〔二〇〕祝　今儀禮士虞禮作『祝從』。
〔二一〕明登位　當作『明堂位』。
〔二二〕秠　段作『秠』。
〔二三〕肆也　説文穴部原作『肆極也』。
〔二四〕突　段作『突』。
〔二五〕突然　段作『突然四字』。
〔二六〕言　段作『矣』。
〔二七〕披　當作『帔』。
〔二八〕聚米　今説文作『聚細米』。
〔二九〕覽冥訓　今此下有『注』字。
〔三〇〕官　段作『宧』。
〔三一〕宗廟　詩經小雅斯干鄭箋作『宫廟』。
〔三二〕似　段作『以』。
〔三三〕廣訓　當作『廣韻』。
〔三四〕唐　段無。
〔三五〕謂　段作『爲』。

〔三六〕意　段作『言』。
〔三七〕『漢元』云云　『元帝』當作『武帝』。四年　史記孝武本紀和漢書武帝紀皆作『五年』。
〔三八〕室　今釋名無。
〔三九〕爲　段作『謂』。
〔四〇〕爲　段作『謂』。中室　今說文作『中庭』。
〔四一〕室　段作『房』。
〔四二〕側　說文作『仄』。
〔四三〕注國語　當爲正文。
〔四四〕釋嘼　當作『釋畜』。
〔四五〕釋嘼　當作『釋畜』。
〔四六〕豈爾雅今　段作『豈今爾雅』。
〔四七〕釋嘼　當作『釋畜』。
〔四八〕昭公　左傳昭公二十五年作『公』。
〔四九〕同　段作『同義』。
〔五〇〕廣雅　當作『廣韻』。
〔五一〕照　段作『炤』。
〔五二〕喜笑　說文作：『欣，笑喜也。』

〔五三〕泛　當作『汎』。

〔五四〕此謂　段作『此當謂』。

〔五五〕援爲直刃　鄭司農原作『援直刃也』。

〔五六〕『亦謂』云云　段作『亦謂當鼓面有聲也』。

〔五七〕織　段作『織組』。

〔五八〕賓雀　高誘注作『賓雀者』，段同。

〔五九〕山精　段作『山精也』。

〔六〇〕此奠玉之坫　依文例，當從段作『此奠玉之坫也』。

〔六一〕此皮食之坫　依文例，當從段作『此皮食之坫也』。

〔六二〕同　段作『同訓』。

〔六三〕俗呼　段作『俗呼也』。

〔六四〕其羊　段作『其御羊』。

〔六五〕呼之　顏師古作『呼之耳』，段同。

〔六六〕㐭　段作『身』。

〔六七〕與今不同　段作『與今篆法不同也』。

〔六八〕曰　衍字。

〔六九〕官　當作『官名』。

〔七〇〕大傳　當作「大篆」。

〔七一〕大史籒　郭忠恕漢簡引說文作「大史史籒」。

〔七二〕今　段作「今人」。

〔七三〕十五篇　漢書應劭注作「十五篇也」。

〔七四〕也　段作「矣」。

〔七五〕庶幾　段作「幾」。

當塗馬鶴船先生，樸茂淵雅，僑寓吾鄉，從游者甚衆。所爲詩、古文、詞直窺漢、魏、六朝之奥，恩夔耳食久矣。咸豐癸丑，金陵遭粤匪之亂，始與先生遇於孝陵衛。時在向忠武幕中。言論丰采，一見傾心。每於酒酣耳熱時，擊節高歌，聲振屋瓦。與余訂忘年交，常賦三少年行贈余云：『三上京師一蒙古，百粤三苗及吴楚。平生蹤迹徧南北，奇氣盤胸未傾吐。小時穎悟稱神童，椽筆迅掃追長風。方袍幅巾笑迂闊，慨慷投筆來從戎。賊踞江甯府，跳梁僅如鼠。桑梓俱塗炭，非徒骨肉苦。千二百金募土豪，三十六次探賊巢。密謀内應來往勞，一二百里昏至朝。天寒雪没脛，天雨泥没腰。衣惟襤褸凍欲死，食無草具飢自熬。約期過賊營，到期過賊濠。蛇行抵城下，黑夜先鋒招。五更賊覺礮如雨，開城狂呼莫敢阻。大兵揚言汝欺我，賊不殺我我殺汝。竹杖穿足血流屨，鉛子傷臀肉黏袴。傷哉中道爲人誤，事敗垂成色如土。吁嗟乎！少年虎氣能食牛，霜蹄一蹶騏驥羞。天下大事待人作，去聲。愧我匆匆今白頭。文章經濟兩不朽，努力他日期封侯。』三少年者，蓋謂恩夔與田子玉梅、汪子燕山也。恩夔何人，乃蒙先生奬掖若此！厥後烽煙疊起，旅食四方，與先生或終歲不遇，或一歲數遇。庚午冬，得先生噩耗，神傷累日。己卯八月，哲嗣陽賓廣文來，出先生詩文及讀段札記見示。恩夔向以詩交先生，不知先生小學貫通，研窮段學若是深且密也。恩夔於六書一門，未經探索，因屬儀徵劉恭甫大令壽曾精校付刊。大令謂先生於説文段注提要鈎元，書減於原注，而注中徵引古誼畢萃，於是，足爲從事段學者示以津梁。名曰『撰要』，亦猶段先生古文尚書學名『撰異』也。至先生所爲詩、古文、詞精深華妙，卷帙甚富，仍歸之陽賓，異日必有爲先生盡付剞劂者。惜恩燮力不任此也。

光緒八年，歲在壬午仲冬月，江甯胡恩燮煦齋甫識於愚園松顔室。

附録　贈鶴船先生舊作

狂寇踞城作虎視，降則能生不降死。百千萬人違者誰？鐵中錚錚一窮士。吾頭可斷膝不屈，吾手可折筆不執！此老崛强乃如昔，血性男子强不得。先生在賊中，賊令先生草僞詔，誓死不肯爲，賊不能强。有時命比纖芥輕，大節易奪胡貪生！有時惜命不肯死，老父龍鍾八十矣！對親强笑背親啼，求親一飽兒常飢。卅里攜筐且打雁，先生有打雁歌。五更起舞因聞鷄。朝出謀親夜謀國，運籌内應誓平賊。賊中忽遇同心人，氣味渾如針引石。結客斬關關不開，登城斫賊賊乞哀。手握頭顱十三顆，大志未遂空歸來。賊聞風聲忽大索，繼父難行遂遭縛。叶。鐵索鋃鐺牢獄居，十四日災竟終脱。負親出險親色喜，虎口餘生疑夢裏。不肖不肖兒累親，痛定思痛淚盈眥。吁嗟乎！君不見，東鄰紈袴子，平日孝聲滿鄉里，賊來棄親如敝屣！又不見，西鄰有薦紳，居恒節義高自稱，向賊奴顔顔不赬。公氣稜稜可攝虎，俯視若輩僅如鼠！　全忠全孝意良苦，萬里狂瀾一砥柱。

右詩作於孝陵衛軍次，在咸豐三年癸丑冬月。　詩不足存，關係先生立身大節，後有爲先生傳誌者所宜登載也。　煦齋又記。

附　安徽古籍叢書已版書目

舊聞隨筆
定本莊子故
張籍集注
文學研究法
桐城文學淵源考・撰述考
包拯集編年校補
康輶紀行・東槎紀略
北山樓集
桐城耆舊傳
疑庵詩
三餘札記
方望溪遺集
爾雅翼
識小録・寸陰叢録

東萊詩詞集
明太祖集
王侍郎奏議
程氏家塾讀書分年日程
朱楓林集
敬孚類稿
施愚山集（四册）
吴敬梓吴烺詩文合集
張孝祥詞箋校
竇山公家議校注
翠微南征録・北征録合集
阮大鋮戲曲四種
老子注三種
杜詩説

朱書集
論語解注合編
郭祥正集
皖人詩話八種
唐詩評三種
左傳微
續學堂詩文鈔
鈍齋詩選
老子注譯
莊子詮詁
説文假借義證
劉銘傳文集
包世臣全集（三册）
戴震全書（七册）

田間易學
莊屈合詁
田間詩集
田間文集
古事比（二册）
安徽出土金文訂補
秋崖詩詞校注
道聽途説
蘭茗館外史
青泥蓮花記
舌華録
明語林
夜雨秋燈録・續録（二册）
包拯集校注
毛詩後箋（二册）

劉文典全集（四册，列入特輯）
壹齋集（二册）
孟子講義
楊仁山全集
弢翁藏書年譜（列入附輯）
不得已附二種
歙事閑譚（二册）
惜抱軒詩集訓纂
張孝祥詩文集
吴汝綸全集（四册）
朱子全書（二十七册）
明實録安徽經濟史料類編（列入附輯）
姚瑩年譜（列入附輯）
青溪集
藏山閣集

田間詩學
俞正燮全集（三册）
皖人戲曲選刊・鄭之珍卷
詠懷堂詩集
所知録附四種
文選箋證（二册）
歙紀
方孝標文集
七頌堂集
劉文典全集補編（列入特輯）
程瑶田全集（四册）
皖人戲曲選刊・方成培卷
皖人戲曲選刊・龍燮卷
凌廷堪全集（四册）
黄生全集（四册）

東輶紀程
蕭雲從詩文輯注
程文炳文集
程恩培集
方盦山詩集（二册）
趙紹祖金石學三種
小爾雅義證
勉行堂詩文集
貴池唐人集
龍眠風雅全編（十册）
無爲集校箋
杜詩提要
分篇水經注（二册）
松泉集（二册）
梅鼎祚戲曲集

通鑒注商·新舊唐書互證
杜徵三友朋手札
吴應箕文集
舒鴻貽著述二種
皖雅初集（三册）
桓譚新論校注
宛雅全編（二册）
李宗棠文集·東游紀念
李宗棠文集·考察日本學校記（二册）
李宗棠文集·光緒徵要録
李宗棠文集·奏議輯覽初編
李宗棠文集·學詩堂經解
李宗棠文集·千倉詩史初編
吴芝瑛集
施愚山集（增訂版　四册）

桐城方氏七代遺書
方以智全書（十册）
金聲集
徽州杜詩學二種
白鹿山房詩集
金粟齋遺集
文字蒙求廣義
施愚山集外編二種
安徽文獻總目（六册，列入特輯）
國朝詩品（二册）
吕美蓀詩文集
姚鼐詩文集（三册）
張潮全集（五册）
朱書全集（二册）

喻林（六册）
張樹聲文集
廬江詩雋·廬州詩苑
馬其昶文集
徐子苓集
説文段注撰要